21世纪高职高专教材·公共基础系列

现代职业礼仪与人际沟通

（修订本）

主 编 张岩松 张丽英

清 华 大 学 出 版 社
北京交通大学出版社
·北京·

内容简介

本教材作为高职新型实用教材，是工作过程导向的项目课程开发的有益尝试。其内容是根据企事业单位所涉及的职业礼仪与人际沟通活动而设定的，分为塑造职业形象、运用职业礼仪、开展人际沟通三大学习领域（项目），每个学习领域（项目）下设若干个学习情境（任务），包括仪容修饰、服饰选配、仪态设计、形体训练、见面应酬、宴请赴宴、差旅出行、求职应聘、组织会议、举行仪式、行业服务、有效倾听、交谈艺术、电话沟通、书面沟通、网络沟通、工作沟通、跨文化沟通18个学习情境，每项学习情境由"情境导入"、"任务分析"、"实训项目"、"知识链接"、"延伸阅读"和"思考练习"几部分构成。通过案例分析、角色模拟、情境训练等方式，让学生"做中学、学中做、学做结合"，不断提高其人际沟通和职业交际能力，塑造最佳的职业形象。

本书可作为针对高职高专各专业学生进行职业礼仪与人际沟通基本素质教育的创新型教材，还可作为各界人士提高礼仪素养和人际沟通能力的优秀读物及自我训练手册，它也是各企事业单位进行相关岗位培训的实用教材。

本书封面贴有清华大学出版社防伪标签，无标签者不得销售。
版权所有，侵权必究。侵权举报电话：010-62782989　13501256678　13801310933

图书在版编目（CIP）数据

现代职业礼仪与人际沟通 / 张岩松，张丽英主编. —北京：清华大学出版社；北京交通大学出版社，2011.8（2022.1重印）
（21世纪高职高专教材·公共基础系列）
ISBN 978-7-5121-0726-7

Ⅰ. ①现… Ⅱ. ①张… ②张… Ⅲ. ①礼仪—高等学校—教材 ②人际关系学—高等学校—教材 Ⅳ. ①K891.26 ②C912.1

中国版本图书馆CIP数据核字（2011）第178152号

责任编辑：郭东青
出版发行：清华大学出版社　　邮编：100084　　电话：010-62776969
　　　　　北京交通大学出版社　邮编：100044　　电话：010-51686414
印　刷　者：北京时代华都印刷有限公司
经　　销：全国新华书店
开　　本：185 mm×230 mm　印张：22　字数：493千字
版　　次：2011年9月第1版　2020年8月第2次修订　2022年1月第9次印刷
书　　号：ISBN 978-7-5121-0726-7 / K·11
印　　数：15 501~18 000册　定价：66.00元

本书如有质量问题，请向北京交通大学出版社质监组反映。对您的意见和批评，我们表示欢迎和感谢。
投诉电话：010-51686043，51686008；传真：010-62225406；E-mail：press@bjtu.edu.cn。

前 言

当今社会，职业礼仪与人际沟通能力已经成为一个人心理正常发展、个性保持健康、生活具有幸福感和取得事业成功的重要条件之一。对于即将步入社会的大学生来说，加强礼仪素养，提高人际沟通能力，无论对在校期间建立一个良好的学习环境，还是对于毕业后营造一个良好的职场氛围，迈出职业生涯的坚实一步，都是十分必要的。

作为高等职业院校，我们培养的是各行各业一线高素质技能型人才，专业技能的教育和培养日益受到高度重视。然而，通过对近几年的用人单位招聘条件的分析与研究，我们发现，"人际沟通能力"、"文明礼仪素养"、"职业道德水平"、"合作精神"、"表达能力"、"吃苦耐劳精神"等非专业技术能力，赫然列在了用人单位招聘条件的前列，成为求职与就业成功的必备因素，成为职业关键能力的重要组成部分。职业礼仪与人际沟通受到各高职院校的高度重视。鉴于此，我们编写了这本《现代职业礼仪与人际沟通》特色教材。

本书是2007年教育部立项建设的大连职业技术学院现代交际礼仪国家精品课程的标志性成果之一。它作为反映高职教育教学改革最新理念的新型实用教材，是工作过程导向的高职项目课程开发的一次有益尝试。其内容是根据企事业单位所涉及的职业礼仪与人际沟通活动而设定的，分为塑造职业形象、运用职业礼仪、开展人际沟通三大学习领域（项目），每个学习领域（项目）下设若干个学习情境（任务），总计18个学习情境，每项学习情境作为一个活动训练单元，由"情境导入"、"任务分析"、"实训项目"、"知识链接"、"延伸阅读"和"思考练习"六部分构成。

"情境导入"是指与本任务单元应掌握的核心技能相关的案例，该案例营造了一个典型、实用、生动的交际情境，这些交际情境有的是"示范式"的（正确的礼仪表现），有的是"示错式"的（错误的礼仪表现），通过这些典型"情境"引发学生思考，进一步明确本"任务"的学习目标和核心内容。

"任务分析"是充分强调急需解决的职业礼仪与人际沟通的具体任务的重要性和意义，进一步明确教学需要面对的具体问题。

"实训项目"：这是教师课堂教学的主要内容，通过情境模拟、角色扮演等方式方法，让学生在做中学、学中做，学做结合，不断提高其实践操作能力。

"知识链接"重点介绍了为完成职业礼仪与人际沟通实训项目必须具备的基础知识。这些知识的介绍本着"理论够用为度"的原则，注重条理性和可读性。

"延伸阅读"精选了富有情趣的职业礼仪与人际沟通相关美文，提供给学生作为课堂知识延伸的阅读材料，以使学生开阔视野，加深对相关知识、技能的掌握和深化。

"思考练习"中的各项练习题是精心设计和选编的，多为需要学生消化课堂学习内容，亲身实践，动手动脑去完成的技能训练题，它可供学生在课后复习巩固时选用，以深化对职业礼仪与人际沟通知识的把握，将各类规范不断内化为行为习惯，塑造出全新的职业形象。

本书可作为针对高职高专各专业学生进行职业礼仪与人际沟通基本素质教育的创新型教材，还可作为各界人士提高礼仪素养和人际沟通能力的实用读物及自我训练手册，它也是各企事业单位进行相关岗位培训的实用教材。

本教材由张岩松、张丽英任主编，刘晓燕、何勇、凌云任副主编，具体分工如下：张岩松确定全书体系框架并编写学习情境5；张丽英编写学习情境6、学习情境9、学习情境13~学习情境15；刘晓燕编写学习情境1、学习情境2、学习情境7和学习情境8；何勇编写学习情境10和学习情境11；凌云编写学习情境16和学习情境18；高琳、董丽萍、孟顺英编写学习情境12和学习情境17；付强、马蕾编写学习情境3和学习情境4。邹春霞、张元欢、陈瑾、潘丽、王艳洁、包红军、马乐、刘晶、马蕾、李健、蔡颖颖、张铭、祁玉红完成了资料检索搜集工作。蔺瑶、谷明艳、胡丹、屈剑、赵祖迪、张楠同学为书中礼仪图片模特，刘晓燕担任图片摄影和后期制作。李晓明、唐成人、房红怡、王海鉴、郭沁荣、王芳、刘桂华、于凯、王洪亮进行了文字录入工作。全书由刘晓燕统稿。

本教材在编写过程中，博采众家之说，参考颇多，限于篇幅仅列出了主要参考书目，在此，向各位专家学者深表谢意。有些资料是参考互联网上发布或转发的信息，在此也向各位原作者所付出的辛勤劳动表示衷心的感谢。本书的出版也得到了北京交通大学出版社的大力支持，在此一并致谢。

本书是尝试之作，对书中的疏漏之处，敬请读者批评指正。

编　者

2011年9月

目　录

学习领域 Ⅰ　塑造职业形象

学习情境1　仪容修饰 …………………………………………………………… 2
　　情境导入 ………………………………………………………………………… 2
　　任务分析 ………………………………………………………………………… 2
　　实训项目 ………………………………………………………………………… 3
　　知识链接 ………………………………………………………………………… 3
　　延伸阅读 ………………………………………………………………………… 14
　　思考练习 ………………………………………………………………………… 17

学习情境2　服饰选配 …………………………………………………………… 18
　　情境导入 ………………………………………………………………………… 18
　　任务分析 ………………………………………………………………………… 18
　　实训项目 ………………………………………………………………………… 19
　　知识链接 ………………………………………………………………………… 19
　　延伸阅读 ………………………………………………………………………… 29
　　思考练习 ………………………………………………………………………… 32

学习情境3　仪态设计 …………………………………………………………… 34
　　情境导入 ………………………………………………………………………… 34
　　任务分析 ………………………………………………………………………… 34
　　实训项目 ………………………………………………………………………… 35
　　知识链接 ………………………………………………………………………… 35

延伸阅读 ··· 51
　　思考练习 ··· 56
学习情境4　形体训练 ·· 58
　　情境导入 ··· 58
　　任务分析 ··· 58
　　实训项目 ··· 58
　　知识链接 ··· 59
　　延伸阅读 ··· 70
　　思考练习 ··· 73

学习领域Ⅱ　运用职业礼仪

学习情境5　见面应酬 ·· 76
　　情境导入 ··· 76
　　任务分析 ··· 77
　　实训项目 ··· 77
　　知识链接 ··· 77
　　延伸阅读 ··· 94
　　思考练习 ··· 97
学习情境6　宴请赴宴 ··· 103
　　情境导入 ·· 103
　　任务分析 ·· 103
　　实训项目 ·· 103
　　知识链接 ·· 104
　　延伸阅读 ·· 114
　　思考练习 ·· 116
学习情境7　差旅出行 ··· 118
　　情境导入 ·· 118
　　任务分析 ·· 118
　　实训项目 ·· 119

知识链接 ··· 119
　　延伸阅读 ··· 129
　　思考练习 ··· 131

学习情境8　求职应聘 ··· 134
　　情境导入 ··· 134
　　任务分析 ··· 134
　　实训项目 ··· 134
　　知识链接 ··· 135
　　延伸阅读 ··· 143
　　思考练习 ··· 150

学习情境9　组织会议 ··· 154
　　情境导入 ··· 154
　　任务分析 ··· 154
　　实训项目 ··· 154
　　知识链接 ··· 155
　　延伸阅读 ··· 166
　　思考练习 ··· 171

学习情境10　举行仪式 ··· 173
　　情境导入 ··· 173
　　任务分析 ··· 173
　　实训项目 ··· 174
　　知识链接 ··· 174
　　延伸阅读 ··· 181
　　思考练习 ··· 184

学习情境11　行业服务 ··· 186
　　情境导入 ··· 186
　　任务分析 ··· 186
　　实训项目 ··· 187
　　知识链接 ··· 187
　　延伸阅读 ··· 200
　　思考练习 ··· 204

学习领域Ⅲ 开展人际沟通

学习情境12 有效倾听 ······ 210
情境导入 ······ 210
任务分析 ······ 210
实训项目 ······ 211
知识链接 ······ 211
延伸阅读 ······ 216
思考练习 ······ 218

学习情境13 交谈艺术 ······ 222
情境导入 ······ 222
任务分析 ······ 222
实训项目 ······ 222
知识链接 ······ 223
延伸阅读 ······ 231
思考练习 ······ 234

学习情境14 电话沟通 ······ 237
情境导入 ······ 237
任务分析 ······ 237
实训项目 ······ 238
知识链接 ······ 238
延伸阅读 ······ 245
思考练习 ······ 248

学习情境15 书面沟通 ······ 252
情境导入 ······ 252
任务分析 ······ 252
实训项目 ······ 253
知识链接 ······ 253
延伸阅读 ······ 266
思考练习 ······ 269

学习情境16　网络沟通 ·· 272
情境导入 ··· 272
任务分析 ··· 273
实训项目 ··· 273
知识链接 ··· 273
延伸阅读 ··· 284
思考练习 ··· 287

学习情境17　工作沟通 ·· 289
情境导入 ··· 289
任务分析 ··· 290
实训项目 ··· 291
知识链接 ··· 291
延伸阅读 ··· 314
思考练习 ··· 317

学习情境18　跨文化沟通 ·· 320
情境导入 ··· 320
任务分析 ··· 320
实训项目 ··· 321
知识链接 ··· 322
延伸阅读 ··· 331
思考练习 ··· 335

参考文献 ·· 338

塑造职业形象

学习领域 I

学习情境1　仪容修饰
学习情境2　服饰选配
学习情境3　仪态设计
学习情境4　形体训练

学习情境 1　仪容修饰

世界上没有难看的人，只有不懂如何让自己打扮得体的人。

——靳羽西

情境导入

美中不足

一天，黄先生与两位好友小聚，来到某知名酒店。接待他们的是一位五官清秀的服务员，接待服务工作做得很好，可是她面无血色，显得无精打采。黄先生一看到她就觉得心情欠佳，仔细留意才发现，这位服务员没有化工作淡妆，在餐厅昏黄的灯光下显得病态十足。上菜时，黄先生又突然看到传菜员涂的指甲油缺了一块，他的第一个反应就是"不知是不是掉我的菜里了"。但为了不惊扰其他客人用餐，黄先生没有将他的怀疑说出来。用餐结束后，黄先生唤柜台内服务员结账，而服务员却一直对着反光玻璃墙面修饰自己的妆容，丝毫没注意到客人的需要。自此以后，黄先生再也没有去过这家酒店。

（资料来源：http://www.canyin168.com/glyy/yg/ygpx/fwal/200707/7350_15.html，2007-07-12）

任务分析

仪容，不仅是指人的外貌，而且还是一个人的精神面貌和内在气质的外在体现。具体而言，仪容由一个人的面容、发式及身体所有未被服饰遮掩的肌肤所构成。在社会交往中要维护良好的自我形象，就必须讲究仪容仪表。良好的仪容仪表不仅能给人以端庄、大方、舒适的印象，还能体现个人的自尊自爱及对他人的尊重和礼貌。而不注意自身仪容修饰的人，将引起交际对象极大反感，损害自己和所代表的组织的形象。

本"情境导入"中酒店服务员的不良仪容表现，使黄先生再也没有光顾这家酒店，这是值得我们深思和反省的。

实训项目

项目名称：仪容形象设计展示会。
实训目标：运用仪容设计的相关要求与规范，设计出符合现代礼仪要求的仪容形象。
实训学时：2学时。
实训地点：实训室。
实训准备：准备化妆盒、棉球、粉底霜、胭脂、眼影、眉笔、唇彩、香水等化妆用品。
实训方法：将全班学生分组，两两一组，要求其根据所学仪容礼仪知识，扬长避短展现出最美丽的妆容。在课堂上分组进行形象展示，最好用数码相机进行拍摄，由学生互评，要求从面部化妆、发型设计方面进行重点评价。由教师进行总结评价，重点评价各组存在的共性问题。最后，全班评出"最佳表现"妆容。

知识链接

一、仪容整洁

1. 面容的清洁

清洁感是仪容美的关键，也是一个基本要求。面部是一个人最突出的代表部位，面容是否洁净，是有生气、有光泽，还是灰暗、死气沉沉、憔悴疲倦，关系到每个人留给他人的印象。一个教养有素的人不会经常不修边幅、蓬头垢面。仪容整洁首先要求面容清洁。面容清洁不仅仅是面部没有看得见的污垢，而且不要存有附在皮肤上的老死的细胞角质层。彻底清洁皮肤有如下几种方法。

（1）清洗面容。保持面容洁净需要天天洗脸，这很容易。用清水、香皂、洗面奶都可以，但记住一定要用清水冲洗干净。仅仅保持天天洗脸不一定能保证仪容的清洁感，因为你无法及时洗去和老死的细胞屑混在一起的角质性污物。这是你面部容易起小疹子、疙瘩、发痒、起红斑、黄褐斑的重要原因。要知道皮肤也在新陈代谢，不停分泌皮脂及其他废物。皮肤分皮下组织、真皮和表皮，细胞不断在真皮内生成并推向表皮，一般当细胞到达最外层时，就已经开始死亡了，没有生命力了。在显微镜下，这些老死的细胞屑像枯叶一样堆积成一层灰色的皮痂，只不过肉眼看不见罢了。皮痂不仅阻挡着新生细胞继续补充到皮肤表皮上去，而且使你的皮肤黯淡无光、干燥易皱。

（2）定期处理脱落表皮。实际上部分枯死细胞会在不知不觉中落在枕巾、毛巾和水中，但仍需要定期进行"大扫除"。定期使用磨砂膏、面膜，都能起到非常好的脱落皮屑的作用。经常注意处理脱落表皮，还有一个益处，它们可以防止、缓解某些皮肤病，如粉刺、痤疮，等等。

面容清洁还包括保持脖颈、耳朵等部位的清洁。

2. 肌肤的保养

护肤是仪容美的关键。皮肤尤其是面部皮肤的经常护理和保养，是实现仪容美的首要前提。正常健康的人皮肤具有光泽，且柔软、细腻洁净、富有弹性；而当人处于病态或衰老的时候，其皮肤就会失去光泽、弹性，出现皱纹或色斑。对皮肤进行经常性的护理和保养有助于保持皮肤的青春活力。

（1）皮肤的类型。皮肤一般分为干性皮肤、中性皮肤、油性皮肤、混合性皮肤、敏感性皮肤。对于不同类型的皮肤需用不同的方法加以护理和保养。

① 干性皮肤红白细嫩，油脂分泌较少，经不起风吹日晒，对外界的刺激十分敏感，极易出现色素沉着和皱纹。有些干性皮肤的人苦于自己的皮肤少了一份"亮光"，使劲往脸上涂抹"增亮"的油脂，殊不知此举减少了皮肤的透气性。其实对于这种皮肤，每天在洗脸的时候，可以在水中加入少许蜂蜜，湿润整个面部，用手拍干。坚持一段时间，就能改善面部肌肤，使其光滑细腻。保养的要点是补充油脂和保湿。

② 中性皮肤比较润泽细嫩，对外界的刺激不太敏感。这种皮肤比较易于护理，可以在晚上用水洗脸后，再用热水捂脸片刻，然后轻轻抹干。保养要点是维持水油平衡。

③ 油性皮肤肤色较深，毛孔粗大，油光满面，易生痤疮等皮脂性皮肤病，但适应性强，不易显皱。洗脸时可在热水中加入少许白醋，以便有效地去除皮肤上过多的皮脂、皮屑和尘埃，使皮肤富有光泽和弹性。保养要点是控制油脂分泌和保湿。

④ 混合性皮肤看起来很健康光滑，但T形区（额头、鼻子、下巴的区域）有些油腻，而两颊及脸部的外缘有一些干燥的迹象。混合性皮肤在护肤时可考虑分区护肤的方法，对于干燥的部位除了更多地补水保养外，可以适当地选择一些营养成分较丰富的护肤品，而偏油部位可以使用清爽护肤品。保养要点是控制T形区的油脂分泌，消除两颊的干燥现象并保湿。

⑤ 敏感性皮肤表皮较薄，毛细血管明显，使用保养品时很容易过敏，出现发炎、泛红、斑疹、瘙痒等症状。保养要点是适度清洁、不过度去角质、不频繁更换保养品、不使用含有致敏成分的化妆品。

确定皮肤类型的简单方法是：在早晨起床前，准备三张干纸片，分别贴在额头、鼻子、面颊上，两分钟后揭下，放在亮处观察。如果满纸油迹即为油性皮肤，极少油迹即为干性皮肤；如果额头、鼻子有油迹，脸颊上几乎没有油迹，即为中型皮肤；如果额头、鼻子有较多油迹，脸颊上没有油迹，即为混合性皮肤。

（2）皮肤的保养。

① 注意合理的饮食。合理的饮食是美容保健的根本。人体需要多种养分，有了养分，皮肤才有自然健康的美。因此，我们在日常生活中应该注意饮食上的多种多样，多吃富含维生素的食物，少吃刺激性食物，保持吸收、消化系统的畅通。一项研究表明：要保持美好容颜，

内在营养占80%，外在护理占20%。

② 保持乐观情绪。乐观的情绪是最好的"润肤剂"。俗话说："笑一笑，十年少"，笑是一种化学刺激的反应，它激发人体各器官，尤其是激发头脑、内分泌系统的活动，笑的时候，脸部肌肉舒展，使面部皮肤新陈代谢加快，促进血液循环，增强皮肤弹性，起到美容作用。经常笑能使面色红润，容光焕发，给人年轻健康的美感。放松是保持乐观情绪的一剂良药，每天平躺在床上，让脚比头高，什么也不想，可以听轻音乐，10分钟后，即可增加面部的供血量，收到护肤的功效。

③ 保证良好的睡眠。保持卧室的良好环境，卧室的温度、床垫和枕头的软硬，都要适合自己入睡的要求，如有可能，特别是北方的冬季，可在室内装置加湿器，防止皮肤干裂。良好的睡眠使皮肤可以获得更多的氧气，满足代谢的需要。

④ 保持皮肤适度的水分。皮肤的弹性和光泽是由含水量决定的。要使皮肤滋润，每天要保证喝水2000毫升。每天晚上睡前饮一杯凉开水，睡眠时，水分会融入细胞，为细胞所吸收。早晨起床后，也要饮一杯凉开水，使胃肠畅通，使水随血液循环分布全身，滋润皮肤。皮肤角质层水分也可以从体外吸收。要保持环境湿度，在化妆品中配合上保湿剂，是保持皮肤水分的好方法。坚持每天用冷水浸脸一次，约2分钟，坚持必有成效。

⑤ 正确洗脸。正确洗脸，保持皮肤清洁卫生是不可或缺的。正确的洗脸方法是：洗脸水温不要太高，一般应低于35℃；洗脸时应该从下往上，从里向外洗，这样有助于皮肤血液循环；要使用温和的洗面奶，少用或不用香皂；洗脸的动作要轻柔。

⑥ 避免不良刺激。紫外线对皮肤有破坏作用，过度暴晒会使皮肤变黑、粗糙并出现皱纹，因此，在阳光太强的天气，要注意防晒。应化淡妆，不要浓妆艳抹，减轻对皮肤的刺激。不要使用伪劣化妆品。

⑦ 按摩皮肤。具体方法是：两手掌相互摩擦发热，然后两手掌由前额顺着脸的两旁轻轻向下擦，擦至下巴时，再向上擦至前额，如此一上一下将脸的各处都擦到，上下共36次，每天早晚洗脸后进行。在按摩时手法要轻柔，不可过分用力。

只有自觉地、习惯地在日常生活和工作中保养皮肤，坚持皮肤"锻炼"，才能使皮肤细腻、光泽、柔嫩、红润，富有弹性，青春永驻。

3. 头发的整洁

头发通常不像面容那样受到人们的重视，但如果你在乎自己的形象，愿意改进自己的形象，就应该把头发作为重要的环节来考虑。优美的背景能使最普通的画面增加美感。保持头发的干净整洁，头发松软黑亮有光泽，加上整齐的梳理，才能呈现出光洁的面容，展现良好的素养、气质。头发不整洁，头皮屑及脱落的头发落在肩膀上、后背上，穿着再漂亮，面部再干净，仍会给人不洁的感觉。头发干净与否，是一个比服饰更重要的显示教养素质的环节。

① 洗发。我们应该改变自己的洗发观念和洗发频率。过去长期形成的洗发习惯不知不觉误导了人们对于健康头发的认知概念，以至于今天许多人可以天天沐浴，而不能理解天天洗发这一做法。前不久，中国健康教育协会特别推出"头发天天清洁，把握成功瞬间"社会公益活动，建议人们遵循正确的洗护发方法，养成每周洗头4~7次的卫生习惯。

许多人误认为天天洗发会影响发质，会使头发变干枯、受损，会促使头发的掉落。事实上，头发上的毛囊每天都在不断地分泌油脂以润滑头发，正常人平均每平方厘米的头皮上，分布144~192个能分泌油脂的皮脂腺，所以，经常洗头，不但不会损伤头发，良好的循环还能刺激皮脂腺的正常分泌，使头发滋润光泽。清洁是保养头发的最基本的方法，只要根据自己的发质，选用优质的洗发露，并遵循正确的洗发方法，天天洗发不仅不会引起掉头发，反而会令头发更加健康茁壮。

此外，经常用发刷（或梳子）刷梳头发（应刷（梳）到头皮上）可以促进头皮血液循环，加强对头发的营养供给，并会刺激毛根均匀分泌油脂来滋润头发。古语说"梳理百会，养发健身"。

经常用指肚按摩头皮，或者用手轻拍头皮，对头发的保养也非常有益。

要注意选择好的洗发用品。洗发用品中有一类是药物性洗发剂，如去头屑洗发精、止痒洗发水、防脱发洗发液等。它们都是在洗发剂基剂中加入了一定的药物原料配制而成。你可以根据自己头发的情况"对号入座"，选择其中一种。

另一类洗发剂是营养性洗发剂，如蛋白洗发液、水果洗发液以及用何首乌、啤酒花配方的洗发剂，等等。它们是在洗发剂中添加一定的营养性物质配制而成。这一类洗发用品的选择要求不是太严格，可以多使用几种试试，看哪一种用后头发效果最好。

研究人员测量健康头发的PH值为4~5，在这个数值范围内头发呈最佳弱酸状态比较好。然而洗发剂中的某些成分会使头发的PH值偏向碱性，所以洗发后最好用护发品来中和头发的酸碱度。

② 头发的营养。充足的血液及其良好的循环，决定着头发的质量。而要保证血液供给充分，促进血液循环，就必须保证营养摄入的充足。所以，除了已知的那些有益于皮肤健美的各种营养外，豆类、芝麻、核桃中的植物性蛋白质，海带、海菜、贝类中的钙质，对头发也都有着特殊功用。

有一些食物可以帮助改善头发的质量。

少白头与家庭遗传及与人体内分泌有关系。分泌系统中的脑下垂体会影响头发中皮质层的色素颗粒，内分泌功能失调，会引起发色的变化。头皮血液循环不畅通，也会使乌发变色。此外，从营养学分析，人体内缺乏铜元素和铁元素，缺乏泛酸，都会引起头发早白。还有，情绪上长时间的紧张、焦虑，也会使头发变白。

因此，有必要多吃黑芝麻、核桃、豆类及动物肝脏等食品，可服用些当归、红枣茶、何首乌等，再配合以头皮的按摩、梳刷，并安定自己的情绪。

体内如果摄取过多的糖分、盐分及动物性脂肪等有害于血液循环的食物，会使头发变硬变脆并容易脱落。应尽可能地少吃这类食物，这同时也是保养肌肤的要求。

容易脱发和秃顶的人，头皮往往硬化，多吃富含铁质的食品，如水果、瘦肉、鸡蛋蛋白、菠菜、卷心菜、芹菜等可以有效改善这种状况。这些食物有助于活血软化头皮，并促进其更新。及时补充各种氨基酸和多种微量元素，也会防止或减缓头发脱落。而富含这些营养的食物有：黑豆、蛋类、黑芝麻、乳类等。

4. 手及指甲的卫生

有了光洁的面容，整洁的头发，如果一双手很脏，手指甲长而黑污，给人的美好的印象就会荡然无存。指甲应当整齐清洁。不论出于什么理由男士们都不应该留长指甲。女性在这个问题上有更多的自由选择，但重要的是要修剪整齐，保持干净。

要养成洗手的好习惯，坚持外出回来，饭前、便后勤洗手。

还应该注意双手的护养。最基本的保养方法是，在接触水以后，注意往手上擦一些护手霜。如果在户外工作或外出时，应该在手上涂一层防晒霜。在保养手的皮肤的同时，如果加做手操就更好了。一方面可以使手部血液循环加速，促进皮肤的新陈代谢。另一方面，手操使各指关节得到锻炼。下面介绍的手操都非常简单，随时随地都可以做。

（1）伸直左手，用伸直的右手背贴在左手背上，来回摩擦，然后相反运动。

（2）双手伸直，左右摇动，摇动得越快越好。

（3）用手握拳，然后放开，由慢到快持续两分钟。

（4）给手做干浴。

（5）作翻花鼓的动作，手指手腕都尽可能往外翻。

（6）臃肿的手指，可在热水中做按摩，以促进血液循环。饮食方面需减少盐的摄入量，多吃生蔬菜和水果。

（7）用手指模仿弹钢琴的样子，手指移动换位，越快越好。

（8）用柠檬片擦手背，可以帮助消除粗糙。

5. 口腔的卫生

口腔是表现清洁感的另一个重点。

与人说话的时候露出的牙齿上嵌有、沾有的食物残渣，这是很让人厌恶的，它会让人产生窝囊、马虎的印象。所以应该注意口腔卫生。还应当特别注意口中的异味，也就是通常所说的口臭。与人交谈的时候，如果口中发散出难闻的气味，会使对方很不愉快，自己也很难堪。

口腔异味原因很多，口腔内本来就有多种细菌，能够分解食物残渣中的淀粉类物质和蛋白类物质，产生酸性或其他异味。坚持随时刷牙漱口的习惯，口腔中细菌没有作用的对象，口腔中异味就自然消除了。有时候人们吃了葱、韭菜、大蒜、萝卜等刺激性食物，也会产生强烈异味，所以，在与人交往或工作之前，如果碰巧吃了这一类食物，可以在口中嚼一点茶叶、红枣或花生，它们有助于清除异味。必要时可以使用口香糖减少口腔异味，但应该指出，参加比较正式的交际活动，在他人面前大嚼口香糖是不礼貌的。

造成口腔异味的另一个原因是口腔疾病，如龋齿、牙龈炎、牙槽脓肿、口腔溃疡等疾病。这种原因造成的口腔异味，单靠刷牙漱口的方法不可能消除。治疗好这些口腔疾病，异味会随之消失。

如果上述两种情况都已经排除，那么口腔异味就与体内疾病有关了，如消化不良、肺病、肝病、糖尿病、气管炎等，这就需要治疾病之本了。

6. 身体、衣裳的整洁

保持身体干净，经常洗澡是必需的，尤其是参加正式活动之前定要保持清爽干净。洗澡可以除去身上的尘土、油垢和汗味，并且使人容光焕发，至少也要坚持每星期洗一次澡。每天晚上睡前要坚持洗脚，用热水泡脚还可以解乏，帮助睡眠，十分有益健康。

身体不要带有异味。有些人会有身体异味，也就是通常俗称的"狐臭"，应当及时进行根除治疗或使用治疗药水，此外要紧的是加强个人卫生。体臭是大汗腺分泌物和细菌作用后发生的酸败，经常保持皮肤的清洁干燥，就可以将体味减少到最低限度。喷涂治疗药物也是抑制细菌、杀菌的一个非常有效的方法。

保持衣裳整洁，勤换洗内衣、外衣，也要定期清洗、消毒。要勤换洗鞋袜，保持鞋袜舒适干净，不要在集会或看演出等公众场合脱鞋。

此外，要使用自己的毛巾、口杯、脸盆、牙刷和香皂，养成良好的卫生习惯。

二、化妆适度

爱美之心，人皆有之。在人际交往和参加某些仪式时，适当化妆，既能表现出个人对美的追求，同时也是对他人尊重的一种表现。做任何事情都贵在适度，化妆也不例外，一定要根据东方人的特点来装扮修饰，做到恰如其分。过分醉心于美容，妆化得浓艳不堪，不仅有损于皮肤的健康，而且还有损于别人的观瞻，因此，化妆适度是仪容美的基本要求。

1. 妆前自我认识

一个人要让别人觉得美，全身的整体比例很重要，因为只有符合比例的才是和谐的，只有和谐的才是美的。

（1）"黄金分割"。美学上个人的形式比例关系，符合著名的"黄金分割"。黄金分割指事物各部分间一定的数学比例关系，即：将一条线段一分为二，其较短一段与较长一段之比等于较长一段与全线段之比。按照此种比例关系组织的任何对象，都表现出变化的统一，内部关系的和谐。因此，许多哲学家与美学家认为，无论在艺术界还是自然界中，"黄金分割"

都是形式美中较为理想的关系。对于人类而言,通常人的脸形是接近黄金矩形的,女性的椭圆形脸之所以被较多数人视为理想的脸形,就是因为脸形的长宽之比近似黄金矩形。然而生活中的人们并不都是这样的脸形,于是可以根据美的比例,利用发型和化妆弥补脸形的比例不足,使整个头部形象形成一种新的比例关系。

(2)"三庭五眼"。除了脸形的长宽之比之外,"三庭五眼"也是对人的面部长宽比例进行测量的一种简单方法。五官端正就是指符合"三庭五眼"的比例要求。

"三庭"是指上庭、中庭和下庭。①上庭:从额头发际线到两眉头连线之间的距离。②中庭:从两眉头连线到鼻头底端之间的距离。③下庭:从鼻头底端到下颌(下巴尖)的距离。理想的比例是上庭:中庭:下庭 =1∶1∶1,即三者长度相等。

"五眼"是指:①左太阳穴处发际至左眼尾的长度;②左眼长度;③左眼内眼角至右眼内眼角的长度;④右眼长度;⑤右眼眼尾至右太阳穴处发际的长度。

"三庭"、"五眼"见图1-1。(选自:http://kdsjlkefc.blog.163.com/blog/static/11899870320095702324372/,2008-07-04)

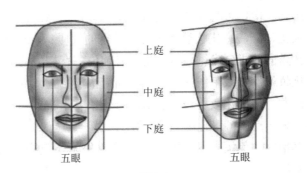

图1-1

理想的比例是这五者长度相等,即从左太阳穴发际到右太阳穴发际之间的横向连线长度正好是五只眼睛的长度,并且均匀分布。

"三庭五眼"是人的脸长与脸及颜面器官布局的标准比例,如果不符合这个比例,就会与理想脸形产生距离,那么,在化妆时就要运用一定的技巧进行调整和弥补。

通过自我形象分析,便可以了解自己容貌上的优点与不足,虽然人的相貌在很大程度上依赖于遗传,但是后天的努力、科学的保养及恰到好处的修饰对形象的塑造却有举足轻重的作用。

2. 化妆的原则

(1)美化原则。每一个化妆的人都希望化妆能使自己变得更美丽,这是无疑的,但事实上,这些人以为把各种色彩涂抹在脸的相应部位自然就美了,这是错误的。我们看到许多幼儿园的孩子被阿姨化妆化得脸上一团红、眼睛一团黑,显得又凶又老气,孩子的天真可爱荡然无存，这样的化妆不是美了，而是丑了。因此，美化的原则是从效果来说的。要使化妆达到美的效果，必须了解自己的脸各部位的特点，孰优孰劣要心中有数；还要清楚怎样化妆和矫正才能扬长避短，使容貌更迷人。这些，要在把握脸部个性特征和正确的审美观的指导下进行。

（2）自然原则。自然是化妆的生命，它能使化妆后的脸看起来真实而生动，不是一张呆板生硬的面具。化妆失去了自然的效果，那就是假，假的东西就无生命力和美了。自然的化妆要依赖正确的化妆技巧、合适的化妆品；要一丝不苟，井井有条；要讲究过渡、体现层次；要点面到位、浓淡相宜。总之，要使化妆说其有，看似无，就像被化妆的人确确实实长了这样一张美丽的面容，像真的一样。化妆时不讲究艺术技法手段，胡来一气，敷衍了事，片面追求速度，都有可能使妆面失真。

（3）协调原则。这包括以下内容。①妆面协调。指化妆部位色彩搭配浓淡协调，所化的妆针对脸部个性特点，整体设计协调。②全身协调。指脸部化妆还必须注意与发型、服装、饰物协调，当穿大红色的衣服或配戴大红色的饰物时，可以用大红色的口红，力求取得完美的整体效果。③身份协调。指化妆时要考虑到自己的职业特点和身份，采用不同的化妆手段和化妆品。作为职业人士，应注意化妆后体现端庄稳重的气质；作为专门从事各种关系建立和协调的从业人员出头露面的机会多，与有身份、有地位、有权力的人打交道频繁，要表现出一定的人际魅力，化妆就不能太艳俗或太单调，而应浓淡相宜，青春妩媚，适合人们共同的爱美之心。④场合协调。是指化妆要与所去的场合气氛要求一致。日常办公，妆可以化淡一些；出入宴会、舞会场合，妆可以化浓一些，尤其是舞会，妆可以化得亮丽一些；参加追悼会，素衣淡妆,忌用鲜艳的红色妆。不同的场合化不同的妆，不仅会使化妆者内心保持平衡，也会使周围的人心理融洽。

3. 化妆的技巧

靳羽西说："世界上没有难看的女人，只有不懂如何把自己打扮得体的女人。"世界上没有一个人是十全十美的"标准"相貌。假如你时时都在懊悔自己的脸形或者五官不标准，那大可不必，因为即使自己存在不符合标准的部分，同样可以用化妆的技巧来改善，体现出自己的个性美。扬长避短，遮掩缺陷是非常重要的技巧。下面介绍几种常见脸形的化妆方法。

（1）圆脸形。这种脸的脸形偏平，化妆应加强面部立体塑造，在涂粉底时，可用偏深的粉底涂面部两侧，在额头、鼻梁、下巴处涂明亮色。鼻侧影略向眉头部位揉擦，以抬高鼻根，使鼻形挺拔。眉毛作上挑呈圆弧形。眼影不宜用浅亮色，深色眼影可以使面部凹凸感更强。

（2）方形脸。这种脸形棱角分明，化妆底色不宜太浅，色彩沉着的底色加上红褐色的面颊红，会使方脸有结实感，眉形可以是略粗的弧形，又细又弯的眉会与方脸的轮廓形成较明显的对比。眼影与唇彩的颜色可以鲜明一些,通过强调五官来减弱方脸轮廓。

(3)长脸形。这种脸形缺乏生气,化妆可以选择较浅的自然型粉底。胭脂用淡红色,从颧骨的中心往耳朵方向推抹呈扇形。在下巴、额头上也可略施暖色调阴影色。眉毛修饰成向脸部横向发展的平弧状缓和曲线。睫毛膏染外眼睫毛。总之,化妆上采用的线条与色彩,都应以横向引导来造成视觉错觉,以便使长脸形有所改观。

(4)小脸形。这种脸形给人感觉比较可爱,化妆用浅色粉底可使脸部面积显得宽阔。面红可选用浅桃红、淡红。眉毛、眼睛、嘴唇的颜色可适当明丽,线条的描画清晰,使修饰过的五官显得眉清目秀。

(5)大脸形。这种脸形缺乏灵气,显得呆板。化妆可选用比自己原来肤色偏深一些的粉底作为底色,因为深色比浅色有收缩感,面部的两侧可以涂一些能与底色衔接的阴影色。额头、鼻梁、下巴涂上明亮色,但也需要与底色自然衔接。这样,首先形成脸部大的起伏,再用鼻侧影使脸部更具立体感,鼻侧影的颜色比肤色略深,并应和眼影色融合。眼睛作重点刻画,加上眉毛与嘴唇的衬托,使五官明艳清晰,以此来减弱脸庞轮廓线给人的印象。

4. 化妆的步骤

化妆时要认真掌握化妆的方法。化妆大体上应分为打粉底、画眼线、施眼影、描眉形、上腮红、涂唇彩、喷香水等步骤。每个步骤均有一定之法,必须认真遵守,讲求化妆的方法。

(1)打粉底。打粉底,又叫敷底粉或打底。它是以调整面部皮肤颜色为目的的一种基础化妆。在打粉底时,有四点特别应予注意。一是事先要清洗好面部,并且拍上适量的化妆水、乳液。二是选择粉底霜时要选择好它的色彩。通常,不同的肤色应选用不同的粉底霜。选用的粉底霜最好与自己的肤色相接近,而不宜使两者反差过大,看起来失真。三是打粉底时一定要借助于海绵,而且要做到取用适量、涂抹细致、薄厚均匀。四是切勿忘记脖颈部位,在那里打上一点儿粉底,才不会使自己面部与颈部"泾渭分明"。

(2)画眼线。这一步骤在化妆时最好不要省掉。它的最大好处,是可以让化妆者的一双眼睛生动而精神,并且更富有光泽。在画眼线时,一般应当把它画得紧贴眼睫毛。具体而言,画上眼线时,应当从内眼角朝外眼角方向画;画下眼线时,则应当从外眼角朝内眼角方向画,并且在距内眼角约1/3处收笔。应予重点强调的是,在画眼线时,特别要重视笔法。最好是先粗后细、由浓而淡,要注意避免眼线画得呆板、锐利、曲里拐弯。画完之后的上下眼线,一般在外眼角处不应当交合。上眼线看上去要稍长一些,这样才会使双眼显得大而充满活力。

(3)施眼影。施眼影的主要目的是强化面部的立体感,以凹眼反衬隆鼻,并且使化妆者的双眼显得更为明亮传神。施眼影时,有两大问题应予注意:一是要选对眼影的具体颜色。过分鲜艳的眼影,一般仅适用于晚妆,而不适用于工作妆。对中国人来说,化工作妆时选用浅咖啡色的眼影，往往收效较好。二是要施出眼影的层次之感。施眼影时，最忌没有厚薄深浅之分。若注意使之由浅而深，层次分明，将有助于强化化妆者眼部的轮廓。

（4）描眉形。一个人眉毛的浓淡与形状，对其容貌发挥着重要的烘托作用。任何有经验的化妆者，都会将描眉视为其化妆时的重中之重。在描眉时，有四点需要注意：①修眉。以专用的镊子拔除那些杂乱无序的眉毛；②描眉。描出的整个眉形，必须要兼顾本人的性别、年龄与脸形；③在具体描眉形时，要对逐根眉毛进行细描，而忌讳一画而过；④描眉之后应使眉形具有立体感，所以在描眉时通常都要在具体手法上注意两头淡，中间浓；上边浅，下边深。

（5）上腮红。它是化妆时在面颊处涂上适量的胭脂。上腮红的好处，是可以使化妆者的面颊更加红润，面部轮廓更加优美，并且显示出其健康与活力。在化工作妆时上腮红，需要注意四条。①要选择优质的腮红，若其质地不佳，便难有良好的化妆效果。②要使腮红与唇膏或眼影属于同一色系，以体现妆面的和谐之美。③要使腮红与面部肤色过渡自然。正确的做法应是，以小刷蘸取腮红，先上在颧骨下方，即高不及眼睛、低不过嘴角、长不到眼长的 1/2 处，然后才略作延展晕染。④要扑粉进行定妆。在上好腮红后，即应以定妆粉定妆，以便吸收汗粉、皮脂，并避免脱妆。扑粉时不要用量过多，并且不要忘记在颈部也要扑上一些。

（6）涂唇彩。化妆时，唇部的地位仅次于眼部。涂唇彩，既可改变不理想的唇形，又可使双唇更加娇媚迷人。涂唇膏时的主要注意事项有三。①要先以唇线笔描好唇线，确定好理想的唇形。唇线笔的颜色要略深于唇膏的颜色。描唇形时，嘴应自然放松张开，先描上唇，后描下唇。在描唇形时，应从左右两侧分别沿着唇部的轮廓线向中间画。上唇嘴角要描细，下唇嘴角则要略去。②要涂好唇膏。以唇线笔描好唇形后，才能涂唇膏。选择唇膏时，既可以选彩色，也可以选无色。但要求其安全无害，并要避免选用鲜艳古怪之色。女性一般宜选棕色、橙色或紫色，男性则宜选无色唇膏。涂唇膏时，应从两侧涂向中间，并要使之均匀而又不超出早先以唇线笔画定的唇形。③要仔细检查。涂毕唇彩后，要用纸巾吸去多余的唇膏，并细心检查一下牙齿上有无唇膏的痕迹。

（7）喷香水。主要是为了掩饰不雅的体味，而不是为了使自己香气袭人，这一点很重要。喷香水要注意的问题有：一是不应使之影响本职工作，或是有碍于人。二是宜选气味淡雅清新的香水，并应使之与自己同时使用的其他化妆品香型大体上一致，而不是彼此"串味"。三是切勿使用过量，产生适得其反的效果。四是应当将其喷在或涂抹于适当之处，如腕部、耳后、颌下、膝后等，而千万不要将它直接喷在衣物上、头发上或身上其他易出汗之处。

5. 化妆的注意事项

（1）吸烟女子注意掌握改变唇齿颜色的方法。长期吸烟的人会导致嘴唇和牙齿颜色的改变，嘴唇不仅干枯无光泽，而且呈紫褐色；牙齿焦黄，甚至变黑。这些都严重影响到容貌美。改变嘴唇和牙齿的颜色，除了戒烟或少吸烟，去医院口腔科进行专门洗牙治疗之外，有时为了应急，可以通过化妆来弥补。可以在嘴唇上涂防裂膏，保持嘴唇的油分和滋润感；用棕色唇膏轻涂在嘴唇上，可以遮盖紫褐色的嘴唇，况且由于深色唇膏与牙齿色泽反差小，能够造成视错觉，让人看上去觉得牙齿不是那么太黄了。

（2）女士要注意颈部皮肤的护理。女士不要忽视颈部皮肤的护理，颈部皮肤与脸部的皮肤差不多，所以你不必去买专门的营养霜，可以使用用于脸上的护肤品，使用方法和程序跟面部护理一样，只不过在春天、秋天和冬天，脖子上因为有衣服和围巾等的遮掩，护肤用品使用次数不必太频繁，可以在每天早晨或晚上使用一次，夏天因为脖子皮肤裸露在外较多，出外晒太阳时，应与脸部皮肤一样，使用防晒霜，每天两次爽肤和使用营养霜。女士把自己的颈部护理得与自己的脸一样年轻，就会更加完美了。

（3）注意化妆的基本礼节。化妆不但要掌握一定的方法，还要掌握化妆的礼节：化妆的浓淡视时间而定，白天工作场合化淡妆，夜晚化浓妆、淡妆都适宜；不能在公共场所、在众目睽睽之下化妆，这是非常失礼的，要在卧室或化妆间里化妆。工作时间不能化妆，否则易被他人当作不务正业的人。不允许在同事面前化妆，否则会引起误会；不要非议他人的化妆。由于民族、肤色和文化修养的差异，每个人的妆容不可能都是一样的；不要借用他人的化妆品，这样做既不卫生又不礼貌。

值得注意的是，青年女性不宜过多使用化妆品，平时只使用一些适合自己皮肤的护肤霜就可以了。特别是正值发育期的女孩子，更不要多用化妆品，因为这个时期她们的机体新陈代谢旺盛，皮肤毛孔很容易被堵塞，从而有可能引发皮肤病。至于唇膏，旨在护肤，一般多在冬季使用，以防嘴唇开裂。

6. 男士的"化妆"

以上化妆主要针对女士而言，其实男士也应注意面容之美，除了具有宗教信仰与风俗习惯者之外，男性不宜蓄留胡须，因为在交际场合"美髯公"并不美，它显得不清洁，还对交往对象不尊重，因此男性最好每天坚持剃一次胡须，绝对不可以胡子拉碴地上班或与人会面。如果有必要蓄须，也要考虑工作是否允许，并且要经常修剪，保持卫生，不管是留络腮胡还是小胡子，整洁大方最重要。

剃须虽然人人都会，但仍需要注意操作程序和方法是否正确和得当。男子剃须方法和程序具体如下。

（1）清洁皮肤。剃须前，应先用中性肥皂洗净脸部。如脸上、胡须上留有污物及灰尘，在剃须时，因剃刀对皮肤会产生刺激，或轻微地碰伤皮肤，污物会引起皮肤感染。

（2）软化胡须。洗净脸后，再用热毛巾捂胡须，或将软化胡须膏涂于胡须上，使胡须软化。过一会儿再涂上剃须膏或皂液，以利于刀锋对胡须的切割和减轻对皮肤的刺激。剃须膏是男子剃须的专用品，有泡沫型和非泡沫型两种，有的还可自动发热。剃须膏使用方法比较简单，先用温水将胡须部位拍湿后，再挤少量剃须膏均匀地涂抹在胡须上，待泡沫出现或稍待片刻后，即可开始刮须。

（3）正确剃刮。剃须时应绷紧皮肤，以减少剃刀在皮肤上运行时的阻力，并可防止碰破皮肤。尤其年纪大或者瘦弱的人，皮肤易出皱纹，更应绷紧皮肤，使之保持弹性和一定支撑力。剃完毕，用热毛巾把泡沫擦净或用温水洗净后，应检查一下还有没有胡碴。

（4）剃后保养。剃须后应注意皮肤保养，因为剃刮胡须时，对皮肤有一定的刺激，并且易使皮脂膜受损，为了在新皮脂膜再生之前保护好皮肤，应在剃须后用热毛巾再敷上几分钟，然后可选用诸如须后膏、须后水、面后蜜、护肤脂或润肤霜之类外搽。这样可形成保护膜，使皮肤少受外界刺激。

（5）胡须修剪与保养。对于蓄须者，修剪胡须时可用一把细齿小木梳和一把弯头小剪刀，先将胡须梳顺，然后再剪翘起的胡子和长于胡型的胡子，使修剪后的胡须保持整齐挺括的外形。上唇胡须的下缘要齐整，否则会影响面容美观。

如果要改变胡子的形状，可用剪刀将不需要的部分仔细地修剪掉，不要一下子剪得太多，以免失手而影响胡型。

胡须的保养第一步是清洁，每天应认真地清洗胡须，以免尘埃及脏物污染胡须和其根基部的皮肤。洗完后可涂少量的滋润剂，以保持胡须的柔软和光泽。

此外，还要注意经常检查和修剪"鼻毛"，在人际交往中，偶尔有一两根鼻毛黑糊糊地"外出"，是很会破坏他人对你的看法的；吸烟的男子要注意吸烟后能嚼口香糖等去除烟味；有"汗脚"的男士应注意保持鞋袜清洁。

男士的形象与其精神面貌有很大关系，如果外表各方面都处于最佳状态，但目中无人，神态不振，这个人的形象也就谈不上好，所以，男士在精神面貌上要保持对生活的乐观和追求，少些抑郁忧愁，多些爽朗欢笑。

延伸阅读

一、职业女性的优雅妆容

1. 适用于坐班的职业性妆容——优雅知性

特点：在办公室里，尤其应该保持干练清爽的妆容。重要的是要有"线"的概念，比如眉毛最好修成直的，眼线画得细细的，嘴唇用唇线笔勾勒出轮廓，这样才会营造出既严谨又干练的效果。另外，由于办公室里常常使用荧光灯照明，太亮的珠光效果会过分渲染华丽，所以无论肌肤还是嘴唇，都应保持一种自然柔和的光泽。

要点：洁净、自然、生动，走线精细，色泽淡雅。办公室通常有冷色和暖色两种光源，要考虑不同光源下妆容效果的差异，尝试着调整出最适宜自己肤色和特定的光源下适宜的妆容效果。

追求自然效果的妆容一定不能夸张,要在眼部做好收敛的工作。将茶色系列的眼影用在眼睛周围,作出眼影的效果。眼线是描画眼睛的关键步骤,它能起到调整眼形的作用。描画时应注意眼线一定要细,位置紧靠睫毛,从内眼角向外延伸,在眼睛后 1/3 处稍稍平拉,并用棉签轻轻蘸去多余的地方。眉毛最好用灰色的眉笔勾勒一下,最后,用含珠光的白色眼影点缀一下眼角,这是遮盖黑眼圈的好办法。

面对镜子微笑,从外向内将腮红轻扫于笑肌处。为了让唇妆更持久,最好在上口红前,用唇线笔勾出唇形。尤其对于偏油的口红,唇线也可以起到"堤坝"的作用。选择颜色比自己唇色稍微重一点的唇线笔,切记唇线不要太明显,否则会显得品位很差,同时,在选择口红颜色的时候,一定要掌握分寸,以不抢眼为好。

2. 适用于在外奔走的妆容——职业活力

特点:扬长避短是这一妆容的基本要点。在自然光线,特别是阳光下,容易让皮肤的优劣好坏暴露无遗。肤质好的人,妆容可本色一些,可更多地强调"天生丽质",肤质差一些的人,妆容应相对重一些,更好地遮盖问题皮肤。比如用遮盖能力强一点的粉底等。

要点:清新自然。用于室外的职业妆应保持清新自然的基本要点,用于室外的社交妆和生活妆,可以根据场合在浓度上作相应的调整。

化妆的色彩可以明快一些,与室外活跃的气息和行动的动感相适应,最好选用具有防晒功能的复合型产品,化妆品应同时兼有防晒功能。

因为室外光线充足,使用粉底特别要注意尽量与肤色接近,不宜使用过白或过暗的产品,避免妆面与肤色冲突,造成技术拙劣和让人难以接受的感觉。而且室外妆容不宜保持,稍不小心就会引起出汗,以致妆容脱落。你要细心定妆并随身携带必需的化妆品,以及时补妆。

3. 适用于社交场合的妆容——浓艳相宜

特点:强调轮廓感。晚妆是在完全没有自然散光的光线下的妆容,较容易表现轮廓感。画好晚妆,要学会用明暗、修容技术和线条勾勒的化妆方法,丰富轮廓感。

要点:晚宴妆通常是在典型的暖色光下,气氛浓重的环境中使用的妆面,通常有高贵、优雅、性感、冷艳 4 个主题。不论是哪一个主题,要与服饰、气质、风度相配合。

晚宴妆强调层次感,亮度依次是眼睛、口和腮。除了选择适宜的色泽之外,画出这些部位立体的层次非常重要。如口红,可以有 3 个层次,唇部外沿色彩偏重,体现较好和精细的轮廓感,中部可选择浅色或白色,也可选择富有光泽的唇彩或唇油,造成生动、丰富迷人的立体效果。

晚妆较多用紫色、玫瑰红色、银灰色、蓝色等突出主题的色彩,并较多用带有荧光的眼影或用于突出的高光色,在晚间的灯光下与有光泽的服饰相辉映,提高晚妆夺目的表现力。通常晚妆着色较平日更浓重一点,当然切忌走向极端,过于浓艳的女人,容易被人看成是粗俗的人而不受欢迎。

二、三大错误护肤法

1. 清洁太匆匆

通过彻底清洁，可使面部的肌肤卸下各种负担，让营养物质与表皮细胞零距离地接触。洁面还能让肌肤软化，从而使角质层吸收更多水分，但错误的洁面方法就很难达到这一效果。

错误示例：许多人在清洁肌肤的时候马马虎虎，只是匆匆涂抹以后，便用清水将泡沫洗去，角质层没有得到软化，护肤品中的营养物质根本来不及渗透和吸收。还有的人甚至连肌肤表层的油脂和污垢都没有洗干净，滞留的油脂和污垢不但损害肌肤，还会形成一个闭合的屏障，影响后续护肤品中养分的渗透和吸收。

正确方法：一般来讲，清洁肌肤时一定要有耐心，尽量把每一寸肌肤都照顾到。可先用含有除垢成分的护肤品将肌肤表层的皮脂、污垢洗去，再用含营养成分的洗面奶以按摩方式涂抹在脸上，这样肌肤在吸收营养物质的同时，还能促进皮下的血液循环，从而加速肌肤新陈代谢，对于养分渗入皮内、柔润肌肤也更为有利。

2. 护肤乱序

护肤包括深层护肤和表层护肤两种，这两种方式的护肤品功效是不一样的。前者的主要功能是为皮肤提供营养，因此，吸收是非常重要的；后者的主要功能是为皮肤增加一层保护膜，防止外界不良环境对皮肤的侵害，因此对吸收的要求比较少。

错误示例：先进行表层护肤，涂抹含有油脂和隔离成分的护肤品，如隔离霜等，再进行深层护肤，擦保湿水、润肤露等。这种做法，会使肌肤先形成一层保护膜，深层护肤品的营养很难到达肌肤内部，营养物质无法渗透和吸收，后续护肤工作等于白做。

另外，先涂抹油性护肤品，再使用水性护肤品，这样会使水分难以渗透，滞留在肌肤表面进而蒸发，造成护肤品养分流失。

正确方法：先进行深层洁肤，保证肌肤能够吸收充足的营养，以后涂上具有保湿、滋润效果的护肤品，然后再做外部保护。

在使用护肤品时要注意，按照分子越小越先用的原则，如爽肤水、精华液、眼霜、乳液、乳霜、膏状护肤品，质地越清爽、越稀越先用，这样更有利于各种营养的充分吸收。

3. 营养过分集中

护肤品中的各种营养成分，各有所用、能令肌肤显现出不同的光彩：美白的、活肤的、补水的，只有搭配使用，让肌肤有时间吸收不同的养分，肌肤才能健康、白皙、有光泽。如果将各种营养集体"抛"向肌肤，结果只会适得其反。

错误示例：深层清洁和去角质同时进行：肌肤的承受能力是有限的，进行过深层清洁以后，表皮细胞很可能在无意间受到伤害，需要一段时间休养才能恢复，如果此时再去角质，无疑会让肌肤伤得更深，营养物质的吸收也就无从谈起。

正确方法：深层洁肤可以经常进行，但不要与去角质一起进行。最好每周单独进行一次去角质，其间不要深层洁肤。

（资料来源：http://www.39.net/woman/mlzb/bjyf/178775_1.html，2006-04-30）

思考练习

1. 仪容修饰对个人职业形象的塑造有何重要意义？
2. 请结合自身的体会阐述良好的生活习惯与皮肤护理之间的关系。
3. 与同学交流一下自己对头发、面部、手、脚等进行清洁和保养的心得。
4. 假如你是一名即将毕业的大学生，准备去参加招聘面试，为了能更好地展示自己的良好形象，除了注意服装搭配外，在仪容修饰方面你该如何准备？
5. 案例分析：

一道道奇特的风景线

阿美和阿娟是一所美容学校的学生，初学化妆非常兴奋，走在大街上，总爱观察别人的妆容，因此发现了一道道奇特风景线。

一位中年妇女没有做其他化妆，只涂了嘴唇，而且是那种很红很艳的唇膏，只突出了一张嘴。一位女士的妆容看起来真的很漂亮，只可惜脸上精彩纷呈，脖子却黯然失色，在脸和脖子之间好像有明显的分界线，像戴了面具一样。再看，还有的女士用粗的黑色眼线将眼睛轮廓包围起来，像个"大括号"，看上去显得生硬、不自然。一位很漂亮的女士，身穿蓝色调的时装，却涂着橘红色的唇彩……

（资料来源：英国．公共关系与现代礼仪案例．北京：机械工业出版社，2004．）

思考讨论题：

（1）请帮助阿美和阿娟分析一下，针对以上几种情形，自己化妆时应注意哪些问题？

（2）本案例对你有何启示？

学习情境 2　服饰选配

一个人的穿着打扮，就是他的教养、品位、地位的真实写照。

——（英）莎士比亚

情境导入

事与愿违

有一家海外知名企业的董事长要来本市访问，有寻求合作伙伴的意向。某商务信息公司的王总经理获悉这一情况后，请有关部门为双方牵线搭桥。让他喜出望外的是，对方也有合作意向，而且希望尽快见面。到了双方会面的那一天，王总特意在公司挑选了几个漂亮的部门女秘书来做接待工作，并特别指示她们穿紧身的上衣、黑色的皮裙。他认为这种时尚、性感的装束一定会让外商觉得自己对他们的到来格外重视，因此，一定会赢得他们的好感和信任。这时，正在准备工作的办公室秘书小李惊异地看到这几位漂亮姑娘，她皱着眉头，想要说什么又咽了回去。过了一会儿后她还是忍不住对王总说："王总，做接待工作是不适合穿这种服装的。"王总惊讶地问道："是吗？为什么？"

（资料来源：王芬. 秘书礼仪实务. 北京：电子工业出版社，2009.）

任务分析

人的长相、身材高矮难以改变，而服饰却是可以变化的。整洁美观的服饰是人们能用以改变自己或烘托自己的最好方法，也是使用最频繁的"武器"。

早在 1972 年，世界著名心理学家及讲演大师肯利教授发现，在高中女孩的交往中，穿衣最重要，占留给别人印象的 67% 之多，在多年之后，我们即便回忆不起当年的容貌，却对"当时穿什么"印象特深，其次才是个性，再次是共同的兴趣。因而他发现了着装是一个强烈、显著的信号，并告诉人们一个原则：服装只要运用得当，就是最有利的沟通工具之一，也是最便捷的人际交往"名片"。并且进一步通过实验证实，着装能让人们得到不同的待遇。假如穿戴像一个成功的人，就能在各种场合得到应有的尊敬和善待。肯利教授最后指出，任何行业，穿着得体都能够帮助人们取得更大成功。

本"情境导入"中的案例说明：着装是要分场合、讲礼仪的。在正式的商务接待中，接待人员不适宜穿紧身上衣和皮裙。女性穿紧身上衣只适合于休闲或一般的交际场合，而穿皮裙则更不合适，因为在西方传统的观念中，这种打扮是一些社会地位低微、行为举止轻浮的女性的所爱。

实训项目

项目名称： 着装展示会。

实训目标： 根据服饰选配的相关要求与规范，使自己的着装符合职业礼仪要求，展示良好的形象。

实训学时： 2学时。

实训地点： 实训室。

实训准备： 各类服装和饰物等。

实训方法： 将学生分成小组，每组5~6人，每组设计不同场合（可以是正式场合、休闲场合、运动场合、商务酒会场合等）的服饰穿戴与搭配。每组学生进行角色扮演，演示各岗位服饰的穿戴与搭配，用数码摄像机记录整个过程，然后投影回放，学生自我评价，找出不合规范之处。授课教师总结点评学生存在的单个问题和共性问题。最后，全班评选出"最佳表现组"。

知识链接

一、着装的一般原则

1. 个性协调原则

所谓穿着的协调，是指一个人的穿着要与他的年龄、体形、职业和所处的场合等相适合，表现出一种和谐，这种和谐能给人以美感。具体地说，有以下几个方面内容。

（1）穿着要和年龄相协调。不管青年人还是老年人，都有权利打扮自己，但是在打扮时要注意，不同年龄的人有不同的穿着要求。年轻人应穿着鲜艳、活泼、随意一些，这样可以充分体现出青年人的朝气和蓬勃向上的青春之美。而中、老年人的着装则要注意庄重、雅致、整洁，体现出成熟和稳重，透出那种年轻人所没有的成熟美。因此，无论你是青年、中年，还是老年，只要你的穿着与年龄相协调，那么都会使你显出独特的美来。

（2）穿着要与体形相协调。关于人体美的标准，古今中外众说纷纭。有关专家综合我国人口的健美标准，提出两性不同的体形标准。女性的标准体形是：骨骼匀称、适度。具体表现为：站立时头颈、躯干和脚的纵轴在同一垂直线上。肩稍宽，四肢比例及头、颈、胸的比例，以肚脐为界，上下身的比例符合"黄金分割"的1.618:1，也可用近乎8:5来表示。若身高

160厘米，则其较为理想的体重是50~55千克，肩宽是36~38厘米，胸围是84~86厘米，腰围是60~62厘米，臀围是86~88厘米；男性的标准体形应基本遵循两臂侧平举等于身高的原则，若身高167~170厘米，则其较为理想的体重是68~70千克，胸围是95~98厘米，腰围是75~78厘米，颈围是30~40厘米，上臂围是32~33厘米，大腿围是55~56厘米，小腿围是37~38厘米。

然而，在现实生活中，并非每个人的体形都十分理想，人们或多或少地存在着形体上的不完美或欠缺，或高或矮，或胖或瘦。若能根据自己的体形挑选合适的服装，扬长避短，则能实现服装美和人体美的和谐、统一。

一般来说，身材较高的人，上衣应适当加长，配以低圆领或宽大而蓬松的袖子，宽大的裙子、衬衣，这样能给人以"矮"的感觉，衣服颜色上最好选择深色、单色或柔和的颜色；身材较矮的人，不宜穿大花图案或宽格条纹的服装，最好选择浅色的套装，上衣应稍短一些，使腿比上身突出，服装款式以简单直线为宜，上下颜色应保持一致；体形较胖的人应选择小花纹、直条纹的衣料，最好是冷色调，以达到"瘦"的效果，在款式上，胖人要力求简洁，中腰略收，后背扎一中缝为好，不宜采用关门领，以"V"形领为最佳；体形较瘦的人应选择色彩鲜明、大花图案及方格、横格的衣料，给人以宽阔、健壮的视觉效果，在款式上，瘦人应当选择尺寸宽大、上下分割花纹、有变化的、较复杂的、质地不太软的衣服，切忌穿紧身衣裤，也不要穿深色的衣服。另外，肤色较深的人穿浅色服装，会获得健美的色彩效果，肤色较白的人穿深色服装，更能显出皮肤的细滑柔嫩。

（3）穿着要和职业相协调。穿着除了要和身材、体形协调之外，还要与你的职业相协调。这一点非常重要，不同的职业有不同的穿着要求。例如，教师、干部一般要穿得庄重一些，不要打扮妖艳，衣着款式也不要过于怪异，这样可以给人留下一个良好的印象；医生穿着要力求显得稳重和富有经验，一般不宜穿得过于时髦给人以轻浮的感觉，这样不利于对病人进行治疗；青少年学生穿着要朴实、大方、整洁，不要过于成人化；而演员、艺术家则可以根据他们的职业特点，穿得时尚一些。

（4）穿着要和环境相协调。穿着还要与你所处的环境相协调。上班的办公室是一个很严肃的地方，因此在穿着上就应整齐、庄重一些。外出旅游，穿着应以轻装为宜，力求宽松、舒适，方便运动。平日居家，可以穿着随便一些，但如有客人来访，应请客人稍坐，自己立即穿着整齐，如果只穿内衣内裤来接待客人，那就显得失礼了。除此之外，在一些较为特殊的场合，还有一些专门的穿着要求。例如，在喜庆场合不宜穿得太素雅、古板；庄重的场合不能穿得太宽松、随便；悲伤场合不能穿得太鲜艳，等等。对于这些穿着要求，在下面还要作具体的介绍。

2. 色彩搭配原则

色彩，是服装留给人们记忆最深的印象之一，而且在很大程度上也是服装穿着成败的关键所在。色彩对他人的刺激最快速，最强烈，最深刻，所以被称为"服装之第一可视物"。

一般来讲，不同色彩的服饰在不同的场合所产生的效果是不同的，为此，需要对色彩的象征性有一定的了解。

黑色，象征神秘、悲哀、静寂、死亡，或者刚强、坚定、冷峻；
白色，象征纯洁、明亮、朴素、神圣、高雅、恬淡，或者空虚、无望；
黄色，象征炽热、光明、庄严、明丽、希望、高贵、权威；
大红，象征活力、热烈、激情、奔放、喜庆、福禄、爱情、革命；
粉红，象征柔和、温馨、温情；
紫色，象征谦和、平静、沉稳、亲切；
绿色，象征生命、新鲜、青春、新生、自然、朝气；
浅蓝，象征纯洁、清爽、文静、梦幻；
深蓝，象征自信、沉静、平静、深邃；
灰色，中间色，象征中立、和气、文雅。

人们在穿衣着装时，在色彩的选择上既要考虑个性、爱好、季节，又要兼顾他人的观感和所处的场合。所以明代卫泳在《缘饰》中说春服宜清，夏服宜爽，秋服宜雅，冬服宜艳；见客宜重装；远行宜淡服；花下宜素服；对雪宜丽服。古人对服饰的讲究的确值得我们借鉴。

对一般人而言，在服装的色彩上要想获得成功，最重要的是掌握色彩的特性、色彩的搭配及正装色彩的选择这三个方面：

（1）色彩的特性。色彩具有冷暖、轻重、缩扩等特性。

① 色彩的冷暖。使人产生温暖、热烈、兴奋之感的色彩为暖色，如红色、黄色；使人有寒冷、抑制、平静之感的色彩为冷色，如蓝色、黑色、绿色。

② 色彩的轻重。色彩明暗变化程度，被称为明度。不同明度的色彩往往给人以轻重不同的感觉。色彩越浅，明度越强，它使人有上升之感、轻感。色彩越深，明度越弱，它使人有下垂之感、重感。人们平日的着装，通常讲究上浅下深。

③ 色彩的缩扩。色彩的波长不同给人收缩或扩张的感觉有所不同。一般来讲，冷色、深色属收缩色，暖色、浅色则为扩张色。运用到服装上，前者使人苗条，后者使人丰满，二者皆可使人在形体方面避短扬长，运用不当则会在形体上出丑露怯。

（2）色彩的搭配。色彩的搭配主要有统一法、对比法、呼应法。

① 统一法。即配色时尽量采用同一色系之中各种明度不同的色彩，按照深浅不同的程度搭配，以便创造出和谐感。例如，穿西服按照统一法可以选择这样搭配，如果采用灰

色色系，可以由外向内逐渐变浅，深灰色西服——浅灰底花纹的领带——白色衬衫。这种方法适用于工作场合或庄重的社交场合的着装配色。

② 对比法。即在配色时运用冷色、深色，明暗两种特性相反的色彩进行组合的方法。它可以使着装在色彩上反差强烈，静中求动，突出个性。但有一点要注意，运用对比法时忌讳上下 1/2 比例，否则给人以拦腰一刀的感觉，要找到黄金分割点即身高的 1/3 点上（即穿衬衣从上往下第四、第五个扣子之间），这样才有美感。

③ 呼应法。即在配色时，在某些相关部位刻意采用同一色彩，以便使其遥相呼应，产生美感。例如，在社交场合穿西服的男士讲究"三一律"。所谓"三一律"就是男士在正式场合时应使公文包、腰带、皮鞋的色彩相同，即为此法的运用。

（3）正装的色彩。非正式场合所穿的便装，色彩上要求不高，往往可以听任自便，而正式场合穿的服装，其色彩却要多加注意。总体上要求正装色彩应当以少为宜，最好将其控制在三种色彩之内。这样有助于保持正装保守的总体风格，显得简洁、和谐。正装若超过三种色彩则给人以繁杂，低俗之感。正装色彩，一般应为单色、深色并且无图案。最标准的正装色彩是蓝色、灰色、棕色、黑色。衬衣的色彩最佳为白色，皮鞋、袜子、公文包的色彩宜为深色（黑色最为常见）。

此外，肤色也关系到着装的色彩，浅黄色皮肤者，也就是我们所说的皮肤白净的人，对颜色的选择性不那么强，穿什么颜色的衣服都合适，尤其是穿上不加配色的黑色衣裤，会显得更加动人。暗黄或浅褐色皮肤，也就是皮肤较黑的人，要尽量避免穿深色服装，特别是深褐色、黑紫色的服装。一般来说，这类肤色的人选择红色、黄色的服装比较合适。肤色呈病黄或苍白的人，最好不要穿紫红色的服装，以免使其脸色呈现出黄绿色，加重病态感；皮肤黑中透红的人，则应避免穿红、浅绿等颜色的服装，而应穿浅黄、白等颜色的服装。

3. 注意场合原则

所谓穿着要注意场合，是说要根据不同场合来进行着装。英国女王伊丽莎白二世访问中国时，走出机舱门第一个亮相，穿的是正黄色西服套裙，戴正黄色帽子。这位女王本人喜欢红色和天蓝色，很少穿黄色衣服。但在中国，历史上黄色是皇帝的专用色。女王来中国访问时穿正黄色服装，既表示尊重中国的传统习俗，又表明了她作为一国君主的高贵身份。

（1）正式场合。正式场合是指商务谈判、重要的商务会议、求职面试等正规、严肃的场合。男士在正式场合通常穿严肃的西服套装（上下装面料相同、颜色相同）。纯黑色西服在西方通常用于婚礼、葬礼及其他极为隆重的场合，而正式的商务场合最常使用的西服套装颜色为深蓝色和深灰色，深蓝色或深灰色西装搭配白衬衫是商务场合男士的必备服装。女士在正式的商务场合当中，与男士西装相对应的是女士西服套裙（上衣领子与男士西装领子相似）。

（2）半正式场合。半正式场合是指无重大活动、无重要严肃事务的商务场合（需要注意的是，有些着装要求非常严格的公司只在周末允许穿半职业装）。在半正式场合，男士不用系领带，可以选择不太正式的西服上衣，如亲切感更强的咖啡色西服及其他权威感较弱的明快的颜色。面料可以选择更随意更舒适的粗花呢等。上装和长裤采用不一样的面料和不一样的颜色，看上去更加轻松。

搭配的时候要注意颜色与面料的平衡感。男士半职业装可以搭配高品质的针织衫及时尚感、休闲感较强的衬衫，衬衫的领形可有较多的变化。长裤的面料和颜色可以更加自然随意。需要注意的是，长裤的款式还是以西裤款式为主，不可出现宽松裤、萝卜裤、牛仔裤等休闲时尚裤形。女士的半职业装款式变化与组合非常丰富，可以将正装的西服套裙与套裤分开来穿，搭配经典款式的连衣裙、针织衫、短裙、衬衫。各个款式的细节处理可以更加富有创意，颜色可以更加明亮丰富，但仍然要保持躯干线条的清晰干练。

（3）休闲场合。所谓"休闲"，是指"停止工作或学习，处于闲暇轻松状态"。在这种休闲状态下，服装应当舒适、轻松、愉快，因此在款式上，男士和女士都采用宽松的款式，如夹克衫、T恤衫、棉质休闲裤、牛仔装等。服装颜色可以选择鲜艳新奇的色彩。女士连衣裙、短裙或衬衫的款式细节、图案和色彩都可以更大胆、更丰富。

（4）商务酒会场合。西方男士在特殊场合的礼服分为晨礼服、晚礼服等，但近年来有逐渐简化的趋势。国内一般公司的小型商务酒会、聚会，男士穿深色西装即可，但是领带的图案和颜色都需要更加华丽一些。女士的服装尽量以小礼服风格的款式为主，但不宜过于暴露肌肤，领、袖、肩既不可过于裸露又不可过于严实，千万不要过于隆重、夸张，裙长在膝盖上下位置比较妥当。布料可以选用丝缎、纱等，也可用无领无袖单色连衣裙搭配亮丽的首饰、富有质感的毛皮围巾、丝巾等增强闪光点和华丽感。酒会穿的鞋可以选有丝缎面料、露趾的晚装鞋，提包换成小巧一些的晚装包。

（5）晚宴场合。国际商务场合隆重的晚宴需要晚礼服。晚礼服是晚上20:00以后穿用的正式礼服，是礼服中档次最高、最具特色、最能充分展示个性的礼服样式。女士的晚礼服常与披肩、外套、斗篷等相搭配，与华美的装饰手套等共同构成整体装束效果。西方传统晚礼服款式强调女性窈窕的腰肢，夸张臀部以下裙子的重量感，肩、胸、臂的充分展露，为华丽的首饰留下表现空间。面料通常选用闪光缎、丝光面料，充分展现华丽、高贵感。多配高跟细襻的凉鞋或修饰性强、与礼服相宜的高跟鞋。中国女性的身材和西方女性有所不同，因此可以选用面料华丽、制作精美的旗袍式晚礼服，同样能够产生惊艳的效果。男士参加晚宴的时候可以根据自身的喜好选择正式晚礼服或黑色西装，但一定注意细节处理要恰到好处。

（6）运动场合。商务人员会经常参加公司组织的体育比赛或观看体育比赛，参加此类活动应当穿运动装。运动装与休闲装都具有宽松、舒适的特点，但是运动装比休闲装更加适宜人体运动。不同的体育比赛有不同的运动装款式，参加活动之前应当准备好相应的服装。

（7）家居场合。下班回家之后通常应当换上家居服。家居服也有晨衣、睡衣等诸多款式，但其一致的特点是非常舒适、宽松、随意。因此，需要提醒商务人员注意的是，假如有客人来访，只要不是非常熟悉的人，就一定要换上休闲服或半职业装会见客人。即使是在家里，穿着睡衣之类的家居服见同事或客户也是非常不礼貌的。有些家居服的款式是会客时穿的，但也只适用于很熟的私人朋友或邻居等。最后要提醒大家的是，家居服绝不可以穿到自家大门以外，哪怕只是去楼下小卖店买瓶酱油，穿着睡衣也是非常失礼的。

二、男士西装的穿着

西装是男士最常见的办公服，也是现代交际中男子最得体的着装。国外很多机构，包括一些大企业，规定工作人员不能穿短裤、运动服上班，要求男士必须穿西服打领带。一些剧院也规定了观看者必须西装革履，为了塑造良好的个人形象，男士必须学会穿西装。

1. 男士西装的选择

（1）选择合适的款式。西装的款式可分为英国、美国、英国外欧洲三大流派。尽管西装在款式上有流派之分，但是各流派之间差异并不很大，只是在后开衩的部位、扣是单排还是双排、领子的宽窄等方面有所不同。不过，在胸围、腰围的胖瘦，肩的宽窄上还是有所变化的。因此，在选择西装时，要充分考虑到自己的身高、体形，如身材较胖的人最好不要选择瘦型短西装；身材较矮的人也最好不要穿上衣较长、肩较宽的双排扣西装。

（2）选择合适的面料和颜色。西装的面料要挺括一些。作正式礼服用的西装可采用深色，如黑色、深蓝、深灰等颜色的全毛面料制作。日常穿的西装颜色可以有所变化，面料也可以不必讲究，但必须熨烫挺括。如果穿着皱巴巴的西装，是会损坏自己的交际形象的。

（3）选择合适的衬衣。穿着西装时一定要穿带领的衬衣，衬衫领子应根据脖子的长短来选择，脖子较短的人不宜选用宽领衬衫；相反，脖子较长的人也不宜选用窄领衬衫。花衬衣配单色的西装效果比较好，单色的衬衣配条纹或带格的西装比较合适；方格衬衣不应配条纹西装，条纹衬衣也不要配方格西装。衬衫袖子的长度以长出西装袖口2厘米左右为标准。

（4）选择合适的领带。在交际场合穿西装必须要打领带，领带是西装的灵魂，在西装的穿着中起着画龙点睛的作用。领带的颜色、花纹和款式要与所穿的西装相协调。领带的面料以真丝为最优。在领带颜色的选择上，杂色西装应配单色领带，而单色西装则应配花纹领带，如驼色西装应配金茶色领带，褐色西装则需配黑色领带等。

2. 男士西装的穿着

（1）穿好衬衣。穿西装必须要穿长袖衬衣，衬衣最好不要过旧，领头一定要挺括，外露的部分一定要平整干净。衬衣下摆要掖在裤子里，领子不要翻在西装外，衬衣袖子要长于西装袖子。衬衫袖口要扣上。

（2）注意内衣不可过多。穿西装切忌穿过多内衣。衬衣内除了背心之外，最好不要再穿其他内衣，如果确实需要穿内衣，内衣的领圈和袖口也一定不要露出来。如果天气较冷，衬衣外面还可以穿上一件毛衣或毛背心，但毛衣一定要紧身，不要过于宽松，以免穿上显得过于臃肿，影响穿西装的效果。

（3）打好领带。在比较正式的社交场合，穿西装应系好领带。领带常可体现一个人的心理特征，如系短领带，领带结头宽大，则表明此人自信心极强，相反，领带的结头打得过紧过小，则表明此人自卑。因此领带应打得宽松得体。领带的长度要适当，以达到皮带扣处为宜。如果穿毛衣或毛背心，应将领带下部放在毛衣领口内。系领带时，衬衣的第一个纽扣要扣好，如果佩带领带夹，一般应在衬衣的第四、第五个纽扣之间。在喜庆宴会场合，应该选用色彩鲜艳亮丽的领带；在庄严肃穆的场合，应该选用深色或者黑色的领带。领带的打法主要有以下几种。

① 平结。平结为男士最多选用的领结打法之一，几乎适用于各种材质的领带。要诀：领结下方所形成的凹洞需让两边均匀且对称。见图2-1（选自 http://www.yqrc.com/show_news.asp?id=90800，2006-04-26）

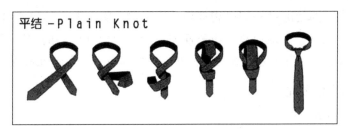

图2-1

② 交叉结。这是对于单色素雅质料且较薄领带适合选用的领结打法。对于喜欢展现流行感的男士不妨多加使用。见图2-2（选自 http://www.yqrc.com/show_news.asp?id=90800，2006-04-26）

图2-2

③ 温莎结。温莎结适用于宽领带，这种领结应往横向发展，领带材质避免过厚，领结也勿打得过大。见图 2-3（选自 http://www.yqrc.com/show_news.asp?id=90800，2006-04-26）

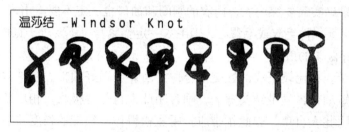

图2-3

（4）鞋袜整齐。穿西装一定要穿皮鞋，而不能穿布鞋或旅游鞋。皮鞋的颜色要与西装相配套。皮鞋还应擦亮，不要蒙满灰尘。穿皮鞋还要配上合适的袜子，袜子的颜色要比西装稍深一些。使它在皮鞋与西装之间显示一种过渡。

（5）扣好扣子。西装上衣可以敞开穿，但双排扣西装上衣一般不要敞开穿。在扣西装扣子时，如果穿的是两个扣子的西装，不要把两个扣子都扣上，一般只需扣上面一个。如果是三个扣子只需扣中间一个。

此外，还要注意西装前襟外侧口袋都是装饰用的，除左上方的口袋可以根据需要置放折叠考究的西装手帕外，其他口袋不应放任何东西，以保证西装的"笔挺"。钱夹、名片、钥匙等物品应放入西装前襟两边内侧的口袋里。西装裤兜内不宜放沉东西。

三、女士套裙的穿着

1. 选择合适的套裙

（1）面料。最好是纯天然质地，又是质量上乘的面料。上衣、裙子及背心等应选用同一种面料。在外观上，套裙所用的面料，讲究的是匀称、平整、滑润、光洁，不仅有弹性、手感好，而且应当不起皱、不起毛、不起球。

（2）色彩。应当以冷色调为主，借以体现出着装者的典雅、端庄与稳重。一套套裙的全部色彩不要超过两种，不然就会显得杂乱无章。

（3）图案。按照常规，商界女士在正式场合穿着的套裙，可以不带任何图案。

（4）点缀。不宜添加过多的点缀。一般而言，以贴布、绣花、花边、金线、彩条、亮片、珍珠、皮革等加点缀或装饰的套裙都不适宜商界女士穿着。

（5）尺寸。上衣不宜过长，下裙不宜过短。裙子下摆恰好到小腿最丰满处，乃是最为标准、最为理想的裙长。紧身式上衣显得较为正统，松身式上衣则看起来更加时髦一些。

（6）造型。H形上衣较为宽松，裙子多为筒式；X形上衣多为紧身式，裙子大多为喇叭式；A形上衣为紧身式，裙子则为宽松式；Y形上衣为松身式，裙子多为紧身式，并以筒式为主。

（7）款式。套裙款式的变化主要体现在上衣和裙子方面。上衣的变化主要体现在衣领方面，除常见的平驳领、驳领、一字领、圆领之外，青驳领、披肩领、燕翼领等并不罕见。裙子的式样常见的有西装裙、一步裙、筒式裙等，款式端庄、线条优美；百褶裙、旗袍裙、A字裙等，飘逸洒脱、高雅漂亮。

2. 选择和套裙配套的衬衫

与套裙配套穿着的衬衫，有不少的讲究。从面料上讲，主要要求轻薄而柔软，比如真丝、麻纱、府绸、罗布、涤棉，等等，都可以用作其面料。从色彩上讲，则要求雅致而端庄，不失女性的妩媚。除了作为"基本型"的白色外，其他各式各样的色彩，包括流行色在内，只要不是过于鲜艳，并且与所穿的套裙的色彩不相互排斥，均可用作衬衫的色彩。不过，还是以单色为最佳之选。同时，还要注意，应使衬衫的色彩与所穿的套裙的色彩互相般配，要么外深内浅，要么外浅内深，形成两者的深浅对比。

3. 选择和套裙配套的内衣

一套内衣往往由胸罩、内裤及腹带、吊袜带、连体衣等构成。它应当柔软贴身，并且起着支撑和烘托女性线条的作用。有鉴于此，选择内衣时，最关键的是要使之大小适当。

内衣所用的面料，以纯棉、真丝等面料为佳。它的色彩可以是常规的白色、肉色，也可以是粉色、红色、紫色、棕色、蓝色、黑色。不过，一套内衣最好同为一色，而且其各个组成部分亦为单色。就图案而论，着装者完全可以根据个人爱好加以选择。

内衣的具体款式甚多。在进行选择时，特别应当关注的是，穿上内衣之后，不应当使它的轮廓一目了然地在套裙之外展现出来。

4. 选择合适的鞋袜

选择鞋袜时，首先要注意其面料。女士所穿的与套裙配套的鞋子，宜为皮鞋，并且以牛皮鞋为上品。同时所穿的袜子，则可以是尼龙丝袜或羊毛袜。

鞋袜的色彩则有许多特殊的要求。与套裙配套的皮鞋，以黑色最为正统。此外，亦可选择与套裙色彩一致的皮鞋。但是最好不穿鲜红、明黄、艳绿、浅紫的鞋子。穿裙子时所配的袜子，可有肉色、黑色、浅灰色、浅棕色等几种颜色选择，只是最好选择单色。多色袜、彩色袜，以及白色、红色、蓝色、绿色、紫色等色彩的袜子，都是不适宜的。

鞋袜在与套裙搭配穿着时，要注意其款式。与套裙配套的鞋子，宜为高跟、半高跟的船式皮鞋或盖式皮鞋。系带式皮鞋、丁字式皮鞋、皮靴、皮凉鞋等，都不宜采用。高筒袜与连裤袜，则是与套裙的标准搭配。中筒袜、低筒袜，绝对不宜与套裙同时穿着。

5. 女性着装两忌

一忌入座撩裙。有些女性有在公共场合撩起裙子才坐下的习惯（应稍稍归拢一下而不是撩起），这样会有失体面。

二忌在公共场所随意脱鞋。在办公室、会议室、公共汽车等地方，有些女同志随意脱鞋松脚，有的跷着腿，一只脚上不经意地吊着鞋子，有的还把吊着的鞋子晃来晃去。这些不雅的姿态，会给人一种轻浮、懒散的印象。

四、服装饰物的佩戴

饰物的佩戴要注意与个人的风格、服装的质地与整体形象等相一致，具体需要注意以下几方面。

1. 帽子与围巾

帽子可以遮阳，可以御寒，同时也给人的仪表增添各种不同的情趣美。帽子种类有许多种，法式帽、西班牙式帽、宽檐帽、鸭舌帽、滑雪帽、水手帽、棒球帽等，帽子要注意与发型、脸形及服装的式样、颜色相配，还要注意与围巾相呼应。例如，简单优雅、线条流畅的圆形滚边帽下散落一头长发，最能表现出不造作的个性；而棕色的豹纹丝绒圆帽及围巾，既流行又不失沉稳，表现出酷劲十足。单单一条围巾也可为服装增添色彩，如一条丝巾的随意变化，或围在肩上，或挂在脖子上下垂，或在头上改变发型都会起到意想不到的效果。冬季的一条长围巾披在一边的肩膀上，也会有意想不到的美感。

2. 鞋

社交中男士的鞋一般都是皮鞋，穿民族服装和中山装也可以穿布鞋。男士的皮鞋以黑色最为通用，样子以保守一点为宜。女士的皮鞋一般为敞口鞋或冬季的短靴，布鞋、凉鞋或长筒马靴一般不适用于正式社交场合及办公场所。女士鞋的颜色也以黑色为通用，也可与服装颜色协调一致。皮鞋要求线条简洁，无过多的装饰物。女士穿高跟鞋的高度一般以三到四公分为宜，最高不超过 6 厘米为限，此外，高跟鞋的鞋跟也不可太细，以免发生危险。

3. 袜子

社交中，男士的袜子应是深色的，最好是服装与鞋的过渡色。有的人在穿黑色西装时穿白袜子，破坏了整体的稳重感，把人的视线吸引到了脚上，一双袜子破坏了精心设计的整体美。女士穿西服套装时最好穿连裤长袜。它比较适合各种款式的裙子，尤其是在穿一步裙、中间或两旁开衩的裙子时，以免穿半截袜露出大腿。即使穿长筒袜，也要用吊袜带，以免袜子松松垮垮或滑下。长袜以肉色系列最为通用。尽量穿有透明感的长袜，除非冬季穿很厚的衣裙、大衣时才可以穿厚一点的袜子。

4. 首饰

首饰起着辅助、烘托、陪衬、美化的作用。从审美的角度来看，它与服装、化妆，一道被列为人们用以装饰、美化自身的三大方法之一。较之于服装，它常常发挥画龙点睛的作用。

在使用首饰时宁肯不用也不要乱用，所以使用首饰要注意：在数量上以少为佳，下限是零，上限是三，必要时可以一件首饰也不戴，若有意同时配戴多种首饰时，在数量上不要超过三种，除耳环、手镯外，同类首饰不要超过一件，否则会给人凌乱之感。那种浑身珠光宝气、饰品堆集的装扮只会起到相反的效果。

在色彩上要力求同色，若同时佩带两件或两件以上的首饰，应使其颜色一致，千万不要使所戴的几种首饰异彩纷呈，同时还要注意首饰的色彩与服装的色彩要协调。

配戴的首饰要服从本人的身份，与自己的性别、年龄、职业、工作环境保持大体一致，而不宜使之相去甚远。如有的行业不允许员工戴首饰，像医务工作者、宾馆服务员、厨师，这是由于其行业特点决定的，该行业的人员应无条件地遵守行规。

在体形上要使首饰为自己的体形扬长避短。选择首饰时应充分正视自己的形体特点。如脖子长的人适合戴短、粗的项链，脖子短的人适合戴细、长的项链。手掌大、手指粗的人不宜戴过大或过小的戒指；手指短粗的人适合戴线条流畅的戒指，应避免戴方戒指或嵌大宝石的戒指。手掌与手指偏小的人不适合戴大戒指，而适合戴小巧玲珑的小型戒指或小钻戒。

在佩戴方法上，女士也应注意：戒指带在不同的手指上有不同的寓意，戴在食指上表示自己还没有男朋友，戴在中指上表示自己还在热恋，戴在无名指上表示已婚，戴在小指上表示主观上自愿独身。

项链的粗细应与脖子的粗细成正比，与脖子的长短成反比。从长度上分，项链可分为四种：短项链约40厘米，适合搭配低领上衣；中长项链约50厘米，可广泛使用；长项链约60厘米，适合在社交场合使用；特长项链约70厘米，适合用于隆重的社交场合。

耳饰可分为耳环、耳钉、耳坠、耳链，在一般情况下为女性所用，并且讲究成对使用。戴耳饰时应兼顾脸形，不要选择与脸形相似的形状，以防同型相斥，使脸形方面的短处被强调夸大。

要注意别胸针的部位，穿西服时应别在左侧领上，穿无领上衣时应别在左侧胸前。发型偏左时胸针应当居右，发行偏右时胸针应当偏左，其高度应在从上往下数第一粒、第二粒纽扣之间。

延伸阅读

一、镜头中的形象

在电视事业蓬勃发展的今天，以前只有资格当观众的人，现在会有很多机会在电视上"露脸"。假如你下个星期要以本公司工作人员的身份去电视台录制一个节目，那么在形象方面应该注意哪些事情呢？

1. 摄像机会让你的重量"增加"

有位女士看到自己在电视中的形象以后，惊呼"天哪，我怎么这么胖！"其实，如果不参加模特大赛的话，这位女士绝对是我们普通人中的"标准身材"。那么，为什么在电视中显得胖了10斤呢？原因是：图像背景是浅色的，这位女士穿的浅色衣服又恰好与背景融为一体，根本看不清楚轮廓线在哪里，造成了"肥胖"的错觉，实在遗憾。

正确的方法是：事先了解场地背景，选择与背景反差较大的外衣色彩，使你看上去轮廓分明。录制节目之前如果先向该节目的摄影师请教，他们通常会非常高兴地给你一大堆"忠告"。另外，男士的外衣与衬衫、领带或女士的外衣与丝巾、胸针等配件之间也应该有较大的反差，这样才能在屏幕上产生悦目的效果。

2. 穿得体的衣服

拍摄电视节目并不意味着你必须穿最好的衣服，你也不一定非要为上电视而购置新衣。重要的是：你的着装风格必须与节目的风格保持一致。如果你要讨论商业、企业、金融、法律、质量、售后服务等方面比较严肃的话题，严谨的职业套装是最好的选择。如果你在"东芝动物乐园"节目中谈论动物园里新来的非洲大象和斑马，或者是在"欢乐总动员"中与竞争对手进行友谊比赛，那么休闲装则是最好的选择。不管你选择哪种衣服，一定要选择合适的领口，否则，不舒适的衣领会让你难受，从而分散你的注意力，影响你的思维。

3. 慎重使用白色

白色在生活中很讨人喜欢。但是，在拍摄电视节目时，需要慎重使用白色。原因如下。其一，白色的图像给人以"膨胀"感，除非你非常苗条，否则不宜使用白色轮廓色。其二，白色织物会强烈地反射光线。想一想，当你站在白茫茫的雪地里时，你的瞳孔会怎样反映？它会自动收缩以减少射入眼底的光线。摄像机也是一样，当它遇到大面积的白色时，它会自动调节曝光数据，减少画面亮度，如此一来，你看到的画面效果是：你的脸在大面积的白色映衬下显得很黑，毫无光彩可言。

假如你的脸色不是那种像白种人一样的白颜色，而你又非常喜欢白色上镜，那么你应当把白色的面积控制在整体面积的1/2以下；或者用其他颜色的外衣或围巾、颜色反差较大的胸针、轮廓明显的项链来打破单一的白色。这样，既保留了白色的清纯与现代感，又弥补了白色在镜头中产生的缺陷。

4. 不要穿格子花呢

普通电视机画面的清晰度无法分辨出格子花呢中微小的颜色差异。如果你在讲话时喜欢使用手势，或者这个节目要拍摄一些活动的画面，那么，一定要避免穿格子花呢（例如颜色反差较大的犬牙花纹）。这是因为格子花呢会使画面看上去模糊不清，那些线条仿佛变成了流动的光影。细条纹或小点状花纹的衣服也会使画面看上去不稳定。

5. 现场的温度

拍摄现场很可能让你感叹"这里好热！"大家在拍照片时常常需要用闪光灯来补充照明，摄像时也是一样。在正规的演播室里通常配有威力强大的照明系统，它们除了会产生明亮的光线以外，还会产生大量的热能。虽然演播室有中央空调来控制温度，但是，由于你是被拍摄的主体，因此你将会得到更多的来自照明灯的热量。假如你处于压力之下感到紧张，或是对不熟悉的环境心怀恐惧，那你很可能会出汗。因此，不要穿得太厚，也不要穿不透气的衣服，否则你在拍摄过程中会感到"备受煎熬"。别忘了带一块手帕备用。

6. 你需要特别化妆

如果你的脸上肌肤不是非常光洁细腻，摄像机会把这一切夸张地显现出来。因此，女士的上镜妆要比日常妆画得更仔细一些，粉底、眼影、腮红、睫毛膏、眼线、唇彩一样也不能少，最后还要扑一些透明散粉。男士在上镜之前同样需要修面，并敷一些散粉遮盖脸上过多的油光。

很多节目剧组都配备有专业的化妆师，他们会帮助你解决化妆问题。应事先询问是否有化妆师，假如没有，你就应当自己解决这个问题。如果你实在不会自己化妆，可以事先到美容院预约专业化妆师（对于女士来说尤为重要），花费也不会太大。为了自己及公司的形象，这点投资也是值得的。

7. 佩戴简单大方、不会叮咚作响的配件及首饰

避免佩戴那些总是发出声响的首饰，除非你是在为这些产品做宣传。录制节目时，工作人员通常会在你的衣领附近别上一个微型麦克风，它会把那些噪声完全放出来，让观众以为你身上的口袋里装了很多零钱。

8. 上镜之前仔细检查

如果镜头主要拍摄你的脸，那么你就需要对着镜子仔细检查你的脸，确保"万无一失"。除了化妆和头发之外，还要注意眉毛是不是乱了，牙齿是不是清洁。请别人从其他角度看看你的头发，不要有影响整体效果的凌乱发丝。尽量不要戴眼镜，因为镜片容易反光，影响画面效果。

如果镜头可以专门拍摄你的手（比如详细介绍产品使用方法的节目），千万不要忘记修剪指甲。

（资料来源：徐克茹. 商务礼仪标准培训. 北京. 中国纺织出版社, 2007.）

二、职业装穿着七忌

第一，忌残破。职业装该洗就洗，该换就换，该淘汰就淘汰，宁可不穿也不能穿破衣服。你去餐厅吃饭，你看到的服务生最好穿套装制服。但是如果他穿的制服上面有一个洞，有一个污痕，或者掉一个扣子，或者很脏，那你还吃吗？

第二，忌杂乱。可以从两方面来看。一方面，单位要求你穿你就得穿，单位发了制服，不允许一半人穿，一半人不穿。另一方面，穿的时候要按服装自身的规则穿。比如穿西装的时候得穿皮鞋。女生穿凉鞋时注意，穿露脚趾的凉鞋不能穿袜子。另外，服装着装有集成的规则。

第三，忌鲜艳。从制作职业装的角度来讲，应该统一颜色，职业装不能太鲜艳。一般要遵守三色原则，也就是说全身上下衣服颜色不能超过三种。

第四，忌暴露。职业装在款式上要既时尚、新颖，又不能过于暴露。要求职业装四不露，即不露胸、不露肩、不露腰、不露背。

第五，忌透视。外衣不能太透。内衣、外衣的色彩要协调。

第六，忌短小。就是不能太短。如露脐装。

第七，忌紧身。紧身衣，搞不好会走光，或者扣子绷了、开线了，蹲着也不方便。

（资料来源：http://blog.sina.com.cn/s/blog_44a2df5e0100hyjl.html）

思考练习

1. 请根据周围同学的脸形、形体和个性特点，给他（她）在服饰选择上提一些合理化的建议。

2. 请根据衣服款式及衬衣颜色搭配合适的领带，并练习领带的不同打法。

3. 有一位著名女企业家，年龄36岁，身高165厘米，体重55千克，请你为这位女企业家提供着装建议。

4. 在班里开展校服设计活动。可分小组查找资料进行研讨，设计，形成校服图样。全班分组进行图样展示，并简介设计思想。选出大家最满意的校服设计图样献给学校，供学校参考。

5. 1999年夏天，在北京劳动人民文化宫太庙上演由张艺谋执导的意大利歌剧《图兰朵》，场内出现了身穿裤衩与身着燕尾服、晚礼服、西装套裙的人一同欣赏节目的场景。对此请谈谈你的看法。

6. 案例分析：

面试因何失败

南山宾馆根据收到的求职材料约见小赵作为预选对象。面试时，小赵涂着鲜艳的口红，烫着时髦的卷发，穿着低领紧身的吊带装，首饰华丽而夸张，给人以一种轻佻的感觉。小赵第一轮面试就落选了。事后一位人事部总监对她说："我认为你不可能仅仅由于化了美丽的妆而取得一个职位，但是我可以肯定你穿错了衣服就会使你失去一个职位。"

（资料来源：http://zwx.bzu.edu.cn/Upfiles/Article/201011832544141.doc）

思考讨论题：
（1）案例中人事部总监的话对你有何启示？
（2）结合本案例内容谈谈面试时应该怎样着装。

学习情境3 仪态设计

讲礼仪，才会有品位；有品位，才会有魅力。

——作者

情境导入

金先生失礼

风景秀丽的某海滨城市的朝阳大街，高耸着一座楼房，楼顶上"远东贸易公司"六个大字格外醒目。某照明器材厂的业务员金先生按原计划，手拿企业新设计的照明器材样品，兴冲冲地登上六楼，脸上的汗珠未来得及擦干，便径直走进了业务部张经理的办公室，正在处理业务的张经理被吓了一跳。"对不起，这是我们企业设计的新产品，请您过目。"金先生说。张经理停下手中的工作，接过金先生递过的照明器，随口赞道："好漂亮啊！"并请金先生坐下，倒上一杯茶递给他，然后拿起照明器仔细研究起来。金先生看到张经理对新产品如此感兴趣，如释重负，便往沙发上一靠，跷起二郎腿，一边吸烟一边悠闲地环视着张经理的办公室。当张经理问他电源开关为什么装在这个位置时，金先生习惯性地用手搔了搔头皮。好多年了，别人一问他问题，他就会不自觉地用手去搔头皮。虽然金先生作了较详尽的解释，张经理还是有点半信半疑。谈到价格时，张经理强调："这个价格比我们预算高出较多，能否再降低一些？"金先生回答："我们经理说了，这是最低价格，一分也不能降了。"张经理沉默了半天没有开口。金先生却有点沉不住气，不由自主地拉松领带，眼睛盯着张经理，张经理皱了皱眉，"这种照明器的性能先进在什么地方？"金先生又搔了搔头皮，反反复复地说："造型新、寿命长、节电。"张经理托辞离开了办公室，只剩下金先生一个人。金先生等了一会儿，感到无聊，便非常随便地抄起办公桌上的电话，同一个朋友闲谈起来。这时，门被推开，进来的却不是张经理，而是办公室秘书。

（资料来源：刘克芹. 社交礼仪. 北京：经济科学出版社，2010.）

任务分析

仪态，又称"体态"，是指人的身体姿态和风度。姿态是身体所表现的样子，风度则是内在气质的外在表现。人的一举手、一投足、一弯腰乃至一颦一笑，并非偶然的、随意的，这些行为举止自成体系，像有声语言那样具有一定的规律，并具有传情达意的功能。人们可以通过自己的仪态向他人传递个人的学识与修养，并能够以其交流思想、表达感情。英国哲学家培根说："在美的方面，相貌的美高于色泽的美，而秀雅合适的动作又高于相貌的美。"在社交活动中，仪态是极其重要、有效的交际工具，它用一种无声的语言向人们展示出一个人的道德品质、人品学识、文化品位等方面的素质和能力，用优良的仪态礼仪表情达意，往往比语言更让人感到真实、生动。所以，我们在社交中必须举止优雅，做到仪态美。

本"情境导入"中的金先生在职业交际过程中，使客户不满，严重损害了公司形象和产品形象，原因就在于他没有做到仪态美，表现出了许多失礼之处。

实训项目

项目名称：职业交际情景模拟演示。

实训目标：掌握职业交际仪态礼仪规范，开展各类职业交际活动，体现出优雅的举止，展现出良好的职业形象。

实训学时：2学时。

实训地点：实训室。

实训准备：场景设计方案。

实训方法：同学分组，每个小组5~6人，设计各种情景（例如：求职面试、商务接待、商务拜访等场景）展示基本的仪态礼仪；每组同学根据设计的情景进行角色扮演，展示基本的站姿、坐姿、走姿、蹲姿、表情、手势等仪态，用摄像机记录展示的全过程；根据录像，找出不规范的地方，同学们可进行相互评价；最后由授课老师进行总结评价，全班同学评选出"最佳表现组"。

知识链接

一、站姿

俗话说："站如松"，男子的站姿如"劲松"之美，具有男子汉刚毅英武、稳重有力的阳刚之美，女子的站姿如"静松"之美，具有女性轻盈典雅、亭亭玉立的阴柔之美。正确的站姿是自信心的表现，会给人留下美好的印象。

1. 标准的站姿

标准的站姿，从正面看，全身笔直，精神饱满，两眼正视（而不是斜视），两肩平齐，两臂自然下垂，两脚跟并拢，两脚尖张开60度，身体中心落于两腿正中；从侧面看，两眼平视，下颌微收，挺胸收腹，腰背挺直，手中指贴裤缝，整个身体庄重挺拔。

站姿的要领如下。一是平，即头平正、双肩平、两眼平视。二是直，即腰直、腿直，后脑勺、背、臀、脚后跟呈一条直线。三是高，即重心上提，看起来显得高。标准的站姿见图3-1。

图3-1

2. 不同场合的站姿

在升国旗、奏国歌、接受奖品、接受接见、致悼词等庄严的仪式场合，应采取严格的标准站姿，而且神情要严肃。

在发表演说、新闻发言、作报告宣传时，为了减少身体对腿的压力，减轻由于较长时间站立双腿的疲倦感，可以用双手支撑在讲台上，两腿轮流放松。

主持文艺活动、联欢会时，可以将双腿并拢站立，女士站成"丁"字步，会让站立姿势更加优美。站"丁"字步时，上体前倾，腰背挺直，臀微翘，双腿叠合。

门迎、侍应人员需要站的时间很长，这时双腿可以分开站立，双腿分开宽度不宜超过肩宽。双手可以交叉或相握垂放于腹前；也可以在背后交叉，右手放到左手的掌心里，但要注意收腹。

礼仪小姐的站立，要比门迎、侍应人员更趋于艺术化，一般可采取立正的姿势或"丁"字步。如果双手端执物品，上手臂应靠近身体两侧，但不必夹紧，下颌微收，面含微笑，给人以优美亲切的感觉。

3. 不良的站姿

（1）身躯歪斜。站立姿势以身躯直正为美，在站立时，如果身躯出现明显的歪斜，将直接破坏人体的线条美，而且还会给人颓废消沉、委靡不振、自由放纵的直观感觉。

（2）弯腰驼背。其实这是身躯歪斜的一种特殊表现。除腰部弯曲、背部弓起之外，大都会伴有颈部弯缩、胸部凹陷、腹部挺出、臀部撅起等其他不雅体态。凡此种种，都会显得一个人健康欠佳，无精打采。

（3）趴伏倚靠。在工作岗位上，要确保自己"站有站相"，站立时，随随便便地趴在一个地方，或倚货架而立，或靠在台桌边，或前趴后靠，都是极不雅观的。

（4）腿位不雅，即双腿叉开幅度过大。应切记：自己双腿在站立时分开的幅度，在一般情况下越小越好；在可能的情况下，双腿并拢最好，即使是分开，也要注意不可使两者之间的距离超过本人的肩宽。另外，还应避免双腿扭在一起、双腿弯曲等姿势。

（5）脚位欠妥。在正常情况下，双脚站立时呈现出"V"字形、"Y"字形（"丁"字形）、平行等脚位，"人"字形、蹬踏式和独脚式脚位，则是不妥的。所谓"人"字形脚位，指的是站立时两脚脚尖靠在一起，而脚后跟却大幅度地分开，这一脚位又叫"内八字"。所谓蹬踏式，是指站立时为了舒服，在一只脚站在地上，同时将另一只脚踩在这只脚的鞋帮上，或踏在椅面上，或蹬在窗台上，或跨在桌面上等。独脚式即一只脚抬起，另一只脚落地。

（6）手位失当。站立时不当的手位主要有：一是将手插在衣服的口袋内；二是将双手抱在胸前；三是将两手抱在脑后；四是将双手支于某处；五是将两手托住下巴；六是手持私人物品。

（7）半坐半立。在工作岗位上，必须严守岗位规范，该站就站，该坐就坐，而绝对不允许在需要站立时，为了贪图安逸而擅自采取半坐半立姿势。当一个人半坐半立时，既不像站，也不像坐，只能让别人觉得过分的随便且缺乏教养。

（8）全身乱动。站立乃是一种相对静止的体态，因此不宜在站立时频繁地变动体位，甚至浑身不住地上下乱动。手臂挥来挥去，身躯扭曲，腿脚抖来抖去，都会使站姿变得十分难看。

（9）摆弄物件。站立时，不要下意识地做些小动作，如摆弄打火机、香烟盒、玩弄衣带、发辫、咬手指甲等，这些动作不但显得拘谨，给人以缺乏自信和教养的感觉，也有失仪表的庄重。

二、坐姿

俗话说："坐如钟"，坐姿是人际交往中人们采用最多的一种姿势，它是一种静态姿势。幽雅的坐姿给人一种端庄、稳重、威严的美感。

1. 标准的坐姿

落座时，要坚持尊者为先的原则入座，不要争抢；通常侧身走近座椅，从椅子的左侧就座，如果背对座椅，要先站好，全身保持站立的标准姿态，右腿后退一点，用小腿确定椅子的位置，上身正直，目视前方就座。用小腿落座时声音要轻，动作要缓。落座过程中，腰、腿肌肉要稍有紧张感。女士着裙装落座时，要用双手从身后拢裙，不可落座后再整理衣裙。

坐立时，上身正直而稍向前倾，头、肩平正，腰部内收，通常只坐椅子的1/2到2/3处，两臂贴身下垂，两手可以搭放在椅子扶手上，无扶手时，女士右手搭在左手上，放于腹部或者轻放于双腿之上；男子双手掌心向下，自然放于膝盖上。男士膝盖可以自然分开，但不可超过肩宽；女士膝盖不可分开。女士要注意使膝盖与脚尖的距离尽量拉远，以使小腿部分看起来显得修长些,只有脚背用力挺直时,脚尖与膝盖的距离才最远,在视觉上产生延伸的效果,会使小腿部分看起来修长,腿部线条优美。当与他人进行交谈时,要注意不能只是转头,而应将整个上身朝向对方,以视对其重视和尊敬。

离座时要先以语言或动作向周围的人示意,方可站起,突然一跃而起会使周围的人受到惊扰;同落座时一样要注意按次序进行,尊者为先;起身时不要弄出响声,站好后才可离开,同样要从左侧离座。

人在坐着时,由臀部支撑上身,减少了两腿的承受力。由于身体重心下降,上身适当放松,可减轻心脏的负担。因此坐姿是一种可以维持较长时间的姿势。它既是一种主要的白昼休息姿势,也是一般的工作、劳动、学习姿势,还是社交、娱乐的常见姿势。正因为这个缘故,坐姿要求端正、大方、舒展。

标准的坐姿见图 3-2。

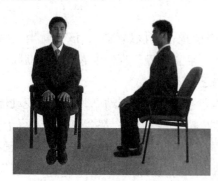

图3-2

2. 不同场合的坐姿

谈判、会谈时,场合一般比较严肃,适合正襟危坐,但不要过于僵硬。要求上体正直,端坐于椅子中部,注意不要使全身的重量只落于臀部,双手放在桌上、腿上均可。双脚为标准坐姿的摆放。倾听他人教导、指示、传授、指点时,对方是长者、尊者、贵客,坐姿除了要端正外,还应坐在坐椅、沙发的前半部或边缘,身体稍向前倾,表现出一种谦虚、迎合、重视对方的态度。在比较轻松、随便的非正式场合,可以坐得轻松、自然一些。全身肌肉可适当放松,可不时变换坐姿,以做休息。

3. 不雅的坐姿

(1)不雅的腿姿。主要有以下几种。①双腿叉开过大,面对外人时,双腿如果叉开过大,不论是大腿还是小腿叉开,都极其不雅;②架腿方式欠妥。将一条小腿架在另一条大腿上,在两者之间还留出大大的空隙,成为所谓"架二郎腿"或架"4"字形腿,甚至将腿搁在桌上,就显得更放肆了;③双腿过分伸张。坐下后,将双腿直挺挺地伸向前方,这样不仅可能会妨碍他人,而且也有碍观瞻。因此,身前若无桌子,双腿尽量不要伸到外面来;④腿部抖动摇晃。

力求放松，坐下后抖动摇晃双腿。

（2）不安分的脚姿。坐下后脚后跟接触地面，而且将脚尖翘起来，脚尖指向别人，使鞋底在别人眼前"一览无余"。另外，以脚蹬踏其他物体，以脚自脱鞋袜，都是不文明的。

三、走姿

俗话说："行如风"，这说的是走姿，走姿始终处于动态之中，体现了人类的运动之美和精神风貌。男式的走姿要刚健有力，豪迈稳重，有阳刚之气；女士的走姿要轻盈自如，含蓄飘逸，有窈窕之美。

1. 标准的走姿

有人编了走路的动作口诀，体现了走姿的要领：双眼平视臂放松，以胸领动肩轴摆，提髋提膝小腿迈，跟落掌接趾推送。

标准的走姿为：上身基本保持站立的标准姿势，挺胸收腹，腰背笔直；两臂以身体为中心，前后自然摆动。前摆约35度，后摆约15度，手掌朝向体内；起步时身子稍向前倾，中心落前脚掌，膝盖伸直；脚尖向正前方伸出，行走时双脚踩在一条线上。

男子走路两步之间的距离要大于自己的一个脚长，女子穿裙装走路时要小于自己的一个脚长。正常的情况下步速要自然舒缓，显得成熟自信，男子行走的速度标准为每分钟步速108~110步，女子每分钟步速118~120步为宜。

正确的走姿见图3-3（选自：http://hr.dxrc.cn/ly/grly/yxjz/200902/237968.html，2009-02-08）

（1） （2） （3）

图3-3

2. 不同场合的走姿

参加喜庆活动，步态应轻盈、欢快、有跳跃感，以反映喜悦的心情。

参观吊丧活动，步态要缓慢、沉重、有忧伤感，以反映悲哀的情绪。

参观展览、探望病人，环境安谧，不宜出声响，脚步应轻柔。

进入办公场所、登门拜访，在室内这种特殊场所，脚步应轻而稳。

走入会场、走向话筒、迎向宾客，步伐要稳健、大方、充满热情。

举行婚礼、迎接外宾等重大正式场合，脚步要稳健，节奏稍缓。

办事联络，往来于各部门之间，步伐要快捷又稳重，以体现办事者的效率、干练。

陪同来宾参观，要照顾来宾行走速度，并善于引路。

3. 不良的走姿

要避免如下不良的走姿。

（1）方向不定、忽左忽右，横冲直撞。行进中，专爱拣人多的地方行走，在人群之中乱冲乱闯，甚至碰撞到他人的身体，这是极其失礼的。

（2）抢道先行，行进时，要注意方便和照顾他人，通过人多路窄之处务必要讲究"先来后到"，对他人"礼让三分"，让人先行。

（3）阻挡道路。在道路狭窄之处，悠然自得地缓慢而行，甚至走走停停，或者多人并排而行，都是不妥的。还须切记，一旦发现自己阻挡了他人的道路，务必要闪身让开，请对方先行。

（4）蹦蹦跳跳。务必要注意保持自己的风度，不宜使自己的情绪过分地表面化，例如激动起来，走路便会变成了上蹿下跳，甚至出现连蹦带跳的失常情况。

（5）奔来跑去。有急事要办时，可以在行进中适当加快步伐。但若非碰上了紧急情况，则最好不要在工作时跑动，尤其是不要当着客户或服务对象的面突如其来地狂奔而去，那样通常会令其他人感到莫名其妙，产生猜测，甚至还有可能造成过度紧张气氛。

（6）制造噪声。应有意识地使行走悄然无声。其做法如下：①走路时要轻手轻脚，不要在落脚时过分用力，走得"咯咯"直响；②上班时不要穿带金属鞋跟或钉有金属鞋掌的鞋子；③上班时所穿的鞋子一定要合脚，否则走动时会发出"吧嗒、吧嗒"令人厌烦的噪声。

（7）身体过分摇摆，步幅忽大忽小，显得轻佻、浅薄，故意矫揉造作。

（8）身体僵硬，步履缓慢沉重，显得心境不佳，内心保守顽固，思想陈旧僵化。

（9）双手插于衣裤口袋内行走，显得褊狭小气，或狂妄自傲，缺乏教养。

（10）双手反剪于身后行走，显得自恃优越，高于或长于他人。

（11）膝盖僵直，双脚在地面上擦，腿伸不直，脚尖首先着地——拖沓、迟钝，缺乏朝气和活力。

（12）"外八字步"或"内八字步"（鸭子步），趿拉着鞋走出嚓嚓声响或重心后坐或前移，步履蹒跚等不雅步态，要么使行进者显得老态龙钟，有气无力，要么给人以嚣张放肆、矫揉造作之感。

四、蹲姿

俗话说"蹲要雅",蹲姿是人的身体在低处取物、拾物、整理物品、整理鞋袜时所呈现的姿势,它是人体静态美与动态美的综合。蹲的要动作美观,姿势优雅。

1. 标准的蹲姿

标准的蹲姿有以下要求:首先要讲究方位,当需要捡拾低处或地面物品的时候,可走到物品的左侧;当面对他人下蹲时,要侧身相向;当需要整理鞋袜或于低处整理物品时可面朝前方,两脚一前一后,一般情况是左脚在前、右脚在后,目视物品,直腰下蹲。直腰下蹲后方可弯腰捡低处或地面的物品以及整理鞋袜或低处工作。取物或工作完毕后,先直起腰部,使头部、上身、腰部在一条直线上,再稳稳站起。

标准的蹲姿见图3-4。

图3-4

2. 蹲姿的种类

蹲姿主要有高低式、单膝点地式和交叉式三种。

(1)高低式。这是常用的一种蹲姿,基本特征是双膝一高一低。此蹲姿男士、女士均可适用。要领是:下蹲后,左脚在前,右脚在后;左脚完全着地,小腿基本垂直地面;右脚要脚掌着地,脚跟提起;右膝要低于左膝,右膝内侧可靠于左上腿的内侧,形成左膝高右膝低的姿态。臀部向下,基本上以右腿支撑身体。女士应注意紧靠双腿,男士两腿之间可有适当的距离。

(2)单膝点地式。这种蹲姿适用于男士,其特征是双腿一蹲一跪。它是一种非正式的蹲姿,多用于下蹲时间较长或为了用力方便时采用。下蹲后,右膝点地,臀部坐在脚跟之上,以脚尖着地。另一条腿全脚掌着地,小腿垂直于地面。双膝同时向外,双腿尽力靠拢。

(3)交叉式。这种蹲姿优美典雅,其基本特征是双腿交叉在一起,此蹲姿适用于女士。要领是:下蹲后,左脚在前,右脚在后,左小腿垂直于地面,全脚着地。左腿在上,右腿在下,二者交叉重叠,右膝从后下方伸向左前侧,右脚跟抬起,脚掌着地,两腿前后靠近,全力支撑身体。上身略向前倾,臀部朝下。

3. 蹲姿的注意事项

（1）不要突然下蹲。下蹲时，速度切勿过快，特别是在行进中下蹲时尤其要注意。

（2）不要方位失当。在他人身边下蹲时，最好与之侧身相同，正面面对他人或背对他人下蹲都是极不礼貌的。

（3）不要毫无遮掩。在大庭广众之下下蹲时，身着裙装的女性一定要注意掩饰。

（4）不要随意滥用。不要在工作中随意采用蹲姿，也不可蹲在椅子上或蹲在地上休息。

五、表情

美国心理学家登布在其《推销员如何了解顾客心理》一文中说："假如顾客的眼睛朝下看，脸转向一边，表示你被拒绝了；假如他的嘴唇放松，笑容自然，下颚向前，则可能会考虑你的提议；假如他对你的眼睛注视几秒钟，嘴角以至鼻翼部位都显出微笑，笑得很轻松，而且很热情，这项买卖就做成了。"由此可见面部表情在传情达意方面有着重要的作用。面部表情作为丰富且复杂的体态语的一个重要方面，它包括脸色的变化、肌肉的收展及眉、鼻、嘴等的动作，这里重点介绍眼神和微笑。

1. 眼神

俗话说："眼睛是心灵的窗户"，它是人体传递信息最有效的器官，而且能表达最细微、最精妙的差异，显示出人类最明显、最准确的交际信号。正如著名印度诗人泰戈尔所说："在眼睛里，思想敞开或是关闭，放出光芒或是没入黑暗，静悬着如同落月，或者像忽闪的电光照亮了广阔的天空。那些自有生以来除了嘴唇的颤动之外没有语言的人，学会了眼睛的语言，这在表情上是无穷无尽的，像海一般的深沉，天空一般的清澈，黎明和黄昏，光明与阴影，都在自由嬉戏。"据研究，在人的视觉、听觉、味觉、嗅觉和触觉感受中，唯独视觉感受最为敏感，人由视觉感受的信息占总信息的83%。在汉语中用来描述眉目表情的成语就有几十个，如"眉飞色舞"、"眉目传情"、"愁眉不展"、"暗送秋波"、"眉开眼笑"、"瞠目结舌"、"怒目而视"……这些成语都是通过眼语来反映人们的喜、怒、哀、乐等情感的，

图3-5

人的七情六欲都能从眼睛这个神秘的器官内显现出来。《希望工程——大眼睛》（解海龙摄影，见图3-5，选自 http://news.xinhuanet.com/cpc/2007-04/25/content_6025466.htm，2007-04-25），照片中小姑娘（苏明娟）的眼神，曾打动了许多人。她成为"希望工程"的形象代言人。

眼神主要由注视的时间、视线的位置和瞳孔的变化等三个方面组成。

（1）注视的时间。据有人调查研究，人们在交谈时，视线接触对方脸部的时间约占全部谈话时间的 30%~60%，超过这一平均值，可认为对谈话者本人比谈话内容更感兴趣；低于这一平均值，则表示对谈话内容和谈话者本人都不怎么感兴趣。不难想象，如果谈话时心不在焉、东张西望，或只是由于紧张、羞怯不敢正视对方，目光注视的时间不到谈话的 1/3，这样的谈话，必然难以被人接受和信任。当然，必须考虑到文化背景，如南欧人把注视对方看做是冒犯。

（2）视线的位置。人们在社会交往中，不同的场合和对象，目光所及之处也是有差别的。有的人在与比较陌生的人打交道时，往往因为不知怎样安置目光而窘迫不安；已被人注视而将视线移开的人，大多怀有相形见绌之感；仰视对方，一般体现"尊敬、信任"的语义；频繁而又急速的转眼，是一种反常的举动，常被用作掩饰的一种手段。当然，如果死死地盯着对方或者东张西望，不仅是极不礼貌，而且也显得漫不经心。

（3）瞳孔的变化。瞳孔的变化即视觉接触时瞳孔的放大或缩小。心理学家往往用瞳孔变化大小的规律，来测定一个人对不同的事物的兴趣、爱好、动机等。兴奋时，人的瞳孔会扩张到平常的4倍大；相反，生气或悲哀时，消极的心情会使瞳孔收缩到很小，眼神必然无光。所谓"脉脉含情"、"怒目而视"等都多与瞳孔的变化有关。据说，古时候的珠宝商人已注意到这种现象，他们能窥视顾客的瞳孔变化而猜测对方是否对珠宝感兴趣，从而决定是抬高价钱还是跌价。

在社交过程中，与朋友会面或被介绍认识时，可凝视对方稍久一些，这即表示自信，也表示对对方的尊重。双方交谈时，应注视对方的眼鼻之间，表示重视对方及对其发言感兴趣。当双方缄默不语时，就不要再看着对方，以免加剧因无话题本来就显得冷漠、不安的尴尬局面。当别人说了错话或显拘谨时，务请马上转移视线，以免对方把自己的眼光误认为是对其的嘲笑和讽刺。如果你希望在争辩中获胜，那就千万不要移开目光，直到对方眼神转移为止。送客时，要等客人走出一段路，不再回头张望时，才能转移目送客人的视线，以示尊重。

在谈判中也很讲究眼神的运用。一方让眼镜滑落到鼻尖上，眼睛从眼镜上面的缝隙中窥探，就是对对方鄙视和不敬的情感表露。一方在不停地转眼珠，就要提防其在打什么新主意。双目生辉，炯炯有神，是心情愉快、充满信心的反映，在谈判中持这种眼神有助于取得对方的信任和合作。相反，双眉紧锁、目光无神或不敢正视对方，都会被对方认为无能，可能导致对自己的不利结果。

眼神还可传递其他信息，已被人注视而将视线移开的人，大多怀着相形见绌之感，有很强的自卑感。无法将视线集中在对方身上或很快收回视线的人，多半属于内向型性格。仰视对方，表示怀有尊敬、信任之意；俯视对方表示有意保持自己的尊严。频繁而急速的转眼，是一种反常的举动，常被用做掩饰的一种手段，或内疚，或恐惧，或撒谎，需据情作出判断。

视线活动多且有规则，表明其在用心思考。听别人讲话，一面点头，一面却不将视线集中在谈话人身上，表明其对此话题不感兴趣。说话时对方将视线集中在你身上的人，表明他渴望得到你的理解和支持。游离不定的目光传递出来的信息是心神不宁或心不在焉。

眼神表达出异常丰富的信息，但微妙的眼神有时是只可意会，难以言传，只能靠我们在社会实践中用心体察、积累经验、努力把握，方能在社交中灵活运用眼神。

2. 微笑

著名画家达·芬奇的杰作《蒙娜丽莎》是文艺复兴时期最出色的肖像作品之一。画中女士的微笑给人以美的享受，使人们充满对真善美的渴望，让人回味无穷。见图3-6（选自http://www.china.com.cn/v/news/world/2008-01/22/content_9565495.htm，2008-01-22）

微笑，是一种特殊的语言——"情绪语言"。它可以和有声语言及行动相配合，起"互补"作用，沟通人们的心灵，架起友谊的桥梁，给人以美好的享受。工作、生活中离不开微笑，社交中更需要微笑。

微笑是有规范的，一般要注意四个结合。一是口眼结合。要口到、眼到、神色到，笑眼传神，微笑才能扣人心弦。二是笑与神、情、气质相结合。这里讲的"神"，就是要笑得有情入神，笑出自己的神情、神色、神态，做到情绪饱满，神采奕奕；"情"，就是要笑出感情，笑得亲切、甜美，反映美好的心灵；"气质"就是要笑出谦逊、稳重、大方、得体的良好气质。三是笑与语言相结合。语言和微笑都是传递信息的重要符号，只有注意微笑与美好语言相结合，声情并茂，相得益彰，微笑方能发挥出它应有的特殊功能。四是笑与仪表、举止相结合。以笑助姿、以笑促姿，形成完整、统一、和谐的美。标准的微笑见图3-7（选自http://hi.baidu.com/kingwin828/album/item/304a722d50791903349bf7fa.html#，2010-04-07）

图3-6

图3-7

尽管微笑有其独特的魅力和作用，但若不是发自内心的真诚的微笑，那将是对微笑语的亵渎。有礼貌的微笑应该是内心真实情感的表露。否则强颜欢笑，假意奉承，那样的"微笑"则可能演变为"皮笑肉不笑"、"苦笑"。比如，拉起嘴角一端微笑，使人感到虚伪；吸着鼻子冷笑，使人感到阴沉；捂着嘴笑，给人以不自然之感。这些都是失礼之举。

六、手势

手是人体上最富灵性的器官，如果说"眼睛是心灵的窗户"，那么手就是心灵的触角，是人的第二双眼睛。手势在传递信息，表达意图和情感方面发挥着重要作用。

手的"词汇"量是十分丰富的。据语言专家统计，表示手势的动词有近二百个。双手紧绞在一起，显示的意义是精神紧张。用手指或笔敲打桌面，或在纸上涂画，显示不耐烦、无兴趣。搓手，常表示人们对某事结局的急切期待心理。在经济谈判中这种手势可以告诉对手或对手告诉你在期待着什么。伸出并敞开双掌给人以言行一致、诚恳的感觉。掌心向下的手势表示控制、压制，带有强制性，易产生抵触情绪。谈话时掌心向上的手势表示谦虚、诚实，不带有任何威胁性。双臂交叉在胸前暗示一种敌意和防御的态度。塔尖式手势，把十指端相触撑起呈塔尖式，这种手势若再伴之以身体后仰，则显得高傲。用手支着头，显示不耐烦、厌倦。用手托摸下巴，说明老练、机智。用手不停地磕烟灰，表明内心有冲突和不安。突然用手把没吸完的烟掐灭，表明紧张地思考问题，等等。又如招手致意、挥手告别、握手友好、摆手回绝、合手祈祷、拍手称快、拱手答谢（相让）、抚手示爱、指手示怒、颤手示怕、捧手示敬、举手赞同、垂手听命等。可见，丰富的手势语在人们交往间是不可缺少的。在社会交往中，手势有着不可低估的作用，生动形象的有声语言再配合准确、精彩的手势动作，必然能使交往更富有感染力、说服力和影响力。

1. 手势活动范围

手势活动的范围，有上、中、下三个区域。此外，还有内区和外区之分。肩部以上称为上区，多用来表示理想、希望、宏大、激昂等情感，表达积极肯定的意思；肩部至腰部称为中区，多用来表示比较平静的思想，一般不带有浓厚的感情色彩；腰部以下称为下区，多用来表示不屑、厌烦、反对、失望等，表达消极否定的意思。

2. 手势的类型

（1）情意性手势。主要用于表示带有强烈感情色彩的内容，其表现方式极为丰富，感染力极强。比如说"我非常爱她"时，用双手捧胸，以表示真诚之情。

（2）象征性手势。主要用来表示一些比较复杂的感情和抽象的概念，从而引起对方的思考和联想。例如，把大军乘胜追击的场面，用右手五指并齐，并用手臂前伸这个手势来形容，象征着奋勇进发的大军，就能引起听众的联想。

（3）指示性手势。主要用于指示具体事物或数量，其特点是动作简单，表达专一，一般不带感情色彩。如当讲到自己时，用手指向自己；谈到对方时，用手指向对方。

（4）形象性手势。其主要作用是模拟事物的形状，以引起对方的联想，给人一种具体明确的印象。如说到高山，手向上伸；讲到大海，手平伸外展。

3. 手势的原则

手势语能反映出复杂的内心世界，但运用不当，便会适得其反，因此在运用手势时要注意几个原则。首先要简约明快，不可过于繁多，以免喧宾夺主；其次要文雅自然。因为拘束低劣的手势，会有损于交际者的形象；再次要协调一致，即手势与全身协调，手势与情感协调，手势与口语协调；最后要因人而异，不可能千篇一律地要求每个人都做几个统一的手势动作。

4. 常见的手势

（1）引领的手势。在各种交往场合都离不开引领动作，例如请客人进门，客人坐下，为客人开门等，都需要运用手与臂的协调动作，同时，由于这是一种礼仪，还必须注入真情实感，调动全身活力，使心与形体形成高度统一，才能作出美感。引领动作主要有以下几个表现形式。

① 横摆式。以右手为例：将五指伸直并拢，手心不要凹陷，手与地面呈45度角，手心向斜上方。腕关节微屈，腕关节要低于肘关节。动作时，手从腹前抬起，至横膈膜处，然后，以肘关节为轴向右摆动，到身体右侧稍前的地方停住。同时，双脚形成右丁字步，左手下垂，目视来宾，面带微笑。这是在门的入口处常用的谦让礼的姿势。见图3-8。

② 曲臂式。当一只手拿着东西，扶着电梯门或房门，同时要作出"请"的手势时，可采用曲臂手势。以右手为例：五指伸直并拢，从身体的侧前方，向上抬起，至上臂离开身体的高度，然后以肘关节为轴，手臂由体侧向体前摆动，摆到手与身体相距20厘米处停止，面向右侧，目视来宾。见图3-9。

图3-8

图3-9

③ 斜下式。请来宾入座时，手势要斜向下方。首先，用双手将椅子向后拉开，然后，一只手曲臂由前抬起，再以肘关节为轴，前臂由上向下摆动，使手臂向下成一斜线，并微笑点头示意来宾。见图3-10。

（2）招呼他人。手放于体侧，手臂伸直在一条直线上，向前向上抬起，手掌向下，屈伸手指作搔痒状或晃动手腕。见图3-11。这种手势在中国、欧洲的大部分地区及拉丁美洲的许多国家都比较适用，但在美国、日本等国却与此相反，他们用掌心向上，手指向内屈伸手指作搔痒状或晃动手腕招呼别人，而在中国、南斯拉夫和马来西亚等国这种手势却是用来召唤动物的。

图3-10　　　　　　　　　图3-11

（3）挥手道别。要领是：身体要站直，不晃动，目视对方。手臂伸直，呈一条直线，手放在体侧，向前向上抬至与肩同高或略高于肩，手臂不可弯曲，掌心朝向对方，指尖朝向上方，五指并拢，手腕晃动。见图3-12。

图3-12　　　　　　　图3-13　　　　　　　图3-14

（4）指引方向。要领是：当有人询问去处时，要先行站直，不可尚未站稳或在行走中指引方向。手臂伸直在一条直线上，五指并拢，手掌翻转到掌心朝上，与肩平齐，直指准确方向。目光要随着手势走，指到哪里看到哪里，否则易使对方迷惑。指引方向后，手臂不可马上放下，要保持手势顺势送出几步，体现对他人的关怀和尊敬。见图3-13。

（5）递接物品。要领是：双手递送、接取物品，不方便双手时，也可用右手，但绝不可单用左手。双方距离比较远时，应起身站立，主动走近对方递送或接取物品。递送时最好直接递至对方手中并且要方便对方接取。递送有文字、图案、正反面的物品时，要正面向上且朝向对方；接取物品时，要缓而且稳，不要急于抢夺。见图3-14。递送带尖、带刃或其他易于伤人的物品时，应使其尖端或刃朝向自己或朝向他处，切不可朝向对方。见图3-15。

图3-15

（6）展示物品。要领是：应使物品在身体的一侧展示，不要挡住本人头部。展示的位置不同表明物品的意义不同。当手持物品高于双眼之处时，适用于被人围观时采用；当手持物品位于眼睛下方，胸部上方，双臂横伸时，自肩至肘部以内时，给人以放心、稳定感；当手持物品位于眼睛下方，胸部上方，双臂伸直时在肘部以外时，给人以清楚感，通常在这个位置展示想让对方看清楚的物品；当手持物品位于胸部以下，给人以漠视感，通常展示不太重要或不太明显的物品时采用。见图3-16。

图3-16

（7）鼓掌。鼓掌是在观看文体表演、参加会议、迎候嘉宾时表示赞赏、鼓励、祝贺、欢迎等情感的一种手势。要领是：以右手掌心向下有节奏地拍击左掌，不可左掌向上拍击右掌;不可右掌向左,左掌向右,两掌互相拍击。鼓掌时间要长短相宜,大约 5~8 秒为宜。

5. 常见手势语

(1)"OK"的手势。拇指和食指合成一个圆圈,其余三指自然伸张。见图 3-17。这种手势在西方某些国家比较常见,但应注意在不同国家其语义有所不同。如:美国表示"赞扬"、"允许"、"了不起"、"顺利"、"好";在法国表示"零"或"无";在印度表示"正确";在中国表示"零"或"三"两个数字;在日本、缅甸、韩国则表示"金钱";在巴西则是"引诱女人"或"侮辱男人"之意;在地中海的一些国家则是"孔"或"洞"的意思,常用此来暗示、影射同性恋。

(2)伸大拇指手势。大拇指向上,在说英语的国家多表示"OK"之意或是打车之意;若用力挺直,则含有骂人之意;若大拇指向下,多表示坏人、下等人之意。在我国,伸出大拇指这一动作基本上是向上伸表示赞同、一流、好等意思,向下伸表示蔑视、不好等意思。伸大拇指手势见图 3-18。

图3-17

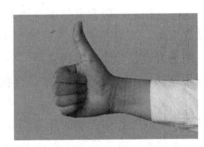

图3-18

(3)"V"字形手势。伸出食指或中指,掌心向外,其语义主要表示胜利(英文 Victory 的第一个字母),掌心向内,在西欧表示侮辱、下贱之意。这种手势还时常表示"二"这个数字。"V"字形手势见图 3-19。

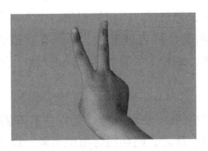

图3-19

(4)伸出食指手势。在我国及亚洲一些国家表示"一"、"一个"、"一次"等;在法国、缅甸等国家则表示"请求"、"拜托"之意。在使用这一手势时,一定要注意不要用手指指人,更不能在面对面时用手指着对方的面部和鼻子,这是一种不礼貌的动作,且容易激怒对方。

(5) 捻指作响手势。就是用手的拇指和食指弹出声响,其语义或表示高兴,或表示赞同,或是无聊之举,有轻浮之感。应尽量少用或不用这一手势,因为其声响有时会令他人反感或觉得没有教养,尤其是不能对异性运用此手势,这是带有挑衅、轻浮之举。

6. 不良的手势

手势是人的第二面孔,具有抽象、形象、情意、指示等多种表达功能,服务人员应根据对方的手所表现出的各种仪态,准确判读各种手势所传达出的各种真实的、本质的信息,以更好地完成服务工作任务。服务人员在使用手势语时,以下几种手势是值得特别重视的;否则,将会给对方传达出不良的信息。

(1) 指指点点。工作中绝不可随意用手指对服务对象指指点点,与人交谈更不可这样做。指点着别人说话,往往引起他人较大的反感。

(2) 随意摆手。在接待服务对象时,不可将一只手臂伸在胸前,指尖向上,掌心向外,左右摆动。这些动作的一般含义是拒绝别人;有时,还有极不耐烦之意。

(3) 端起双臂。双臂抱起,然后端在胸前这一姿势,往往暗含孤芳自赏、自我放松或置身度外、袖手旁观、看他人笑话之意。

(4) 双手抱头。这一体态的本意是自我放松,但在服务时这么做,则会给人以目中无人之感。

(5) 摆弄手指。工作中无聊时反复摆弄自己的手指,活动关节或将其捻响,打响指,要么莫名其妙地攥松拳,或是手指动来动去,在桌面或柜台不断敲扣,这些往往会给人不严肃、很散漫之感,让人望而生厌。

(6) 手插口袋。这种表现会使客人觉得服务人员忙里偷闲,在工作方面并未尽心尽力。

(7) 搔首弄姿。这种手势,会给人以矫揉造作、当众表演之感。

(8) 抚摸身体。在工作之时,有人习惯抚摸自己的身体,如摸脸、擦眼、搔头、剜鼻、剔牙、抓痒、搓泥,这会给别人缺乏公德意识,不讲究卫生,个人素质极其低下的印象。

(9) 勾指手势。请他人向自己这边过来时,用一支食指或中指竖起并向自己怀里勾,其他四指弯曲,示意他人过来,这种手势有唤狗之嫌,对人极不礼貌。

七、举止

一个人的举止端庄、行为文明、动作规范,是良好素养的表现,它能帮助个人树立美好形象,也能为组织赢得美誉,反之,则会损害组织形象。以下不受欢迎的坏习惯和不良举止应该在交际中努力戒除。

1. 打呵欠

当你在与人谈话的时候,尤其是当对方在滔滔不绝地发表意见时,你也许感到疲倦了,这时要按捺住性子让自己不打呵欠，因为这会引起交际对象的不快。打呵欠在社交场合中给人的印象是你不耐烦了，而不是你疲倦了。

2. 掏耳和挖鼻

大家正在喝茶、吃东西的时候，掏耳的小动作往往令旁观者感到恶心，这个小动作实在不雅，而且失礼。即使你想"洗耳恭听"此时此地也不是时候。同样，用手指挖鼻也是非常失礼的动作。

3. 剔牙

宴会上，谁也免不了有剔牙的小动作，既然这小动作不能避免，就得注意剔牙时不要露出牙齿，而且不要把碎屑乱吐一番，最好用左手掩嘴，头略向侧偏，吐出碎屑时用纸巾接住。

4. 搔头皮

有些头皮屑多的人，在社交的场合也忍耐不住头皮屑刺激的瘙痒，而搔起头皮来。搔头皮必然使头皮屑随风纷飞，这不仅难看，而且令旁人大感不快。搔头皮这种现象在社交场合是非常失礼的。特别是在宴会上，或者较为严肃、庄重的场合。

5. 双腿抖动

这种小动作多发生在坐着的时候，站立时较为少见。这种小动作，虽然无伤大雅，但双腿颤动不停，令对方觉得不舒服，而且也给人情绪不安定的感觉，这也是失礼的。同样，让跷起的腿儿钟摆似的打秋千也是相当难看的姿态。

6. 频频看表

在与人交谈时，如果无其他重要约会，最好少看自己的手表。这样的小动作会使对方认为你还有什么重要的事情，不会使谈话继续下去；同时，你的这种小动作可能引起对方的误会，认为你没有耐心再谈下去。如果你确实有事在身的话，不妨婉转地告诉对方改日再谈，并表示歉意。

延伸阅读

一、社交中的界域礼貌

"空间"也叫界域。从生物学的角度看，每一个生命都有自己的领空，人们叫它"生物圈"。一旦异物侵入这个范围，就会使其感到不安并处于防备状态。美国心理学家罗伯特·索默经过观察与实验认为，人人都具有一个把自己圈住的心理上的个体空间，它像生物的"安全圈"一样，是属于个人的空间。一般情况下每个人都不想侵犯他人空间，但也不愿意他人侵犯自己的空间。双方关系越亲密，人际距离就越短。

1. 空间语的构成

美国人类学家和心理学家霍尔将人类的交往空间划分为四种区域，这就是所谓社交中的空间语。它包括四个方面。

（1）亲密距离（0~45厘米），又称亲密空间。其语义为亲切、热烈，只有关系亲密的人才可能进入这一空间。如：夫妻、父母、子女、恋人、亲友等。亲密距离又可分为两个区间，其中（0~15厘米）亲密状态距离，常用于爱情关系、亲友、父母、子女之间的关系；16~45厘米为亲密疏远状态，身体虽不相互接触，但可以用手相互触摸。

（2）个人距离（46~120厘米），其语义为"亲切、友好"，其语言特点是语气和语调亲切、温和，谈话内容常为无拘束的、坦诚的。比如个人私事，在社交场合往往适合于简要会晤、促膝谈心或握手。这是个人在远距离接触所保持的距离，不能直接进行身体接触。个人距离的接近状态为46~75厘米，可与亲友亲切握手，友好交谈；个人距离的疏远状态为76~120厘米，在交际场所任何朋友、熟人都可自由进入这一区间。

（3）社交空间（120~360厘米），其语义为"严肃、庄重"。这个距离已超出了亲友和熟人的范畴，是一种礼节性的社交关系距离。社交距离的接近状态为120~210厘米，其语言特点为声音高低一般、措辞温和，它适合于社交活动和办公环境中处理业务等；社交距离的疏远状态为210~360厘米，其语言特点为声音较高、措辞客气。它使用于比较正式、庄重、严肃的社交活动，如谈判、会见客人等。

（4）公共距离（360以上），这是人们在较大的公共场所保持的距离，其语义为"自由、开放"。它适用于大型报告会、演讲会、迎接旅客等场合。其语言特点是声音洪亮，措辞规范，讲究风格。

2. 空间礼仪的规范

（1）保持距离。距离产生美感，在与人交谈的时候，要注重远近适当，太远了使人感到傲慢，架子大；太近了，又显得不够重视。在行进中不但要保持距离，而且要适当的变换，比如不要以2米左右的距离尾随在陌生人的后面，以免引起误会；骑自行车或开车的时候，不要与前面的车靠得太近，不要强行超车。看到别人围成一个圈形成封闭式的交谈，就要绕开行走，不要从中穿越。公园的长椅上，如果已经有人坐上，就不要再去挤座位。

（2）移动位置。这是向对方表示诚意的界域行为。例如，我国对外国国家元首的迎送仪式中就有这方面的规定："国宾抵达北京首都机场（车站）时，陪同团团长等赴机场（车站）迎接并陪同来访国宾乘车前往宾馆下榻。国宾离京回国，我方出面接待的领导人到宾馆话别，由陪同团团长前往机场（车站）送行。"对一般的来访者也是如此："对应邀前来访问的来访者，无论是官方人士、专业代表团、民间团体、知名人士，在他们抵离时，均安排相应身份的人前往机场（车站、码头）迎送。

美国学者莫里斯把这种移动称为"不便的展示"。他说:"客人前来和主人去接的距离也是一种不便。不便越大,表示诚意越高。国家元首去机场迎接重要客人,兄弟驾车去机场迎接回国的姊妹。这种移位的举动,是主人所能表现的最大的不便。由于各种不同层次相对缩减,要看主人的距离而定,因此,有的去当地车站,有的候在门前,有的等门铃响了再去。有的干脆就在他自己的房内等候,让仆人或小孩去开门……分别时,不便的展示再度重演。"

移位可以表示尊重,也可以表示妥协或服从。比如当你开汽车或骑自行车违章被交通警察拦住时,就应该马上下车,赶快主动撤到指定地点。然后在警察接近车子之前走近警察,因为警察离他的岗位越远,不信任和敌意就会越强烈。总之,主动迅速地向警察靠近,表示出对他的服从态度,可以避免相应的处罚。

(3)改变高度。这是变换体位的一种方式。比如降低身体高度,表示对对方的尊重,能获得好感。

降低身体高度要分场合,有的时候降低了,反而不尊敬了。比如晚辈在一起聊天,长辈到场,晚辈需站起来,如果仍旧保持低位,或坐、或躺,那么就说明他对来者的蔑视。莫里斯是这样分析原因的:"弯身表示服从动作,主要作用是要使行礼的人感到不便和不舒服,让居高位的人舒舒服服地坐着,不会因为降低高度而丧失他的威严。"从历史的发展变化来看,古代的皇位设于高处,君主坐在那里当然要比站在下面的臣子还要高。现在不设高位了,大家在一张桌子旁议事,地位低者站立的习惯却仍旧保留下来,或用于高位者到场的一种礼节性动作。

总之,无论是横向的移动,还是纵向的升降,都应根据不同的交际目的及当时的情景,随时变换我们的界域空间。一个坐下后就不知起来的人,会给人留下傲慢至少是懒惰的印象,进而影响交际的顺利进行。

(4)尊重他人。这主要是指尊重他人的领域权。

首先,不乱动他人物品。主人不在场时,不要私自动用其领域内的物品。未经许可,一般不要翻动亲友,甚至是子女的抽屉、书包、信件等,因为这种揭人隐私的行为会伤害对方的自尊。

其次,不随意进入他人领域。在进入他人领域之前,一定要征得同意,经过允许,比如到朋友家做客,进门先按铃或敲门,经主人允许后方可进入。不经主人邀请,或没有获得主人同意,不要参观主人卧室。即使是较熟悉的朋友,也不要去触动他的个人物品和室内陈设,对家庭成员也应尊重。在公众场合,要尽量避免侵犯他人的空间。有一些人往往不注重自己的界域行为。在无意之中,伤害了他人,也损害了自己的形象。比如在公共汽车上,横着站,两手抓两边的把手,使别人无法通过。坐着时跷起二郎腿,让路过的人"给他擦皮鞋"。在剧场里,或扒在前面的椅背上,或把腿蹬在前排的座椅上。

目光侵入也属于侵犯空间。孔子说:"非礼勿视"。现在有的地方却无视这个问题,有这样的旅馆,每个客房门上都开着一个玻璃窗口,窗帘安在外边,管理人员可以随时监控,真让客人们哭笑不得。还有些人喜欢在地铁里面看旁边人的报纸。主人看正面,他看反面,主人翻报纸时,他甚至干涉说先别翻,我还没看完呢。

再次,不污染他人的空间。一是空气污染,比如当众抽烟,冲着人打喷嚏,张着嘴出气,在餐桌上端起碗来用嘴吹等。国家之间比如核电站泄漏事件,都属于污染别人的界域。二是噪声污染,比如音乐会期间,手机铃声此起彼伏。在楼道里大声喧哗,影响邻居们休息。

(5)注意差异。在空间距离的处理上还应该注意交往对象生熟、性别、性格等方面的差异。俗话说"熟则远,亲则近",空间距离与交际对象陌生还是熟悉是有一定区别的。交往的双方,互相认识,又是亲朋好友,可以近些,以至拍肩碰肘、抚摸、拥抱、依偎等都没有什么不好,有时反而能促进关系的密切。相反,交往双方是初次见面,要做上述举动,会引起对方的不快和反感。交往对象的性别不同,交往时空间距离也是有明显区别的。心理学家做实验发现:男子挤在一间小屋子里,容易引起相互的怀疑,甚至发生斗争;女子在这种环境中,更友善,更亲密,更容易找到共鸣。如果给一个女子换一个大些的房间,她们会感到不大理想。正由于男女间的这种心理差别,男子与男子交谈的距离不易太近,近则会有不和谐之感,女子与女子交谈的距离不宜太远,远则会有不投机之嫌。在交往中对不同性格的人,在空间距离上应有不同的区别。与内向型的人交往,空间距离可稍远些,因为距离太近,性格内向的人会感到不自在;与性格外向的人交往,空间距离可近些。若与性格外向的人相遇,可老远打招呼,以表示热情;与性格内向型的人相遇,倘老远打招呼,不一定会得到回应,对方往往是用微笑或点头来代替回答。

(资料来源:李杰群.非语言交际概论.北京:北京大学出版社,2003;张岩松.公关交际艺术.北京:中国社会科学出版社,2006.)

二、职场女性如何提升气质

美丽是表象,气质却在骨子里。职场女性如何提升自己的气质呢?

1. 要学会充满自信

在这个处处充满竞争的社会,那种自怨自艾、柔弱无助的女人已日渐失去市场。男人不再是女人的主宰,女人也早已不是男人的附庸。"男人追求的极致是成功,女人追求的极致是幸福"的名言也日渐黯然失色。女人学会自我拯救和自我完善永远是最重要的。

2. 要学会高贵

女人的高贵并非是指一定要出身豪门或者本身所处的地位如何显赫,这里的高贵是指心态上的高贵。男人最反感放荡轻浮、心态猥琐的女人。

3. 做事要有主见

心理学家分析认为，女人往往感情胜过理智，对待友情、事业、婚姻也是如此，这是阻碍女人发展的致命弱点。处理工作和生活上的问题，女性应该有自己的见地，敢于为自己作决定。要想成为职场成功的女性，应该在各方面的细节和装扮上凸显高贵气质。

（1）站。站时抬头挺胸收腹。

（2）坐。坐姿一定要雅，上身要正，臀部只坐椅子的三分之一，腿可以并笼向左或向右侧放，也可以一条腿搭在另一条腿上，两腿自然下垂。但切忌不能两腿叉开，腿也不能跷椅子上。

（3）走。抬头挺胸收腹。两手垂直，轻轻前后摇摆。

（4）自信你是最美丽、最优秀的。

（5）脸部表情，要保持微笑，最重要的就是你的眼睛，听别人说话或者跟人说话时一定要正视着对方，不要左顾右盼。

（6）永远不要小看服装的力量。

① 公司高管。作为高管，你需要树立强势的权威感，简洁大气的款式表现果断、不拖沓的性格，精致的细节凸显优雅的品位。除非是晚宴场合，否则还是让性感的4英寸露趾高跟鞋永远待在鞋柜里。

② 行政精英。行政管理人员适当选择大方得体的职场服装，同时要注意领口、袖口等着装细节，彰显出专业的职场态度和精致的着装品位。

③ 创意先锋。如同所从事的工作一样，创意型人才一向天马行空，不拘泥于俗套，服装搭配上也少了很多条条框框，彰显个性才是关键。

④ 培训高手。从事人力资源和顾问等工作，经常会面对不同级别的同事，具有亲和力的搭配使得你与大家相处起来更轻松自在。柔和的色彩在视觉上更容易亲近，简洁的线条凸显成熟干练。

⑤ 公关能人。作为职场中善于交际的多面手，细节处的性感会让你的搭配更加具有女人味，艳色的配饰、裙边的蕾丝都会是点睛之笔。连衣裙与西装外套的搭配也十分实用，令你在办公室与派对活动中灵活转换。

⑥ 职场新秀。职场新人要把握好尺度，鲜艳的色彩、青春自在的装扮能将你的活力展现无遗。朋克等过于极端的风格最好不要轻易尝试，那会令你成为办公室里的异类。

（资料来源：钱龙. 职场女性如何提升气质. 劳动保障世界，2010（5）.）

思考练习

1. 你应从哪些方面训练自己的仪态，使自己的仪态更符合礼仪规范要求？
2. 请检查自己仪态的各个方面是否存在不符合礼仪规范的地方并加以纠正。
3. 案例分析：

面试的表现

一次，有位老师带着三位毕业生同时去应聘一家酒店总台接待职位，面试前老师怕学生面试时紧张，同人事部经理商量让三位同学一起面试。三位同学进入人事部经理的办公室时，经理上前请三位同学入座。当经理回到办公桌前，抬头一看欲言又止，只见两位同学坐在沙发上，一个架起二郎腿而且两腿不停地抖动，另一个身子松懈地斜靠在沙发一角，两手攥握手指咯咯作响，只有一位同学端坐在椅子上等候面试，人事部经理起身非常客气地对两位坐在沙发上的同学说："对不起，你们的面试已经结束了，请退出。"两位同学四目相对，不知何故，面试怎么还没问，就结束了呢？

（资料来源：http://wenwen.soso.com/z/q64796231.htm）

思考讨论题：
（1）面试怎么还没问，就结束了呢？请分析其中的原因；
（2）本案例对你有哪些启示？

4. 案例分析：

用微笑沟通心灵

今年28岁的孟昆玉是北京宣武区和平门岗的一位普通交警，凡是从这个十字路口经过的人，几乎第一感觉都是他的微笑。他的微笑不仅是他的一张"名片"，而且成为他工作中与司机有效沟通的"秘密武器"。孟昆玉参加工作8年来，每天都把笑容挂在脸上，用微笑化解矛盾，赢得理解，建立了非常和谐的警民关系，工作8年没有一起投诉，他不仅获得了"微笑北京交警之星"、"百姓心中好交警"、"首都'五一'劳动奖章"等荣誉称号，而且还被广大网友盛赞为"京城最帅交警"。

警察，在人们心目当中，一般都是很严肃的。而孟昆玉，一个年轻的"80"后交警，何以有这样好的心态，能保持8年如一日的微笑呢？孟昆玉说："从参加工作以来，我的口头语就是'您好'。无论是路面上还是在单位见到同志，我觉得一个微笑，一个'您好'，就能够拉近人和人之间的距离，如果你给司机一个微笑，一个敬礼，一个'您好'，就有了沟通的基础。"

是啊,微笑是人类最美的表情,是人们心灵沟通的钥匙。当一个人对你微笑的时候,你能感觉到他心中的暖意,感受到他对你的善意和友好。反之,一个人若总是紧绷着脸,冷若冰霜,就会让人退避三舍,不愿接近。让我们都像孟昆玉一样,用微笑去沟通心灵,让文明成为一种行动,让我们居住的这座城市因你我更加绚烂!

(资料来源:侯爱兵. profile.blog.sina.com.cn/u/1511388290)

思考讨论题:
(1)结合自身感受谈谈微笑的作用;
(2)本案例对你有哪些启示?

学习情境 4　形体训练

▎情境导入

限　重

印度航空在两年前颁布了限制空服人员体重的内规，五名因体重超标遭禁飞转任地勤的空姐日前具状控告航空公司的歧视性做法。但新德里高等法院已裁定空姐败诉，原因是"过胖不利执行业务"，而且"航空业竞争激烈，企业必须重视员工表现，员工的体态也是表现的主要考量之一"。在我国也经常可以从媒体上看到因为太胖找不到工作的报道，的确，现在越来越多的企业开始重视员工的形体美。

（资料来源：http://www.91job.com/news3397.html，2008-10-13.）

▎任务分析

要有美的形体，关键是要科学地进行形体训练。所谓形体是指在先天遗传变异和后天获得的基础上所表现出的身体形态上的相对稳定的特征，是包括人的表情、姿态和体型在内的人的外在形象的总和。从一定意义上说，先天遗传对形体起着决定性的作用，同时形体和后天生活条件及科学训练也有密切关系。后天科学的形体训练，可以使个人的优点得到展示，不足得到改善，从而使形体变得更美。形体训练是一个有目的、有计划、有组织的过程，不仅能使人获得健康美，而且还能使人获得体型美、姿态美、动作美和气质美。形体训练在现代社会越来越被人们所重视，已成为时尚的运动，吸引了一大批高素质的人士积极参与。

▎实训项目

项目名称："芭蕾"训练。
实训目标：运用芭蕾训练方法进行形体训练，展现出形体美、气质美。
实训学时：2 学时。
实训地点：形体训练教室。
实训准备：体操服和体操鞋；播放乐曲和播放设备。
实训方法：教师先讲解每个动作的要领和要求及注意事项，在旋律优美的乐曲伴奏下，学生进行模仿练习。学生掌握整套动作后，要持之以恒地坚持经常训练，坚持下来一定会有惊人的效果。

知识链接

一、芭蕾手位和脚位训练

手的位置从一位到七位，两手臂始终要保持椭圆形，注意不要让手腕和肘关节下塌，手的七个位置运动路线要规范。熟练手的七个位置之后，头、手、身体各部位要协调配合，要体会手位中的内在力量，尤其是后背肌群在动作中起到的平稳、稳定的作用，要运用手的表现能力传情达意。

脚位的开度要保持从大腿根、膝盖、脚腕、脚尖的上下一致。如果胯部不开，脚位可以站大八字或小八字，切忌某个局部开，某个局部关，造成上下扭曲而损伤。五位和三位站立要保持胯部正，不要因为某只脚在前，而一边的胯歪向前。胯不正是因为在前五位或前三位的脚没有伸直而造成的，所以五位和三位站立不但要伸直两膝，而且要夹紧大腿。

1. 手的位置

手形：手自然放松，中指、无名指和小指并拢，食指外开，拇指自然放松，见图4-1。

一位：从肩到手指尖在身体前呈椭圆形，手心朝上，两手相距约一只拳头左右，小指边离大腿约二寸距离，见图4-2。

二位：保持一位手状态，两手臂向上抬至手心与胃部平行，见图4-3。

三位：保持二位手状态，两手臂向上抬至头顶斜上方，见图4-4。

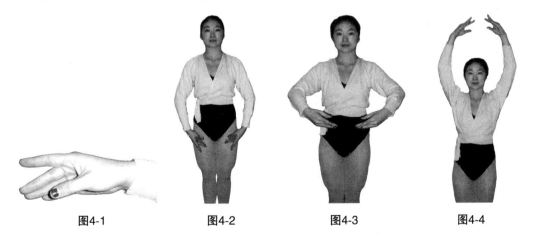

图4-1　　　　图4-2　　　　图4-3　　　　图4-4

四位：一只手臂保留在三位，另一只手臂从三位回至二位，见图4-5。

五位：一只手臂仍保持在三位，二位手臂向旁打开，见图4-6。

六位：打开到旁的手不动，三位手下到二位，见图4-7。
七位：打开到旁的手仍不动，二位手打开到旁呈七位，见图4-8。

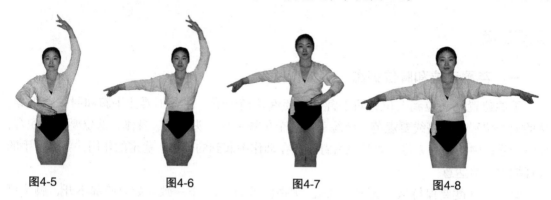

图4-5　　　　　图4-6　　　　　图4-7　　　　　图4-8

2. 脚的位置

一位：两脚脚后跟相靠，两脚脚尖向外打开呈一字形，见图4-9。
二位：在一位的基础上，两脚脚后跟分开，相距约一只脚的距离，见图4-10。
三位：保持在二位的基础上，一只脚的脚后跟向另一只脚的脚心靠拢，见图4-11。

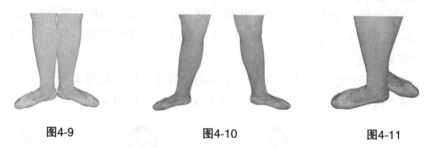

图4-9　　　　　图4-10　　　　　图4-11

四位：保持两脚尖外开状，一只脚在另一只脚的正前方或正后方，形成两条平行线，见图4-12。

五位：在四位的基础上，两脚合拢并紧，见图4-13。

图4-12　　　　　图4-13

二、擦地训练

1. 五位擦地的做法

擦地绷脚可以在一位和五位脚的位置上向前、向旁、向后方向做。擦地主要通过擦地绷脚背，立脚趾，整条腿向远处、向下延伸，伸展整条腿的肌肉，然后收回。通过擦出收回的不断运动来锻炼腿部力量，尤其是踝关节和脚趾的力量。

（1）向前擦地做法。五位站立准备向前擦地，一条腿支撑并固定好重心，另一条腿保持与支撑腿平行状态，沿地面向前擦出，同时脚跟渐渐离地推起脚背，在动作腿不影响支撑腿重心的情况下，尽可能向远处伸展，脚掌点地，将脚背推至最高点。然后再将脚趾向远处伸展立起，用脚趾尖轻轻点地后，再一次收回原位。

（2）向旁擦地做法。一条腿支撑并固定好重心，另一条腿向旁沿地面擦出，同时脚跟渐渐离地推起脚背，在不影响支撑腿重心的情况下，动作腿尽可能向远伸展，脚掌点地，将脚背推至最高点。然后再将脚趾向远伸展立起，用脚趾轻轻点地后再依次收回原位。

（3）向后擦地做法。一条腿支撑并固定好重心，另一条腿保持与支撑腿平行状态沿地面向后擦出，同时脚跟渐渐离地推起脚背，在不影响支撑腿重心的情况下，动作腿尽可能向远伸展，脚掌点地，将脚背推至最高点。然后再将脚趾向远伸展立起，用脚的大趾外侧点地，然后依次再收回原位。

2. 组合练习

共4个8拍，每次练习动作重复两遍，每次配合动作的播放音乐为8个8拍，左脚为主力脚，右脚为动力脚。

预备拍：

【1~4】五位站立，左手扶把，准备向前擦地，见图4-14。

【5~6】右手由一位抬至二位，见图4-15。

【7~8】右手从二位至七位，见图4-16。

图4-14　　　　　图4-15　　　　　图4-16

第 1×8 拍：

第二拍出脚，见图 4-17。

【1~2】右脚 1 收回至五位脚，2 向前擦出。见图 4-18 和图 4-19。

【3~4】右脚 3 收回至五位脚，4 擦出，见图 4-18 和图 4-19。

【5~7】重复 3-4 拍的动作。

【8】左脚向后擦出，见图 4-20。

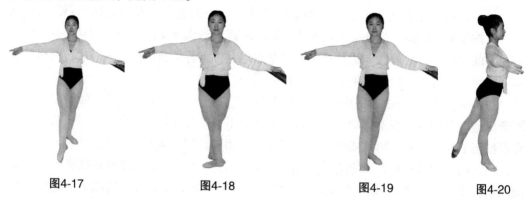

图4-17　　　　　图4-18　　　　　图4-19　　　　　图4-20

第 2×8 拍：

【1~2】左脚 1 收回 2 擦出，见图 4-21 和图 4-22。

【3~4】左脚 3 收回 4 擦出，见图 4-21 和图 4-22。

【5~6】左脚 5 收回 6 擦出，见图 4-21 和图 4-22。

【7~8】左脚 7 收回，右脚 8 向旁擦出，见图 4-23。

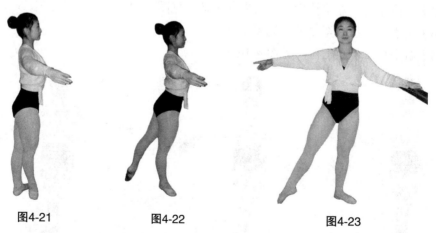

图4-21　　　　　图4-22　　　　　图4-23

第 3×8 拍：

【1~2】右脚 1 收回 2 擦出，见图 4-24 和图 4-25。

【3~4】右脚 3 收回 4 擦出，见图 4-24 和图 4-25。

【5~6】右脚 5 收回 6 擦出，见图 4-24 和图 4-25。

【7~8】右脚 7 收回，8 收至后五位，见图 4-26。

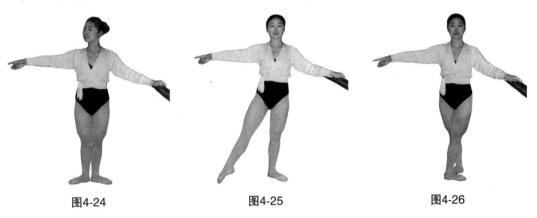

图4-24　　　　　　　图4-25　　　　　　　图4-26

第 4×8 拍：

【1~2】右脚向旁擦出，见图 4-27。

【3~4】动力腿压脚跟，见图 4-28 和图 4-29。

【5~6】重复 3-4 动作，见图 4-28 和图 4-29。

【7~8】动力腿收到主力腿前面，呈五位脚，左脚在后，右脚在前，见图 4-30。

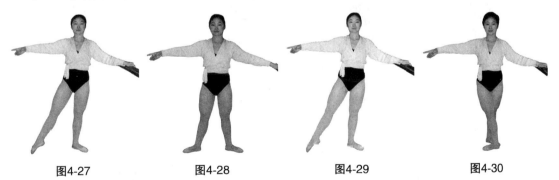

图4-27　　　　图4-28　　　　图4-29　　　　图4-30

三、蹲的训练

1. 蹲的方法

蹲分半蹲和全蹲，蹲在脚的五个位置上都可以做。蹲主要是通过膝关节在不同的脚位上做各种不同节奏的快和慢的半蹲和全蹲，来锻炼膝关节的柔韧性和腿部的肌肉。蹲是训练中重要的一部分，通过蹲的训练能使训练者轻松地腾空而起，轻盈落地，屈伸有力，富有弹性。

（1）半蹲的方法。一位站立，保持人体的基本形态，两膝逐渐下蹲，蹲到脚腕与脚背有挤压感，跟腱即足跟与小腿之间一条很粗壮结实的肌腱，略有一点紧张的位置为半蹲。

（2）全蹲的方法。在半蹲的基础上，继续往下蹲，脚跟可以略微抬起一点（只有二位大蹲不容许起脚后跟），蹲到底，臀部不能坐在脚后跟上，保持开度和后背挺直。起来时先落下脚跟，再慢慢站起来。

2. 组合练习

共 8 个 8 拍，左脚为主力脚，右脚为动力脚。

预备拍：

【1~4】一位站立，左手扶把，右手向旁边出手，呼吸，再收回一位手准备，见图 4-31 和图 4-32。

【5~6】右手由一位抬至二位，眼随着动力手走，见图 4-33。

【7~8】右手从二位至七位，眼随着动力手走，见图 4-34。

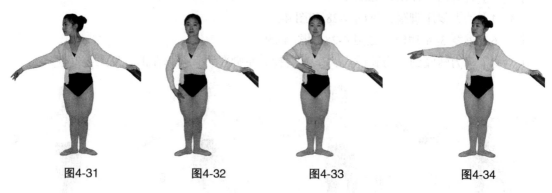

图4-31　　　　图4-32　　　　图4-33　　　　图4-34

第 1×8 拍：

【1~4】一位半蹲，同时右手由七位收回一位，见图 4-35。

【5~8】慢慢由一位半蹲提起还原，同时右手由二位打开至七位，见图 4-36 和图 4-37。

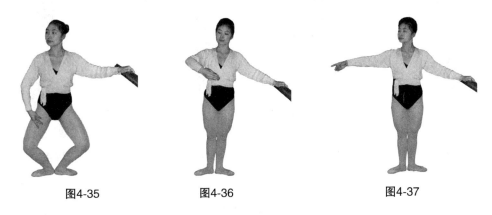

图4-35　　　　　　图4-36　　　　　　图4-37

第2×8拍：

【1~4】重复以上动作，见图4-36和图4-37。

【5~6】一位半蹲，同时右手由七位收回一位，见图4-35。

【7~8】由一位半蹲提起还原，同时右手由二位打开至七位，向旁擦出右脚，见图4-38。

图4-38

第3×8拍：

【1~4】二位半蹲，右手由七位收回一位，见图4-39和图4-40。

【5~8】慢慢由一位半蹲提起还原，同时右手由二位打开至七位，见图4-41和图4-42。

第4×8拍：

【1~4】重复以上动作，见图4-41和图4-42。

【5~6】二位半蹲，同时右手由七位收回一位，见图4-39和图4-40。

【7~8】由二位半蹲提起还原，同时右手由二位打开至七位，见图4-41和图4-42。

图4-39　　　　　图4-40　　　　　图4-41　　　　　图4-42

第5×8拍：

【1~2】在二位的基础上，向旁摊手，见图4-43。

【3~4】动力腿绷脚，右手到三位，手向左下腰旁，见图4-44。

【5~8】动力脚由二位划向前五位，右手由二位划向七位手，见图4-45和图4-46。

图4-43　　　　　图4-44　　　　　图4-45　　　　　图4-46

第6×8拍：

【1~4】五位蹲，手由七位收回到一位，见图4-47。

【5~8】起身，手由二位回到七位，见图4-48。

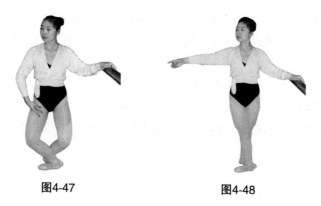

图4-47　　　　　图4-48

第 7×8 拍：

【1~4】经五位半蹲起来，同时右手由二位收回七位，见图 4-48。

【5~8】重复以上动作。

第 8×8 拍：

【1~4】五位半脚尖立，手在三位手的位置，见图 4-49。

【5~8】结束落在五位脚上，呼吸，右手收至一位手，见图 4-50。

图4-49　　　　　　　　图4-50

四、踢腿训练

1. 五位小踢腿的做法

小踢腿是在擦地基础上向空中有控制地踢起，特点是急速、有爆发力，比擦地动作速度快、力度大，可以锻炼腿部肌肉，提高动作的速度和控制力及后背力量。

五位向前擦地，脚尖离地 25 度。落地经脚尖点地收回前五位。小踢腿向旁和小踢腿向后与擦地动作不同，在不同方向点地的基础上，再向远延伸踢出，离地 25 度停住。

2. 组合练习

共 4 个 8 拍，每次练习动作重复两遍，每次音乐为 8 个 8 拍，左脚为主力脚，右脚为动力脚。

预备拍：

【1~4】五位站立，左手扶把，准备，见图 4-51。

【5~7】右手由一位抬至二位再打开到七位手，见图 4-52 和图 4-53。

【8】右脚向前踢腿至 25 度右手从二位至七位，见图 4-54。

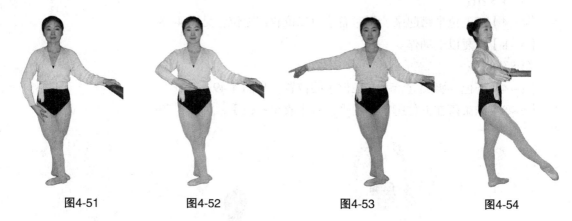

图4-51　　　　　图4-52　　　　　　图4-53　　　　　　图4-54

第1×8拍：

【1~6】右腿向前小踢腿三次，手七位，见图4-55和图4-56。

【7】右脚7收回前五位，七位手，见图4-57。

【8】左脚向后小踢腿25度，七位手不动，见图4-58。

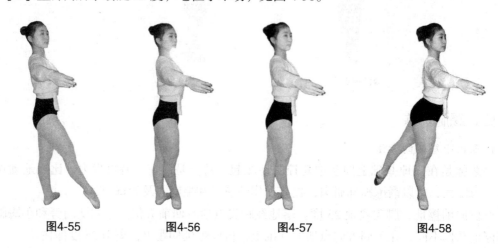

图4-55　　　　　图4-56　　　　　图4-57　　　　　　图4-58

第2×8拍：

【1~6】左腿向后小踢腿三次，手七位，见图4-59。

【7】左脚收回后五位，七位手，见图4-60。

【8】右脚向旁小踢腿25度，七位手不动，见图4-61。

图4-59　　　　　图4-60　　　　　图4-61

第3×8拍：

【1~6】右腿向旁小踢腿三次，手七位，见图4-62。

【7】右脚收回前五位，七位手，见图4-63。

【8】右脚向旁右踢腿25度，七位手不动，见图4-64。

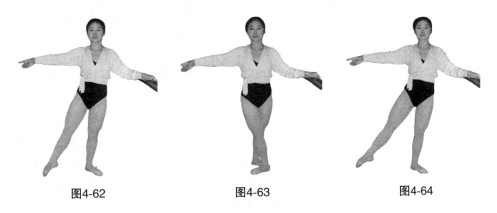

图4-62　　　　　图4-63　　　　　图4-64

第4×8拍：

【1~2】右脚向旁右踢腿25度，收回后五位，见图4-65。

【3~4】右脚向旁右踢腿25度，收回前五位，见图4-66。

【5~6】右脚向旁右踢腿25度，收回后五位，见图4-65。

【7~8】动力腿收到主力腿前面，呈五位脚，手收回一位，见图4-66。

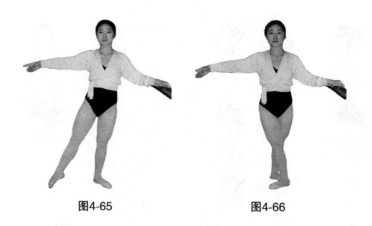

图4-65　　　　　图4-66

延伸阅读

一、人体形体美的标准

著名国画大师刘海粟曾说过"人体美乃美中之至美"。确实世间美好的东西太多，但创造万物的人体是最美的。爱美之心，人皆有之，社会需要美，人类更需要美。人体美是人们追求的目标之一，不朽的传世之作"维纳斯"、"大卫"、"掷铁饼者"等留给人们极深的印象，其根本原因是这些作品体现了人体美。人体美是健、力、美三者的有机结合。它包含了肌肉、骨骼的发育情况，机体的完善程度和人体的外形美及人的精神气质。形体美的标准包括如下几个方面。

1. 肌肉发达、健壮有力

在人类学家、艺术家和体育家的眼里，骨骼发育正常，身体各部分之间比例适宜匀称，肌肉发达和健壮的体魄是人体美的重要因素。正常的脊柱弯曲形成一个端庄的上体姿势，加上一个前后较扁、前壁短后壁长的圆锥形的胸廓，大小适中而扁平的骨盆及长短比例适中的上下肢骨，就构成一副匀称而协调的身材雏形。但形体仅有副匀称而协调的骨架还不能显示出它的优美，还需要有发达、健壮的肌肉。肌肉是运动器官，它们在神经系统的支配下，在循环系统和其他系统密切配合下，起着保护、支持和运动作用。全身肌肉约500余块，其重量约占体重的40%。健美的形体，健壮的体魄和发达的肌肉密切相关。发达的颈肌及胸锁乳突肌，能使人的颈部挺直，强壮有力；发达的胸大肌（含胸小肌）使人的胸部变得坚实、健美；发达的肱二头肌和肱三头肌，使人的上肢线条鲜明、粗壮有力；发达的三角肌，能使肩膀变得宽阔起来，再加上发达的背阔肌，就会使人体呈美丽的"V"字形。骶棘肌是脊柱两侧的最长肌肉，它的发达，能固定脊柱，使人的上体挺直；发达的腹肌有利于缩小人的腰围；发达的臀肌和有力的下肢肌（股四头肌、股二头肌、小腿三头肌）能固定人的下肢，支持全身，构成健美的曲线。总之,发达而有弹性的肌肉是力量的源泉,是美的象征。

2. 体型匀称、线条鲜明

体型有不同分类,按照脂肪所占的比例,以及肌肉的发达程度,参照肩宽和臀围的比例作为划分条件,体型可分成胖型、肌型(或运动型)和瘦型三类。

(1)胖型。其特点是上(肩宽、胸围)下(腰围、臀围)一般粗,躯干像个"圆水桶",腰围很大。腰两侧下垂,腹部松软脂肪很厚、肚脐很深,胸部的脂肪多而下坠,颈部短而粗,体重往往超过标准体重约30%~50%。

(2)肌型(运动型)。其特点是肩宽、背阔、腰细、臀小且上翘,上体呈"V"型,腹壁肌肉垒块明显、四肢匀称、肌肉发达、无双下巴、颈部强壮有力。体重在标准体重的±5%。

(3)瘦型。其特点与胖型相反。上下都细、肩窄、平胸、腰细四肢细长、脂肪极少、肌肉消瘦,胸腹部可见肋骨,背部可见肩胛骨,体重小于标准体重25%-35%。

女性和男性在体型分类上大体相同,但由于女性有其自身的特点,强调身体比例匀称、线条流畅,整个体型呈曲线形。如女性的骨盆通常比男性要大,所以,躯干一般呈上小、下大的正三角形。女性的脂肪普遍比男性多5%左右,而肌肉发达程度及肌力只能达到同级男性的75%~80%。因此,女性肌型(运动型)体型的特点是躯干呈三角形(少数为倒三角形),四肢匀称、肌肉圆滑、胸部丰满、腰细臀圆、颈长腹平。从侧面看运动型的女性的胸、腰、臀富于曲线美。

胖型的女性躯干多为上下一般粗(或上小下大)的水桶型,胸厚、腰粗、臀部大而宽、腹壁脂肪厚,即使仰卧在床上,腹部隆起高度仍超过胸高,颈部普遍短粗,四肢多为上粗下细。

瘦型的女性和胖型相反,胸部扁平、四肢干瘦、不丰满、无线条。

3. 精神饱满

精神饱满其外在表现是皮肤美、容貌美、姿态美、动作美,其内在表现则是朝气蓬勃、勇敢顽强、坚忍不拔。

(1)皮肤美。皮肤是健康状况的镜子,人体美的重要表征。"红光满面"气色好的人,才有精神。

(2)容貌美。容貌美常常是人们见面时的第一感觉。它是指由面部骨架(脸形)、眼睛、眉毛、耳朵、鼻梁和口唇共同构成的一种美丽、丰富而生动的面部形象。根据人们对女性美的审美实践,眼大眸明,眼皮双褶,口唇红润,牙齿皓白整齐,鼻子竖直,颈脖颀长,耳廓分明等都是女性容貌美的特征。而男子的容貌美,有别于女性的秀美、妩媚的审美特征。在现代女性眼中,以方圆脸形、五官端正、浓眉大眼、明亮有神、前额宽广、鼻梁端正、嘴大小适度的男性为美。

4. 姿态端正、动作洒脱

优美的姿态和洒脱的动作,既符合人体解剖学和生理学规律,又给人以美的印象。中华民族有悠久的文明历史，很重视自己的一举一动，要求坐有坐相、走有走相、站有站相、卧有卧相、吃有吃相。总之，衣食住行均应有规矩，讲究文明礼貌。

5. 勇敢顽强

古希腊人很崇尚力量和勇敢无畏的精神，把这种精神称之为"奥林匹克精神"。我国优秀的体育运动员，他们的形体普遍是健美的，他们的身手是矫健的，他们的成绩是惊人的，他们在赛场上的拼搏精神更是让人崇敬的，正如中国女垒姑娘们说的那样："掉皮、掉肉、不掉队、顽强拼搏争胜利。"他们为了祖国的荣誉拼搏，这种美出自心灵深处。他们的健美英姿和勇敢无畏精神在中国人民和世界人民心中留下了极深的印象。他们是形体美和内在美的代表。

（资料来源：陈宝珠. 形体训练与形象塑造. 北京：清华大学出版社，2008.）

二、形体测量与衡量指数

形体健美在很大程度上取决于身体各部位体围的尺寸和相互间的比例。

身高主要反映人体骨骼的发育程度。体重反映人体发育状况的整体指标。胸围反映胸廓的大小和胸部肌肉与乳房的发育情况，是人体厚度和宽度最有代表性的测量值，也是身体发育状况的重要指标。腰围反映一个人的腰背健壮程度和脂肪状况。上臂围反映一个人肱三头肌和肱二头肌的发达程度。大腿围反映一个人的股四头肌及股后肌群的发育状况。臀围反映一个人的髋部骨骼和肌肉的发育情况。

1. 测量方法

准备一条软尺，把全身主要重点正确的测量出来，加以记录，判断自己的形体。

（1）身高，体重。身高和体重在一日之内也会有微妙的变化，故在早晨起床后，身体还没活动之前测量，尤其是体重，饭前饭后差别很大。

（2）胸围。测量时，身体直立，两臂自然下垂。皮尺前面放在乳头上缘，皮尺后面置于肩胛骨下角处。先测安静时的胸围，再测深吸气时的胸围，最后测深呼气时的胸围。一般成人呼吸差为6~8厘米，经常参加锻炼者的呼吸差可达10厘米以上。呼吸差可反映呼吸器官的功能。测量未成年女性胸围时，应将皮尺水平放在肩胛骨下角，前方放在乳峰上。测量时不要耸肩，呼气时不要弯腰。

（3）腰围。测量时，身体直立，呼吸保持平稳，两臂自然下垂，不要收腹，皮尺水平放在髋骨上、肋骨下最窄的部位（腰最细的部位）。

（4）臀围。测量时，两腿并拢直立，两臂自然下垂，皮尺水平放在前面的耻骨部位。

（5）手臂。手臂与手腕是比较纤细的部分，基本上而言，上臂围是肘至肩部最粗的部位，比颈围下巴抬起颈部细长的状态细4.5厘米是最理想的。

（6）颈围。测量时，身体直立，测量颈的中部最细处。

2. 形体美的衡量指数

（1）女性形体美衡量指数。

标准体重：计算公式为：[身高（厘米）-100]×0.85（千克）

上下身比例：以肚脐为界，上下身比例应为5∶8，符合"黄金分割"定律。

胸围应为身高的1/2。

腰围其标准围度比胸围小20厘米。

臀围应较胸围大4厘米。

大腿围应较腰围小10厘米。

小腿围应较大腿围小20厘米。

足颈围应小于小腿围10厘米。

手腕围应较足颈围小5厘米。

颈围应等于小腿围。

肩宽（即两肩峰之间的距离）应等于胸围的1/2减去4厘米。

（2）男性形体美衡量指数。

标准体重：计算公式为：[身高（厘米）-100]×0.9（千克）

身体的中心点应在股骨大转子顶部。

向两侧平伸两臂，两手中指尖的距离应等于身高。

肩宽应等于身高的1/4。

胸围应等于身高的1/2加5厘米。

腰围应较胸围小15厘米。

髋围应等于身高的1/2。

大腿围应较腰围小22.5厘米。

小腿围应较大腿围小18厘米。

足颈围应较小腿围小12厘米。

手腕围应较足颈围小5厘米。

上臂围等于大腿围的1/2。

颈围应等于小腿围。

（资料来源：陈宝珠. 形体训练与形象塑造. 北京：清华大学出版社，2008.）

思考练习

1. 芭蕾手位和脚位训练

（1）练习芭蕾手形态的正确做法5遍。

（2）练习芭蕾七个手位的做法5遍。

（3）练习芭蕾五个脚位的做法 5 遍。

2. 芭蕾的擦地练习

（1）练习五位向前擦地 10 次，慢擦。

（2）练习五位向旁擦地 10 次，慢擦。

（3）练习五位向后擦地 10 次，慢擦。

（4）练习五位擦地组合 2 遍。

3. 芭蕾蹲的练习

（1）练习芭蕾一位半蹲 5 遍。

（2）练习芭蕾二位半蹲 5 遍。

（3）练习芭蕾五位半蹲 5 遍。

4. 芭蕾踢腿练习

（1）练习向前小踢腿 15 次。

（2）练习向旁小踢腿 15 次。

（3）练习向后小踢腿 15 次。

（4）练习小踢腿组合 5 遍。

运用职业礼仪

学习领域 II

学习情境5　见面应酬
学习情境6　宴请赴宴
学习情境7　差旅出行
学习情境8　求职应聘
学习情境9　组织会议
学习情境10　举行仪式
学习情境11　行业服务

学习情境5　见面应酬

在人与人的交往中，礼仪越周到越保险，运气越好。

——（美）托·卡莱尔

情境导入

修养的作用

有一批应届毕业生22个人，实习时被导师带到北京的国家某部委实验室里参观。全体学生坐在会议室里等待部长的到来，这时有秘书给大家倒水，同学们表情木然地看着她忙活，其中一个还问了句："有绿茶吗？天太热了。"秘书回答说："抱歉，刚刚用完了。"林晖看着有点别扭，心里嘀咕："人家给你水还挑三拣四。"轮到他时，他轻声说："谢谢，大热天的，辛苦了。"秘书抬头看了他一眼，眼里满含着惊奇，虽然这是很普通的客气话，却是她今天唯一听到的一句。

门开了，部长走进来和大家打招呼，不知怎么回事，静悄悄的，没有一个人回应。林晖左右看了看，犹犹豫豫地鼓了几下掌，同学们这才稀稀落落地跟着拍手，由于不齐，越发显得凌乱起来。部长挥了挥手："欢迎同学们到这里来参观。平时这些事一般都是由办公室负责接待，因为我和你们的导师是老同学，非常要好，所以这次我亲自来给大家讲一些有关情况。我看同学们好像都没有带笔记本，这样吧，王秘书，请你去拿一些我们部里印的纪念手册，送给同学们作纪念。"接下来，更尴尬的事情发生了，大家都坐在那里，很随意地用一只手接过部长双手递过来的手册。部长脸色越来越难看，来到林晖面前时，已经快要没有耐心了。就在这时，林晖礼貌地站起来，身体微倾，双手握住手册，恭敬地说了一声："谢谢您！"部长闻听此言，不觉眼前一亮，伸手拍了拍林晖的肩膀："你叫什么名字？"林晖照实作答，部长微笑点头，回到自己的座位上。早已汗颜的导师看到此景，才微微松了一口气。

两个月后，毕业分配表上，林晖的去向栏里赫然写着国家某部委实验室。有几位颇感不满的同学找到导师："林晖的学习成绩最多算是中等，凭什么选他而没选我们？"导师看了看这几张尚属稚嫩的脸，笑道："是人家点名来要的。其实你们的机会是完全一样的，你们的成绩甚至比林晖还要好，但是除了学习之外，你们需要学的东西太多了，修养是第一课。"

（资料来源：朗月．http://www.gkxx.com/day/201103081520.shtml，2011-03-07）

任务分析

一个人要在社会中生存、发展，必须以各种形式与其他人交往。因为没有交往就难以合作，没有合作就难以生存、发展。见面礼仪是与人交往时最基本、最常用的礼节，它最能反映一个人及社会的礼仪水平，可以帮助人们顺利地通往交际的殿堂。人们见面后互致问候，不熟悉的人之间相互介绍，然后握手，互换名片，寒暄后才进入正题。这看似简单，却蕴涵复杂的礼仪规则，表达着丰富的交际信息。掌握基本的见面礼仪，能使现代人适应各种场合社交的礼仪要求，赢得交际对象的好感，塑造良好的社交形象。"情境导入"中的"林晖"正是以其完美的职业礼仪表现赢得了理想的职位，而同班的其他同学则因不注意见面礼仪，与就业机会失之交臂。

实训项目

项目名称：见面场景模拟训练。
实训目标：掌握见面礼仪相关要求与规范，塑造良好的职业交际形象。
实训学时：2学时。
实训地点：实训室。
实训准备：名片、小礼物若干、电话、办公桌椅、茶几、沙发、茶壶、茶杯等。
实训方法：将全班学生分成若干组，每组3~5人，每组设计一个见面场景，将称呼、介绍、握手、递接名片、礼物馈赠等交际礼仪连贯地演示下来。表演之前，每组应就设计的场景和成员的角色进行说明。学生对各组的表演进行评价，最后由教师总结。

知识链接

一、称呼礼仪

在社会交往中，交际双方见面时，如何称呼对方，这直接关系到双方之间的亲疏、了解程度、尊重与否及个人修养等。一个得体的称呼可谓是交际的"敲门砖"，会令彼此如沐春风，为以后的交往打下良好的基础，否则，不恰当或错误的称呼，可能会令对方心里不悦，影响到彼此的关系乃至交际的成功。

1. 通常的称呼

（1）称呼姓名。一般的同事、同学关系，平辈的朋友、熟人，均可彼此之间以姓名相称。例如，"王小平"、"赵大亮"、"刘军"。长辈对晚辈也可以如此称呼，但晚辈对长辈却不可这样做。为了表示亲切，可以在被称呼者的姓名前分别加上"老"、"大"、"小"字相称，而免称其名。例如，对年长于己者，可称"老张"、"大李"；对年幼于己者，可称"小吴"、"小周"。

但这种称呼多见于职业人士间，不适合在校学生。对同性的朋友、熟人，若关系极为亲密，可以不称其姓，而直呼其名，如"春光"、"俊杰"。对于异性一般则不可这样做。因为若如此，那不是其家人，就是其配偶了。

（2）称呼职务。在工作中，以交往对象的职务相称，以示身份有别、敬意有加，这是一种最常见的称呼方法。具体做法上可以仅称呼职务，如"局长"、"经理"、"主任"等；可以在职务前加上姓氏，如"王总经理"、"李市长"、"张主任"，等等；还可以在职务之前加上姓名，这仅实用于极其正式的场合。如"×××主席"、"×××省长"、"×××书记"等。

（3）称呼职称。对于有职称者，尤其是有高级、中级职称者，可以在工作中直接以其职称相称。可以只称职称，如"教授"、"研究员"、"工程师"，等等；还可以在职称前加上姓氏。如"张教授"、"王研究员"、"刘工程师"，当然有时可以简化，如将"刘工程师"简化为"刘工"，但使用简称应以不发生误会、歧义为限；可以在职称前加上姓名，它适用于十分正式的场合。如"王久川教授"、"周蕾主任医师"、"孙小刚主任编辑"，等等。

（4）称呼学衔。在工作中，以学衔作为称呼，可增加被称呼者的权威性，有助于增强现场的学术氛围。可以在学衔前加上姓氏，如"张博士"；可以在学衔前加上姓名，如"张明博士"。一般对学士、硕士不称呼学衔。

（5）称呼职业。称呼职业，即直接以被称呼者的职业作为称呼。如将教员称为"老师"，将教练员称为"教练"或"指导"，将专业辩护人员称为"律师"，将财务人员称为"会计"，将医生称为"大夫"或"医生"，等等。一般情况下，在此类称呼前，均可加上姓氏或姓名。

（6）称呼亲属。亲属，即与你直接或间接拥有血缘关系者。在日常生活中，对亲属的称呼业已约定俗成，人所共知。面对外人，对亲属可根据不同情况采取谦称或敬称。对本人的亲属应采用谦称。称辈分或年龄高于自己的亲属，可以在其称呼前加"家"字，如"家父"、"家叔"。称辈分或年龄低于自己的亲属，可在其称呼前加"舍"字，如"舍弟"、"舍侄"。称自己的子女，则可在其称呼前加"小"，如"小儿"、"小女"、"小婿"。对他人的亲属，应采用敬称。对其长辈，宜在称呼前加"尊"字，如"尊母"、"尊兄"。对其平辈或晚辈，宜在称呼之前加"贤"字，如"贤妹"、"贤侄"。若在其亲疏的称呼前加"令"字，一般可不分辈分与长幼，如"令堂"、"令爱"、"令郎"。

2. 几种称呼的正确使用

在日常交际中还要注意几种特殊称呼的正确使用，这主要包括以下几个方面。

（1）同志。志同道合者才称同志。如政治信仰、理想、爱好等相同者，都可称为同志。我国同志这个称呼流行于新中国成立后，这一词已成为我国大陆公民彼此之间最普通、常用的称呼。这一称呼不分男女、长幼、地位高低，除了亲属之外，所有人都可以称同志。今天，在改革开放之后，这一称谓的使用率相对减少，因此在使用同志一词时应有所区别。如在同一党内、同一组织内、对解放军和国内的普通公民，这一称呼皆可使用。但对于儿童，对于具有不同政治信仰、不同价值观、不同国家的人，尽量少使用或不使用。

（2）老师。这一词原意是尊称传授文化、知识、技术的人，后泛指在某些方面值得学习的人。孔子曰："三人行，必有我师。"这说明，在古代"老师"这一称呼已泛指所有值得学习的人。现代社会，老师这一称谓一般用于学校中传授文化科学知识、技术的教师。目前，老师这一称谓在社会上也比较流行，有时人们出于对交际对象的学识、经验或某一方面的敬佩、尊重，常常以"姓＋老师"来称呼对方，尤其在文艺界比较常见，这种称谓，交际的对方一般会感到受到了尊重，心情比较舒畅。

（3）先生。在我国古代，一般称父兄、老师为先生，也有称郎中（医生）、道士等为先生的。有些地区还有已婚妇女对自己的丈夫或称别人家的丈夫为先生的，现在我国南方某些地区仍这样使用。新中国成立后，先生一词则很少使用，有时只有对教师称为先生。改革开放以后，随着对外交流的增多，"先生"一词又流行起来，不过，其概念已与以前有所不同。目前，先生一词泛指所有的成年男子。在西方国家，对成年男子一般都称呼先生。不过也有例外，如在美国，12岁以上的男子就可以称先生；在日本，对身份高的女子也称先生。在我国知识界，也喜欢对有学问的女子称先生。先生这一称谓大方得体，即显示了彼此的尊重，又有彼此平等之意，有利于提高交际效果。

（4）师傅。这一词原意是指对工、商、戏剧行业中传授技艺的人的一种尊称，后泛指对所有技艺的人的称谓。到了20世纪五六十年代，师傅这一词在社会中比较流行，有虚心请教、尊敬对方之意。但师傅这一称呼大多用于非知识界的人士。师傅这一称呼一般不用于称呼有职称、有学位的人，否则可能会产生误解，有漠视之嫌。在现代交际中，采用师傅这一称谓已基本恢复其原意，即称呼工、商、戏剧行业中传授技艺的人。但是，在我国北方使用比较频繁，人们对不认识的人都称呼师傅。

3. 称呼的技巧

（1）初次见面更要注意称呼。初次与人见面或谈业务时，要称呼姓＋职务，要一字一字地说得特别清楚，如"王总经理，你说得真对……"如果对方是个副总经理，可删去那个"副"字；但若对方是总经理，不要为了方便把"总"字去掉，而变为经理。

（2）称呼对方时不要一带而过。在交谈过程中，称呼对方时，要加重语气，称呼完了停顿一会儿，然后再谈要说的事，这样能引起对方的注意，使他认真地听下去。如果你称呼得很轻又很快，有种一带而过的感觉，对方听着不会太顺耳，有时也听不清楚，就引不起听话的兴趣。相比之下，如果太不注意对方的姓名，而过分强调了要谈的事情，那就会适得其反，对方不会对你的事情感兴趣了。所以一定要把对方完整的称呼，很认真很清楚很缓慢地讲出来，以显示对对方的尊重。

（3）关系越熟越要注意称呼。与对方十分熟悉之后，千万不要因此而忽略了对对方的称呼,一定要坚持称呼对方的姓+职务(职称),尤其是有其他人在场的情况下。人人都需要被人尊重,越是朋友,越是要彼此尊重,如果熟了就变得随随便便,"老王"、"老李"甚至用一声"唉"、"喂"来称呼了,这样极不礼貌,是令对方难以接受的。

(4)称呼时慎提绰号。提绰号又叫取诨名。人们之间熟悉了,往往会互相乱提绰号,寻个开心,博得一笑。提绰号一定要注意礼貌。对老人、师长、对异性,无论褒贬,一般不宜赠送绰号,善意的、亲昵的绰号我们提倡,对那些低级趣味,有损人格,伤风败俗,有碍团结的绰号要坚决反对。因为这些绰号缺乏对人的尊重和爱护,甚至包含着蔑视和侮辱。乱提绰号是与有修养、讲文明、懂礼貌相悖的坏习气。

二、介绍礼仪

介绍是社交活动最常见、也是最重要的礼节之一,它是初次见面的陌生的双方开始交往的起点。介绍在人与人之间起桥梁与沟通作用,几句话就可以缩短人与人之间的距离,为进一步交往开个好头。

1. 介绍的基本规则

为他人作介绍时必须遵守"尊者优先了解情况"的规则,在为他人作介绍前,先要确定双方地位的尊卑,然后先介绍位卑者,后介绍尊者。具体如下。

(1)先将男士介绍给女士。例如,介绍王先生与李小姐认识,介绍人应当引导王先生到李小姐面前,然后说:"李小姐,我来给你介绍一下,这位是王先生。"注意在介绍的过程中,被介绍者的名字总是后提。

(2)先将年轻者介绍给年长者。把年轻者引见给年长者,以示对前辈、长者的尊敬。如:"王教授,让我来介绍一下,这位是我的同学张明。""张阿姨,这是我的表妹王丽。""刘伯伯,我请您认识一下我的表弟李强。"在介绍中应注意有时虽然男士年龄较大,但仍然是将男士介绍给女士。

(3)先将未婚女子介绍给已婚女子。如:"张太太,让我来介绍一下,这位是李小姐。"注意当被介绍者,无法辨别其是已婚还是未婚时,则不存在先介绍谁的问题,可随意介绍,如:"张女士,我可以把我的女朋友李小姐介绍给你吗?"

(4)先将职位低的介绍给职位高的。在实业界或公司中,在商务场合要先将职位低的介绍给职位高的。如:"王总,这位是××公司的总经理助理刘女士。"注意这里先提到的是王总经理,这是因为把王总经理的职位看做高于刘女士,尽管王总经理是一位男士,仍不先介绍他。

(5)先将家庭成员介绍给对方。在向别人介绍自己的家庭成员时,应谦虚地说出对方的名字。这不仅是出于礼貌,而且对介绍自己的家庭成员也比较方便。如:"张先生,我想请你认识一下我的女儿晓芳。""张先生,请允许我介绍一下我的妻子。"

（6）集体介绍时的顺序。在被介绍者双方地位、身份大致相似，或者难以确定时，应当使人数较少的一方礼让人数较多的一方，一个人礼让多数人，先介绍人数较少的一方或个人，后介绍人数较多的一方或多数人。

若被介绍者在地位、身份之间存在明显差异，特别是当这些差异表现为年龄、性别、婚否、师生及职务有别时，则地位、身份为尊的一方即使人数较少，甚至仅为一人，仍然应被置于尊贵的位置，最后加以介绍，而先介绍另一方人员。

若需要介绍的一方人数不止一人，可采取笼统的方法进行介绍，例如，可以说："这是我的家人"，"他们都是我的同事"，等等。但最好还是要对其一一进行介绍。进行此种介绍时，可比照他人介绍时位次尊卑顺序进行介绍。

若被介绍双方皆不止一人，则可依照礼规，先介绍位卑的一方，后介绍位尊的一方。在介绍各方人员时，均需由尊到卑，依次进行。

2. 自我介绍

在不同场合，遇见对方不认识自己，而自己又有意与其认识，当场没有他人从中介绍，往往需要自我介绍。自我介绍的时机包括：因业务关系需要相互认识，进行接洽时可自我介绍；当遇到一位你知晓或久仰的人士，他不认识你，你可自我介绍："×××（称呼），您好！我是××××（单位）的×××（姓名），久仰大名，很荣幸与您相识"；第一次登门造访，事先打电话约见，在电话里应自我介绍。参加一个较多人的聚会，主人不可能一一介绍，与会者可以与同席或身边的人互相自我介绍。自我介绍前应有一句引言，以使对方或身边的人互相自我介绍。自我介绍前应有一句引言，以使对方不感到突然，如"我们认识一下吧。我叫×××，在××公司行政部工作"。在出差、旅行途中，与他人不期而遇，并且有必要与之建立临时接触时，可适当自我介绍。初次前往他人住所、办公室，进行登门拜访时要自我介绍。应聘求职时需首先作自我介绍。

自我介绍时，要及时、清楚地报出自己的姓名和身份。大方自然地进行自我介绍，可以先面带微笑，温和地看着对方说声："您好！"以引起对方的注意，然后报出自己的姓名身份，并简要表明结识对方的愿望或缘由。进行自我介绍一定要力求简洁，尽可能地节省时间，以半分钟为佳。

进行自我介绍，态度务必自然、友善、亲切、随和。要充满信心和勇气，敢于正视对方的双眼，显得胸有成竹。介绍时语气要自然，语速要正常，语音要清晰，这对自我介绍的成功十分有好处。

进行自我介绍时所表述的各项内容，一定要实事求是，真实可信。没有必要过分谦虚，一味贬低自己去讨好别人，但也不可自吹自擂，夸大其词，在自我介绍时掺水分，会得不偿失。

他人进行自我介绍时也要注意：一是引发对方作自我介绍时应避免用直白的话相问，让人认为你缺乏礼貌,如:"你叫什么名字",而应该尽量客气一些,用词更敬重些:"请问尊姓大名"、"您贵姓"、"不知怎么称呼您"、"您是……"等;二是他人作自我介绍时要仔细聆听,记住对方的姓名、职业等。如果没有听清楚,不妨在个别问题上仔细再问一遍,这比他人作过自我介绍而你还是不明情况要好。三是等一个人作了自我介绍后,另一个人也作相应的自我介绍,这才是礼貌的。

3. 他人介绍

他人介绍即社交中的第三者介绍。在他人介绍中,为他人作介绍的人一般有社交活动中的东道主、社交场合中的长者、家庭中聚会的女主人、公务交往活动中的公关人员(礼宾人员、文秘人员、接待人员)等。他人介绍的时机包括:在家中接待彼此不相识的客人。在办公地点接待彼此不相识的来访者。与家人外出,路遇家人不相识的同事或朋友。陪同亲友,前去拜会亲友不相识者。本人的接待对象遇见了其不相识的人士,而对方又跟自己打了招呼。陪同上司、长者、来宾时,遇见了其不相识者,而对方又跟自己打了招呼。打算推介某人加入某一交际圈。受到为他人作介绍的邀请。

他人介绍见图 5-1 和图 5-2(选自晓梅说礼仪. 张晓梅. 中国青年出版社,2008.)

图 5-1

图 5-2

在为他人作介绍时,介绍者对介绍的内容应当字斟句酌,慎之又慎。

在正式场合,内容以双方的姓名、单位、职务等为主。如:"我来给两位介绍一下。这位是 A 公司的公关部主任李芳女士,这位是 B 公司的总经理汪洋先生。"

在一般的社交场合,其内容往往只有双方姓名一项,甚至可以只提到双方姓氏为止。接下来,则由被介绍者见机行事。如:"我来介绍一下,这位是老张,这位是小王,你们认识一下吧。"

在比较正规的场合,介绍者有备而来,有意将某人举荐给某人,因此在内容方面,通常会对前者的优点加以重点介绍。如:"这位是李明先生,这位是我们公司的林楠总经理。

李先生是一位管理方面的专业人士，他还是北大的 MBA。林总我想您一定很想认识他吧！"

在进行他人介绍时，介绍者与被介绍者都要注意自己的表达、态度与反应。介绍者为被介绍者介绍之前，不仅要尽量征求一下被介绍双方的意见，而且在开始介绍时还应再打一下招呼，切勿上去开口即讲，显得突如其来，让被介绍者措手不及。

被介绍者在介绍者询问自己是否有意认识某人时，一般不应加以拒绝或扭扭捏捏，而应欣然表示接受。实在不愿意时，则应说明缘由。

当介绍者走上前来，开始为被介绍者进行介绍时，被介绍的双方应起身站立，面含微笑，大大方方地注视介绍者或者对方，神态庄重、专注。

当介绍者介绍完毕后，被介绍双方应依照合乎礼仪的顺序进行握手，并且彼此问候对方。此时的常用语有："你好"、"很高兴认识你"、"久仰大名"、"认识你非常荣幸"、"幸会，幸会"，等等。必要时还可作进一步的自我介绍。

介绍时要注意实事求是，掌握分寸，不能胡吹乱捧。

介绍姓名时，一定要口齿清楚，发音准确。把易混的字咬准，如"王"和"黄"、"刘"和"牛"等；对同音字、近音字必要时要加以解释，如"邹"和"周"、"张"和"章"、"徐"和"许"等。

三、握手

相传在刀耕火种的年代，人们经常持有石头或棍棒等武器，陌生者相遇，双方为了表示没有敌意，便放下手中的武器，并伸出手掌，让对方抚摸掌心。久而久之，这种习惯便逐渐演变为今日的握手礼节。当今，握手已成为世界上最为普遍的一种礼节，其应用的范围远远超过了鞠躬、拥抱、接吻等。美国著名盲聋女作家海伦·凯勒曾说："我接触的手，虽然无言，却极有表现力。有的人握手能拒人千里之外……我握着冷冰冰的手指，就像和凛冽的北风相握手一样。而也有些人的手充满阳光，他们伸出来与你相握时，你会感到很温暖。"由此可见，握手传递的性格方面的信息是何等丰富。在日常交际中，必须注意握手的基本礼节。

1. 握手的次序

根据礼仪规范，握手时双方伸手的先后次序，一般应当遵守"尊者先伸手"的原则，应由尊者首先伸出手来，位卑者只能在此后予以响应，而绝不可贸然抢先伸手，不然就是违反礼仪的举动。其基本规则如下。

（1）男女之间握手。男女之间握手，男士要等女士先伸出手后才握手。如果女士不伸手或无握手之意，男士向对方点头致意或微微鞠躬致意。男女初次见面，女方可以不和男士握手，只是点头致意即可。男女握手时，男士要脱帽和脱右手手套，如果偶遇匆匆忙忙来不及脱，要道歉。女士除非对长辈，一般可不必脱手套。

（2）宾客之间握手。宾客之间握手，主人有向客人先伸出手的义务。在宴会、宾馆或机场接待宾客，当客人抵达时，不论对方是男士还是女士，女主人都应该主动先伸出手。男士因为是主人,尽管对方是女宾,也可先伸出手,以表示对客人的热情欢迎。而在客人告辞时,则应由客人首先伸出手来与主人相握,在此表示的是"再见"之意。

(3)长幼之间握手。长幼之间握手,年幼的一般要等年长的先伸手。和长辈及年长的人握手,不论男女,都要起立趋前握手,并要脱下手套,以示尊敬。

(4)上下级之间握手。上下级之间握手,下级要等上级先伸出手。但涉及主宾关系时,可不考虑上下级关系,做主人的应先伸手。

(5)一个人与多人握手。若是一个人需要与多人握手,则握手时亦应讲究先后次序,由尊而卑,即先年长者后年幼者,先长辈后晚辈,先老师后学生,先女士后男士,先已婚者后未婚者,先上级后下级,先职位、身份高者后职位、身份低者。

值得注意的是:在公务场合,握手时伸手的先后次序主要取决于职位、身份。而在社交、休闲场合,它则主要取决于年龄、性别、婚否。

2. 握手的方式

握手的标准方式是行礼者行至距握手对象约1米处,双腿立正,上身略向前倾,伸出右手,四指并拢,拇指张开与对方相握。握手时应用力适度,上下稍许晃动三四次,随后松开手来,恢复原状。具体地应注意以下几点。

(1)神态。与人握手时神态应专注,热情、友好、自然。在通常情况下,与人握手时,应面含微笑,目视对方双眼,并且口道问候。在握手时切勿显得自己三心二意,敷衍了事,漫不经心,傲慢冷淡。如果在此时迟迟不握他人早已伸出的手,或是一边握手,一边东张西望,目中无人,甚至忙于跟其他人打招呼,都是极不应该的。见图5-3。

(2)力度。握手时用力应适度,不轻不重,恰到好处。如果手指轻轻一碰,刚刚触及就离开,或是懒懒地慢慢地相握,缺少应有的力度,会给人以勉强应付、不得已而为之之感。一般来说,手握得紧是表示热情,男人之间手可以握得较紧,甚至另一只手也加上(即双手式握手,见图5-4),包括握对方的手大幅度上下摆动,或者在手相握时,左手又握住对方胳膊肘、小臂甚至肩膀,以表示热烈。但是注意既不能握得太使劲,使人感到疼痛,也不能显得过于柔弱,不像个男子汉。对女性或陌生人,轻握是很不礼貌的,尤其是男性与女性握手时,应热情、大方、用力适度。

图5-3

图5-4

（3）时间。通常是握紧后打过招呼即松开。但如果是亲密朋友意外相遇，敬慕已久而初次见面，至爱亲朋依依惜别，衷心感谢难以表达等场合，握手时间就长一点，甚至紧握不放，话语不休。在公共场合，如列队迎接外宾，握手的时间一般较短。握手的时间应根据与对方的亲密程度而定。

3. 握手的禁忌

在人际交往中，握手虽然司空见惯，看似寻常，但是由于它可被用来传递多种信息，因此在行握手礼时应努力做到合乎规范，并且注意下述几点。

不要用左手与他人握手，尤其是在与阿拉伯人、印度人打交道时要牢记此点，因为在他们看来左手是不洁的。

不要在握手时争先恐后，而应当遵守秩序，依次而行。特别要记住，与基督教信徒交往时，要避免两人握手时与另外两人相握的手形成交叉状，这类似十字架，在基督教信徒眼中是很不吉利的。

不要戴着手套握手，在社交场合女士的晚礼服手套除外。

不要在握手时戴着墨镜，只有患有眼疾或眼部有缺陷者才能例外。

不要在握手时将另外一只手插在衣袋里。

不要在握手时另外一只手依旧拿着香烟、报刊、公文包、行李等东西而不肯放下。

不要在握手时面无表情，不置一词，好似根本无视对方的存在，而纯粹是为了应付。

不要在握手时长篇大论，点头哈腰，滥用热情，显得过分客套，让对方不自在，不舒服。

不要在握手时把对方的手拉过来、推过去，或者上下左右抖个没完。

不要在与人握手之后，立即揩拭自己的手掌，好像与对方握一下手就会使自己受到感染似的。

四、名片礼仪

名片是一个人身份的象征，互赠名片是一种礼节，一种时尚，也是促进交往的手段。我国是名片的故乡，名片在我国已有2000多年的历史。秦汉时名片叫"谒"，汉末时称"刺"，六朝时叫"名"，唐时叫"月勃"，宋代称之为"门状"，明朝称为"名帖"，清朝又称"名刺"或"名片"。在现在的社交活动中，名片的使用已经越来越普遍，而且名片的递、接、存都人有讲究。

1. 名片的内容

名片的内容一般包括工作单位、姓名、身份、地址、邮政编码等。工作单位一般印在名片的上方，姓名印在名片中央，职务、职称印在名片右侧。名片的下方为地址、邮编、电话号码、E-mail地址等。有的商务名片在背面印有英文作对应，也有的名片在背面印上企业和公司的简介、经营范围等。名片不可以乱发，要在适当的时候送给适当的交往对象。有几种情形必须递交名片：希望认识对方时；被介绍给对方时；对方提议交换名片时；对方向自己索要名片时；初次登门拜访对方时；打算获得对方名片时；自己的信息变更通知对方时。

2. 名片的交换

交换名片一般遵循先男后女、先长后幼、先客后主、先低后高的顺序。就是说一般是男士向女士递送，晚辈先向长辈递送，来宾先向主人递送，职位低者先向职位高者递送。

递送名片时，要面带微笑，正视对方，双手食指和拇指分别捏住名片上端两角，将名片的正面朝向对方。如果是坐着，应起身或欠身递送，递送时应说一些客气话，如"这是我的名片，请多多关照！""我叫王东峰，这是我的名片，请笑纳！"

接受名片时，应该起身，同样面带微笑注视对方。双手接过来名片后，要说："谢谢！"并且用30秒以上的时间认真看名片上的内容，并抬头看对方，以示敬仰，使对方产生一种受重视的满足感。一般接受名片后要回赠自己的名片，如果名片用完、没有名片或不想回赠，可以对对方说："很抱歉，我的名片刚好用完了。"或"不好意思，忘带名片了，下次一定带了给您。"

放置名片也是有讲究的，接过名片以后不能随意摆弄或扔在桌子上，也不要随便塞在口袋里或丢在包里，这都是对名片原主人的不尊重。接受名片后应该将其小心郑重地收起来，放在名片盒、名片包或名片夹里。

交换名片时还有一些问题要注意：不要以左手递交或收受名片、不能没有目的地散发名片、不能逢人便要名片、不能把别人送自己的名片错发给他人、接受名片时不能一言不发、接受名片后不能用手把玩名片，或看也不看直接装入衣服或弃于桌上。

五、馈赠礼仪

中华民族素来重交情，古代就有"礼尚往来"之说。亲友和商务伙伴之间的正当馈赠是礼仪的体现，感情的物化。在社交活动中表达谢意敬意、祝贺庆典活动、祝贺开张开业、适逢重大节日、探视住院病人、应邀家中做客等场合都可以馈赠不同的礼物，用以增进友情。

1. 馈赠礼品的选择

（1）突出情意。馈赠礼品要重视其情感意义，着重体现礼品的精神价值和纪念意义。礼品作为友好的象征物，其意义并不在礼品本身的金钱价值，而在于礼品本身的寓意和通过礼品所传达的友好情意，这是馈赠礼品的基本思想，所谓"千里送鹅毛，礼轻情义重。"情义是无价的，情义是无法用金钱来衡量的。因此在选择礼品时要着重考虑它的内涵及想表达的情意。

（2）匠心独运。送人礼品，与做其他许多事情一样，是最忌讳"老生常谈"、"千人一面"的。选择礼品，应当精心构思，富于创意，力求使之新、奇、特。这就是礼品的独创性。赠送具有独创性的礼品给人，往往可以令其耳目一新，既兴奋又感动。

（3）注意禁忌。1972年，尼克松总统准备访华，急于寻求能代表国家的礼物。美国保业姆公司闻讯后，趁此良机，向尼克松总统献上公司生产的一尊精致的天鹅群瓷器珍品，因为瓷器的英文China，也具有"中国"的意思，尼克松一见，大喜过望，于是把这尊具有双重意义而且具有很高艺术价值的瓷器珍品带到了中国。这说明挑选礼品时，特别要在为交往不深或外地区人士和外国人挑选礼品时，应当有意识地使赠品与对方所在地的风俗习惯一致，在任何情况下，都要坚决避免把对方认为属于伤风败俗的物品作为礼品相赠，这样才表明尊重交往对象。选择礼品不应忽视的禁忌主要有以下四类。①个人禁忌。如在我国大部分地区，老年人忌讳发音为"终"的钟，恋人们反感于发音为"散"的伞。②民俗禁忌。如在俄罗斯最忌讳送钱给别人，因为这意味着施舍和侮辱；在欧美等国药品不宜送人。③宗教禁忌。如伊斯兰教认为酒是万恶之源，所以不要向伊斯兰教徒送酒。④伦理禁忌。

2. 赠送礼品的礼仪

赠送礼品的形式多种多样，主要有当面赠送、托人赠送和邮寄赠送三种。当面赠送是最好的送礼形式，因为这样可以亲自介绍礼品的寓意、使用方法，直接表达情意。从而达到通过馈赠礼品来增进彼此的情意的目的，而且当面赠送还显示了送礼者的真诚、周到和热情。托人赠送，是请第三者代为转送礼品，此时应在礼品上附上自己的名片或者祝福的卡片，并事先通过电话告知对方。邮寄赠送是对居住异地的交往对象赠送礼品的一种表达方式，现在即使居住在同一个城市，有时也可以选择邮寄送礼的方式，邮寄礼品往往会给受礼者惊喜、奇妙的感觉，收到意想不到的效果。

送给他人礼品，尤其是在正式场合赠送于人的礼品，在相赠之前，一般都应当认真进行包装。可用专门的纸张包裹礼品或把礼品放入特制的盒子、瓶子里等。礼品包装就像穿了一件外衣，这样才能显得正式、高档，而且还会使受赠者感到自己备受重视。

现场赠送礼品时，神态要大方自然，举止大方，表现适当。千万不要像做了"亏心事"，小里小气，手足无措。一般在与对方会面之后，将礼品赠送给对方，届时应起身站立，走近受赠者，双手将礼品递给对方。礼品通常应当递到对方手中，不宜放下后由对方自取。如礼品过大，可由他人帮助递交，但赠送者本人最好还是要参与其事，并援之以手。若同时向多人赠送礼品，最好先长辈后晚辈、先女士后男士、先上级后下级，按照次序，依次有条不紊地进行。

当面亲自赠送礼品时要辅以适当的、认真的说明。可以说明因何送礼，如果是生日礼物，可说"祝你生日快乐"；可以说明自己的态度，送礼时不要自我贬低，说什么"没有准备，临时才买来的"，"没有什么好东西，凑合着用吧"，而应当实事求是地说明自己的态度，比如"这是我为你精心挑选的"、"相信你一定会喜欢"等；可以说明礼品的寓意，在送礼时，介绍礼品的寓意，多讲几句吉祥话，是必不可少的；对较为新颖的礼品可以说明礼品的用途、用法。

3. 受礼和拒礼的礼仪

一般情况下，对于对方真心赠送的礼物不能拒收，因此没完没了地说"受之有愧"、"我不能收下这样贵重的礼物"这类话是多余的，有时还会使人产生不愉快的感觉。即使礼物不称你心，也不能表露在脸上。接受礼物时要用双手，并说上几句感谢的话语。千万不要虚情假意，推推躲躲，反复推辞，硬逼对方留下自用；或是心口不一，嘴上说"不要，不要"，手却早早伸了过去。

如果条件许可，在接受他人相赠的礼品后，应当尽可能地当着对方的面，将礼品包装当场拆封。这种做法在国际社会是非常普遍的。在启封时，动作要井然有序，舒缓得当，不要乱扯、乱撕。拆封后还不要忘记用适当的动作和语言，显示自己对礼品的欣赏之意，如将他人所送鲜花捧起来闻闻花香，然后再插入花瓶，并置放在醒目之处。

有时候，出于种种原因，不能接受他人相赠的礼品。在拒绝时，要讲究方式、方法，处处依礼而行，要给对方留有退路，使其有台阶可下，切忌令人难堪。可以使用委婉的、不失礼貌的语言，向赠送者暗示自己难以接受对方的好意，如当对方向自己赠送一部手机时，可以告之："我已经有一部了。"可以直截了当地向赠送者说明自己之所以难以接受礼品的原因。在公务交往中，拒绝礼品时此法最为适用，如拒绝他人所赠的大额贵重礼品时，可以说："依照有关规定，你送我的这件东西，必须登记上缴。"

4. 赠花的礼仪

鲜花是美好、吉祥、友谊和幸福的象征。我国早在汉代就有"折柳送别话依依"的诗句，可见在当时已有交际赠花之习俗。当今社交中无论是欢迎、送别、婚寿庆祝，还是节庆、开业、慰问、吊唁及国际交往中，人们经常赠之以鲜花，言志明心。但由于各地风俗习惯不同，花的含义也不同，送花时必须注意得体，要做到以下几点：

（1）了解"花卉语"。当你用花为媒介来传递友谊时，要注意运用正确的"花卉语"，以免出现尴尬。

在不同的国家和地区，同一种花也许会有不同的寓意，如在一些国家，菊花和康乃馨被认为是厄运的象征。垂柳在美国表示"悲哀"，但在法国，柳则是"仁勇"的象征。实际上，同一种类型的花卉,因其不同的颜色，也有不同甚至截然相反的意思。如红色的郁金香是"爱的表示"，蓝色的郁金香象征"诚实"，而黄色的郁金香则象征"无望的恋爱"。因此要恰当地运用"花卉语"。

（2）不同场合的赠花。向恋人赠玫瑰花的花语是"我真心爱你"；蔷薇花象征"我向你求爱,小天使"；桂花表示"我执意爱你"。这类花卉赠与恋人，可收到心有灵犀一点通的效果。若将这类花卉赠与其他对象，则会交际不成，反而引火烧身。

婚礼赠花可以送一束美丽鲜艳的由红玫瑰、吉祥草、文竹灯花组成的花束。红玫瑰象征爱情美好；吉祥草祝朋友吉祥如意、生活美满；文竹绿叶葱葱，祝朋友爱情永葆青春。此外并蒂莲表示"恩爱如初，幸福长存"，百合花象征"百年好合"，百合和红色郁金香等花都是婚礼的理想花卉。

慰问病人时，送一束黄月季，表示早日康复；送一束芝兰，象征正气清运，贵体早康；送一束松、柏、梅花，表示鼓励他与病魔作斗争。

庆贺生日赠花，年轻一点的可送其火红的石榴花、鲜红的月季花、美丽的象牙花，祝其前程如火一样红烈，青春如红花鲜艳等。对年老者，赠之以万年青、寿星草、龟背竹等，以示祝福老人健康长寿，快乐幸福。

此外，新春佳节可以送大丽花、牡丹花、水仙花、桃花、吉庆果、金橘和富贵竹等；祝贺开业可以送红月季、牡丹、一品红、发财树（生意兴隆）等；看望父母可以送剑兰、康乃馨、百合、满天星（百年好合）等；送别朋友可以送芍药花（依依惜别）；迎接亲友可以送紫藤、月季、马蹄莲（热情好客）等；给离退休者可以送兰花、梅花、红枫、君子兰等。

正式场合，如组织开张、纪念、庆典等，大多可送花篮；迎宾、欢送、演出中送给演员，大多送花环、花束；宴会、招待会等送胸花；参加追悼会时送花圈以示哀悼。

送花一般不能送单一的白色花，因为会被人认为不吉利；送玫瑰花时应送单数，不要送双数，但12除外，不要将红玫瑰送给未成年的小姑娘，不要将浓香型的鲜花送给病人。送一束花时最好用彩色透明纸将花包装好，再系一根与鲜花颜色相匹配的彩带，这样既便于携带，又使花显得更漂亮。

六、接待礼仪

迎来送往，接待访客，是公关人员工作中常遇到的任务。接待工作的好坏，直接影响到组织的形象及组织与公众的关系。随着经济的发展，对外交往的扩大，企业接待及拜访工作越来越频繁，正确的运用接待礼仪，对企业间建立联系、发展友谊、沟通合作有着极其重要的作用。

1. 接待前的准备

（1）接待前的心理准备。首先要待客诚恳。公关人员在对待客人时，要以自己最大的诚心、热情和耐心面对一切问题。无论是预约的客人还是没有预约的，无论是通情达理的客人还是脾气暴躁的，都要让对方感到自己是受欢迎的、得到重视的。接待客人时要有一种"欢迎光临""感谢惠顾"的心理。其次要善于合作。当看到同事招待客人比较忙碌时，要主动帮助同事做一些力所能及的事情。另外，即使不是负责接待工作的部门员工，见到来客时也要态度诚恳，尽量帮忙，因为同是一家公司的员工，这样做能传递一种协作精神，一种真诚的友谊，一种企业的氛围，让客人感受到这是一个团结合作、奋发向上、有集体荣誉感的团队，有助于提升企业形象。

（2）接待前的物质准备。首先是环境准备。为了使接待活动给来宾留下美好印象，要充分布置好活动地点及周边的环境。接待环境应该清洁、整齐、明亮、美观、无异味。可以在前台、走廊、会客室等地放置一些花束或绿色植物，使客人产生好感。其次是办公用品准备。让客人站着是不礼貌的，所以前厅要准备沙发或座椅，样式要线条简洁流畅，摆放要整齐舒适。会客室里桌椅要摆放整齐，桌面清洁。茶具、茶叶、饮料应该事先准备好，茶杯要干净，不可有污渍，不可有缺口。会议室墙上可以挂一些雅致的壁画，让人一进门就觉得清静雅致，身心愉悦。再次是了解来宾的基本情况。公关人员在接待来宾之前，要准确地掌握对方的基本情况。对于对方主宾的基本信息，如姓名、性别、年龄、籍贯、民族、单位、职务以及文化程度、宗教信仰、生活习惯、家庭状况等，都应该一清二楚。对来宾的具体人数、性别概况、组团情况也要给予一定的关注。对于来宾正式抵达的时间，如具体日期、具体时间及相关的航次、车次、地点等，接待人员必须充分掌握。

（3）制定接待流程。一般性的接待活动，特别是需要举行专门仪式的接待活动，都必须事先制定接待流程，以保证接待事务循序而行、井井有条。

① 确定接待规格。接待人员要在接待之前确定由哪位管理人员出面接待、陪同及接待用餐、用车、活动安排等一系列接待活动的规格。接待规格主要取决于接待方主陪人的身份。高规格接待，是指主陪人比主宾的职务高的接待方式；对等规格接待，是指主陪人与主宾的职务相当的接待方式；低规格接待，是指主陪人比主宾的职务低的接待方式。

② 拟定日程安排。为了让所有有关人员都准确地知道自己在此次接待活动中的任务，可制定两份表格，印发给各有关人员。一份是人员安排表。包括时间、地点、事项、主要人员、陪同人员。一份是日程安排表。包括日期、活动时间、地点、内容、陪同人员等。

③ 注意细节。在接待宾客的具体活动中，接待人员既要事事从大局着眼，又要处处从小事着手，关注具体的细节问题。

在准备中，要时时关注天气的变化情况，掌握当地的天气变化规律，针对可能产生天气变化的情况，制订应急方案。同时还要注意交通状况，树立"安全第一"的观念。

2. 接待的礼仪

（1）迎候礼仪。迎接宾客，要体现出主人应有的主动和热情。对于远道而来的客人，要派专人提前到机场、码头或车站去等候迎接。在人声嘈杂的迎候地点迎接素不相识的客人时，为了方便客人识别，可试用以下方法。

① 使用接站牌。接站牌上可以写上"热烈欢迎某某同志"或者"某单位接待处"。

② 悬挂欢迎条幅。在迎接重要客人或众多客人时，这种方法最适合。

③ 佩戴身份胸卡。迎宾人员佩戴供客人确认身份的标志性胸卡，其内容主要为本人姓名、工作单位、所在部门及现任职务等。

（2）见面礼仪。在接待宾客时，要注意正确使用日常见面礼仪。接待人员要品貌端正，举止大方，服饰要整洁、端正、得体、高雅。当宾客到达后，要主动迎上去，热情地与对方握手，并有礼貌地询问和确认对方的身份，如："您好，请问您是从某某公司来的吗？"对方认可后，接待人员应作自我介绍,如:"您好,我是某某公司的秘书,我叫张某某。"然后把迎客方的成员按一定顺序一一介绍给客人。当客人递送名片时,应双手接住,认真仔细地看一看,然后很郑重地把名片放入名片夹中,或放进上衣上部口袋中。

(3)乘车礼仪。对方如有行李,接待方应主动帮客人把行李提到车上。上车时,最好让客人从右侧门上,主人从左侧门上。安排座位要符合规范。轿车的座次尊卑一般是右高左低,前高后低。在公务接待中,轿车前排副驾驶座通常为"随员座",唯独在主人亲自驾驶时,主宾应坐在副驾驶座上,与主人"平起平坐"。

(4)引导礼仪。当客人到达公司时,要引导客人进入会客室。引导要注意以下一些礼仪,在走廊上,引导人员应走在访客左前方两三步,当访客走在走廊正中央时,接待人员要走在走廊的一旁,偶尔向后看看,确认访客是否跟上了,当转弯时,接待人员要提醒客人:"请往这边走。"

在楼梯上时,接待人员先说一声:"在某某楼层。"然后引领访客到楼上。一般来说,高的位置代表尊贵。上楼时应该让访客先走,下楼时让客人后行,在上下楼梯时,不应并排行走,而应当右侧上行,左侧下行。

上电梯时,接待人员要先按电梯按钮,让客人先进。若客人不止一人时,接待人员可先进电梯,一手按住"开"按钮,对客人礼貌地说:"请进!"到目的地后,接待人员要一手按"开"按钮,一手做请出的动作,并说道:"到了,您先请!"客人走出电梯后,接待人员应立即走出电梯,在客人前面引导方向。到达会客室开门时,接待人员要把住门把手,站在门旁让客人先进。

(5)座次礼仪。客人进入会客室后,接待人员要请客人入座。招待客人入座时,要讲究座次礼仪。

① 面门为上。主客双方采用"相对式"就座时,依照惯例,通常以面对房门的座位为上座,应让客人就座;以背对房门的座位为下座,宜由主人就座。

② 以右为上。主客双方采用"并列式"就座时,以右侧为上,应请客人就座;以左侧为下,应主人自己就座。若主客双方参与会见者不止一人,则双方的其他人员可分别按照各自身份的高低,由近而远在己方负责人两侧就座。

③ 居中为上。如果客人较少,而主方接待者较多,往往可由主方的人员以一定的方式围坐在客人的两侧或者四周,而请客人居于中央。

④ 以远为上。当主客双方并未面对房间的正门,而是居于房内左右两侧之中的一侧时,一般以距离房门较远的座位为上座,应请客人就座;而以距离房门较近的座位为下座,由主人就座。

(6)端茶倒水礼仪。当客人入座后,接待人员要主动及时地给客人斟茶。以茶待客是最具中国特色、最受中国人欢迎的待客方式。若来访的客人较多,上茶的顺序一定要慎重。

合乎礼仪的做法是先为客人上茶,后为主人上茶;先为主宾上茶,后为次宾上茶;先为女士上茶,后为男士上茶;先为长辈上茶,后为晚辈上茶。

标准的上茶步骤是:双手端着茶盘进入客厅,首先将茶盘放在临近客人的茶几上或备用桌上,然后右手拿着茶杯的杯托,左手附在杯托附近,从客人的左后侧双手将茶杯递上去,并置于客人右前方。茶杯放置到位后,杯耳应朝向右侧。有时,为了提醒客人注意,可在为之上茶的同时,轻声告之:"请您用茶。"若对方向自己道谢,不要忘记答以"不客气"。如果自己的上茶打扰了客人,则应对其道一声"对不起"。

(7)送客礼仪。当接待人员与来访者交谈完毕或领导与来访客人会见结束时,接待人员一般都应礼貌地送别客人。"出迎三步,身送七步"是接待宾客最基本的礼仪。接待宾客要善始善终,所以送别客人是必不可少的环节之一。接待工作是否圆满,在很大程度上体现在送别来宾这一环节上。

送别来宾时,有很多方面要注意。首先不要在客人面前看表,否则会给客人带来要下"逐客令"的感觉,所以在会客的时候,接待人员不应该总是看时间。其次当客人提出告辞时,要等客人起身后再站起来相送,切忌没等客人起身,自己先于客人起立相送。更不能嘴里说再见,而手中却还忙着自己的事,甚至连眼神也没有转到客人身上。最后当客人起身告辞时,应马上站起来,主动为客人取下衣帽,与客人握手告别,同时选择最合适的言辞送别,如"希望下次再来"等礼貌用语。尤其对初次来访的客人更是应该热情、周到、细致。

① 送别本地客人。对本地客人,一般陪同送至单位楼下或大门口。客人带有较多或较重东西时,送客时要主动帮客人提重物。出办公室时,要轻轻关门,不可将门"砰"地关上,这样极不礼貌。在门口告别时,接待人员要与客人握手,帮客人拉开车门,待其上车后轻轻关上车门,挥手道别,目送客人离开。要以恭敬真诚的态度,笑容可掬地送客,不要急于返回,应挥手致意,待客人移出视线后,才可结束告别仪式。

② 送别外地客人。首先要确定时间。对于远道而来的客人,负责送别来宾的接待人员必须重视,一定要提前与对方商定双方会合的时间和地点。对于送别的具体时间,双方不仅要事先商定,而且通常要讲究主随客便。接待人员在安排有关送别活动的时间表时,要留有一定的时间幅度。要在执行上留有适当的余地,即送别人员在执行送别任务时,应当提前到场、最后离场,并且在特殊情况发生时见机行事。其次要充分准备。具体从事来宾接待工作时,接待人员必须高度重视送别工作,并悉心以对。在送别时,接待人员要注意以下两点。一是限制送别的规模。目前要求简化接待礼仪,所以有必要对送别规模加以限制。在组织活动时,应该突出实效、体现热情,但在实际操作上则应务实从简,在参加人数、主人身份、车辆档次与数量上严格限制,不搞前呼后拥、人海战术。二是在力所能及的情况下,送别来宾所使用的交通工具应由主办方负责提供。对于主办方来说,一定要保证交通工具的数量能够满足要求,以备不时之需。最后要热情话别。为客人送行,应使对方感受到自己

的热情、诚恳、礼貌和修养。接待方应提前为客人订返程的车票、船票或机票。一般情况下，公务接待人员应专程陪同来宾乘车前往车站、码头或机场，亲自为来宾送行。有必要时，可在贵宾室与来宾稍叙友谊，或举行专门的欢送仪式。在宾客临上火车、轮船或飞机之前，送行人员应按一定顺序同来宾一一握手话别，祝愿客人旅途平安并欢迎再次光临。火车、轮船开动之时或飞机起飞之后，送行人员应向宾客挥手致意，直至他们在视野中消失。

七、拜访礼仪

拜访是公务、商务等社会活动中一件经常性的工作，是最常见的社交形式，同时也是联络感情、增进友谊的一种有效方法。要使拜访做得更得体、更有效,更好地实现拜访的目的，就要重视和学习拜访的礼仪。

1. 约好时间

拜访前，应事先联络妥当，尽可能事先告知，最好是和对方约定一个时间，以免扑空或打乱对方的日程安排，即使是电话拜访也不例外，不告而访是非常失礼的。如果双方有约，应准时赴约，不能轻易失约或迟到。但如果因故不得不迟到或取消访问，一定要设法在事前立即通知对方，并表示歉意。拜访应选择适当的时间，选择一个对方方便的时间。做客拜访一般可在平时晚饭后或假日的下午，要避免在吃饭和休息的时间登门造访。

2. 做好准备

（1）明确拜访目的。无论是初次拜访还是再次拜访，都要事先明确拜访的主要目的。

（2）准备有关资料。商务拜访，比如客户拜访，要准备的资料就包括公司及业界的资料、相关产品资料、客户的相关信息资料、销售资料及方案、针对可能出现的情况事先拟订的解决方案或应对方案、一些小礼品等。此外，名片、电话号码簿等也要事先准备好。

（3）设计拜访流程。要针对拜访环节准备好最稳妥、最得体的称呼和开场白，选择好话题材料，确定话题范围等。

（4）电话预约确认。出发前应致电被拜访者,再次确认本次拜访人员、时间和地点等事宜。

（5）注意礼仪细节。到达前，最好先稍事整理服装仪容。如果是重要的拜访对象，要事先关掉手机，这体现了对拜访对象的尊敬，对访问事宜的重视。

3. 上门有礼

到达拜访地点后，如果对方因故不能马上接待，可以在对方接待人员的安排下在会客厅、会议室或在前台，安静地等候。如果等待时间过久，可以向有关人员说明，并另定时间，不要显出不耐烦的样子。有抽烟习惯的人，要注意观察该场所是否有禁止吸烟的警示。即使没有，也要问问工作人员是否介意抽烟。如果接待人员没有说"请随便看看"之类的话，就不要随便东张西望，到处窥探，那是非常不礼貌的。到达被访人所在地时，一定要事先轻轻敲门，进屋后等主人安排后坐下。后来的客人到达时，先到的客人应站起来，等待介绍或点头示意。对室内的人，无论认识与否，都应主动打招呼。如果与对方是第一次见面，应主动递上名片，或作自我介绍。对熟人可握手问候。如果你带其他人来，要介绍给主人。进门后，应把随身带来的外套、雨具等物品放置到对方接待人员指定的地方，不可任意乱放。接茶水时，应从座位上欠身，双手捧接，并表示感谢。吸烟者应在主人敬烟或征得主人同意后，方可吸烟。和主人交谈时，应注意掌握时间。有要事必须要与主人商量或向对方请教时，应尽快表明来意，不要不着边际，浪费时间。

4. 礼貌告辞

拜访结束时彬彬有礼地告辞，可给对方留下良好的印象，同时也给下次的拜访创造良好的氛围和机会。所以，及时告辞、礼貌告辞这一环节相当重要。拜访时间长短应根据拜访目的和主人意愿而定，通常宜短不宜长，适可而止。当接待者有结束会见的表示时，应立即起身告辞。告辞时要同主人和其他客人一一告别。如果主人出门相送，应请主人留步并道谢，热情地说声再见。中途因特殊情况不得不离开时，无论主人在场与否，都要主动告别，不能不辞而别。

5. 拜访过程礼仪

（1）准时到达。让被拜访者无故等候无论是何原因都是严重失礼的事情。如果是对方要晚点到，要安静等待。可充分利用剩余的时间，检查准备工作。

（2）控制时间。谈话时开门见山，不要海阔天空，浪费时间。最好在约定时间内完成访谈，如果客户表现出有其他要事的样子，千万不要再拖延，如为完成工作，可约定下次拜访时间。

（3）注意言谈举止。要以优雅得体的言谈举止体现素质、涵养和职业精神，赢得对方的好感和敬重。即便与接待者的意见相左，也不要争论不休。要注意观察接待者的举止神情，当有不耐烦或有为难的表现时，应转换话题或口气。总之，要避免出现不愉快或尴尬的场面。

（4）处理好"握手"与"拥抱"的关系。必须事先搞清对方人员的真实身份，根据主次或亲疏的关系，处理好见面时的礼仪关系。

（5）尊重对方习惯。由于被拜访者的国别、民族、年龄、性别及爱好、兴趣、习惯各有不同，事先要了解清楚，并给予充分的尊重。

（6）讲究服饰。服饰事关拜访者自身的职业形象和所代表的机构形象，也体现对被拜访者的尊重。所以，拜访前对服饰的选择和斟酌马虎不得。

（7）及时致谢。对拜访过程中接待者提供的帮助要及时适当地致以谢意。

（8）事后致谢。如果是重要约会，拜访之后给对方寄一封谢函或留一条短信，会加深对方的好感。

延伸阅读

一、寒暄问候的礼仪

寒暄是应酬之语。问候，也是人们相逢之际所打的招呼，所问的安好。在多数情况下，两者应用的情景都比较相似，都是作为交谈的"开场白"来使用的。从这个意义讲，两者之间的界限常常难以确定。

寒暄的主要用途，是在人际交往中打破僵局，缩短人际距离，向交谈对象表示自己的敬意，或是借以向对方表示乐于与之结交之意。所以说，在与他人见面之时，若能选用适当的寒暄语，往往会为双方进一步的交谈，做好良好的铺垫。

反之，在本该与对方寒暄几句的时刻，反而一言不发，则是极其无礼的。

当被介绍给他人之后，应当跟对方寒暄。若只向他点点头，或是只握一下手，通常会被理解为不想与之深谈，不愿与之结交。

碰上熟人，也应当跟他寒暄一两句。若视若不见，不言不语，难免显得自己妄自尊大。

在不同时候，适用的寒暄语各有特点。

跟初次见面的人寒暄，最标准的说法是："你好"、"很高兴能认识您"、"见到您非常荣幸"。比较文雅一些的话，可以说："久仰"，或者说："幸会"。

要想随便一些，也可以说："早听说过您的大名"、"某某某人经常跟我谈起您"，或是"我早就拜读过您的大作"、"我听过您作的报告"，等等。

跟熟人寒暄，用语则不妨显得亲切一些，具体一些，可以说"好久没见了"、"又见面了"，也可以讲："你气色不错"、"您的发型真棒"、"您的小孙女好可爱呀"、"今天的风真大"、"上班去吗？"

寒暄语不一定具有实质性内容，而且可长可短，需要因人、因时、因地而异，而它却不能不具备简洁、友好与尊重的特征。

寒暄语应当删繁就简，不要过于程式化，像写八股文。例如，两人初次见面，一个说："久闻大名，如雷贯耳，今日得见，三生有幸"，另一个则道："岂敢，岂敢！"搞得像演古装戏一样，就大可不必了。

寒暄语应带有友好之意，敬重之心。既不容许敷衍了事般地打哈哈，也不可用以戏弄对方。"来了"，"瞧您那德行"，"喂，您又长膘了"，等等，自然均应禁用。

问候，多见于熟人之间打招呼。西方人爱说："嗨！"中国人则爱问"去哪儿"、"忙什么"、"身体怎么样"、"家人都好吧？"

在商务活动中，也有人为了节省时间，而将寒暄与问候合二为一，以一句"您好"，来取代所有的应酬词诺。

问候语具有非常鲜明的民俗性、地域性的特征。比如，老北京爱问别人："吃过饭了吗？"其实质就是"您好！"您要是答以"还没吃"，意思就不大对劲了。若以之问候南方人或外国人，常会被理解为："要请我吃饭"、"讽刺我不具有自食其力的能力"、"多管闲事"、"没话找话"，从而引起误会。

在阿拉伯人中间，也有一句与"吃过饭没有"异曲同工的问候语："牲口好吗？"你可别生气，人家这样问候您，绝不是拿您当牲口，而是关心您的经济状况如何。对于以游牧为主的阿拉伯人来说，还有什么比牲口更重要的呢？问您"牲口好吗？"的确是关心您的日子过得怎么样。

为了避免误解，商界人士应以"您好"、"忙吗"为问候语。最好不要随意地说。

牵涉到个人私生活、个人禁忌等方面的话语，最好别拿出来"献丑"。例如，一见面就问候人家"跟朋友吹了没有"，或是"现在还吃不吃中药"，都会令对方反感至极。

（资料来源：http://www.ev123.com/servers/managerdoc/4/7771.shtml）

二、现代人的见面礼仪

在国内外交往中，现代人除了使用握手这一见面礼仪之外，以下见面礼仪也是颇为常见的

1. 点头礼

点头礼适用于路遇熟人，在会场、剧院、歌厅、舞厅等不宜与人交谈之处，在同一场合碰上已多次见面者，遇上多人又无法一一问候之时。行礼的做法是：头部向下轻轻一点，同时面带笑容，不宜反复点头不止，点头的幅度也不必过大。

2. 举手礼

行举手礼的场合与行点头礼场合大致相似，它最适合向距离较远的熟人打招呼。其做法是右臂向前方伸直，右手掌心向着对方，其他四指并拢、拇指分开，轻轻向左右摆动一两下。不要将手上下摆动，也不要在手摆动时用手背朝向对方。

3. 脱帽礼

戴着帽子的人，在进入他人居所、路遇熟人，与人交谈、握手或行其他见面礼时，进入娱乐场所，升挂国旗，演奏国歌等情况下，应自觉主动地摘下自己的帽子，并置于适当之处，这就是所谓脱帽礼。女士在社交场合可以不脱帽子。

4. 注目礼

具体做法是：起身立正，抬头挺胸，双手自然下垂或贴放于身体两侧，笑容庄重严肃，双目正视于被行礼对象，或随之缓缓移动。一般在升国旗时、游行检阅、剪彩揭幕、开业挂牌等情况下，使用注目礼。

5. 拱手礼

拱手礼是我国民间传统的会面礼，今天在过年时举行团拜活动，向长辈祝寿，向友人恭喜结婚、生子、晋升、乔迁，向亲朋好友表示无比感谢，以及与海外华人初次见面时表示久仰大名。行礼时应起身站立，上身挺直，两臂前伸，双手在胸前高举抱拳，自上而下，或者自内向外，有节奏地晃动两三下。

6. 鞠躬礼

在日本、韩国、朝鲜等国，鞠躬礼十分普遍。目前在我国主要适用于向他人表示感谢、

领奖或讲演之后、演员谢幕、举行婚礼或参加追悼活动等。行礼时应脱帽立正，双目凝视受礼者，然后上身弯腰前倾。男士双手应贴放于身体两侧裤线处，女士双手则应下垂搭放于腹前。下弯的幅度越大，所表示的敬重程度就越大。

7. 合十礼

在东南亚、南亚信奉佛教的地区及我国傣族聚居区，合十礼最为普遍。行合十礼时双掌十指在胸前相对合，五个手指并拢向上，掌尖和鼻尖基本持平，手掌向外侧倾斜，双腿立直站立，上身微欠低头，可以口颂祝词或问候对方，亦可面带微笑，但不准手舞足蹈，反复点头。一般而论，行此礼时，合十的双手举得越高，越体现出对对方的尊重，但原则上不可高于额头。

8. 拥抱礼

在西方，特别是在欧美国家，拥抱礼是十分常见的见面礼与道别礼。在人们表示慰问、祝贺、欣喜时，拥抱礼也十分常用。正规的拥抱礼，讲究两人正面面对站立，各自举起右臂，将右手搭在对方左肩后面；左臂下垂，左手扶住对方右腰后侧。首先各向对方左侧拥抱，然后各向对方右侧拥抱，最后再一次各向对方左侧拥抱，一共拥抱3次。在普通场合行礼，不必如此讲究，次数也不必要求如此严格。

9. 亲吻礼

亲吻礼，也是西方国家常用的见面礼。有时它会与拥抱礼同时使用。行礼时，通常忌讳发出亲吻的声音，而且不应将唾液弄到对方脸上。在行礼时，双方关系不同，亲吻的部位也有所不同。长辈吻晚辈，应当吻额头；晚辈吻长辈，应当吻下颌或吻面颊；同辈之间，同性应当贴面颊，异性应当吻面颊。接吻，即吻嘴唇，仅限于夫妻与恋人之间，而不宜滥用，不宜当众进行。

10. 吻手礼

吻手礼，主要流行于欧美国家。它的做法是，男士行至已婚妇女面前，首先垂手立正致意，然后以右手或双手捧起女士的右手，俯首以自己微闭的嘴唇，去象征性地轻吻一下其手背或是手指。行吻手礼的地点，应在室内为佳。吻手礼的受礼者，只能是妇女，而且应是已婚妇女。

（资料来源：张岩松. 现代交际礼仪. 北京：中国社会科学出版社，2006.）

思考练习

1. 一位西装革履的男士进入一写字间，问前台秘书："这是四海公司吗？"前台秘书不理，这时候，有两位客户走过来，秘书说："刘哥、王姐，我们经理正等着你们呢……"

请问：在这个职业场景中，存在哪些礼仪问题？

2. 小张和同学小李一同去听孙教授的礼仪讲座，小李对讲座非常感兴趣，想和孙教授进行深入交流。由于孙教授曾经给小张所在的班级上过课，认识小张，因此小李让小张在工作结束后把自己介绍给孙教授。

请问：如果你是小张你将怎样作介绍？请与同学分别扮演相关角色实际模拟演示一下。

3. 在一次业务洽谈会上，小王遇到了一直想与之合作的某集团公司周总，他立即起身走到周总面前，伸出双手去握周总的手。

请问：小王的表现有什么不妥？与同学一起模拟演示一下正确的做法。

4. 五湖公司王经理约见一个重要的客户方经理。见面之后，客户就将名片递上。王经理看完名片就将名片放到了桌子上，两人继续谈事。过了一会儿，服务人员将咖啡端上桌，请两位经理慢用。王经理喝了一口，将咖啡杯子放在了名片上，自己没有感觉，客方经理皱了皱眉头，没有说什么。

请问：王经理的失礼之处在哪里？接过对方的名片后应如何放置？

5. 张经理与王经理在一次洽谈会上见面，王经理主动递上了自己的名片，张经理急忙打开挎包，准备拿出自己的名片与之交换，可是一摸，首先发现一张健身卡，再一摸是一张名片，高兴地递给了对方。王经理接过来一看说："孙总认识您很高兴！""噢，"张经理这才发现刚才递上去的是别人的名片。张经理十分尴尬，继续在包里找着……

请问：张经理名片交换存在什么问题？应该如何避免？

6. 小高已经毕业五年多了，她想去拜访得了胰腺癌的昔日导师，然而她想了半天也没有想好该带什么礼物。如果他的导师是女性，年龄在50岁左右，你认为应该送什么礼物为宜？

7. 你是五湖集团公司办公室的接待人员，明天上午四海集团公司的总经理亲自带队来你公司参观考察并落实合作事宜。

请问：你将怎样安排这次接待工作？

8. 假如你明天要拜访一位重要客户，列出你需要做哪些准备？

9. 案例分析：

"小"字别乱喊

孙西是某咨询公司的高级培训师。上个月，他与公司另一名同事去杭州出差做一个项目。在企业做了一天的内部访谈后，第二天安排到市场一线做实地调研，由各地的区域经理负责安排接待陪同。

市场调研到了嘉兴，当地的区域经理白天陪同他一起走访市场，晚上安排了饭局。区域经理几杯啤酒下肚，便开始称兄道弟。当他得知孙西比自己小几岁后，敬酒时便对孙西的同事喊"张经理，我们干一杯"，然后冲着孙西说："小孙，咱们也喝一杯。"

孙西一听，感觉有点不对味，故意推辞："不好意思，我吃完饭回去还得整理一下调研材料，就免了吧。"那个区域经理觉得被扫了面子，又冲着孙西的同事说："张经理，你看小孙，可真不够意思！"

孙西闻言，更加不舒服了，他端起酒杯很绅士地对那个区域经理说："请问您贵姓？"区域经理很纳闷，答道："我姓彭。""哦，小彭，咱们第一次见面，也不是很熟悉，但我要很负责地跟你说句话，你听好了，即使是你们老板跟我一起吃饭，敬酒时也都会很尊敬地称我一声'孙老师'或'孙经理'！好了，这杯酒我敬您。喝完我就先告辞了。"孙西一饮而尽，留下那个屁股刚抬起一半准备喝酒的区域经理，站也不是，坐也不是，呆立当地。

（资料来源：晓蒂. 你会打"职场招呼"吗. 秘书之友，2011（4）.）

思考讨论题：
（1）本案例中那位区域经理的问题出在哪儿？
（2）职场中称呼应该注意什么？

10. 案例分析：

被拒绝的鲜花

有一位女士为一位外国朋友预订了一束鲜花。她到花店对服务员说："您好，小姐，我要为我的一位外国朋友订一束鲜花，同时附一份贺卡，您看可以吗？"小姐接过订单一看，忙问："对不起，请问女士，怎样称呼您的朋友，是小姐还是太太呀？"这位女士也不清楚这位外国朋友是否结婚，后来想想她岁数也不小了，干脆就写"太太"吧。当店员把鲜花按地址送到酒店客房时，一位外国女子开了门，店员有礼貌地说："您好，请问您是史密斯太太吗？"那位女子愣了愣，不高兴地说："不是！"店员核对了一下房间号，发现房间号并没有错，就又敲开了门。店员微笑着说："没错，史密斯太太，这是给您的花。"那女子生气地说："错了，这里只有史密斯小姐，没有什么史密斯太太！"

从材料可见，尽管店员的服务态度非常好，交际礼仪也很到位，但是由于称呼的不得当，而引起了顾客的不满。

（资料来源：陈光谊. 现代实用社交礼仪. 北京：清华大学出版社，2009.）

思考讨论题：
（1）请你分析一下称呼的重要性。
（2）如果你是店员，接下来该怎么做？

11. 案例分析：

一声问候的神奇作用

21世纪30年代，一位犹太传教士每天早晨，总是按时到一条乡间土路上散步。无论见到任何人，总是热情地打一声招呼："早安。"

其中，有一个叫米勒的年轻农民，对传教士这声问候，起初反映冷漠，在当时，当地的居民对传教士和犹太人的态度是很不友好的。然而，年轻人的冷漠，未曾改变传教士的热情，每天早上，他仍然给这个一脸冷漠的年轻人道一声早安。终于有一天，这个年轻人脱下帽子，也向传教士道一声："早安。"

好几年过去了，纳粹党上台执政。

这一天，传教士与村中所有的人，被纳粹党集中起来，送往集中营。在下火车、列队前行的时候，有一个手拿指挥棒的指挥官，在前面挥动着棒子，叫道："左，右。"被指向左边的是死路一条，被指向右边的则还有生还的机会。

传教士的名字被这位指挥官点到了，他浑身颤抖，走上前去。当他无望地抬起头来，眼睛一下子和指挥官的眼睛相遇了。

传教士习惯地脱口而出："早安，米勒先生。"

米勒先生虽然没有过多的表情变化，但仍禁不住还了一句："早安。"声音低得只有他们两人才能听到。最后的结果是：传教士被指向了右边——意思是生还者。

（资料来源：http://sunny.hbu.edu.cn/old/xysl/20051227113304.htm）

思考讨论题：

（1）问候为何具有神奇的作用？

（2）本案例对你有哪些启示？

12. 案例分析：

修改名片带来的麻烦

小王刚刚升任为公司的销售经理，为了回报领导对他的器重，准备在即将到来的外贸谈判中好好表现一下，这可是小王第一次作为谈判代表与外商接触。为了这次意义重大的交易磋商，他在各方面都做了充分的准备：住宿、就餐、娱乐等。外商来到后对主人的热情感到十分满意，也透露了想与我方做这笔生意的诚意。激动的谈判时刻终于到来了，谈判之前，在小王与外商代表见面后，互递名片，小王把自己的名片递给外商后，突然想起他最近新换了手机号码，而名片上印的是原来的号码，于是他很有礼貌地把已经递出的名片要了回来，掏出笔，划掉名片上已经打印好的旧号码，写上了自己的新号码。没有想到外商在看过小王第二次递上来的名片之后，马上拒绝了与小王谈判的要求，看着外商离去的身影，小王一行人当即傻了眼……

（资料来源：沈杰，方四平. 公共关系与礼仪. 北京：清华大学出版社，2006.）

思考讨论题：

（1）外商为什么会突然离去？

（2）小王的问题出在了哪里？

13. 案例分析：

"女皇怎么如此贪心"

1896年，俄国沙皇尼古拉二世举行加冕典礼，李鸿章作为清政府代表，应邀前往出席。典礼结束时，俄国女皇出于礼貌，按照当时欧洲流行的"吻手礼"的规矩，主动向李鸿章伸出手来。李鸿章虽然曾在一些外交场合见过这种吻手礼，但他一直不认为这是一种礼节，而视之为欧洲国家男女之间互相调情的下流动作。所以当女皇向他伸出手时，李鸿章一时惊慌失措，竟认为女皇在伸手向他索要礼品，便连忙将手上的慈禧太后送给他的一枚钻石戒指摘下，放到女皇手中。女皇被李鸿章的行动弄得莫名其妙，环顾左右，瞠目结舌，又不便开口询问，只得将戒指拿来套在手指上，复又将手伸给李鸿章。李鸿章见状，心中暗自骂到："这女皇怎么如此贪心？送了一个戒指还不够，还伸手来要，真不像话。"一边赶紧从身上找东西，搜索了半天，觉得实在没有什么东西值得再送，就连忙双膝跪地，用双手将女皇的手高高托起。女皇见状只得苦笑着将手收回。

回到住所后，李鸿章做的第一件事就是交代随从说"现在你们赶快替我准备几样礼物送给女皇！"

（资料来源：吴乃欣．李鸿章涉外趣闻．领导文萃，1994（1）．）

思考讨论题：
（1）应该如何行吻手礼？
（2）本案例对你有何启示？

14. 案例分析：

谁来接站？

穆教授是礼仪方面的专家，他被邀请到某外贸公司做一堂关于国际交往礼仪的讲座。他打电话通知这家公司他明天抵达，希望公司有关人员届时到机场接一下。该公司秘书小吴接了电话，满口答应。但当穆教授走出机场时，左右环顾，无人接站，静等了十几分钟，仍无人前来，他只能叫出租车去公司了。穆教授到接待处，询问公司是否知道他要来，秘书说知道，都已经准备好了。穆教授奇怪地问，怎么没有来接站。秘书小吴"喔"了一声，连忙道歉，说"忘了"。她在忙乱之中，只想着给穆教授安排食宿问题，而忘了派车去接穆教授了。

（资料来源：陈光谊．现代实用社交礼仪．北京：清华大学出版社，2009．）

思考讨论题：
（1）从小吴的失误中，谈谈在接待之前都要做好哪些准备工作？
（2）如果你是小吴，应该怎样向穆教授道歉？

15. 案例分析：

岂有让客人站着之理？

一天，某公司负责前台接待的秘书小张迎来了一位事先与市场部孙经理预约好的却提前20分钟到达的客人。小张立刻通知了市场部经理，经理说正在接待一位重要客人，请对方稍等，小张就如实转告给客人说："孙经理正在接待一位重要客人，请您稍等。"正说着电话铃响了，小张赶快去接电话，十分钟后才发现客人正在办公室走来走去，她这才意识到应该给客人安排座位，但客人脸色很不好看。

（资料来源：陈光谊．现代实用社交礼仪．北京：清华大学出版社，2009．有改动）

思考讨论题：
(1) 针对本案例，请分析小张在接待中有哪些不妥？
(2) 如果你是小张，接下来你要怎样对客人解释来挽回自己的失误。

16. 案例分析：

麦克拜访客户的秘诀

麦克具有丰富的产品知识，对客户的需要很了解。在拜访客户以前，麦克总是先了解客户的一些基本资料。麦克常常以打电话的方式先和客户约定拜访的时间。

今天是星期四，下午4点刚过，麦克精神抖擞地走进办公室。他今年35岁，身高6英尺，深蓝色的西装上看不到一丝的皱褶，浑身上下充满朝气。

从上午7点开始，麦克便开始了一天的工作。麦克除了吃饭的时间，始终没有闲过。麦克5:30有一个约会。为了利用4:00至5:00这段时间，麦克便打电话，向客户约定拜访的时间，以便为下星期的推销拜访做好安排。

打完电话，麦克拿出数十张卡片，卡片上记载着客户的姓名、职业、地址、电话号码资料及资料的来源。卡片上的客户都是居住在市内东北方的商业区内。

麦克选择客户的标准包括客户的年收入、职业、年龄、生活方式和嗜好。

麦克的客户来源有3种：一是现有的顾客提供的新客户的资料；二是麦克从报刊上的人物报道中收集的资料；三是从职业分类上寻找客户。

在拜访客户以前，麦克一定要先弄清楚客户的姓名。例如，想拜访某公司的执行副总裁，但不知道他的姓名，麦克会打电话到该公司，向总机人员或公关人员请教副总裁的姓名。知道了姓名以后，麦克才进行下一步的推销活动。

麦克拜访客户是有计划的。他把一天当中所要拜访的客户都选定在某一区域之内，这样可以减少来回奔波的时间。根据麦克的经验，利用45分钟的时间做拜访前的电话联系，即可在某一区域内选定足够的客户供一天拜访之用。

麦克下一个要拜访的客户是国家某制造公司董事长比尔·西佛。麦克正准备打电话给比尔先生，约定拜访的时间。

做好拜访前的准备工作使麦克成为了一名优秀的业务员。

（资料来源：http://www.a.com.cn/info/wenzhangye.asp?InfoID=1189，2007-03-04）

思考题：
(1) 麦克拜访客户有哪些秘诀？
(2) 本案例对你有何启示？

学习情境6　宴请赴宴

在宴席上最让人开胃的就是主人的礼节。

——（英）莎士比亚

情境导入

用餐的礼仪

五湖策划公司与四海公司正进行一项业务合作，合作项目是四海公司即将进行车展策划，打算与五湖策划公司合作。有一天，五湖策划公司的张总，宴请了四海公司的李总在一家酒店吃饭。在用餐过程中张总的秘书小吴不停地用自己的筷子给李总夹菜，在倒红酒时不小心，又将酒溅到了李总的白衬衫上。李总顿时不高兴起来，张总也意识到小吴不懂礼仪，这已影响了公司之间的合作。

（资料来源：http://blog.sina.com.cn/s/blog_605282370100fdqq.html，2009-09-28）

任务分析

我国是一个注重"民以食为天"的国度，餐饮礼仪历来备受重视。餐饮礼仪因为宴会的性质、目的、地区、国度的不同而有较大的差异，如果不加了解，就会妨碍正常的交际应酬，甚至像本任务"情境导入"中的秘书小吴那样的尴尬表现，不但影响个人形象，甚至影响到公司与客户的合作。因此，在社交中必须重视餐饮礼仪。

在宴请活动中，无论是作为主人还是客人，如果不重视自己在餐饮活动中的表现，在用餐过程中举止失当，很难让自己的社交活动成功。

实训项目

项目名称：模拟中餐宴会布置。

实训目标：明确宴会礼仪规范，在宴会上展示出良好的职业形象。

实训学时：2学时。

实训地点：多功能餐厅。

实训准备：餐桌、餐具、数码摄像机或照相机等。

实训方法：以寝室6个人为单位，分工合作，分别展示餐会会场布置、餐桌摆放、座次牌摆放，说明这些摆放设计的理由。并用数码摄像机（或数码照相机）记录整个过程，用大屏幕回放，学生自我评价，授课教师总结点评学生存在的个性和共性问题。师生共同评选出"最佳表现团队"。

知识链接

一、宴会的种类

根据不同的交际目的、邀请对象及经费开支，交际场合常见的宴会形式有以下几种。

1. 工作宴会

工作宴会又称工作餐，是一种多边进餐的非正式宴请形式。按照用餐时间，可分为早、中、晚餐，工作餐不注重交际形式而强调方便务实，不需要事先发请柬，只邀请与某项特定工作有一定关系的领导、技术人员和其他有关人员，一般不请配偶，但排席位，其座位的安排按参加者职务的高低为序。其形式与安排以干净、幽雅、便于交谈为宜。

2. 自助餐

自助餐又称冷餐会、冷餐招待会，是一种方便灵活的宴请形式。其基本特点以冷食为主，站着吃。参加冷餐会，吃是次要的，与人沟通才是主要任务。

3. 酒会

酒会又称鸡尾酒会。以招待酒水为主，略备小吃。酒会不一定都备鸡尾酒，但酒水和饮料的品种应多一些，一般不用烈性酒。食物多为各色面包、三明治、小泥肠、炸春卷等，以牙签取食。酒水和小吃由招待员用盘端送，也可置于小桌上由客人自取。酒会不设座椅，宾主皆可随意走动，自由交往。这种形式比较灵活，便于广泛接触交谈。举行的时间亦较灵活，中午、下午、晚上均可，持续时间通常是两小时左右。在请柬规定的时间内，宾客到达和退席的时间也不受限制，可以晚来早退。酒会多用于大型活动，因此，可以利用这个机会进行社会交际和商务交际。

4. 家宴

家宴即一般在家中设便宴招待客人，以示亲切、友好。它在社交和商务活动中发挥着敬客和促进人际交往的重要作用，西方人喜欢采取这种形式。

家宴按举行的时间不同，又有早宴、午宴和晚宴；在宴请形式上又可分为家庭聚会、自助宴会、家庭冷餐会和在饭店请客等几种。

家庭聚会是我国目前采用最多的一种请客形式。这种家宴规模较小，形式简单，气氛亲切友好，一般由女主人操办，适合宴请经常往来的至亲好友。

自助宴会的特点是灵活自由，宾主可以一起动手准备，大家合作各显其能，边准备边聊天，这种形式比较随便、自然、亲切。

家庭冷餐会以买来的现成食品为主，赴宴的客人可以站着吃，也可以坐着吃，还可以自由走动挑选交谈对象。这种形式比较受青年人的欢迎。在饭店请客或请厨师在家中做菜宴客，是较为正式的家宴形式，适用于宴请某些久别的亲友和比较尊贵的客人，或者规模较大的婚宴、寿宴等。

二、宴会的组织

宴会对宾客而言是一种礼遇，必须按规定、按有关礼节礼仪要求组织。

1. 确定宴会的目的与形式

宴会的目的一般很明确，如节庆日聚会、工作交流、贵宾来访等。根据目的决定邀请什么人、邀请多少人，并列出客人名单。宴请主宾身份应该对等，还要考虑政治因素、政治关系等。宴请形式很大程度上取决于当地的习惯做法。

2. 确定宴请时间和地点

宴会的时间和地点，应当根据宴请的目的和主宾的情况而定。一般来说，宴会时间不应与宾客工作、生活安排发生冲突，通常安排在晚上6~8点。同时还应注意宴请时间上要尽量避开对方的禁忌日。例如，欧美人忌讳"13"，日本人忌讳"4"、"9"。在宴会时，应避开以上数字的时日。宴请的地点，应依照交通、宴请规格、主宾喜好等情况而定。

3. 邀请

当宴请对象、时间和地点确定后，应提前1~2周制作、分发请柬，以便被邀请的宾客有充分的时间对自己的行程进行安排。即使是便宴，也应提前用电话准确地通知。

4. 确定宴会规格

宴会规格对礼仪效果的影响是十分明显的。宴会规格一般应考虑宴会出席者的最高身份、人数、目的、主人情况等因素。规格过低，会显得失礼；规格过高，则无必要。确定规格后，应与饭店（酒店、宾馆）共同拟定菜单。在拟定菜单时，应考虑宾客的口味、禁忌、健康等因素。对于个别宾客需要个别照顾的，应尽早做好安排。

5. 席位安排

宴请往往采用圆桌布置菜肴、酒水。采用一张以上圆桌安排宴请时，排列圆桌的尊卑位次有两种情况：一种是由两桌组成的小型宴会，当两桌横排时，其桌次以右为尊，以左为卑。这里所讲的右与左，是由面对正门的位置来确定的。这种做法又叫"面门定位"，见图6-1。

当两桌竖排时，其桌次则讲究以远为上，以近为下。这里所谓的远近，是以距正门的远近而言的，见图6-2。此法亦称"以远为上"。

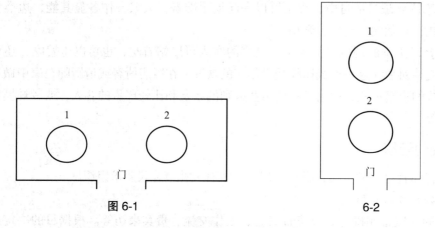

图 6-1   6-2

另一种是三桌或三桌以上所组成的宴会。通常它又叫多桌宴会。在桌次的安排上除了要遵循"面门定位"、"以右为尊"、"以远为上"这三条规则外,还应兼顾其他各桌距离主桌,即第一桌的远近。通常距主桌越近,桌次越高;距主桌越远,桌次越低,见图 6-3 和图 6-4。

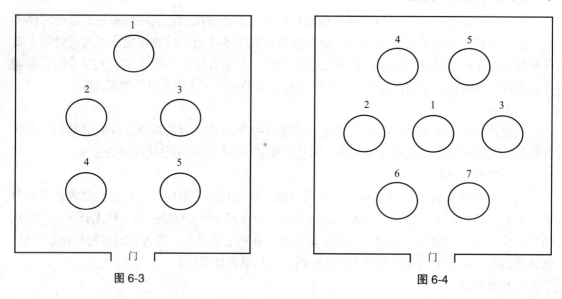

图 6-3   图 6-4

其次,需引起注意的是席位安排。在进行宴请时,每张餐桌上的具体位次也有主次尊卑之别。排列位次的方法是主人大都应当面对正门而坐,并在主桌就座;举行多桌宴请时,各桌之上均应有一位主桌主人的代表就座,其位置一般与主人同向,有时也可面对主桌主人;各桌之上位次尊卑,应根据其距离该桌主人的远近而定,以近为上,以远为下;各桌之上距离该桌主人相同的位次,讲究以右为尊,即以该桌主人面向为准,其右为尊,其左为卑。

另外,每张桌上所安排的用餐人数应限于 10 人之内,并宜为双数。

圆桌上位次的具体排列又可分为两种情况：一是每桌一个主位的排列方法，主宾在其右首就座，见图6-5。

第二种情况是每桌两个主位的位次排列方法，其特点是主人夫妇就座于同一桌，以男主人为第一主人，以女主人为第二主人，主宾和主宾夫人分别在男女主人右侧就座，这样每桌就形成了两个谈话中心，见图6-6。

有时，倘若主宾身份高于主人，为了表示尊重，可安排其在主人位次上就座，而请主人坐在主宾的位次。

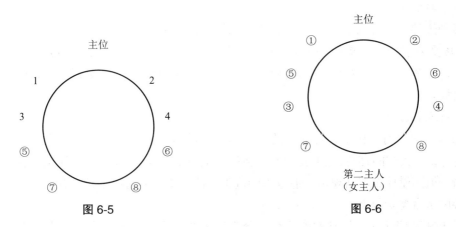

图6-5　　　　　　　　　图6-6

6. 餐具的准备

宴请餐具十分重要，考究的餐具是对客人的尊重。依据宴会人数和酒类、菜品的道数准备足够的餐具，是宴会的基本礼仪之一。餐桌上的一切物品都应该十分卫生，桌布、餐巾都应该干净平整，玻璃杯、酒杯、筷子、刀叉、碗碟等餐具，在宴会之前都必须洗净擦亮。

7. 宴请程序

迎客时，主人一般在门口迎接。官方活动除男女主人外，还有少数其他主要官员陪同主人排列成行迎宾，通常称为迎宾线，其位置一般在宾客进门存衣以后进入休息厅之前。与宾客握手后，由工作人员引入休息厅或直接进入宴会厅。主人抵达后，由主人陪同进入休息厅与其他宾客见面。休息厅由相应身份的人员陪同宾客，服务员送饮料。

主人陪同主宾进入宴会厅，全体宾客入席，宴会开始。若宴会规模较大，则可请主桌以外的客人先就座，贵宾后就座。若有正式讲话，一般安排在热菜之后甜食之前由主人讲话，接着由主宾讲话，也可以一入席双方就讲话。冷餐会及酒会讲话时间则更灵活。吃完水果，主人和主宾起立，宴请即告结束。

很多外国人的日常宴请以女主人作为第一主人时，往往以她的行动为准。入席时，女主人先坐下，并由女主人招呼开始进餐。餐毕，女主人起立，邀请女宾与其一起离席。然后男宾起立，随后进入休息厅或留下吸烟。男女宾客在休息厅会齐，即上茶或咖啡。主宾告辞时，主人把主宾送至门口。主宾离去后，迎宾人员按顺序排列，与其他宾客握手告别。

三、赴宴的礼仪

宴会是社交应酬的一种重要场合，形式多种多样，参加宴会，无论是作为组织的代表，还是以个人的身份出席，都应该注意礼仪。出席宴会前，要做简单的梳洗打扮，女士要化淡妆。男士也要把头发和胡须整理并刮洗干净，穿上一套整洁大方、适合身份的衣服，容光焕发地赴宴。这既能体现一个人的道德素养与修养，也表示对主人的尊重。一般要做到以下方面。

1. 接到邀请及时回复

当接到邀请后，能否赴宴要尽早答复。如果不能赴宴，要婉言谢绝并向对方表示遗憾和谢意；接受邀请后，不能随意改变，要按时出席。如果临时有事发生，不能前往赴约，要尽早向主人解释，并深表歉意。如果你自己是主宾，又不能如约参加宴请活动，更应该郑重其事地道歉。

2. 适当地装扮自己

参加宴会活动前，根据宴会活动的规格和要求适当地修饰自己，以表示对主人及参加宴会者的尊重。正式的宴会，主人在请柬上会注明服装要求，赴宴前要特别注意，按要求着装。普通宴请，虽然没什么严格规定，但也不能过于随便，要与宴请活动相吻合。

3. 按时出席宴请活动

按时出席宴请活动是最基本的礼貌，赴宴迟到非常失礼，当然也不能去得太早，如果去得太早，也许主人还没做好充分的准备，同样不妥。社会地位高或者身份高者一定要按时到达，其他客人可提前 2~3 分钟到达，如果不能赴宴或延迟到达时间，应及时通知主人，以免主人等候。如果是主人的至亲挚友，可提前更多时间到达，帮助做一些准备工作和接待客人。

4. 席上礼规

入席后，不要立即动手取食，而应等主人打招呼，由主人举杯示意开始时，客人才能开始；客人不能抢在主人前面。夹菜要文明，应等菜肴转到自己面前时，再动筷子，不要抢在邻座前面，一次夹菜也不宜过多。要细嚼慢咽，这不仅有利于消化，也是餐桌上的礼仪要求。绝不能狼吞虎咽，这样会给人留下贪婪的印象。不要挑食，不要只盯着自己喜欢的菜吃，或者急忙把喜欢的菜夹到在自己的盘子里。不要一边吃东西，一边和人聊天。嘴里的骨头和鱼刺不要吐在桌子上，可用餐巾掩口，用筷子取出来放在碟子里。掉在桌子上的菜，不要再吃。进餐过程中不要玩弄碗筷，或用筷子指向别人。不要用手去嘴里乱抠。用牙签剔牙时，应用手或餐巾掩住嘴。不要让餐具发出任何声响。

5. 席间祝酒

祝酒也就是敬酒，是指在正式宴会上，由男主人向来宾提议，提出某个事由而饮酒。

在饮酒时，通常要讲一些祝愿、祝福类的话甚至主人和主宾还要发表专门的祝酒词，祝酒词内容越短越好。敬酒可以随时在饮酒的过程中进行。要是致正式祝酒词，就应在特定的时间进行，并不能因此影响来宾的用餐。祝酒词适合在宾主入座后、用餐前进行。也可以在吃过主菜后、甜品上桌前进行。在饮酒特别是祝酒、敬酒时进行干杯，需要有人率先提议，可以是主人、主宾，也可以是在场的人。提议干杯时，应起身站立，右手端起酒杯，或者用右手拿起酒杯后，再以左手托扶杯底，面带微笑，目视其他人特别是自己的祝酒对象，同时说着祝福的话。在中餐里，干杯前，可以象征性地和对方碰一下酒杯；碰杯的时候，应该让自己的酒杯低于对方的酒杯，表示对对方的尊敬。当离对方比较远时，用酒杯杯底轻碰桌面，也可以表示和对方碰杯。

一般情况下，敬酒应以年龄大小、职位高低、宾主身份为先后顺序，一定要充分考虑好敬酒的顺序，分明主次。即使和不熟悉的人在一起喝酒，也要先打听一下身份或是留意别人对他的称号，避免出现尴尬或伤感情。但如果在场有更高身份或年长的人，也要先给尊长者敬酒，不然会使大家很难为情。如果因为生活习惯或健康等原因不适合饮酒，也可以委托亲友、部下、晚辈代喝或者以饮料、茶水代替。作为敬酒人，应充分体谅对方，在对方请人代酒或用饮料代替时，不要非让对方喝酒不可，也不应该好奇地"打破砂锅问到底"。在西餐里，祝酒干杯只用香槟酒，并且不能越过身边的人而和其他人祝酒干杯。

6. 席间交流

席间要主动与同桌人员进行交流，不可一句话都不说，让人觉得你是为吃而来。不要只是与个别人交谈，或只和自己熟悉的人交流；说话的声音不能太大或窃窃私语；也不能一边说话一边进食。在谈话的时候，要选择轻松、愉快的话题，而不要谈严肃、沉重，甚至难过、悲伤的话题，以免影响大家的情绪。

7. 离席

天下没有不散的宴席，宴会总有结束的时候。用餐完毕告辞也要讲究礼仪，这不仅能加深别人对你的印象，还能提升对你的好感程度。用餐完毕，等主人示意宴会结束时，客人才能离席。如果客人有事要提前离席，则应向主人及同席的客人致谢。客人向主人道谢、告别时，该说的事交代完后即可离开，不要说个不停，否则对方无法招呼别人。如果是很多人要一起离席，某些客套话尽可省略，不要耽误别人太多的时间。

四、吃西餐的礼仪

西餐是西方国家的一种宴请形式。由于受民族习俗的影响，西餐的餐具、摆台、酒水菜点、用餐方式、礼仪等都与中餐有较大差别。目前由于我国对外交往活动的不断增多，西餐也已成为我国招待宴请活动的一种方式。因此，了解西餐的一般常识和礼仪是十分重要的。

西餐的餐具多种多样。常见的西餐餐具有叉、刀、匙、杯、盘等。

摆台是西餐宴请活动中的一项专门的技艺，也是必不可少的一个礼仪程序。它直接关系到用餐过程、民族习俗和礼仪规范等。西餐的摆台因国家的不同也有所不同，常见的有英美法国式和国际式西餐摆台。下面介绍国际式西餐摆台。

国际上常见的西餐摆台方法是：座位前正中是垫盘，垫盘上放餐巾（口布）。盘左放叉，盘右放刀、匙，刀尖向上、刀口朝盘，主食靠左，饮具靠右上方，见图6-7。正餐的刀叉数目应与上菜的道数相等，并按上菜顺序由外至里排列，用餐时也从外向里依序取用。饮具的数目、类型应根据上酒的品种而定，通常的摆放顺序是从右起依次为葡萄酒杯、香槟酒杯、啤酒杯（水杯）。

图 6-7

吃西餐时，应注意掌握以下几个方面的礼仪。

1. 上菜顺序

西餐上菜的一般顺序是：①开胃前食；②汤；③鱼；④肉；⑤色拉；⑥甜点；⑦水果；⑧咖啡或茶等。菜肴从左边上，饮料从右边上。

2. 餐巾使用

入座后先取下餐巾，打开，铺在双腿上。如果餐巾较大，可折叠一下，放在双腿上，切不可将餐巾别在衣领上或裙腰处。用餐时可用餐巾的一角擦嘴，但不可用餐巾擦脸或擦刀叉等。用餐过程中若想暂时离开座位，可将餐巾放在椅背上，表示还要回来；若将餐巾放在餐桌上，则表示已用餐完毕，服务员则不再为你上菜。

3. 刀叉使用

吃西餐时，通常用左手持叉、右手持刀，用叉按住食物，用刀子切割，然后用叉子叉起食物送入口中，切不可用刀送食物入口。如果只使用叉子，也可用右手使用叉子。使用刀叉时应避免发出碰撞声。用餐过程中，若想放下刀叉，应将刀叉呈"八"字形放在盘子上，刀刃朝向自己，表示还要继续吃，见图 6-8。用餐完毕，则应将叉子的背面向上，刀的刀刃一侧应向内与叉子并拢，平行放置于餐盘上。尽量将柄放入餐盘内，这样可以避免由于碰触而掉落，服务生也容易收拾，见图 6-9。

图 6-8

图 6-9

4. 用餐礼节

当全体客人面前都上了菜，主人示意后开始用餐，切不可自行用餐；喝汤时不要发出声响；面包要用手去取，不可用叉子去取，也不可用刀子去切，面包应用手掰着吃；吃沙拉时只能使用叉子；用餐过程中，若需要用手取食物，要在西餐桌上事先备好的水盂里洗手（沾湿双手拇指、食指和中指），然后用餐巾擦干，切不可将水盂中的水当成饮用水喝掉；最好避免在用餐时剔牙，若非剔不可，必须用手挡住嘴；当招待员依次为客人上菜时，一定要招待员走到你的左边时，才轮到你取菜，如果在你的右边，不可急着去取；吃水果不可整个咬着吃，应先切成小瓣，用叉取食；若不慎将餐具掉在地上，可由服务员更换；若将油水或汤菜溅到邻座身上，应表示歉意，并由服务员协助擦干。

五、冷餐会礼仪

冷餐会是一种比较自由的宴请形式，一般不设座，食品集中放在餐厅中央或两侧桌上，由客人按顺序自动取食，不要抢先；取食后可找适当位置坐下慢慢进食，也可站立与人边交谈边进食；所取食物最好吃完；第一次取食不必太多，如果不够，可再次或多次去取。冷餐会可招待较多的客人，客人到场或退场比较自由。客人一面做好就餐的准备，一面可以和同席的人随意进行交谈，以创造一个和谐融洽的用餐气氛。不要旁若无人，兀然独坐，更不要眼睛直直地盯着餐桌上的冷盘，或者下意识地摸弄餐具，显出一副迫不及待的样子。

六、鸡尾酒会礼仪

鸡尾酒会，也称酒会，是一种自由的社交活动，备有多种饮料和少量小食品，一般在下午或晚上举行，不设座，时间短，客人到场或退场自由。中途离开的客人，应向主人道别，但出席酒会不能太迟或到达不久就离去。

鸡尾酒会的形式活泼、简便，便于人们交谈，招待品以酒水为重，略备一些小食品。如点心、面包、香肠等，放在桌子、茶几上或者由服务生拿着托盘，把饮料和点心端给客人，客人可以随意走动。举办的时间一般是下午5点到晚上7点。近年来，国际上各种大型活动前后往往都要举办鸡尾酒会。

这种场合下，最好手里拿一张餐巾，以便随时擦手。用左手拿着杯子，好随时准备伸出右手和别人握手。吃完后不要忘了用纸巾擦嘴、擦手。用完了的纸巾丢到指定位置。

七、喝咖啡的礼仪

咖啡可以自己磨好咖啡豆以后用咖啡壶煮制，也可以用开水冲饮速溶咖啡。人们一般认为自制的咖啡档次比较高，而速溶的咖啡不过是节省时间罢了。饮用可以加入牛奶和糖，称为牛奶咖啡。也可以不加牛奶和糖，称为清咖啡或黑咖啡。在西餐中，饮用咖啡是大有讲究的。

1. 杯的持握

供饮用的咖啡，一般都是用袖珍型的杯子盛出。这种杯子的杯耳较小，手指无法穿过去。但即使用较大的杯子，也不要用手指穿过杯耳端杯子。正确的拿法应是用右手的拇指和食指握住杯耳，轻轻地端起杯子，慢慢品尝。不能双手握杯，也不能用手端起碟子去吸食杯子里的咖啡。用手握住杯身、杯口，托住杯底，也都是不正确的方法。

2. 杯碟的使用

盛放咖啡的杯碟都是特制的，它们应当放在饮用者的正面或右侧，杯耳应指向右方。咖啡都是盛入杯中，放在碟子上一起端上桌子的。碟子是用来放置咖啡匙，并接收溢出杯子的咖啡的。喝咖啡时，可以用右手拿着咖啡的杯耳，左手轻轻托着咖啡碟，慢慢地移向嘴边轻啜。不要满把握杯大口地吞咽，也不要俯首去就咖啡杯。如果坐在远离桌子的沙发上，不便用双手端着咖啡饮用，此时可以作一些变通，可用左手将咖啡碟置于齐胸的位置，用右手端着咖啡饮用，饮毕应立即将咖啡杯置于咖啡碟中，不要让二者分家；如果离桌子近，只需端起杯子，不要端起碟子。添加咖啡时，不要把咖啡杯从咖啡碟中拿起来。

3. 匙的使用

咖啡匙是专门用来搅拌咖啡的，如果咖啡太热也可用匙轻轻搅动，使其变凉。饮用咖啡时应当把咖啡匙取出来，不要用咖啡匙舀着咖啡喝，也不要用咖啡匙来捣碎杯中的方糖。不用匙时，应将其平放在咖啡碟中。

4. 咖啡的饮用

饮用咖啡时，不能大口吞咽，更不可以一饮而尽，而应该一小口一小口细细品尝，切记不要发出声响，这样才能显示出品味和高雅。如果咖啡太热，可以用咖啡匙在杯中轻轻搅拌使之冷却，或者等自然冷却后再饮用。用嘴试图去把咖啡吹凉，是很不文雅的动作。

5. 给咖啡加糖

给咖啡加糖时，砂糖可用咖啡匙舀取，直接加入杯内；也可先用糖夹子把方糖夹到咖啡碟的近身一侧，再用咖啡匙把方糖加入杯子里。如果直接用糖夹子或手把方糖放入杯内，有时可能会使咖啡溅出，从而弄脏衣服或台布。

6. 用甜点的要求

喝咖啡时可以吃一些点心，但不要一手端着咖啡杯，一手拿着点心，吃一口、喝一口地交替进行，这样的行为是非常不雅观的。饮咖啡时应当放下点心，吃点心时则放下咖啡杯。

在咖啡屋里，举止要文明，不要盯视他人。交谈的声音越轻越好，千万不要不顾场合，高谈阔论，破坏气氛。

八、喝茶的礼仪

为客人沏茶之前，首先要清洗双手，并洗净茶杯或茶碗。要特别注意茶杯或茶碗有无破损或裂缝，残破的茶杯或茶碗是不能用来招待客人的。还要注意茶杯或茶碗里面有无茶迹，有的话一定要清洗掉。茶具以陶瓷制品为佳。不能用旧茶或剩茶待客，必须沏新茶。在为客人沏茶前可以先征求其意见。就接待外国客人而言，美国人喜欢喝袋泡茶，欧洲人喜欢喝红茶，日本人喜欢喝乌龙茶。

茶水不要沏得太浓或太淡，每一杯茶斟得八成满就可以了。主人在陪伴客人饮茶时，要注意客人杯、壶中的茶水残留量，一般用茶杯泡茶，如已喝去一半，就要添加开水，随喝随添，使茶水浓度基本保持前后一致，水温适宜。正规的饮茶讲究把茶杯放在茶托上，一同敬给客人。茶杯把要放在左边。饮用红茶时可准备好方糖，请客人自取。喝茶时，不允许用茶匙舀着喝。

上茶时，可由主人向客人献茶，或由招待员给客人上茶。主人给客人献茶时，应起立，并用双手把茶杯递给客人，然后说："请"。客人也应起立，以双手接过茶杯，说："谢谢"。添茶水时，也应如此。

由接待员上茶时要先给客人上茶，而不允许先给主人上茶。如果客人较多，应先给主宾上茶。上茶的具体步骤是：先把茶盘放在茶几上，从客人的右侧递过茶杯，右手拿着茶托，左手扶在茶托旁边。要是茶托无处可放，应以左手拿着茶盘，用右手递茶。注意不要把手指搭在茶杯边上，也不要让茶杯撞击在客人的手上，或洒了客人一身。妨碍了客人的工作或交谈的话，要说一声"对不起"。客人对接待员的服务应表示感谢。在往茶杯里倒水、续水时，如果不便或没有把握一并将杯子和杯盖拿在左手上，可把杯盖翻放在桌子或茶几上，只是端起茶杯来倒水。服务员在倒、续完水后要把杯盖盖上。注意，切不可把杯盖扣放在桌面或茶几上，这样既不卫生，也不礼貌。如果发现宾客将杯盖扣放在桌面或茶几上，服务员要立即更换。

如果用茶水和点心待客人，应先上点心，点心应给每个人上一小盘，或几个人上一大盘。点心盘应用右手从客人的右侧送上。待其用毕，即从右侧撤下。

在喝茶时，不应大口吞咽茶水，或喝得咕咚咕咚直响，应当慢慢地一小口一小口地仔细品尝。遇到漂浮在水面上的茶叶，可用杯盖拂去，或轻轻吹开，切不可用手从杯里捞出来扔在地上，也不要吃茶叶。我国旧时有以"再三请茶"提醒客人应当告辞的做法，因此，在招待老年人或海外华人时要注意，不要一而再，再而三地劝其饮茶。西方常以茶会作为招待宾客的一种形式，茶会通常在下午4点左右开始，设在客厅之内，准备好座位和茶几就行了，不必安排座次。茶会上除饮茶之外，还可以上一些点心或风味小吃。

延伸阅读

一、中西方饮食文化的差异

1. 理性的西方人更多关注的是营养与生存

中西饮食文化最大的差异是关注的重点不同，即"营养"和"美味"两者孰轻孰重的问题。在西方国家，饮食大多仅仅作为一种生存的必要手段和交际方式。西方饮食是一种理性观念，不论食物的色、香、味、形如何，营养一定要得到保证，西方烹调讲究营养而忽视味道。西方人拒绝使用味精，认为其是既不营养又有副作用的化学产品。生吃的蔬菜，不仅包括西红柿、生菜，甚至是洋白菜、西兰花。虽然现在的中国人也讲究营养保健，也知道蔬菜爆炒加热后会丢失一部分维生素，可还是宁愿吃炒菜，因为习惯使然，更是因为味道确实好多了。

2. 感性的中国人追求的是美味和享受

在中国，民间有句俗话："民以食为天，食以味为先"，味道是烹调的最高准则。在中国人的眼里，"吃"远不单纯是为了饱，也不是为了营养，有时吃饱了，还要吃，这是因为受不了"美味"的诱惑而尽情进行味觉享受。但在西方的理性饮食观看来，这种超负荷的饮食不仅造成浪费，而且危害人体。尽管中国人讲究食疗、食养，重视以饮食来养生滋补，但我们的烹调却以追求美味为第一要求，致使许多营养成分损失破坏，因此营养问题也许是中国饮食的最大弱点。

3. 西方烹调遵循的是规范与科学

西方人强调饮食科学与营养，因此烹调的全过程都严格按照科学规范行事。菜谱的使用就是一个极好的证明。西方人总是拿着菜谱去买菜，制作菜肴。规范化的烹调甚至要求配料的准确，调料的添加精确到克，烹调时间精确到秒。由于西方菜肴制作的规范化，使其毫无创造性。令西方人不能理解的是，中国烹调不仅不追求精确的规范化，反而推崇随意性。翻开中国的菜谱，常常发现原料的量、调料的量都是模糊的概念。而且中式烹调中，不仅各大菜系有各自的风味与特色，即使是同一菜系的同一道菜，所用的配菜与各种调料的匹配，也会依厨师的个人爱好有所变化。同样是一道"麻婆豆腐",为四川客人烹制和为苏州客人烹制,所用的调料肯定是不同的。而在西方,一道菜在不同的地区不同的季节面对不同的食者,都毫无变化。

4. 崇尚自由的西方人重分别与个性

在中西饮食文化之中也明显体现出这种"个性"与"分别"的文化特征。西餐中除少数汤菜,正菜中各种原料互不相干,鱼就是鱼,牛排就是牛排,纵然有搭配,那也是在盘中进行的,这体现了"西方重分别"的社会文化。这种重分别的社会文化同样体现在用餐方式上。西方人奉行的是分餐制,强调对个性、对自我的尊重。西方流行的自助餐形式更是各吃各的,缺少中国人畅聊共乐的情调。

5. 向往和谐的中国人重和合与整体

中国人一向以"和"与"合"为最美妙的境界,音乐上讲究"和乐"、"唱和",医学上主张"身和"、"气和",希望国家政治实现"政通人和",称美好的婚姻为"天作之合",而当一切美好的事物凑集在一起时,则将其称誉为"珠联璧合"。而这种"和合"的思想体现在烹饪上就反映为"五味调和"。所以中国菜几乎每个菜都要用两种以上的原料和多种调料来调和烹制。中国人把做菜称之为"烹调",美味的产生,在于调和。因此中国人烹调不是"1+1=2"那么简单,而是应该等于"3"甚至更多。

（资料来源：张亚红. 中西方饮食文化差异及餐桌礼仪的对比. 边疆经济与文化, 2009（4）. 有改动.）

二、中西方餐桌礼仪的差异

饮食文化、餐具、进餐方式及一系列的餐桌礼仪等则反映了不同民族的社会生活样式和文化取向。现代社会礼仪无处不在,用餐不单是满足基本生理需要,也是很重要的社交经验。而中西方在餐桌礼仪方面的要求也有许多差别,了解了两者的不同,以防失礼于人。

1. 餐桌气氛上的差异

西方人平日好动,但一坐到餐桌上便专心致志地去静静享受自家的盘中餐。中国人平日好静,一坐上餐桌,便滔滔不绝,相互让菜,劝酒。中国人餐桌上的闹与西方餐桌上的静反映出了中西饮食文化上的根本差异。

2. 餐桌举止

在中国文化传统中,人们在出席各种正式的会餐时也是比较讲究的,但是在现代风俗变迁和发展中,有进步的一面,也有落后的一面,有对传统的继承,也有对传统文化习俗的违背。比如就餐时的衣着,要远比过去随意多了,可着中山装、夹克或西服等,这也正体现了传统文化的变迁和发展,这正是中西方文化融会,相互发生迁移作用最好的例证。

当今许多西方人,尤其是美国人不喜欢吸烟或喝酒,许多人也不喜欢别人在他们的住处吸烟喝酒。而在当今的中国,许多人既吸烟又喝酒,有一种社会怪现象似乎是"不吸烟不喝酒"

就无以社交。所以在中国的餐桌上依旧存在吞云吐雾、烂醉如泥的"陋习",尽管他们知道这有伤风范,但依旧不能禁绝之。想必这就是文化迁移和发展的不完全性、不彻底性的表现,有必要在正确理解和认识文化现象的基础上,不断推动人文文化的发展,提高民族人文素质。

3. 座位的排序

中西都讲究正式的宴请活动的座次安排。中国人传统上用八仙桌。对门为上座,两边为偏座。请客时,年长者、主宾或地位高的人坐上座,男女主人或陪客者坐下座,其余客人按顺序坐偏座。西方人请客用长桌,男女主人分坐两端,然后再按男女主宾和一般客人的次序安排座位。对于餐桌的规矩,西方人进餐用刀叉,中国人用筷子。当然刀叉和筷子的用法都有各自的规矩。

通过中西方饮食文化差异及中西方餐桌礼仪的比较,不仅仅反映了各地的文化传统,还折射出不同民族心理、价值观与道德标准、社会关系、社会礼仪和社会风俗等方面,即西方文化主张个人荣誉、自我中心、创新精神和个性自由,而中国文化主张谦虚谨慎、无私奉献、中庸之道和团结协作;西方人平等意识较强、家庭结构简单;而中国人等级观念较强,家庭结构较复杂,传统的幸福家庭多为四代同堂等。

(资料来源:张亚红.中西方饮食文化差异以及餐桌礼仪的对比.边疆经济与文化,2009(4).)

思考练习

1. 在用餐上我国存在哪些陋习?请与同学展开讨论。
2. 以寝室为单位,按照宴会的程序,各组织一次中式宴会和西式宴会。
3. 如果你是一位宴请者,根据当地的风俗习惯,你会在宴会的前前后后注意哪些礼仪规范?请详细列表。
4. 有条件的话用 DV 在食堂拍摄同学们吃饭的情景,并与正确的餐饮礼仪对比分析。
5. 王新是公司新聘任的业务部经理,她上任的第一件事就是负责宴请公司的几位重要客户,在就餐准备时,她为如何安排座次犯了难。

请问:如果王新一人出席宴请活动应该如何安排座次,为什么?

6. 王芳参加一个大型的研讨会,在会务组安排的自助餐上,她发现了自己喜欢吃的烤鸡翅,于是就装了满满一大盘。当她端着满满一盘子烤鸡翅的时候,周围的人投来了异样的目光。

请问:王芳的行为有何不妥?吃自助餐应该注意哪些礼仪?

7. 应朋友之邀,张明来到茶室与朋友喝茶,朋友要了一壶铁观音。由于天气较热,茶一端上来,张明就忍不住大口吞咽茶水,并发出咕咚咕咚的声音,不时地将茶杯中的茶叶也喝了进去,咀嚼起来。

请问:张明饮茶符合礼仪规范吗?为什么?

8. 案例分析：

如此吃相

在与自己的同事一道外出参加一次宴会时，财政局干事李君因为举止有失检点，从而招致了大家的非议。

李君当时在宴会上为了吃得畅快，在开始用餐之后便一而再、再而三地减轻自己身上的"负担"。他先是松开自己的领带，接下来又解开领扣、松开腰带、卷起袖管，到了最后，竟然又悄悄地脱去自己的鞋子。尤其令人感到不快的是，李君在吃东西时，总爱有意无意地咂巴其滋味。并且其响声"一波未平，一波又起"，"一浪高过一浪"。

李君在宴会上的此番作为，不仅令他身边的人瞠目结舌，而且也叫他的同事们无地自容。

（资料来源：http://blog.sina.com.cn/s/blog_6286f8030100hf30.html，2010-02-08，有改动）

思考讨论题：

（1）参加宴会应该注意哪些用餐礼仪？
（2）李君在餐桌上的不良表现有哪些不利影响？

9. 案例分析：

如何用西餐？

老张的儿子留学归国，还带回来一位洋媳妇。为了讨好未来的公公，这位洋媳妇一回国就诚惶诚恐地张罗着请老张一家到当地最好的四星级饭店吃西餐。

用餐开始了，老张为在洋媳妇面前表现出自己也很讲究，就用桌上一块"很精致的布"仔细地擦自己的刀、叉。吃的时候，学着他们的样子使用刀、叉，既费劲又辛苦，但他觉得自己挺得体的，总算没丢脸。用餐快结束了，吃饭时喝惯了汤的老张盛了几勺精致小盆里的"汤"放到自己碗里，然后喝下。洋媳妇先一愣，紧跟着也盛着喝了，而他的儿子早已是满脸通红。

老张闹了两个笑话，一个是他不应该用"很精致的布"（餐巾）擦餐具，那只是用来擦嘴或手的；二是"精致小盆里的汤"是用来洗手的，而不是喝的。

随着对外交往越来越频繁，西餐也离我们越来越近。只有掌握一些西餐礼仪，在必要的场合，才不至于"出意外"。

（资料来源：陈光谊. 现代实用社交礼仪. 北京：清华大学出版社，2009.）

思考讨论题：

（1）吃西餐的礼仪有哪些？
（2）你对此案例有何评价？

学习情境 7　差旅出行

礼节乃是一封通行四方的推荐书。

——（英）伊丽莎白女王

▍情境导入

乘火车

某商贸公司经理武力为了与新亚公司洽谈一笔重要生意，即将前往新亚公司所在的 A 城。武力准备乘火车去 A 城，顺便给他在 A 城的朋友带些土特产。上了火车，武力找到自己的座位后便急忙将行李和两袋子土特产平行摆了一排，然后又将放洗漱用品的袋子挂在了衣帽钩上。列车启动了，武力想喝水，可暖瓶中的水不多，武力便不断地喊叫列车员。喝过水后，武力又拿出些水果来吃。吃了水果，他顺手将果皮扔到窗外。火车继续前行，武力感到有些疲乏，于是脱了鞋，把脚放在席位上，鞋与袜子立时散发出一股难闻的气味。周围的乘客厌恶地皱着眉头，捂着鼻子。坐在他对面的中年男士目睹了这一切。到了 A 城，武力几经周折终于找到了新亚公司。进了经理室，武力发现端坐在老板席上的竟是火车上坐在他对面的那位男士。这时，中年男士也认出了他。接下来任凭武力把话说得天花乱坠，中年男士也不同意与他合作。

（资料来源：http://www.docin.com/p-17873933.html）

▍任务分析

任何一个企业都离不开对外交往，并且常常需要到对方所在地参观考察、联系业务，这都要涉及差旅问题，而凭借交通工具到达差旅的目的地又是差旅必需的过程。另外，出差在外必须住宿，有时还要与其他差旅者同住一房。所以，做好差旅前的各项准备工作，乘坐各类交通工具和宾馆住宿时，不断培养自觉遵守差旅出行礼仪的习惯是十分重要的。如果你不注意这方面的礼仪，就会像"情景导入"案例中的武力那样，是没有人愿意与你合作的。

实训项目

项目名称： 外地旅游出行经历交流会。

实训目的： 掌握差旅出行的基本礼仪规范，提高差旅过程中应对各种状况的能力。

实训学时： 1学时。

实训地点： 多媒体教室。

实训准备： 反映旅行经历的PPT文件、旅行照片等。

实训操作： 学生每人根据自己外地旅游出行的经历，制作一个PPT文件（最好多加进一些自己拍摄的照片），向全班说明"交通出行"涉及的礼仪。注意不要面面俱到，写成流水账，要抓住典型事例和切身感受予以说明，以增强感染力，给人以深刻的印象。大家在班级交流。最后，师生共同点评。

知识链接

一、差旅出行的准备

1. 明确目的

常见的出行目的有：推销、洽谈业务、参观访问、出席会议、签订合同、实地考察等。只有明确了旅行的目的，才能有的放矢地做好出行的各项准备工作，不至于浪费时间或者准备不足。

2. 制订出行计划

制订出行计划时要综合考虑时间、地点、气候及当地的交通状况，选择合适的交通工具，同时与拜访的对方或者会议的主办方取得联系，安排好日程。一般而言，日程安排应尽可能详尽，以确保万无一失。

出行计划中应包括日期、出发、到达、会晤的具体时间；目的地、中转站及旅行中开展各项活动和食宿的地点；交通工具安排；参观访问、会议、洽谈、宴请、私人活动等具体事项；要注意的其他事项，如特殊服务、时差、当地风俗习惯和礼仪及当地联系人与宾馆等的详细信息。旅行计划完成之后可以一式几份，一份留给自己，一份给家人，一份给你的秘书，还可以留一份存档。

3. 准备携带物品

（1）业务资料。出行时要带上业务联系所需的全部工作资料，并且要将这些资料分门别类地用卷宗、文件夹等妥善放置。一般常携带以下业务资料。①协议或合同文本、报价资料、工程图表等。协议或合同文本要提前准备好，以便随时同客户成交签字；报价资料除准备本公司的，还应备有其他公司同类产品的价格，方便客户比较；工程图表等资料可使客户对企业或工程有更进一步的了解。②公司资料。除公司情况简介、产品说明资料外,还可准备一些权威机构的评价、报纸的宣传、实际销售场景的照片等。③谈判对方人员名单及背景资料或客户名单。如果是因商务洽谈而出差,就要充分准备对手的情况,做到"知己知彼";如果是因推销产品而出差,则可将购买并使用本公司产品的客户名单整理成册,起到加强说服力的作用。④翻译文本。若有外宾参加或有涉及语言的问题,应及时配备相应语言的翻译,有关资料需要翻译的,也应提前准备好。⑤考察文件目录。如果是去商务考察,则还应提前对考察对象做一个初步了解,对希望考察的内容,理一份目录清单或访谈问题清单,这样才能在有限的时间内,把需要了解的问题了解得系统而全面。⑥礼品的准备。对初次见面的客户应准备小礼品,最好是公司专门制作的赠品或者有地方特色的产品(若有公司标志则最佳),可以让用户睹物思人,时刻记住你的公司。

（2）办公用品。这是处理公务时经常需要使用的一些备用品,如公文包、名片、钢笔、记事本、计算器、笔记本电脑等。要保证在需要的时候,这些物品能够信手拈来,办公用品的准备,可从一个侧面展现商务人员细致、严谨、认真的工作作风。①公文包。公文包内的物品,均应与商务活动有关,而且放置有序。要绝对避免在人面前拿包取物时,让人看到包内物品乱七八糟,留下不好的印象,同时还应注意保持取出物品干净、整齐。根据公文包的款式,可采用夹、提等方式携带,不要随便肩扛、肩背,甚至提在手中乱甩。在街头行走时,注意不要用包撞人。出门做客时,公文包不可乱放,应放在自己的腿上或身旁,这样取用方便。②名片。需携带的名片应放在专门的名片盒内,名片盒可放在公文包内,使用时随时从公文包内取出。对方赠送的名片根据自己工作的需要分类后,放入专门的名片夹或名片册妥善保存。③钢笔。许多正式场合只允许使用钢笔,因此,商务人员出差在外必须随身携带一支钢笔。钢笔的款式要大方,颜色以素雅为宜。墨水的颜色宜选择蓝黑色或黑色。如同时携带两支钢笔,墨水的颜色应一致。所携带的钢笔可放在公文包内或放在西服左侧的内袋里。④记事本。经常使用记事本,可随时记录下所需信息,以便日后查用。记事本要随身携带,但只应记录与工作有关的事情,不要在上面乱写乱画。记事本以实用雅观为原则。现在市场上有一种每年一册的效率手册,大都一天一页,有的还可以用来精确地安排每一小时的工作,用它代替记事本既经济又实用。记事本宜放在随身携带的公文包内。⑤计算器。在数字的计算上,口算、心算、笔算都难以准确无误,若随身携带一个计算器,就相对方便许多,它既省时,又能提供准确可靠的数据。计算器可放在随身携带的公文包内,体积小的,也可放在衣服口袋里。⑥手机。手机的携带,既要考虑方便使用,又应注意形象。可放在公文包里或专用的手包里,也可放在西装上衣左边的内侧口袋里。⑦笔记本电脑。在现代社会中,高效率、快节奏已是工作的主旋律,移动办公、上网、到自己信箱里查找文件或随时调用资料,笔记本电脑都是必不可少的。出差在外,如果需给对方展示一些文件,则该文件一定做好备份带上(多使用光盘或磁盘,或随同前往的其他人员再携带一台笔记本电脑,把相关文件备份其中,确保万无一失)。

（3）个人必需物品。除上述用品外，还需携带一些为证明身份或方便生活的个人必需物品，包括以下内容。①文件类物品。包括旅行计划和日程表、相关地址、电话通讯录、机票、车票、身份证、护照、名片、介绍信、地图、信用卡等。②衣物药品。可携带的常用药品有晕车药、感冒药、肠胃药等；可以根据气候和活动内容准备正装、休闲装、睡衣、礼服等。③盥洗用品。现在，有些宾馆、酒店已不再提供盥洗用品了，因此要事先有所准备。

二、出行礼仪

1. 步行礼仪

无论外出到什么地方，借助何种交通工具，都离不开步行。在公共场所无处不在的步行，更能体现一个人的礼貌修养程度。

（1）注意安全。遵守交通规则是步行安全的重要保障。城市的交通法规对行人和各种车辆的行驶均有严格的规定，人人都应自觉遵守。穿越马路时，一定要从人行横道处走过去，并注意红灯停、绿灯行，不可随意穿越，不可低头猛跑，更不可翻越栏杆，要注意避让来往车辆，确保安全。在有信号指示或交通警察指挥的地方，一定要遵守信号和听从指挥。

（2）行路文明。在行走之时，走路的姿势要端庄，不要弓腰、低头，不要东张西望，不要摇头晃膀，也不要哼小调或吹口哨。两人走路时不要勾肩搭背。多人走路时不要依仗人多而无所顾忌，高声说笑或横占半个马路而影响他人行走，应自觉排成单队或双队。男女同行时，通常男子应走在女子的左侧，需要调换位置时，男子应从女士背后绕过，不要胳膊相挽而行，更不要亲热得拥在一起行走。在街上遇到熟人不可话说个没完，交谈时不要站在马路中央，影响他人通行。如果遇到的是异性，更不要长时间交谈，确需长谈时，应另约地点。在拥挤狭窄的路上行走，应自觉礼让，特别对年长者、妇女、患病体弱者一定要主动让路。

行走时以中速为宜，正常情况下不要猛跑。如果不小心碰到别人或踩了别人的脚，要主动向对方道声"对不起"，即使对方态度不好，也不要与对方发生口角。别人撞了自己或踩了自己的脚，应大度宽容，对主动道歉者说声"没关系"，不可以口出怨言，斥责对方。如果遇到残疾人不仅要主动让路，必要时还要主动上前搀扶一把，绝不可与其抢道，更不能以强欺弱，无视公德。行路时要维护马路卫生，不要边走边吃东西，更不要把瓜果皮核往马路上扔，应自觉地扔到马路边上的果皮箱里。

（3）问路礼貌。需要问路时，首先，应选择合适的对象，最好不要去问正在急于行走的人或正在与人交谈的人及正忙碌的人。如果民警正在指挥车辆，也应尽量不去打扰。可以另找那些不是很忙，或比较悠闲的人进行打听。其次，问路时要礼貌地称呼对方，可根据对方年龄、性别和当地的习惯来称呼，绝不能用"喂"、"哎"等一些不礼貌的用语呼叫对方。最后当别人给予回答后，要诚恳地表示感谢，若对方一时答不上你的提问，也应礼貌地说声

"再见"。

2. 乘轿车礼仪

（1）讲究上下车顺序。同女士、长者、上司或嘉宾乘双排座轿车时，应先主动打开车后排的右侧车门，请女士、长者、上司或嘉宾在右座上就座，然后把车门关上，自己再从车后绕到左侧打开车门，在左座坐下。到达目的地后，若无专人负责开启车门，则自己应先从左侧门下车后绕到右侧门，把车门打开，请女士、长者、上司或嘉宾下车。

（2）注意车上谈吐举止。在轿车行驶过程中，乘车人之间可以适当交谈，但不宜过多与司机交谈，以免司机分神。话题一般不要谈及车祸、劫车、凶杀、死亡等使人晦气的事情，也不要谈论隐私性内容及一些敏感且有争议的话题，可以讲一些沿途景观、风土人情或畅叙友情等能够使大家高兴的事，使大家的旅行轻松愉快。举止要文明，不要在车内吸烟，因为车内相对封闭容易使空气浑浊。不要在车内脱鞋赤脚，女士不要在车内化妆。不要在车内乱吃东西、喝饮料，不要在车内吐痰或向车外吐痰，更不要通过车窗向车外扔东西，这是有损形象和社会公德的。

（3）注意进出车的举止。尤其是女士更要注意进出小轿车时举止优雅得体。进车时，首先开门后手自然下垂，可半蹲捋整裙摆顺势坐下，依靠手臂作支点，腿脚并拢抬高，继续保持腿脚并拢姿势，脚平移至车内，略调整身体位置，坐端正后，关上车门。出车时双脚膝盖并拢抬起，同时移出车门外，身体可以随着转，着裙装时小腿膝盖都要并拢并同时移出车门。身体保持端坐状态，侧头，伸出靠近车门的手，打开车门，然后略斜身体把车门推开。双脚膝盖并拢着地，一手撑座位，一手轻靠门框，身体移出车门。当身体从容地从车身内移出时，双脚可分开些，但保持膝盖并拢，起身直立身体后，转身关车门，关车门时不要东张西望，而是面向车门，好像关注的样子。

3. 自驾车礼仪

（1）严格遵守交通规则。驾驶车辆须严格遵守交通规则，方向盘就是你的形象。驾驶人员应该树立正确的驾驶观念，把遵守交通规则当作保护自己和他人生命财产的一种方式。上车后，行驶之前，务必系好安全带，这是出于对自身安全的考虑。安全带在发生碰撞或紧急刹车时会迅速收紧，能有效防止身体撞到前面坚硬的物体（如方向盘等）。带有安全气囊的车辆，乘员必须系好安全带；否则，气囊起爆时，气囊弹出就会带来致命的伤害。系安全带时，将安全带慢慢平顺拉出，使安全带位于肩与颈根部之间，通过胸部适当位置，将搭口插头插入插座，直到听到"喀"的一声为止。系安全带不正确，一旦发生交通事故就不能充分发挥其作用。解除安全带时，用左手拿安全带，用右手按下安全带纽扣将其摘下。左手慢慢将其放回去。注意不要马上松手，防止金属扣弹回打碎玻璃或者打伤自己。

（2）养成良好的行为习惯。驾驶人员要注意自己的道德修养，养成良好的行车习惯，在一些细小的做法上都要注意自己的行为举止。如驾驶人员在驾驶过程中，将痰吐到随身携带的废纸中，停车后扔入垃圾箱中，不往车外吐痰；把废纸和其他废弃物扔到随车携带的垃圾箱或等车辆停稳后扔到道路边的垃圾箱内，不要开着车突然把包装纸、烟头等从车窗扔出去，也不要在停车收拾完垃圾后直接扔出车外；为保持车内新鲜的空气，不要在车内吸烟；进出轿车时，替女士开(关)门是男士应有的风度，一只手开门，另一只手垫在车门顶上，起保护作用；道路拥挤或车辆堵塞时，要耐心等待，这也是一种涵养；清洗自己的车辆时，不仅要考虑保持车辆外观整洁，还要保持周围的环境整洁。

（3）安全礼让。驾驶人员在行车过程中，会遇到违章行驶、占道抢行、强行超车等不讲文明礼貌的行为。此时，驾驶人员应正确处理好有理与无理的关系，要宽容、大度和注意礼让；保持冷静的心态，"宁可有理让无理，不可无理对无理"，尽量避免引起事端。要做到以下几点。①发现前方道路或路口堵塞，应按顺序减速或停车，等前方路口疏通后或前方车辆开始行驶时，再尾随继续行驶。②与其他人员发生争执时，应该耐心分辨，理智处理，不要带着情绪驾车。③遇到违章超车和强行占道行驶的车辆，应注意避让。

（4）助人为乐。要做到以下几点。①行车中，发现有需要援助的车辆时，应该减速停车，给对方以帮助。②发现其他车辆陷入损坏路段而不能行驶时，应尽力给予帮助。③当遇到其他驾驶人员向自己询问路线时，应耐心回答，实事求是。④发现其他驾驶人员行驶的路线不正确时，应及时提醒，耐心回答询问和解释。⑤前方遇有交通事故，需要帮助时，应减速停车，协助对方，保护事故现场，并立即报警。⑥发现其他驾驶人员的车辆有隐患或驾驶操作方法不正确时，应及时提醒对方，以防事故的发生。

（5）文明行车。驾驶人员在行车中，必须严格遵守法律、法规和规章，始终坚持文明驾驶，礼让行车；做到不开英雄车、冒险车、赌气车和带病车。要做到以下几点。①直行车辆，发现前方是红灯时，在本车道内减速停车，等待放行信号。②车辆行驶时，发现本车道前方的车辆行驶速度比较慢，应开启左转向灯，在不妨碍其他车道车辆行驶的情况下，变更车道超越；也可减速慢行，保持安全的距离尾随其后。③车辆行驶时，发现后面的车示意超车，应减速慢行，靠边行驶，给对方让出超车空间。④超车时，前方车辆不减速，应停止超车，与前方车辆保持安全的距离，或减速慢行，或变更车道。⑤超车时，发现前方车辆正在超车，应减速慢行，让前方车辆先超车。⑥当汽车经过积水路面时，应特别注意减速慢行，以免泥水飞溅到道路两侧行人身上。⑦驾车行经人行横道或繁华街道，要减慢车速，礼让行人。驾驶车辆通过有老人或儿童的路段，应减速慢行，确认安全后方可通过，以免行人受到惊吓，发生意外。⑧夜晚开车时要适时交换远近灯光，避免干扰对方司机。⑨经过不允许鸣喇叭的路段时，应注意安全，禁止鸣喇叭；行经没有禁止鸣喇叭的路段时，应尽可能地少鸣喇叭，以免影响其他人的正常工作。⑩开车去接人时可事先打电话告诉对方，不要在楼下狂按喇叭。如果是休息时间停在居民楼附近等人，不要把音响声音开得太大。如果需要等人，要停好车，乱停车会给别人造成不便。

（6）规范停车。停车时，要清楚前后左右的情况，不要堵住别的车，也不要堵住行人和自行车通道更不要堵住别人的门口。建议不要占用绿地停车，不要堵在小区出入口，不要停在垃圾站门前。不管车位拥挤与否，都应该按车位线或按大家停车的方向停车，不管技术好不好，都请尽量与别的车靠近，给后来的车留出车位。如果实在没车位，又一定要短暂停留，可在车上贴个字条写上自己的电话，告知需要挪车时电话联系你。不要不管不顾地停车，因为后果很难预料，特别注意不要随便停车。

此外，要保持车容的整洁，这也可为都市增色。同时，为了你和他人的安全，千万别酒后开车。

4. 乘火车礼仪

火车是重要的交通工具之一。良好的乘车环境需要大家共同创造，因此在乘车过程中，要讲文明、懂礼貌，多一分宽容，多一分礼让，这样，不仅能减少不必要的麻烦，还能保持良好的心情，减轻旅途疲劳。要注意以下以下三点。

（1）讲究候车规则。乘客在候车时，要爱护候车室的公共设施，不大声喧哗，携带的物品要放在座位下方或前部，不抢占座位或多占座位，更不要躺在座位上使别人无法休息。要保持候车室的卫生，瓜果皮核等废弃物要主动扔到果皮箱里，不要随手乱扔，不随地吐痰。检票时自觉排队，不乱拥乱挤，有秩序上下车。

（2）维护车厢秩序。要有秩序地进入车厢并按要求放好行李，行李应放在行李架上，不应放在过道上或小桌子上。放、取行李时应先脱掉鞋子后站到座位上，以免踩脏别人的座位。自己的行李要摆放整齐，尽量不压在别人的行李上，如果实在不行，也应征得别人的同意。不在车厢内吸烟，不随地吐痰，乱扔废物。不在车厢内大声说话。到达目的地后，拿好自己的物品有礼貌地与邻座旅客道别，有序下车，不要抢道拥挤。

（3）注意礼貌交谈。长途旅行，与邻座的旅客有较长的时间相处，有兴趣时可以共同探讨一些彼此都乐于交谈的话题。但应注意交谈礼貌：交谈前应看清对象，与不喜欢交谈的人谈话是不明智的，和正在思考问题的人谈话也是失礼的。即使与旅伴谈得很投机，也不要没完没了，看到对方有倦意就应立刻停止谈话。注意谈话中不要问对方的姓名、住址及家庭情况，这些不是火车上的好的交谈话题。

5. 乘飞机礼仪

飞机是目前世界上最快捷的交通工具，具有速度快、时间短、乘坐舒适等特点，很适合人们的旅行。由于空中旅行与地面旅行有很多差异，必须注意以下礼仪。

（1）登机前的礼仪。乘坐飞机要求提前一段时间去机场。国内航班要求提前半小时到达，而国际航班需要至少提前一小时到达，以便留出托运行李、检查机票、身份证和其他旅行证件的时间。大多数机场的登记行李和检查制度效率很高，需要等待的时间很短。

乘飞机时为了方便，手提行李一般不应超过5千克，其他能托运的行李要随机托运。

乘坐飞机前要取到登机卡。大多数航班都是在托运行李时由工作人员选择座位卡。登机卡应在安检时和登机时出示。

领取登机卡后，乘客要通过安全检查门。乘客应先将有效证件（如身份证、军官证、警官证、护照、台胞回乡证等）、机票、登记卡交安检人员查验，放行后通过安检门时需将电话、传呼机、钥匙和小刀等金属物品放入指定位置，手提行李放入传送带。乘客通过安检门后，注意将有效证件、机票收好以免遗失，只持登机卡进入候机室等待。

上下飞机时，均有空中小姐站立在机舱门口迎送乘客。她们会向每一位通过舱门的乘客热情地问候。此时，作为乘客应有礼貌地点头致意或问好。

（2）登机后的礼仪。登机后，乘客要根据飞机上座位的标号按秩序对号入座。飞机座位分为两个主要等级，也就是头等舱和经济舱。经济舱的座位设在中间到机尾部分，占机身的3/4空间或更多一些，座位安排较紧；头等舱的座位设在靠机头部分，服务较经济舱好，但票价较高。所以登机后购买经济舱票的人不要因头等舱人少就抢坐头等舱的空位。找到自己的座位后，要将随身携带的物品放在座位头顶上的行李箱内，较贵重的东西放在座位下面，自己保管好，注意不要在过道上停留太久以免影响其他人。

飞机起飞前，乘务员通常给旅客示范表演如何使用救生衣和氧气面具等，以防意外。当飞机起飞和降落时要系好安全带。在飞机上要遵守"请勿吸烟"的警示，同时禁止使用移动电话、AM/FM收音机、便携式电脑、游戏机等。

飞机起飞后，乘客可看书报或与同座交谈。如果自己愿意交谈，可以"今天飞行的天气真好"等开场白来试探同座是否愿意交谈，在谈话中不必互通姓名，只是一般谈谈而已。如果自己不愿交谈，对开话头的人只需用"嗯哼"表示，或解释"我很疲倦"。飞机上的座椅可调整，但应考虑前后座位的人，不要突然放下座椅靠背，或突然推回原位，或跷起二郎腿摇摆颤动，这些行为都会引起他人的反感。

在飞机上使用盥洗室和卫生间的规则与其他交通工具上的相同。要注意按次序等候，注意保持其清洁。同时不要在供应饮食时到厕所去，因为有餐车放在通道中，其他人无法穿过。如果晕机，可想办法分散注意力；如若呕吐，要吐在清洁袋内；如有问题，可打开头顶上的呼唤信号，求得乘务员的帮助。

（3）停机后的礼仪。停机后，乘客要带好随身携带的物品，按次序下飞机，不要抢先出门。国际航班上下飞机要办理入境手续，通过海关可凭行李卡认领托运行李。许多国际机场都有传送带设备，也有手推车以方便搬运行李。还有机场行李搬运员可协助乘客。在机场除了要给机场行李搬运员小费外，不需给其他人小费。下飞机后，如果一时找不到自己的行李，可通过机场行李管理人员查寻，并可填写申报单交航空公司。如果行李确实丢失，航空公司会照章赔偿的。

6. 乘客轮的礼仪

人们出差、旅行经过江河湖海需乘坐客轮，有时观光游览还可乘坐专门的游览船或游艇。乘坐客轮较飞机、火车活动空间大，因而更舒适、自由。然而乘客轮时只有人人都讲礼仪，才能使旅行更舒畅。

客轮的舱位是分等级的。我国的客轮舱位一般分特等舱、一等舱、二等舱、三等舱、四等舱、五等舱等几种。客轮实行提前售票，每人一个铺位，游船也实行对号入座。因为船上的扶梯较陡，所以上下船大家应互相谦让，并照顾老人、小孩和女士。

乘客轮时要注意安全，风浪大时要防止摔倒；到甲板上要小心；带孩子的乘客要看住自己的孩子；吸烟的乘客要避免火灾；不要在船头挥动丝巾或在晚上拿手电乱晃，以免被其他船误认打旗语或灯光信号。

船上的服务设施齐全，有餐厅、阅览室、娱乐室、歌舞厅和录像厅等可供就餐或消闲，也可以去甲板散步，享受浪漫的诗情画意。如果邀请其他乘客一起娱乐，一定要两相情愿，不可强求。房中其他乘客出门时，也不要好奇地去翻动同房乘客的物品。

乘船时要注意小节，如不要在船上四处追逐，忘乎所以；不要在甲板上将收录机放到很大声；不要在客房大吵大嚷；晕船呕吐应该去卫生间；到景点拍照时不要挤抢等。另外，要注意船上的忌讳，如不要谈及翻船、撞船之类的话题，不要在吃鱼时说"翻过来"或说"翻了"、"沉了"之类的语言。

7. 乘电梯礼仪

等电梯时，要主动面带微笑地向熟人打招呼。只需轻轻地触摸电梯按钮即可，不要反反复复地按按钮。

进电梯时不要争先恐后，要在出口处的右边等候，以方便其他乘客出电梯。等候电梯里的乘客都出来后，才按顺序进电梯，千万不要拥挤。电梯能够承载多少乘客是有限的，当警铃响的时候，最后上电梯的人或在电梯门口的人应自动下电梯。

上下电梯自然应该排队，要遵循"尊老爱幼"、"女士优先"的原则。

先进电梯者要靠墙而站，不要以自己的背对着别人，可站成"n"字形。在电梯内要保持身体平衡，尽量不做动作，不要伸长胳膊去按按钮。礼貌的做法是，请靠近楼层显示屏的乘客帮助按按钮："劳驾，请您帮我按第8层，谢谢！"

在大型商场、地铁、火车站、飞机场等公共场所乘滚动电梯时，有一个重要的礼仪规则是：乘客一律靠右站立，上下排成一列纵队，空出左边的小道给有急事的人上下跑动。这是国际惯例，请一定记牢。

三、入住礼仪

1. 预约礼仪

出差前要尽量提前预约宾馆，尤其是到达一些旅游城市或一些业务较繁忙的宾馆，这一工作更是不可缺少，否则，在和客户洽谈生意时就会由于未住上合适、方便的宾馆而带来诸多不便。预订宾馆的方式主要有电话预订、网上预订、电传预订等，其中电话预订是最常用的方式。根据自己的喜好或业务需要确定要入住的宾馆后，即可拨打宾馆的电话，告知入住和停留的时间，入住的人数，房间的类型，申请住房人的姓名和到达宾馆的大概时间，并问清楚房费，一旦比预订的时间要晚到达，或者行程临时发生变化需改变行期，应尽快打电话联系，以便宾馆作出合理的安排。

预约时态度要和蔼，文明礼貌，说普通话，声音大小适中，不能因宾馆无法满足自己的要求而大声呵斥，对于宾馆的相关规定也要予以理解。在宾馆按要求订好房后，要礼貌地表示感谢。如果对房间有特殊要求，可以在预约时提出，以便在宾馆休息时更加舒适和方便。

2. 登记入住的礼仪

进入宾馆大厅后，应到前台登记。当遇到多人办理住宿手续时，应按顺序排队等候，也可暂时在宾馆大厅休息区休息，等候办理住宿登记手续。入住宾馆要出示身份证或其他证件，如结婚证、护照等，认真填写或介绍个人基本信息和资料，并领取房卡或钥匙。问清宾馆每天的结账时间和房费结算方法。一般在中午12点以前退房者，不收当天房费，超过12点则要交半天或一天房费。

3. 客房礼仪

宾馆客房是客人临时之家，是为客人提供休息的场所。根据工作需要，旅行人员亦可在房间办公、举行小型会议、洽谈业务或会友。不论将客房作为休息场所还是临时办公地点，掌握入住基本规定，对自己、对工作都是十分有益的。要注意以下几个方面。

（1）讲究文明。因为旅店既是休息的地方，又是工作的地方，所以，在室内着装可相对随便些。但是如果约好客人在下榻饭店的客厅或自己的房间洽谈业务，则要保持仪表端庄，注意自己的职业形象，同时也应遵守前面提到的待客礼仪和日常礼仪，为客人准备好相关的茶水和饮料。

住店的文明还体现在：关房门时注意用力轻一些。深夜回来，如需洗澡，注意动作要轻一些，避免打扰隔壁邻居，如果可能，最好等第二天早晨再洗。如果与别人合住，应该注意出门时随手将门关上，不要在房间里喧哗，以免影响他人休息。休息的时候可以按上"请勿打扰"的标志灯，或在门外挂上"请勿打扰"的牌子。到别的房间找人，应该敲门，经主人许可再进入，不要擅自闯入。

（2）注意安全。入住宾馆，进入客房后应先阅读房间门后消防逃生路线图，熟悉所在房间的位置和逃生楼梯的方位。之后，要查看一下窗户和侧门是否锁好。如果饭店员工无法将侧门锁好，可以要求换一个房间。旅行期间，只要可能就要将你所带来的贵重物品随身携带。不要把钱或贵重物品留在房间里，要把珠宝、照相机、文件等都锁在饭店的保险箱里。进入饭店房间后，离开房间时，为了安全起见，如果条件允许，你可以让电视机开着。待在房间里的时候，把门关好并上好锁。除非你在等人，否则不要开着门；开门前要先问一声，或从窥孔那儿查看一下来人是谁。如果对方宣称自己是饭店员工，或者你有其他考虑，可以给前台打电话进行核实。晚上睡觉前，应将防撬链扣好挂好。房门钥匙要随身携带。不要当众展示你的钥匙，也不要把它放在饭馆的餐桌上、健身房里或者其他容易丢失的地方。门厅的灯可以亮着，可以开着夜灯睡觉，或者开着洗手间的灯睡觉，以便让自己感到安全，或者遇到紧急的情况，可以照亮。

（3）爱护设施。宾馆客房内备有供旅客生活使用的各种物品，如桌、椅、灯具、电视、空调及洗漱和卫生洁具、浴具等设施，使用时应予以爱护，不许用力拧、砸、敲。如果不慎损坏宾馆物品，应主动赔偿，故意破坏房内物品或损坏了物品不声不响，甚至把房内不属于自己的东西随意拿走等都是违背社会公德的不文明行为。

（4）保持卫生。在客房内衣物和鞋袜不要乱扔乱放。废弃物应投入垃圾桶内，也可放到茶几上让服务员来收拾，千万不要扔进马桶里，以免堵塞影响使用。吸烟者不要乱弹烟灰、乱抛烟头，以免烧坏地毯或家具，甚至引起火灾。出门擦鞋应用擦鞋器，用枕巾、床单擦鞋是不道德的行为。

（5）礼貌待人。要注意对待服务员的礼仪：门童为你开门或向你问好，应予以回应或表示感谢。保安人员出于职责打量或盘问你时，要进行合作，不应该口出微词，或不予理睬。当服务员需要进入客房打扫卫生、送报刊时，应表示欢迎，并且道谢，如不方便让其进入，可事先在门外把手上悬挂"请勿打扰"的告示牌，或开启"请勿打扰"指示灯。但离开房间时，应取下告示牌或关闭告示灯。在走廊遇到服务员，尤其是对方首先向你打招呼时，也应向对方问好。客房内设施出现故障或损坏时，可让宾馆维修。维修工人来了之后，应表现大度，切莫口气粗暴，责怪刁难对方。

（6）同住有礼。和他人同住一个房间要格外注意礼仪，因为这是一个人修养、礼仪等方面的全面展现，要讲究以礼为先、以彼为先。在标准的双人间中，在选择床位时，应主动将临窗明亮、噪声较小、房间内侧的床位让与同住的人，而将另一床位留给自己。由于生活习惯不同，彼此陌生的人同住一室必然在生活习惯、作息方式等上存在一定的差异，为了能够很好地避免尴尬和矛盾，彼此双方应及时沟通，并客观真实地向对方介绍自己某些可以示人的生活习惯和作息方式，以期在共同居住过程中能够彼此了解，相互谅解。如，有吸烟习惯的人，应尽量避免在房间内吸烟，致使别人被动吸烟；有打鼾习惯的人，应尽量请同室先休息入睡，以免打扰其休息。与同室攀谈时要围绕对方谈论的话题循序渐进地进行，尽量不提出与对方观点相矛盾的观点，不涉及对方隐私。

4. 离店礼仪

结账离店是出差人员最后一次和宾馆接触了，要尽量给人留下一个完美的印象。在准备走之前，可以先给前台打个电话通告一声，如果行李很多，就可以请他们安排服务员来帮你提行李。结完账，礼貌地道谢，并友好地与宾馆工作人员道别。

延伸阅读

一、礼仪与社会公德

社会公德，是指一个社会中全体成员都必须遵守的借以维护社会正常生活秩序的各种行为规范的总和，它是人们最起码的公共生活准则，是人类生活、人际关系中的一个基本问题。

社会公德也是社会文明程度的重要标志。它是人类世世代代调整公共生活中人与社会关系的经验的结晶，是人们通过长期社会实践形成的，为了共同利益而代代相传和不断完善的优良传统。它最突出的特点是，在许多不同的国家和地区，社会公德是相同的。它反映了人类追求文明与进步的共同要求。

社会公德的内容十分丰富，它涉及人类社会生活的每一个方面。总结起来，主要包括以下三个方面。

（1）反映人们共同利益的道德规范，如我国的"五爱"公德，即爱祖国、爱人民、爱劳动、爱科学、爱社会主义。

（2）二是人道主义精神，诸如尊重国家主权、领土完整，尊重人权、保护妇女、儿童、老人、伤残人的合法权益，维护世界和平，支持人类进步事业，实行人道主义救援等。

（3）三是人类共同行为准则，比如：相互尊重，礼貌待人；诚实守信、言行一致；遵守公共秩序和公共安全规则，举止文明，爱护公物、保护环境、维护公共卫生，遵纪守法，见义勇为，等等。

社会公德就像一个道德天平，时时刻刻都在衡量着社会中的真、善、美、假、恶、丑。美国著名社会学家 A. 英格尔斯认为：一个国家，只有当它的人民是现代人，它的国民心理和行为上都转变为现代的人格，它的政治、经济和文化管理中的工作人员都获得了某种与现代化发展适应的现代性，这样的国家方可真正称为现代化的国家。

日本是个经济大国，也是高度注重文明的国度。当 1997 年亚运会在日本广岛结束时，6 万人的会场上竟没有一张废纸。全世界的报纸都登文惊叹："可敬可怕的日本民族！"就因为没有一张废纸，令全世界惊讶。

1998 年世界杯足球赛在法国举行。据报道，因为赛会方面的丑闻，日本数千名交了钱的球迷抵达图鲁兹赛场后却取不到票进场，但他们不骂不闹，服从东道主的安排，在体育场内通过大屏幕观赛。更令人感动的是，转播结束后，工作人员清理现场时，同样没有发现一点垃圾，所有的废物都被日本人自备的塑料袋带走了。日本队在第二场比赛中以0:1输给克罗地亚队后，在场的日本球迷一边流着伤心的眼泪，一边向法国工作人员鞠躬致谢，没有一个人泄愤闹事。

再看看中国，在国庆节升旗仪式后，人群散去，整个广场满地是废纸，被风刮起，四处乱飞；近几年来，我国某些服务行业采取国外的管理方式，设立了一米黄线，即某一顾客在购票、存款或享用服务时，后面的顾客应站在一米线后，以方便每个顾客，并尊重保护每个顾客的隐私权，有效地保障顾客人身财产安全。可是，目前的一米线很多都是形同虚设的，这说明人们的文明素养有待提高。在公共场所，吸烟现象屡禁不止，挤公共汽车、出口伤人、随地吐痰、乱扔杂物、见死不救等现象也时有发生。礼仪不仅是社会生活的要求，也是每个人甚至一个民族文明程度的体现。在这里人们的这些非礼仪之举所反映出来的是人们的公民意识和公德水平的缺失。

可见，公民意识和公德水平是人的现代化素质的核心内容。目前，我国正处于由传统向现代转变的社会时期，社会转变的顺利实现，依赖于具有现代化素养的人，所以，每个人都应该把自己的道德水平与民族的利益联系起来，这样就会产生一种使命感，就会充分认识到培养提高自身公民意识的意义，主动追求道德水平的提升。

时下有一种时髦的提法，叫做给道德"补钙"。请每个人对照上述行为自我解剖一下，看看自己的公德在哪些方面还有不足，给自己出一些"补钙"的"药方"。在此笔者出两个"方子"，作为参考：一是治本之方，提高和强化自己的公民意识。二是治标之术，从身边的小事做起，时时处处讲究礼仪。

（资料来源：张岩松. 现代交际礼仪. 北京：中国社会科学出版社，2006.）

二、旅游文明行为公约

以下是中央文明办、国家旅游局联合发布的《中国公民国内旅游文明行为公约》、《中国公民出境旅游文明行为指南》的内容。

（1）《中国公民国内旅游文明行为公约》。

营造文明、和谐的旅游环境，关系到每位游客的切身利益。做文明游客是大家的义务，请遵守以下公约：

维护环境卫生。不随地吐痰和口香糖，不乱扔废弃物，不在禁烟场所吸烟。

遵守公共秩序。不喧哗吵闹，排队遵守秩序，不并行挡道，不在公众场所高声交谈。

保护生态环境。不踩踏绿地，不摘折花木和果实，不追捉、投打、乱喂动物。

保护文物古迹。不在文物古迹上涂刻，不攀爬触摸文物，拍照摄像遵守规定。

爱惜公共设施。不污损客房用品，不损坏公用设施，不贪占小便宜，节约用水用电，用餐不浪费。

尊重别人权利。不强行和外宾合影，不对着别人打喷嚏，不长期占用公共设施，尊重服务人员的劳动，尊重各民族宗教习俗。

讲究以礼待人。衣着整洁得体，不在公共场所袒胸赤膊；礼让老幼病残，礼让女士；不讲粗话。

提倡健康娱乐。抵制封建迷信活动，拒绝黄、赌、毒。

（2）《中国公民出境旅游文明行为指南》。

中国公民，出境旅游，注重礼仪，保持尊严。
讲究卫生，爱护环境；衣着得体，请勿喧哗。
尊老爱幼，助人为乐；女士优先，礼貌谦让。
出行办事，遵守时间；排队有序，不越黄线。
文明住宿，不损物品；安静用餐，请勿浪费。
健康娱乐，有益身心；赌博色情，坚决拒绝。
参观游览，遵守规定；习俗禁忌，切勿冒犯。
遇有疑难，咨询领馆；文明出行，一路平安。
愿我们都能遵守，做一个文明的出行者！

（资料来源：中央文明办、国家旅游局）

思考练习

1. 如果下星期你打算到南方（如果你现在在南方，那就去北方）出差，打开你的衣橱，谈谈带哪些衣服比较合适。
2. 乘坐自动扶梯时，你一般站在哪一侧？为什么？
3. 列举出十种以上行路时的不文明行为。
4. 小王第一次乘飞机，他异常兴奋，看什么都新鲜，空中的壮观景象更令他震撼，于是，他在空中悄悄打开手机拍摄下了几张照片。

请问：小王的行为有何不妥？为什么？

5. 模拟问路、指路的言语举止，不对的地方相互进行纠正。
6. 案例分析：

王先生乘车

某公司的王先生年轻肯干，点子又多，很快引起了总经理的注意并拟将其提拔为营销部经理。为了慎重起见，决定再进行一次考察，恰巧总经理要去省城参加一个商品交易会，需要带两名助手，总经理一是选择了公关部杜经理，一是选择了王先生。王先生自然同样看重这次机会，也想借机好好表现一下。

出发前，由于司机小王乘火车先行到省城安排一些事务，尚未回来，所以，他们临时改为搭乘董事长驾驶的轿车一同前往。上车时，王先生很麻利地打开了前车门，坐在驾车的董事长旁边的位置上，董事长看了他一眼，但王先生并没有在意。

车上路后，董事长驾车很少说话，总经理好像也没有兴致，似在闭目养神。为活跃气氛，王先生找了一个话题："董事长驾车的技术不错，有机会也教教我们，如果每个人自己都会开车，办事效率肯定会更高。"董事长专注地开车，不置可否，其他人均无应和，王先生感到没趣，便也不再说话。一路上，除董事长向总经理询问了几件事，总经理简单地做了回答，车内再也无人说话。到达省城后，王先生悄悄问杜经理：董事长和总经理好像都有点不太高兴？杜经理告诉他原委，他才恍然大悟，"噢，原来如此。"

会后从省城返回，车子改由司机小王驾驶，杜经理由于还有些事要处理，需在省城多住一天，同车返回的还是四人。这次不能再犯类似的错误了，王先生想。于是，他打开前车门，请总经理上车，总经理坚持要与董事长一起坐在后排，王先生诚恳地说："总经理您如果不坐前面，就是不肯原谅来的时候我的失礼之处。"并坚持让总经理坐在前排才肯上车。

回到公司，同事们知道王先生这次是同董事长、总经理一道出差，猜测着肯定提拔他，都纷纷向他祝贺，然而，提拔之事却一直没有人提及。

（资料来源：http://www.doc88.com/p-7330115712.html）

思考讨论题：

（1）请指出王先生的失礼之处？

（2）乘小轿车究竟应该怎样就座？

7. 案例分析：

我的成功从电梯口开始

两年前，我到一家外资化妆品公司参加面试。刚刚走进社会的我，没有丰富的面试经验，也不具备较好的外在条件。面试地点在市中心的写字楼里，看着出入大厅的靓丽都市白领，再瞅瞅自己特地从室友那里借来的略显肥大的套裙，唉！

下午2：30面试，我是提早15分钟到达的，面试在大厦的12层。

电梯来了，大家鱼贯而入，满满当当地挤了十几个，刚要关门，一个西装笔挺的人跑了进来，电梯间里立刻响起了刺耳的警告声，超载了。

大家都把目光投向了那个最后进来的人身上，但他丝毫不为所动。顿时，电梯间陷入了刹那的尴尬之中，虽然还有时间等下一班电梯，但谁也不愿意冒这个险，毕竟大家都想给主考人员留下不错的印象。

我站在靠边的位置，自然地走了出去，转过身，在关门的瞬间，不自觉地冲着电梯中的人微扬了一下嘴角。

考试进行得紧张而顺利，每个人都回家等通知。第三天，我被这家公司正式聘用了。

上班后，我见到了面试那天那个最后跑上电梯的男人。他是我的同事，进公司已经两年了。当我问他那天面试时的详情时，他说，他也只是依照上级老板的意思，在电梯门口等待时机，公司除了要看应聘人与主考人员的交流，还会参考很多因素，如到会场的时间，与周围人的沟通等。

他说："许许多多的测试都是无形之中就完成了的——面试在你一迈进公司的大楼就已经开始了。"

（资料来源：http://www.0535job.net/news_view.asp?NewsId=670）

思考讨论题：

（1）为什么说"面试在你一迈进公司的大楼就已经开始了"？

（2）从本案例中你学到了什么？

学习情境 8　求职应聘

莫愁前路无知己，天下谁人不识君。

——（唐）高适

情境导入

面　试

　　凯恩集团正在招聘职员，小林马上就要毕业了，对此她信心百倍，因为她专业对口，而且其他条件也非常符合。面试当天，小林为了给招聘单位留下好印象，决定好好打扮一下自己。在寝室忙了半天，她最后选中了一条大花的连衣裙，穿上高跟鞋，戴上项链、耳环、手链，还化了现在最流行的闪亮妆，她想这样一定能在外形上取得优势。面试当天，小林与其他面试者在办公室外等待。当看到发下来的题目时，小林更觉得胜券在握。她松松垮垮地站在门口准备上场，回头看见有一排沙发，便坐在沙发上，跷起二郎腿，悠闲地拿出化妆包开始补妆。面试时，小林看到题目有点陌生，忍不住挠头抓痒，在座位上扭来扭去。面试完毕，结果可想而知。

（资料来源：陈光谊. 现代实用社交礼仪. 北京：清华大学出版社，2009.）

任务分析

　　求职礼仪是求职者在求职过程中与招聘单位接待者接触时应具有的礼貌行为和仪表形态规范。它通过求职者在应聘资料、语言、仪态举止、仪表和着装打扮等几个方面体现其内在素质。求职过程中求职者要讲究对人的尊重和礼貌修养，给招聘者留下一个良好的印象，增加招聘单位录用自己的机会。千万不要像本任务"情境导入"中的小林那样，其不良的礼仪表现是不会取得求职成功的。

实训项目

　　项目名称：举行模拟招聘会。
　　实训目标：能够做好各项求职准备工作，熟练掌握面试的礼仪，表现出良好的素质和形象。

实训学时：2学时。

实训地点：实训室。

实训准备：模拟招聘企业的有关情况和其需求岗位、面试问题、面试桌椅等。

实训操作：选3~4名学生担任某企业面试考官，其他同学担任求职者。面试考官先介绍单位及岗位需求情况，然后求职者依次进行1分钟自我介绍，面试考官提问，求职者回答问题。最后教师总结、点评。

知识链接

一、求职前的准备

1.搜集就业信息

就业信息是指通过各种媒介传递的有关就业方面的消息和情况，如就业政策、供需双方的情况及用人信息等，它是求职者择业所必须搜集和掌握的材料。

就业信息的种类有两种：宏观信息和微观信息。宏观信息是指国家的政治经济情况，国家或地区社会经济的方针政策规定，国家对毕业生的就业政策与劳动人事制度改革的信息，社会各部门、企业需求情况及未来产业、职业发展趋势所要求的信息。掌握这些信息，就可宏观地把握就业方向。同学们在校期间，要关心国家政策的重大改革，这对确立宏观的择业方向有着重大的意义。微观信息是指某些具体的就业信息。如用人单位的需求情况、发展前景、需求专业、条件、工资待遇等。这些信息是在大学即将毕业时所必须搜集的具体材料。

搜集就业信息的途径主要有以下几种。一是通过学校就业指导办公室和各就业工作服务站搜集。学校收集的信息都会及时传至各系（处），或发布在学校网页的就业信息栏中。二是通过各级政府主管部门和就业指导机构搜集。这些主管部门主要是国家教育部和省教育厅、人力资源与社会保障厅及各市的教育局、人力资源与社会保障局。这些部门和就业机构的主要职责，就是制定辖区毕业生的就业政策，提供高校毕业生和用人单位的信息，为毕业生就业提供咨询与服务。来自这方面的信息也是真实可信的。三是通过学校老师和亲朋好友搜集。老师在多年的社会实践、教学实习、科研协作中，与一些专业对口的单位联系密切，通过他们了解就业信息，推荐求职，对择业成功有很大帮助。家长、亲朋、好友，在多年的社会交往中，也会给你带来大量的就业信息，希望所有的毕业生要有意识地收集。四是通过各类"双向选择"招聘活动搜集。各人才服务机构、省市就业服务部门、学校每年都会举办各种人才招聘会，为毕业生收集就业信息提供了更广泛的途径。五是通过有关新闻媒体和网络搜集。新闻媒体特别是网络可为毕业生提供更丰富的就业信息。应届毕业生也可通过网站发布个人简历和求职要求。

求职者搜集到求职信息后，还要善于分析求职信息，这样才能增大求职成功的机会。

否则，事到临头，只凭自己的想象和猜测或是被动地服从他人之命，依据社会上的流行看法盲目选择，只会使求职陷入困境。就一则具体的招聘信息来讲，求职者在阅读时一定要从岗位的职责、岗位的硬件要求、招聘单位的具体情况（规模、待遇、前景、地址、联系方式等）、岗位的供需情况、单位的企业文化与人际关系、岗位的细分情况等角度加以分析。只有善于分析阅读招聘信息，才有可能取得应聘的成功。

2. 明确求职途径

（1）招聘会。一般应到由政府人力资源与社会保障部门所属的人才交流机构开办的人才市场或"招聘会"求职，这类部门运作规范、服务周到、信誉高、手续齐全，出现问题，可得到合理保护。

（2）网上求职。网络突破时空的限制，通过网络求职经济、方便、快捷，避免了大群人集中近距离接触，所承载的信息量大，不仅可以了解职位信息，还可以在网上人才信息库存个人基本资料，以供用人单位查询。

（3）实习。目前很多知名企业通过招募实习生的方式来培养和招聘自己的员工。

（4）报刊招聘广告。这是传统人们获得就业信息的最主要的手段，其信息较之网络有更强的真实性，但也有不实虚假招聘信息。如果招聘职位好可能会有很多应聘者。

（5）人才服务机构、职业介绍所等。通过人才中介来获取职位，今后将成为主流。随着法律的完善，监管到位，通过人力资源中介来获得职位，是个不错的选择。人才服务机构的优势在于信息来源多、专业化等。

（6）电话求职。了解招聘信息后，可以电话咨询感兴趣的信息，电话求职时要讲究礼仪。

（7）直接上门找公司负责人或人力资源部经理。这是毛遂自荐的方式。如果看好某企业，可主动上门求职，展示自身的工作实力，让用人单位了解并能够录用自己。

（8）各院校的就业指导办公室。大学生们到所在院校的就业指导办公室，可以得到许多用人单位的需求信息，也可以得到有关就业政策和择业技巧的指导。

（9）社会关系。通过亲朋好友（包括老师、同学、师兄、师姐等）获取招聘信息或者推荐，也是一种符合中国国情的求职方式。

3. 撰写面试材料

在双向选择过程中，大部分用人单位安排面试的依据是有关反映毕业生情况的书面材料，通过这些书面材料来判断和评价毕业生的学习成绩、工作潜力。毕业生要成功地向用人单位推销自己，拟定具有说服力和吸引力的求职面试材料是成功的第一步。

面试材料包括毕业生就业推荐表、简历、自荐信、成绩单及各式证书（获奖证书，英语、计算机等各类技能等级证书），已发表的文章、论文，取得的成果等。

（1）简历。简历主要是针对应聘的工作，将相关经验、业绩、能力、性格等简要地列举出来，以达到推荐自己的目的。由于毕业生就业推荐表栏目和篇幅限制，多数毕业生更希望有一份个性突出、设计精美、能给用人单位留下深刻印象的简历。

① 简历的设计原则。内容真实、简明、无错是简历设计的三个原则。真实原则就是指简历从内容上讲必须真实，比如选了什么课，就写什么课；如果没有选，就不要写。兼职工作更是如此，做了什么，就写什么。不要做了一，却写了三或四。因为在面试时，你的简历就是面试官的靶子，他会就简历上的任何问题提出疑问。如果你学了或做了，你就能答上来，否则你和考官都会很尴尬，你在其眼里的信誉也就没有了，这是很不利的。讲真话，不要言过其实，相信自己的判断力是十分重要的。

如果你没有参加任何兼职工作，你可以不写，因为主考官知道你是刚刚要毕业的学生，而学生的本分就是学习。或许你就是重点地学了本专业，没有顾上其他；或许你在学习本专业的同时选择了第二专业或辅修专业；或许你虽然没有在校外兼职，但在校内系里或班里做了大量社会工作。总之，你会有自己的选择，也会珍惜自己的选择，并为自己的选择骄傲。这样你就没有必要为没有兼职工作而苦恼或凭空捏造。请记住，主考官都是从学生过来的，他们会尊重你的选择。

简历，最好简单明了。这是简明原则的又一重要原则。如果简历内容过多，又缺乏层次感，会给人以琐碎的感觉。必要信息如姓名、性别、出生年月、联系电话和地址等一定要写上。相比之下，身高、体重、血型、父母甚至兄弟姐妹做什么工作并不是非常重要的，这些内容纯属辅助信息，可要可不要，至少不应占据重要位置。可以将自己认为重要的信息全部浓缩到第一页上，然后把认为次要的信息，诸如每学期成绩单，获奖证书复印件等信息都当作附件。这样的简历主考官只看一页就清楚了，主次分明，非常有效，主考官如果感兴趣，可以继续看附件里的文件。

无错原则是指简历应该没有错误，尽可能在寄出简历之前，一个字一个字地检查一遍，标点符号也不能落下。否则你会被认为是一个粗心的人，在激烈的竞争中就可能被淘汰。

② 简历的内容。简历并没有固定格式，对于社会经历较少的大学毕业生，一般包括个人基本资料、学历、社会工作及课外活动、兴趣爱好等，其内容大体包括以下几方面：

• 个人基本材料。主要指姓名、性别、出生年月、家庭住址、政治面貌、身高、视力等，一般写在简历最前面。

• 学历。用人单位主要通过学历情况了解应聘者的智力及专业能力水平，一般应写在前面。习惯上书写学历的顺序是按时间的先后，但实际上用人单位更重视现在的学历，最好从现在开始往回写，写到中学即可。学习成绩优秀，获得奖学金或其他荣誉称号是学习生活中的闪光点，可一一列出，以加重分量。

• 生产实习、科研成果和毕业论文及发表的文章。这些材料能够反映你的工作经验，展示你的专业能力和学术水平，将是简历中一个有力的参考内容。

• 社会工作。近几年来，越来越多的用人单位渴望招聘到具有一定应变能力、能够从事各种不同性质工作的大学毕业生。学生干部和具备一定实际工作能力、管理能力的毕业生颇受青睐。社会工作对于仍在求学的毕业生来说，主要包括社会实践活动和课外活动，在应聘时是相当重要的。

• 勤工助学经历。即使勤工助学的经历与应聘职业无直接关系，但是勤工助学能够显示你的意志，并给人留下能吃苦、勤奋、负责、积极的好印象。

• 特长、兴趣爱好与性格。指你拥有的技能，特别是指中文写作、外语及计算机能力。兴趣爱好与性格特点能够展示你的品德、修养、社交能力及团队精神，它与工作性质关系密切，所以用词要贴切。

• 联系方式。联系地址、电话、邮政编码千万不要忘记写，以免用人单位因联系不到你而失去择业机会。

（2）自荐信。自荐信，即求职信，其基本内容应该包括以下方面。

① 写明用人信息的来源及自己所希望从事的工作，否则，用人单位将无法回答。

② 愿望动机。这是自荐信的核心内容，说明自己要求竞争所期望的职业的理由和今后的目标。

③ 所学专业与特长。将大学所学的重要专业课程写进来，但不要面面俱到，以免使主要的专业课程"淹没"在文字之中。对自己熟悉的、有兴趣的，特别是与期望单位所需人才职业关系紧密的，可多写一些。

④ 兴趣和特长，要写得具体真实。

⑤ 提醒用人单位留意你附带的简历，请求给予同意等。

信函求职在毕业生求职过程中，是最常用的、最主要的方式。求职信由开头、正文、结尾和落款组成。在开头，要有正确的称呼和格式，在第一行顶格书写，如："尊敬的人事处负责同志："、"尊敬的张教授："等，加一句问候语"您好"以示尊敬和礼貌。正文部分主要是个人基本情况即个人所具备的条件。求职信的核心部分要从专业知识、社会实践能力、专业技能、性格特长等方面使用人单位确信，他们所需要的正是你所能胜任的。结尾部分可提醒用人单位回答消息，并且给予用人单位更为肯定的确认："您给我一个机会，我会带给你无数个惊喜！"结束语后面，写表示敬意的话，如"此致"、"敬礼"。落款部分署名并附日期。如果有附件，可在信的左下角注明。

求职信的信封、信纸最好选用署有本学校信息的信封、信纸，忌讳选用带有外单位名字的信封、信纸。字迹清晰工整。如果写一手漂亮的书法，最好手写，因为更多的人相信"字如其人"。如果字写得不好看，就不如用电脑打出来，篇幅要适中，不宜过长，1 000字左右较为合适。求职信是个人与单位的第一次接触。所以，文笔要流畅，可以有鲜明的个人风格，不可过高地评价自己，也不可过于谦虚。要给用人单位留下较为深刻的印象。最后，要留下自己的联系方式。

在毕业就业推荐表、简历和自荐信后面还应附有成绩单及各式证书、已发表的文章复印件、论文说明、成果证明等。如果本专业比较特殊，还应附一份本专业介绍。

4. 熟悉面试方法

求职面试的基本方法主要有电话自荐、考试录用、网上应聘等，在各种方法之中也有很多应试技巧，掌握这样一些方法和技巧，会有助于你求职面试取得成功。

（1）电话自荐。通过电话推荐自己，是常用的一种求职方式，如何充分地利用电话接通后的短暂时间，用最简洁明了的语言清楚地表达自己，能否给对方留下一个深刻清晰的印象，是同学们十分关心的问题。

打电话之前，一定要做好充分的准备工作。谈话内容包括了解用人单位的有关情况，尽量做到心中有数，其次要对自己有一个客观、公正的认识。最后要根据用人单位的需求情况，结合自己的特长，列出一份简单的提纲，讲究条理并重点突出地介绍自己，力争给受话人留下深刻印象。另外，还要调整好自己的心态，做好充分的心理准备，努力控制好说话的语音、语调、语速，在短暂的时间里，展现自己积极向上、有理有节的个人良好品质。

电话接通后应有礼貌地询问："请问这是某单位人事处吗？"在得到对方单位的肯定答复后，应作简短的自我介绍，并说明来电意图。求职者一定要言简意赅，并着力表现自身特长，与所求职位相吻合。

（2）考试录用。笔试是常用的考核方法，笔试限于专业技术要求很强，对录用人员素质要求很高的单位，如一些涉外部门或技术要求高的专业公司等。

参加笔试前，应了解笔试的大体内容。一般而言，用人单位的笔试包括以下几个方面的内容：①对于知识面的考核，包括基础知识和专业知识；②智力测试，主要测试受聘者的记忆力、分析观察力、综合归纳能力、思维反应能力；③技能检测，主要是对其处理实际问题的速度与质量的测试，检验其对知识和智力运用的程度和能力。参加笔试要按要求准时到场，不能迟到。卷面要整洁，字迹工整，给阅卷老师留下良好的印象。考试过程中，绝对不能作弊或搞小动作，对于这一点，用人单位是尤其看重的。

（3）网上应聘。网上求职首先要准备一份既简明又能吸引用人单位的求职信和简历。求职信的内容包括：求职目标——明确你所向往的职位；个人特点的小结——吸引人来阅读你的简历；表决心——简单有力地显示信心。

在准备求职信时还要注意控制篇幅，要让人事经理无须使用屏幕的滚动条就能读完，排版要工整；要做到既体现个人特点又不过分吹嘘。对于网上求职来讲，简历的准备相对比较简单，在"中华英才网"等人才网站上都提供标准的简历样本。需要注意的是，学历和工作经历要按时间顺序倒着填，也就是把最近的工作经历和学历写在最前面，以便招聘方了解你目前的状况。在填写工作经历时，很多求职者只是简单列出工作单位和职位，没有详细描述工作的具体内容，而招聘方恰恰就是根据你做过什么来评估你的实际工作能力的。除非应聘美工职位，否则不要使用花哨的装饰或字体。

在网上填写简历，要严格按照招聘方的要求填写，要求网上填写的就不要寄打印的简历；要求用中文填写的就不要用英文填写；有固定区域填写的就不要另加附件。发送简历是网上求职关键的一步，如果是你自己在网上通过 E-mail 发简历，应该以"应聘某某职位"作为邮件标题，把求职信作为邮件的正文，再把简历直接拷贝到邮件正文中，这样既方便对方阅读，又杜绝了附件带电脑病毒的可能性。如果通过人才网站求职，可以直接把填好的简历发送给招聘单位，网站的在线招聘管理系统还能把个人简历以数据库的方式存储起来，根据求职者的要求，供招聘单位检索和筛选。

二、面试的礼仪

面试时首先遇到的就是究竟应何时到达面谈地点较为恰当。是准时抵达还是提前到达？若是早到又应以几分钟为宜？在等待的时间中应该注意什么？由于目前的交通状况不甚良好，令人无法预计准确的车程时间，所以最好提早出门，比原定时间早 5~10 分钟到达面谈地点，所谓"赶早不赶晚"。早到可先熟悉这家公司附近环境并整理仪容。但如果早到 10 分钟以上，千万别在接待区走来走去。因为这样会打扰公司上班的职员，有损他人对自己的第一印象，对后面的面试一点好处也没有。所以此时可向别人询问盥洗室，在那里可再一次检查自己的服装仪容。接下来轮到自己上场面试时，须掌握以下要点。

1. 入座的礼仪

进入考官办公室时，必须先敲门再进入，之后应等主考官示意坐下才可就座。如果有指定座位，则坐上指定的位子；但如果觉得座位不舒服或光线正好直射，可以对主考官说："有较强光线直接照射我的眼睛，令我感觉不舒服，如果主考官不介意，我是否可换个位置？"若无指定位置，可以选择主考官对面的位子坐定，如此方便与主考官面对面交谈。

2. 自我介绍的分寸

当主考官要求你作自我介绍时，不要像背书似地发表长篇大论，那样会令主考官觉得冗长无趣。记住将重点挑出稍加说明即可，如姓名、毕业学校名称、主修科目、专长等。如果主考官想更深入地了解家庭背景及成员，你再简单加以介绍即可。"时间就是金钱"，通常主考官都是公司的高级主管，时间安排相当紧凑，也因此说明越简洁有力越好，若是说得过于繁杂，会显不出重点所在，效果反倒不好。以下自我介绍礼仪的评分标准供大家自评时参考。

自我介绍礼仪评分标准（满分为 100 分）

第一，内容 (50 分)
    A. 详略得当，有针对性
    B. 言之有物，评价客观

C. 层次清晰，合乎逻辑

D. 文理通顺，富有文采

E. 简单明了，清楚明白

第二，仪表(10分)

A. 服饰整洁、得体，女子适度淡妆，男子适当修饰

B. 精神饱满，落落大方，面带微笑

第三，态势(10分)

A. 站有站相，坐有坐相，走有走相，步履稳健，从容自如

B. 面部表情、手势与有声语言协调

第四，礼节(10分)

A. 开头（见面）礼节

B. 告别（离去）礼节

第五，语言(15)

A. 脱离讲稿

B. 使用普通话或英语（其他外语），口齿清楚，声音洪亮

C. 有一定节奏，语言流畅，发音准确

第六，时间(5分)

介绍过程1~3分钟，过长或过短适当扣分。

3. 交谈的礼节

交谈是求职面试的核心。面试是与面试官交谈和回答问题的过程，在这个过程中要根据自我介绍和交谈内容控制音量的大小、语速的快慢、语调的委婉或坚定，声音的和缓或急促，在抑扬顿挫之中表现出你的坚定和自信。如果装腔作势，会给人一种华而不实，在演戏的感觉。

交谈时要口齿清晰、发音正确，尽量使用普通话。讲话要言简意赅，通俗易懂。不要为了显示自己而只顾使用华丽、奇特的辞藻，这样会很难顾及语言的逻辑和通顺，反而使人感到你用词不当、逻辑思维能力差。此外，急于显示自己的妙语惊人，往往会忽略自己的语言锋芒太露而显得有些张狂。

交谈过程中要注意掌握和控制语速、语调。一般情况下，语速掌握在每分钟120个字左右为宜，要注意语句间的停顿，不要滔滔不绝，让人应接不暇。语调是表达人的真情实感的重要元素，要通过语调表现出你的坚定、自信和放松。

交谈中还要注意谈话礼貌，不要打断对方的讲话，要集中注意力认真"倾听"对方的讲话。听清和正确理解对方的一字一句，不但要听出其"话中话"，而且要听出其"弦外之音"，

这样才能作出敏捷的反应。

回答问题是面试交谈的重要方面，得体地回答面试官提出的问题是面试取得成功的关键，面试者要对面试官可能提到的问题有充分的准备。

4. 拥有职业化举止

一家医疗机构为了选拔护士长进行了一次面试。一位应试者在笔试中是佼佼者，但在面试过程中，她不但拍桌子，脚不断地敲打地板，身体还时不时地扭动。她认为自己很有希望，但结果却落选了。她为什么会落选呢？原因就是她缺乏职业化的举止。

许多面试者往往只注重衣着和话语，而忽略了胜过有声语言的形体语言。职业化的举止，就是一种无声却胜过有声的形体语言。形体语言是指人的动作和举止，包括姿态、体态、手势和表情。

在面试中，面试者应该特别注意自己的站姿、坐姿、走姿、握手和表情等。

站姿给人的印象非常重要。人们往往认为其简单而忽略它的重要性。站立应当身体挺直、舒展、收腹，眼睛平视前方，手臂自然下垂。这样的站姿给人一种端正、庄重、稳定、朝气蓬勃的感觉。如果站立时歪头、扭腰、斜伸着腿，会给人留下轻浮、没有教养的印象。

面试时的坐，不要贪图舒服。许多人养成了瘫坐的习惯，在面试中一下子就表现出来了。正确的坐姿从入座开始，入座的动作要轻而缓，不要随意拖拉椅子，身体不要前后左右晃动，背部要与椅背平行，沉着地安静地坐下。落座后，上身要保持直立状态，既不前倾，也不后仰。双手自然下垂，肩部放松，五指并拢。男女的坐姿还有一定的区别：男士可以微分双脚，这样给人以自信、豁达的感觉，双手可以随意放置；女士一般要并拢双膝，或者小腿交叉端坐，这样，给人端庄、矜持的感觉，双手一般要放在膝盖上。

以下这些做法是应该避免的。

- 拖拉椅子，发出很大的声音。
- 一屁股坐在椅子上。
- 坐在椅子上，耷拉着肩膀，含胸驼背，给人委靡不振的感觉。
- 半躺半坐，男士跷着二郎腿，女士双膝分开、叉开腿等，给人放肆和缺乏教养的感觉。
- 坐在椅子上，脚或者腿自觉不自觉地颤动或晃动。

面试时重要的是自信。这种自信可以通过你的走姿表现出来。现在，越来越多的公司强烈地意识到走姿的重要性。自信的走姿应该是，身体重心稍微前倾，挺胸收腹，上身保持正直，双手自然前后摆动，脚步要轻而稳，两眼平视前方。步伐要稳健，步履自然，有节奏感。需要注意的是，如果同行的有公司的职员或接待小姐，你不要走在他们前面，应该走在他们的斜后方，距离一米左右。

每个人都会有一些属于自己的习惯动作，比如说，挠头、揉眼睛、玩儿手指、双手交叉在胸前等，在面试时，这些动作会分散人的注意力，给面试考官留下不好的印象。

中国有句古话"此时无声胜有声"。用你无声的、职业化的举止，向招聘者表明"我是最适合的人选"。

5.面试的其他细节

正在面试时，千万不要出现不礼貌的行为，因为一些小动作也会被主考官列作评判内容。以下举例说明需留意的小节。

（1）不嚼口香糖、不抽烟，尤其现在提倡禁烟，更不要在面试现场抽烟。与人谈话时，口中吃东西、叼着烟都会给人不庄重的感觉，也显得不尊重对方。

（2）不可要求茶点，除非是咳嗽或需要一杯水来镇定自己。

（3）不要随便乱动办公室的东西。

（4）不要谈论个人故事而独占谈话时间。

自己随身携带的物品，不可放置在面试考官的办公桌上。可将公文包、大型皮包放置于座位下右脚的旁边，小型皮包放置在椅侧或背后，不可挂在椅背上。

离座时记住椅子要还原，并向主考官行礼以示谢意。

在一般面试者看来，主考官向你表示面谈结束，求职面试的全过程就结束了。其实不然，这只是面谈的结束，求职还没有结束。此时此刻，作为求职者的你，万万不可大意，认为大功告成或没有希望了。面谈结束后的礼仪同样对你很重要。也许可以扭转你的不利局面，在困境中重新获得生机。你一定要使求职过程结束得完美。

延伸阅读

一、面试常见问题及回答思路

以下是首席大学生就业顾问、著名职业生涯规划专家李震东老师向大家介绍面试问题及回答思路，仅供参考。

问题一："请你自我介绍一下"

思路：

1.这是面试的必考题目。

2.介绍内容要与个人简历相一致。

3.表述方式上尽量口语化。

4.要切中要害，不谈无关、无用的内容。

5.条理要清晰，层次要分明。

6.事先最好以文字的形式写好背熟。

问题二："谈谈你的家庭情况"

思路：

1. 自我介绍对于了解应聘者的性格、观念、心态等有一定的作用，这是招聘单位问该问题的主要原因。

2. 简单地罗列家庭人口。

3. 宜强调温馨和睦的家庭氛围。

4. 宜强调父母对自己教育的重视。

5. 宜强调各位家庭成员的良好状况。

6. 宜强调家庭成员对自己工作的支持。

7. 宜强调自己对家庭的责任感。

问题三："最能概括你自己的三个词是什么？"

思路：

我经常用的三个词是：适应能力强，有责任心和做事有始有终，结合具体例子向主考官解释，使他们觉得你具有发展潜力。

问题四："你有什么业余爱好？"

思路：

1. 业余爱好能在一定程度上反映应聘者的性格、观念、心态，这是招聘单位问该问题的主要原因。

2. 最好不要说自己没有业余爱好。

3. 不要说自己有哪些庸俗的、令人感觉不好的爱好。

4. 最好不要说自己仅限于读书、听音乐、上网，否则可能令面试官怀疑应聘者性格孤僻。

5. 最好能有一些户外的业余爱好来"点缀"你的形象。

6. 找一些富于团体合作精神的。这里有一个真实的故事：有人被否决掉，因为他的爱好是深海潜水。主考官说：因为这是一项单人活动，我不敢肯定他能否适应团体工作。

问题五："你最崇拜谁？"

思路：

1. 最崇拜的人能在一定程度上反映应聘者的性格、观念、心态，这是面试官问该问题的主要原因。

2. 不宜说自己谁都不崇拜。

3. 不宜说崇拜自己。

4. 不宜说崇拜一个虚幻的或是不知名的人。

5. 不宜说崇拜一个明显具有负面形象的人。

6. 所崇拜的人最好与自己所应聘的工作能"搭"上关系。

7. 最好说出自己所崇拜的人的哪些品质、哪些思想感染着自己、鼓舞着自己。

问题六："你的座右铭是什么？"

思路：

1. 座右铭能在一定程度上反映应聘者的性格、观念、心态，这是面试官问这个问题的主要原因。

2. 不宜说那些易引起不好联想的座右铭。

3. 不宜说那些太抽象的座右铭。

4. 不宜说太长的座右铭。

5. 座右铭最好能反映出自己的某种优秀品质。

6. 参考答案——"只为成功找方法，不为失败找借口"。

问题七："谈谈你的缺点"

思路：

1. 不宜说自己没缺点。

2. 不宜把那些明显的优点说成缺点。

3. 不宜说出严重影响所应聘工作的缺点。

4. 不宜说出令人不放心、不舒服的缺点。

5. 可以说出一些对于所应聘工作"无关紧要"的缺点，甚至是一些表面上看是缺点，从工作的角度看却是优点的缺点。绝对不要自作聪明地回答"我最大的缺点是过于追求完美"，有的人以为这样回答会显得自己比较出色，但事实上，他已经岌岌可危了。

问题八："谈一谈你的一次失败经历"

思路：

1. 不宜说自己没有失败的经历。

2. 不宜把那些明显的成功说成是失败。

3. 不宜说出严重影响所应聘工作的失败经历。

4. 所谈经历的结果应是失败的。

5. 宜说明失败之前自己曾信心百倍、尽心尽力。

6. 说明仅仅是由于外在客观原因导致失败。

7. 失败后自己很快振作起来，以更加饱满的热情面对以后的工作。

问题九："有想过创业吗？"

思路：

这个问题可以显示你的冲劲，但如果你的回答是"有"的话，千万小心，下一个问题可能就是"那么为什么你不这样做呢？"

问题十："你参加过义务活动吗？"

思路：

现在就着手做一些义务活动，不仅仅是那些对社会有贡献的，还要是你的雇主会在意的，如果他们还没有一个这样的员工，那么你会成为很好的公关资源。

问题十一："你为什么选择我们公司？"

思路：

1. 面试官试图从中了解你求职的动机、愿望及对此项工作的态度。

2. 建议从行业、企业和岗位这三个角度来回答。

3. 参考答案——"我十分看好贵公司所在的行业，我认为贵公司十分重视人才，而且这项工作很适合我，相信自己一定能做好。""我来应聘是因为我相信自己能为公司作出贡献，而且我的适应能力使我确信我能把工作带上一个新的台阶"。

问题十二："对这项工作，你有哪些可预见的困难？"

思路：

1. 不宜直接说出具体的困难，否则可能令对方怀疑应聘者不行。

2. 可以尝试迂回战术，说出应聘者对困难所持有的态度——"工作中出现一些困难是正常的，也是难免的，但是只要有坚韧不拔的毅力、良好的合作精神及事前周密而充分的准备，任何困难都是可以克服的。"

问题十三："如果我录用你，你将怎样开展工作？"

思路：

1. 如果应聘者对于应聘的职位缺乏足够的了解，最好不要直接说出自己开展工作的具体办法。

2. 可以尝试采用迂回战术来回答，如"首先听取领导的指示和要求，然后就有关情况进行了解和熟悉，接下来制订一份近期的工作计划并报领导批准，最后根据计划开展工作。"

问题十四："与上级意见不一致，你将怎么办？"

思路：

1. 一般可以这样回答"我会给上级以必要的解释和提醒，在这种情况下，我会服从上级的意见。"

2. 如果面试你的是总经理，而你所应聘的职位另有一位经理，且这位经理当时不在场，可以这样回答："对于非原则性问题，我会服从上级的意见，对于涉及公司利益的重大问题，我希望能向更高层领导反映。"

问题十五："我们为什么要录用你？"

思路：

1. 应聘者最好站在招聘单位的角度来回答。

2. 招聘单位一般会录用这样的应聘者：基本符合条件、对这份工作感兴趣、有足够的信心。

3. 如"我符合贵公司的招聘条件，凭我目前掌握的技能、高度的责任感和良好的适应能力及学习能力，完全能胜任这份工作。我十分希望能为贵公司服务，如果贵公司给我这个机会，我一定能成为贵公司的栋梁！"

问题十六："你能为我们做什么？"

思路：

1. 基本原则上"投其所好"。

2. 回答这个问题前应聘者最好能"先发制人"，了解招聘单位期待这个职位所能发挥的作用。

3. 应聘者可以根据自己的了解，结合自己在专业领域的优势来回答这个问题。

问题十七："你是应届毕业生，缺乏经验，如何能胜任这项工作？"

思路：

1. 如果招聘单位对应届毕业生的应聘者提出这个问题，说明招聘单位并不真正在乎"经验"，关键看应聘者怎样回答。

2. 对这个问题的回答最好要体现出应聘者的诚恳、机智、果敢及敬业。

3. 如"作为应届毕业生，在工作经验方面的确会有所欠缺，因此在读书期间我一直利用各种机会在这个行业里做兼职。我也发现，实际工作远比书本知识丰富、复杂。但我有较强的责任心、适应能力和学习能力，而且比较勤奋，所以在兼职中均能圆满完成各项工作，从中获取的经验也令我受益匪浅。请贵公司放心，学校所学及兼职的工作经验使我一定能胜任这个职位。"

问题十八："你希望与什么样的上级共事？"

思路：

1. 通过应聘者对上级的"希望"可以判断出应聘者对自我要求的意识，这既是一个陷阱，又是一次机会。

2. 最好回避对上级具体的希望，多谈对自己的要求。

3. 如"作为刚步入社会的新人，我应该多要求自己尽快熟悉环境、适应环境，而不应该对环境提出什么要求，只要能发挥我的专长就可以了。"

问题十九："告诉我三件关于本公司的事情。"

思路：

你应该知道十件和公司有关的事情，他问你三件你回答四件，他问你四件你回答五件。说几件你知道的事，其中至少有一样是"销售额为多少多少"之类。

问题二十："你为什么还没找到合适的职位呢？"

思路：

别怕告诉他们你可能会有的聘请，千万不要说"我上一次面试弄得一塌糊涂……"。指出这是你第一次面试。

（资料来源：http://jiaren.org/2008/02/28/interview-quetions-key/）

二、面试后的礼仪

许多大学生求职者只留意面试时的工作,而忽略了面试后的礼仪。实际上,面试结束并不意味着求职过程的完结,求职者不应该翘首以待聘用通知的到来,有三件事情要做。

1.诚心诚意地感谢主考官

面试结束并不意味着求职过程的结束。为了加深招聘人员对你的印象,增大求职成功的可能性,对想抓住每个工作机会的人来说,面试后的两三天内,最好给主考官打个电话或写封信表示感谢。

(1)打电话。打电话表示感谢可以在面试后的一两天之内进行。电话感谢要简短,最好不要超过3分钟,电话里不要询问面试结果。因为这个电话仅仅是为了表现你的礼貌和让对方加深对你的印象而已。打电话的时候,要考虑在什么时间内打电话"合适"。

(2)写面试感谢信。主考官对应聘面试人的记忆是短暂的。感谢信是你最后的机会,它能使你显得与其他求职者有所不同。面试感谢信包括电子邮件和书面感谢信。

如果平时是通过电子邮件的途径和公司联系,那么在面试结束后,发一封电子感谢信,是既方便又得体的方式。但大多数情况下还是要写书面感谢信,特别是在面试的公司非常传统的情况下,更应该如此。书面感谢信最好用白色的A4纸,字的颜色要求是黑色。内容要简洁,最好不要超过一页纸,在书写方式上有手写和打字两种。打印出来的感谢信较为标准化,表示你熟悉商业环境和运作模式,但有时难免给人留下千篇一律的印象。如果想与众不同,或是想对某位给予你特别帮助的主考官表示感谢,手写则是最好的方式,这个前提是你的字写得要比较正规,好辨认。

感谢信必须是写给某个具体负责人的,你应该知道他的姓名,不可以写什么"负责人"、"部门负责人"等之类的模糊收件人。

感谢信的开头应提你的姓名及简单情况以及面试的时间,并对主考官表示感谢。中间部分要重申你对该公司、该职位的兴趣,或增加一些对求职成功有用的新内容。结尾可以表示你对能得到这份工作的迫切心情以及为公司的发展壮大做贡献的决心。

2.耐心细致地打电话询问

面试结束之后两星期左右,如果还没有得到任何回音,就给负责招聘的人打个电话,询问一下面试结果。打电话询问面试结果,有两个礼仪细节必须要注意:什么时候问?怎么问?

(1)什么时间打电话。从礼仪角度来说,打电话最得体的时间应该是对方方便的时间。什么是方便的时间?以下时间之外的时间,都可以认为是方便的时间:工作繁忙时间、休息时间、用餐时间、生理疲倦时间。因为询问面试结果是公事,所以当然必须是在正常工作日的时间段内打这个电话。

工作繁忙时间。一般是周一上午和周五下午,因为这两个时间段很多单位都有开例会的习惯。即使不开例会,因为周一早上是新的一周的开始,往往还处于适应期,而且还有工作上的事宜需要安排；周五下午又要面临着周末，所以从心理上自然会"排斥"给他添麻烦的事情。还有就是每天刚上班的一个小时和下班前的一个小时。这个时间段内不是要忙着安排一天的工作，就是没法再集中精力处理公事。

休息时间。一般是指工作日的中午一小时左右的时间，其他私人时间，特别是节假日时间。

用餐时间。在用餐的时间，给人打电话是不礼貌的。而且往往在这个时间打电话会找不到人，当然影响打电话的效果了。

生理疲倦时间。这个时间段一般都是每天下班前的一小时左右，中午下班前的半小时左右。

（2）怎么问。在电话里，同样的一句话，问候方式的不同，虽不至于有不同的结果，最起码会给人留下不同的印象：或有礼貌，或显唐突。所以在通话的过程中，自始至终都要尊重自己的通话对象，待人以礼，表现得有礼、有节。一定按照标准的接打电话礼仪规范进行。

如果知道自己没被录用，就应请教一下原因，此时你的情绪要非常稳定。同时，冷静地、仍然热情地请教一下未被录用的原因，可以说"对不起，我想请教一下我没有被录用的原因，我好再努力"。谦虚有可能赢得对方的同情，同时给你下一次的面试机会。需要说明的是，打电话询问面试结果，最多打三次电话询问也就可以了。因为即使再研究，经过前后三个电话询问的周期，再复杂的研究程序也早该最后确定了，而且三次的电话询问，也会对你有足够的印象了。如果想聘用你就会直接告诉你或及时和你联系。再多的电话，反而会适得其反，甚至会给人"骚扰"、"无聊"的感觉。感谢信也是如此。

3. 心平气和地接收录取通知

作为一个求职者，在经过数日的奔波、N 次的面试之后，终于"修成了正果"，得到了被录用的消息。这时，你可能会庆幸自己数月的辛苦和努力没有白费，甚至还会欣喜若狂、大宴宾朋、一醉方休。先别急！虽然成功在望，但还有几个问题需要解决。

（1）录用你的公司是你的第几选择。确实，掌握机会是个极重要的原则，不能三心二意，顾虑太多。不过，这件事不妨再稍加思考：录用你的公司，是你的第几选择？你在求职的过程中，或许投过很多份简历，面试过 N 次。在艰难的求职过程中，往往被你首选的公司屡次拒绝使你十分丧气。于是在亲戚朋友的劝解下，或许使得择业标准一降再降，甚至见到相关的招聘就投简历、面试。但是，这份职业真的适合你吗？符合你的职业规划吗？这是一件非常值得思考的事情。否则，或许你将走更多的弯路，甚至做一辈子你并不喜欢的工作，更不用说你能在工作上有所成就了。

（2）录取的条件和面试时相符吗？录取的条件中包括很多内容，比如职务、薪资、报到日期等。现在有一些机构在招聘的时候同时招聘很多岗位。在部分岗位已经满额的情况下，会善意地安排他们认为比较不错的求职者从事其他岗位的工作。问题是，或许对方安排的岗位并不是你的专业特长或你并不喜欢。而且,岗位的不同,薪资待遇等方面也会有所不同。

如果录取的条件和面试时的不一样,就要考虑你所追求的究竟是名分上的不同,还是实质上的差异?或是兴趣上的差异?如果与你的追求或期望值有一定差距,就值得考虑了。面试的时候,大部分人会谈到薪酬,比如说不低于多少。通知被录用的时候,如果所提到的薪资和面试的时候谈得差不多,固然最好;但有了差异时,特别是差异较大的时候就要考虑了。

(3)接收之后全面了解用人单位。收到你所心仪的公司的录用通知是一件喜事,值得好好放松一下、庆祝一番。但同时还有一件事情要求你能认真地面对:了解公司、了解工作。在正式报到之前,先对所要服务的公司有所了解,这样在开展工作的时候就会顺畅很多。了解公司的方法很多,包括在面试时带回的公司简介、刊物,或企业形象方面的资料、企业网站等,有条件或可能的话进行全面实地考察。这会使你对公司的整体情况和营运有所掌握,会对你的新工作、新环境带来很大帮助。

当然,除以上三点外,还有就是一定要确认好你去报到的具体时间、地点和联系人。在这些细节方面更要特别留意。

(资料来源:周裕新. 求职上岗礼仪. 上海:同济大学出版社,2006.)

思考练习

1. 请根据两个不同单位的招聘广告,为自己编写两份侧重点不同的简历。
2. 如果用人单位通知你明天去面试,你需要做哪些准备?
3. 关于面试的基本程序你都清楚了吗?找个机会,将面试过程中的这些礼仪悉数演习一遍吧。
4. 小吴在招聘会上,遇到了自己十分中意的公司,就和主管攀谈起来,这位主管对其表现也十分满意,但是当小吴把皱巴巴的简历(这是最后一份了)递上去的时候,这位主管面露不悦的神色。

请问:为什么这位主管面露不悦呢?小吴应该怎样解决面临的问题呢?

5. 案例分析:

糟糕的应聘者

以下是某企业人力资源经理对求职者的忠告。

面试从你接到电话通知的那一刻就已经开始了。也许是等待就业的心情比较迫切吧,我在通知有资格参加下一轮面试的面试者时,一般从电话另一头听到的都是一些浮躁的声音,这里摘录了一些我们的对话,供大家参考。

"喂!"

"喂,您好,请问是×××先生吗?"

"你是谁啊？"（当时，我的心里已经不高兴了，但是不会表露出来）"我是××公司的，请问您参加了我们公司的招聘吗？"

"哪个公司"（肯定是撒大网了）"我们把您的面试时间安排在了明天的×××，地点在×××"

"我记一下，你们是什么公司？"（噢，我的天）……

这样我就会把我的看法写在他（她）的简历上，供明天面试的时候参考，影响可想而知！

（资料来源：http://tieba.baidu.com/f?kz=564626502）

思考讨论题：
（1）应该怎样接通知你参加面试的电话？
（2）你认为面试是从什么时候开始的？为什么？

6. 案例分析：

诚实赢得好职位

某大公司招聘总经理助理，由总经理亲自面试。应聘者小张来到总经理办公室。总经理一见到小张就说："咱们好像在一次研讨会上见过，我还读过你发表的文章，很赞赏你所提出的关于拓展市场的观点。"小张一愣，知道总经理认错人了。但转念一想，既然总经理对那人那么有好感，不如将错就错，对我肯定有好处。于是就接着总经理的话说："对，对，我对那次研讨会也记忆犹新，我提出的观点能对贵公司有帮助，我感到很高兴。"

第二个来应聘的是小高，总经理对他说了同样的话。小高想：真是天助我也，他认错人了。于是说："我对您也非常敬佩，您在那次研讨会上是最受关注的对象。"

第三个来应聘的是小孙。总经理再次说了同样的话。但小孙一听就站起来说："总经理先生，对不起，您认错人了。我从来没有参加过那样的研讨会，也没提出过拓展市场的观点。"总经理一听就笑了，说："小伙子，请坐下。我要招聘的就是你这样的人。你被录用了。"

（资料来源：http://www.ahnujgxy.com/eis/qyzp/show.asp?id=148&cname=%BE%CD%D2%B5%CA%D6%B2%E1，2005-10-23）

思考讨论题：
（1）小孙为什么会应聘成功？
（2）求职为什么还要遵循做人诚实的基本道理？

7. 案例分析：

面试得来的经验

用人单位在招聘人员时，除了对学历、年龄、性别有专门规定外，还对应聘者的工作经验做了相应的要求。我在刚刚毕业时对此很不屑，工作经验不就是工作中获得的实践知识吗？课本上枯燥、烦琐、复杂的理论知识都难不倒我，那些所谓的实践知识又会有多难掌握呢？

但一次普通的面试却改变了我的看法。

2000年5月，我前往一家有名的咨询公司应聘，从招聘信息上得知，该公司的主要业务是为本市和外埠企业联系代理商和经销商，并提供办公场所搜寻、公司注册、办公事务代理和会务组织等服务。这家合资公司面向社会招收业务人员时，对应聘者的实际工作经验没作专门规定。我在大学学的是企业管理，条件与公司的各项要求相符，就顺利通过了初试，对接下来的面试我也很有信心。

按照面试单上的地址，我提前来到了公司所在的富华大厦。大厦门口，两名精干的保安站在这里，立在他们前面的不锈钢牌上写着醒目大字：来客请登记。我问其中的一位保安：1616房间怎么走？保安抓起了电话，过了一会告诉我：对不起，1616房间没人。不可能吧，我赶忙解释：今天是A咨询公司面试的日子，我这儿有他们的面试通知。

那位保安看后又拨了几次电话，然后告诉我：对不起，1616没人，我不能让你上去，这是大厦内部的规定，"我真的是来面试的，公司面试单上写的就是今天。"

"那我再帮你试试看。"时间一秒一秒地过去，我心里虽然着急，却也只有耐心等待，同时祈祷那该死的电话能够接通。

9点10分，已经超过约定时间10分钟了，保安又一次礼貌地告诉我电话没通。不可能，难道是我记错了？我再次翻开面试单，用磁卡电话拨通了那个印的不起眼的电话号码……电话那头终于传来了久违的声音，对方请我速上16楼1616房，因为内线电话有误，他们还应我的要求告知了保安。

等我忐忑不安地推开经理室，已远远超过了面试的时间。"年轻人，你迟到了15分钟。"

"但我真的很想加入你的公司，我相信我能够胜任相应的工作。"

"很好，我公司就需要有韧劲的业务人员，为达到目的，百折不回。刚才保安接不通电话，实际上就是我们面试的一部分，以考验你的应变能力，你完成得不错。不过面试还没有结束，我公司准备购置一批电脑，请你到大厦旁边的电脑市场了解一下最新的电脑行情。"

一刻钟后，我将从电脑市场要来的几份价目表交给了经理。"这是零售价，如果批发15台，价格是多少呢？"又过了一刻钟，等我把从销售商那里问到的电脑批发价格告诉经理后，他又问我：电脑的UPS电源怎么卖？另外，打印机、电脑桌有没有优惠？

"那我再去电脑城了解一下。"看到我疲于应付的样子，经理叫住了我，并让秘书递给我一杯茶。"你在面试的第一阶段做得不错，有闯劲，能够突破常规，遇事多想一步。但从后面完成市场调查的任务来看，还显稚嫩。"

"我们做业务必须有良好的观察和思考能力，想法要多、要深、能够快人一步。业务人员不仅要善于动手，还要善于动脑，如果不能做到这一点，就不可能为客户提供有效的信息与咨询服务，为采购商提供质优、价廉、物美的产品，反而会造成人力、物力、财力的浪费。"

求职以失败告终，但我将那次宝贵的经验记在日记本上：工作中要注意锻炼自己的领悟力和洞察力，独立思考、多谋善断，凡事比别人多想几步，才能真正取得成功。

在以后的工作中，我及时调整了自己的思维方式，努力提高自己的应变能力和处理问题的水平。我告诫自己：不要一味地苦干蛮干，只埋头拉车而不抬头看路，否则就是原地踏步，明天重复昨天和今天的错误。最近一次同学聚会上，我把同样的话告诉了大家。这时的我，已是一个国际知名品牌的地区代理商了。

（资料来源：雪火.面试得来的经验.公关世界，2004（11）.）

思考讨论题：

（1）请仔细阅读这一案例，然后谈谈感受。

（2）你认为企业招聘时最看中求职者的什么素质？

学习情境 9　组织会议

礼仪的目的与作用在于使得本来的顽梗变柔顺，使人们气质变温和，使他敬重别人，和别人合得来。

——（英）洛克

情境导入

嘉宾们即将到来

海达公司的新产品发布会即将开始，总经理秘书小叶正站在会议大厅的入口处，她一边做着最后的检查，一边等着嘉宾的到来。她检查主席台上放置的名签时，发现有问题，一位嘉宾因故不能前来，名签却没有撤掉，而另一位嘉宾刚才来电话说要来参加新产品发布会，名签却没有准备。这时她的手机又响了，原来是接电视台记者的汽车在路上抛锚了，重新派车已经来不及了。同时，会议秘书组的人员来报，宣传材料不够。此时嘉宾已经陆续到来。

（资料来源：杨海清. 现代商务礼仪. 北京：科学出版社，2008.）

任务分析

会议是指三人以上参加、聚集在一起讨论和解决问题的一种社会活动形式。人们通过会议交流信息、集思广益、研究问题、决定对策、协调关系、传达知识、布置工作、表彰先进、鼓舞士气等。随着社会的发展，人们已经难以想象"没有任何会议"的情形，而会务礼仪正是适应会议工作内容的需要而产生的。

本任务"情境导入"中的案例说明开好一次会议绝非易事，如何有条不紊地做好各项会务工作是每个服务行业从业人员必须面对而又必须做好的事情。

实训项目

项目名称：举行外经贸会议。
实训目的：熟悉会议的流程，能够按照礼仪规范组织会议，会场服务符合规范。
实训学时：2学时。

实训地点：标准会议室。

实训准备：设置好签到台，设定上级领导或院方领导、来宾若干人；安排签到人员、礼仪服务行业从业人员、会议记录员若干人。

实训步骤：全班学生分成两组，以小组为单位进行。步骤如下。

（1）会前布置。签到表、座位牌的制作；签到台、座位牌的放置；会场环境布置等。

（2）签到、引导会议座次。签到人员、礼仪服务人员确定，表演准确地引导签到和座次，要求语言表达符合礼仪规范；与会人员进入会场在引导下签到、就座。

（3）统计到会人数。签到人员统计到会人数，并报告主席。

（4）会议组织控制。会议主持人确定，表演要求语言表达流畅、应变协调等；小组发言人角色扮演；自由发言。

（5）会务服务与材料整理。资料发放规范训练：方位、顺序、姿势、用语等；茶水服务，礼仪训练；会议记录：除会务服务组人员和主持人外，原则上每位学生均作记录；摄影等。

（6）实训考核。包括学生结果性材料与成绩考核：交会议签到表一份，占30%；会议人数统计表一份，占10%；交会议记录一份，占10%；过程表现，占50%。

知识链接

一、商务会议的礼仪

商务会议是商务活动中最重要、最频繁的内容之一。筹办、主持或者参加一次有效的商务会议，遵守商务会议的礼仪规范，对于商务人员来说是十分重要的。在筹办会议时，各方面都要考虑周全。主持会议要体现出会议主持人员对整个会议的良好的控制能力；出席会议时，仪态、精神都要与会议的内容、主题吻合。一个重要会议的举行往往是商务人员才华显现的机会，又是其礼仪修养和礼仪业务水平表演的舞台，所以应特别留心。

1. 商务会议的安排

（1）会场选择。大型会议的会场选择与会议主题的深化有密切关系，对与会者参会的情绪也有很大影响。举办会议首先要选准会场会址。要考虑交通便利、设施齐全、环境安静、停车方便、大小适中、费用合理等因素，使与会者能够方便地到会，安心地开会。

（2）会场布置。对于一般的小型会议，会议室只要清洁、明亮，有足够的桌椅让与会者方便地看文件、做记录、讨论发言就行了。而大型会议的会场准备则比较复杂，需要体现会议的主题，应注意会场内座位的布局、主席台的布置及其他为渲染和烘托气氛所作的装饰等，一定要讲究科学性、合理性和艺术性。

① 会标。会标即会议全称的标题化。应将会议全称用大字书写后挂在主席台的正上方，一般用红底白字，也可以用红底金字。这是会议礼仪十分重要的一点、点睛的一点。它能增

强会议的庄重性，揭示会议的主题与性质，使与会者一进会场就被会标引导，容易进入会议状态。

② 会徽。会徽是体现或象征会议精神的图案性标志。要选择具有强烈感染和激励作用的图案，重大会议的会徽可向社会征集，也可在单位组织内部征集。会徽图案要简练、易懂、寓意丰富。

③ 标语。标语当然是会议主题的体现，会场上的气氛往往就是被恰到好处的标语、旗帜等渲染起来的。标语在准备会议文件时就应拟就并报请领导批准。会议标语要集中体现会议精神，使其简洁、上口、易记，具有宣传性和号召力。

④ 旗帜。会议的旗帜包括主席台上悬挂的旗帜和会场内外悬挂的旗帜。主席台上的旗帜应挂在会徽两边，显得庄严隆重；主席台的两侧插上对应的红旗或彩旗，可增添喜庆气氛。而会场门口和与会者入场的路旁插上红旗或彩旗，使会议的热烈气氛洋溢在会场内外，以衬托会议的隆重。

⑤ 花卉。花卉是礼仪不可缺少的重要道具，在会场上，花卉还能起到解除与会者疲劳的作用。选用花卉应突出中华民族的文化特色，以梅花、牡丹、菊花、兰花、月季、杜鹃、山茶、荷花、桂花、水仙等十大名花为代表的中国原产花卉，早已被赋予浓重的文化色彩，以这些花为主构成的花卉艺术品如插花、盆景等都能以无声的语言向人们传播中华民族的文化，表现民族精神。因此，越是重大的会议，越应选取有代表性的中国原产花卉作为摆放的主体花卉，并将中国传统艺术花卉的插放造型作为会议花卉的礼仪形式。

⑥ 灯光。会议场所的灯光应该明亮、柔和，既给人适宜的照明，也可减缓因会议时间过长而带来身体或精神上的疲劳。大型会议的会场灯光应多设计几套，以便于会议颁奖、照相、演出等多种需要。

⑦ 座位。会场内座位的布局要根据会议的不同规模、主题，选择合适的摆放形式。"而"字形的布局格式比较正规，有一个绝对的中心，因此容易形成严肃的会议气氛，见图9-1。一些小型的、日常的办公会议及座谈会等通常在会议室、会议厅进行，可以根据需要将座位摆放成椭圆形、圆形、回字形、T字形、马蹄形和长方形等，这些形式可以使参加会议的人坐得比较紧凑，彼此面对面，容易消除拘束感，见图9-2。座谈会、小型茶话会、联谊会等多选择六角形、八角形或者半圆形等布局形式。

（3）主席台布置。主席台是会议的中心，也是会场礼仪的主要表现位置。主席台布置应与整个会场布置相协调，并作强调突出。

① 座位。主席台座位要满座安排，不可空缺。倘若原定出席的人因故不能来，要撤掉座位，而不能在台上留空。主席台座位若有多排，则以第一排为尊贵。第一排的座位以中间为贵，依我国传统一般由中间按左高右低顺序往两边排开，即第二领导坐在最高领导左侧，第三领导坐在最高领导右侧，以此类推。如果人数正好成双，则最高领导在中间左侧，第二领导在

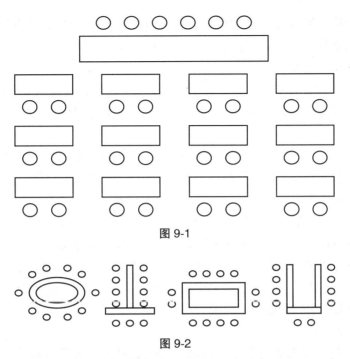

图 9-1

图 9-2

中间右侧,以此类推。但目前国际上流行右高左低,因此安排涉外会议时,也要灵活遵守有关规矩。时下一般处理方式为:开会以左为尊,宴请以右为尊。每个座位的桌前左侧要安放好姓名牌,既方便入座,也便于台下与会者和新闻采访人员辨认熟悉有关人士。主席台座位不要排得太挤,桌上也不要摆放鲜花之类,以免阻碍视线,但要便于主席团成员打开文件、做记录、翻阅讲话稿,并放置笔、茶水、眼镜等物。

② 讲台。主席台的讲台应设于主席台前排右侧台口,讲台不能放在台中央,使主席团成员视线受妨碍。讲台上主要放话筒,也可适当摆放一盆平铺的鲜花。讲台桌面要便于发言者打开讲话稿或摆放相关材料。整个主席台的台口可摆放一圈花盆,但要选择低矮些的绿色植物。

③ 话筒。发言席和主席台前排座位都应设有话筒,以便于发言者演讲和会议主持人或领导讲话。一般发言席和主持人话筒专用,其他主席台前排就座者合用两三个话筒,并且一般置放于主要领导面前。

④ 后台。一般在主席台的台侧与后台,主席台应设有就座领导和与会者的休息室,以便于安排他们候会,并尽可能在后台排好上台入座次序,以免造成混乱。有时会议也许会发生了一些小意外,后台还可以供有关人员作商量对策、排除困难之用。主席团成员开会也可利用后台休息室。所以,秘书人员切不可忽视后台的作用。

(4)会议其他用品。为方便会议进行,秘书人员应为会议准备各种工作文具用品,如纸、笔、投影仪、指示棒、黑白板、复印机、数据库和投票箱等。不同会议有各种不同的需求，满足与会者的需求是有关人员在安排会议、布置会场时必须考虑的。

2. 会议准备阶段的礼仪

（1）时间选择。开会时间选择要合适。大型会议尽可能避开公众节假日。同时注意会期不能安排太长，否则会影响与会者的日常工作，当某些紧急事件发生时，可以取消或延期举行会议。

（2）邀请对象。对出席会议的对象的选择要考虑各种因素，与会者既要有与会资格，又要有参与能力和水平修养。如果被邀与会者不能完成会议的有关任务，会感到痛苦或尴尬，使与会者成了一次不愉快的经历，对会议组织者来说，这也是礼仪考虑不周的表现。

（3）详尽通知。会议通知的发送要做到：发得早——既便于与会者安排手头工作，又便于与会者为会议内容做准备；内容细——会议名称、届次、主要议题议程、出席范围、与会者应递交什么材料或做哪些准备，会期、会址等都应明明白白告知，便于与会者有备而来，从而提高会议效率；交代明——食宿如何安排、费用多少、交通线路怎样，都要交代清楚，以免造成麻烦。对特邀贵宾的通知，应派专人登门呈送，以示郑重。

3. 会议召开阶段的礼仪

（1）接站。一般会议都规定了报到日期。在报到日期应安排好接站。在车站、码头、机场等主要交通站点，用醒目的牌子标明"××会议接站"，使与会者一下交通工具就看见接站牌而安心。对所接到的与会者要表示欢迎，并慰问其旅途劳顿。

（2）登记。对到达报到地点的与会者，首先要做好签到、登记、收费、预订返程票、发放会议资料、发放会议身份证件等工作。这一过程应尽量在登记处一揽子解决，并应迅速办理，让与会者早点到客房休息。登记时，对与会者的合理要求应尽量予以满足。大型会议的东道主应在会议召开前一天晚上，到会议各住宿地看望与会者，尤其是特邀贵宾和与会领导。

（3）联络。会议进行期间要注意与各小组联络，不要使一位与会者感到有被冷落。会议简报要对各小组相对均衡报道，不要只将视点聚焦于有大人物、有热点的小组，使其他小组产生不愉快的心绪。

（4）安全。要确保每一个与会者的安全，包括其人身安全、财物安全及食品卫生。涉密会议还必须强调文件安全。秘书人员要尊重每一个与会者，但涉及机密时，必须按章办事。

（5）娱乐。若会期较长，在会议期间可安排一些影视节目和文艺演出，以调剂精神。也应鼓励与会者主动参与文体活动。可组织一些自娱自乐的卡拉OK演唱或球类、棋牌活动等，活跃会议气氛，调节与会者情绪。还可适当组织与会者参观游览，使会议节奏张弛得当。

4. 会议结束阶段的礼仪

（1）照相。如果会议有照相一项应早作安排，免得个别与会者提前离开而不能参与。早安排也可使与会者在离会前拿到照片。

（2）材料。发给与会者的材料要有口袋，以便于集中携带。如需要收回的材料要早打招呼，发现有人未交，应尽早查问。不一致的意见不要写到会议的决议或纪要中去。要乐于为与会者提供复印材料、邮寄材料或其他物品等有关服务。

（3）送客。将与会者所订票交给其本人时，要仔细核对车次、航班或船期，并仔细向与会者交代。若有不对或不周之处，应主动承担责任。如果有人需要照顾而影响到了其他人，应向其他人解释，以争取大家谅解。在每一个与会者离开时，都要热情相送，对集中离开的与会者，要尽可能准备车辆送他们去车站、机场或码头，对贵宾则必须送至机场登机处。

二、其他常见会议礼仪

1. 展览会礼仪

组织通过举办展览会，运用真实可见的产品和热情周到的服务、全面透彻的资料、图片介绍和技术人员的现场操作，吸引大量的参观者，使其留下深刻的印象。它是组织重要的公共关系活动之一。举办展览会应做好以下细致全面的工作。

（1）展览会的组织。

① 明确展览会的主题。每一次、每一种类型的展览会都应有明确的主题和目的。只有主题明确，才能提纲挈领，对所有的展品进行有机的排列组合，充分展示展品的风采。否则主题不明，眉毛胡子一把抓，很难把展品、各类资料有机地结合起来，势必影响展览效果。

② 搞好展览整体设计。任何一项展览都是一项系统工程，要求必须有一个详细的整体设计。包括：展览场地、标语口号、展览徽章、参展单位及项目、辅助设备、相关服务部门的设置和人员安排、信息的发布与新闻界的联络、对工作人员的培训等，都需要全面设计，周密安排。在某一个环节上安排不当都会影响整个展览的效果。

③ 成立对外新闻发布机构。专门机构负责与新闻界进行密切的联系，展览过程中往往会发生许多有新闻价值的事情，这就需要有关人员以敏锐的观察力去挖掘、去分析并写成各种新闻稿件发表，以扩大影响，同时，要组成专门的机构，专门负责新闻发布的计划，如确定发布内容、发布时机、发布形式等，这样效果会更好些。

④ 进行展览的效果测定。展览的效果一般体现在观众对展品的反映，对组织形象的认识及对整个展览会从内容到形式的总体看法等方面。为了检验举办各类展览活动的目的是否达到，必须对展览效果进行检测。测定的方法很多，如设立观众留言簿，召开座谈会听取反映，检验公众对展品的留意程度等。

（2）展览会的礼仪。展览会的工作人员应当具备良好的素质，明确办展览的目的和主题，了解展览的知识和技能，具备与展览产品有关的专业素质，还要懂得礼仪，从各自不同的角度影响公众，使公众满意。

① 主持人礼仪。主持人是一个展览会的操纵者，应该表现出决定性人物的权威性。在着装上，要穿西服套装、系领带，拿一个真皮公文包，显示出气派的样子，由此使公众也对其主持的展览会和产品产生信赖感。主持人的形象就是组织实力的一种体现。与宾客握手时，主持人应先伸出手去，等宾客先放手后再放手。

② 讲解员礼仪。讲解员应热情礼貌地称呼公众，讲解流畅，不用冷僻字，让公众听懂。介绍的内容要实事求是，不弄虚作假，不愚弄听众。语调清晰流畅，声音响亮悦耳，语速适中。解说完毕，应对听众表示谢意。讲解员着装要整洁大方，打扮自然得体，不要怪异和过于新奇而喧宾夺主。要举止庄重，动作大方。

③ 接待员礼仪。接待员站着迎接参观者时，双脚略开，与肩同宽，双手自然下垂或在身后交叉，这种站姿不仅大方而且有力。站立时切勿双脚不停地移动，表现出内心的不安稳、不耐烦，也不要一脚交叉于另一只脚前，因为这是不友善的表示。接待人员不可随心所欲地趴在展台上或跷着"二郎腿"，嚼着口香糖，充当守摊者。随时与参观者保持目光接触，目光要坚定，不可游移不定，也不可眼看别处，要表示接待员的坦诚和自信。

2. 赞助会礼仪

赞助是指组织对某一社会事业、事件无偿地给予捐赠和资助，从而扩大组织的知名度与美誉度，树立美好形象的活动。赞助会是某项赞助举行时采用的具体形式。赞助活动实施之际，往往需要举行一次聚会，将有关的事宜公告于社会。这种以赞助为主题的赞助会，在赞助活动中，尤其是大型赞助中，大都必不可少。赞助会一般由受赞助者操办，也可由赞助者操办。

（1）场地的布置。赞助会的举行地点，一般可选择受赞助者所在单位的会议厅，也可租用社会上的会议厅。会议厅要大小适宜，干净整洁。会议厅内，灯光亮度适宜。在主席台的正上方，需悬挂一条大红横幅，在其上面，应以金色或黑色的楷书书写"××单位赞助××项目大会"，或者"××赞助仪式"的字样。赞助会会场的布置不可过度豪华张扬，略加装饰即可。

（2）人员的选择。参加赞助会的人员既要有充分的代表性，又不必在数量上过多。除了赞助单位、受赞助者双方的主要负责人及员工代表之外，赞助会应当重点邀请政府代表、社区代表、群众代表及新闻界人士参加。所有参加赞助会的人士，与会时都要身着正装，注意仪表，个人动作举止规范，以与赞助会庄严神圣的整体风格相协调。

（3）会议的议程。赞助会的具体会议议程应该周密、紧凑，其全部时间不应超过一小时。会议的议程如下。

① 宣布会议开始。赞助会的主持人，一般应由受赞助单位的负责人或公关人员担任。在宣布正式开会之前，主持人应恭请全体与会者各就各位，保持肃静，并且邀请贵宾到主席台上就座。

② 奏国歌。此前，全体与会者须一致起立。在奏国歌之后，还可奏本单位自己的标志性歌曲。

③ 赞助单位正式实施赞助。赞助单位代表首先出场，口头上宣布其赞助的具体方式或具体数额。随后，受赞助单位的代表上场。双方热情握手。接下来，由赞助单位代表正式将标有一定金额的巨型支票或实物清单双手捧交给受赞助单位代表。必要时礼仪小姐要为双方提供帮助。在以上过程中，全体与会者应热烈鼓掌。

④ 双方代表分别发言。首先由赞助单位代表发言，其发言内容，重在阐述赞助的目的与动机。与此同时，还可将本单位的简况略作介绍。然后由受赞助单位代表发言，集中表达对赞助单位的感谢。

⑤ 来宾代表发言。根据惯例可以邀请政府有关部门的负责人讲话。其讲话主要肯定赞助单位的义举，呼吁全社会积极倡导这种互助友爱的美德。该项议程，有时也可略去。至此赞助会结束。

会后，双方主要代表及会议的主要来宾，应合影留念。此后，宾主双方稍事晤谈，来宾即应告辞。

3. 联欢会礼仪

联欢会是一个宽泛的概念，它包括各种组织举办的节日联欢会（如新年联欢会、春节联欢会），各种文艺晚会（如歌舞晚会、电影晚会、戏曲晚会、相声小品晚会），游艺晚会等。联欢会对于提高组织凝聚力、向心力，活跃员工的文化生活，加强与外部公众的文化沟通，提高组织形象都起着积极的作用。联欢会重在娱乐，但也不可忽视其礼仪，否则会事倍功半。

（1）联欢会的准备。

① 确定主题。为了使联欢会起到"教人"和"娱人"的双重作用，要精心确定联欢会的主题，使其有明确的指导思想和预期的目标。在此基础上选择联欢会的形式，适宜的形式对联欢会的成功意义重大，联欢会的形式可以不拘一格，可以不断创新。

② 确定时间、场地。联欢会的时间一般应选在晚上，有时也可根据情况选择在白天。其会议长度一般在两小时左右为宜。联欢会的场地选择非常重要，最好选择宽敞、明亮，有舞台、灯光、音响的场地。场地应加以布置，给人以温馨、和谐、喜庆、热烈之感。联欢会的座次要事先安排好，一般应将领导安置在醒目位置，其他公众最好穿插安排，以便于交流沟通。

③ 选定节目。要从主题出发来选定节目，尤其是开场和结尾的节目一定要精彩、有吸引力。节目应多种多样，健康而生动，各种形式穿插安排，不可头重尾轻，更不可千篇一律。正式的联欢会上，要把选定的节目整理编印成节目单，开会时发给观众，为观众提供方便。

④ 确定主持人。主持人是联欢会的关键人物，应选择仪表端庄，表达能力强，有一定的组织能力、应变能力，熟悉各项事物的人担当主持人。一场联欢会的主持人最好不少于两

人（通常为一男一女）。主持人也不可过多，以免给人以凌乱无序之感。

⑤ 彩排。正式的联欢会一定要事先进行彩排。这样有助于控制时间、堵住漏洞，增强演职人员的信心。非正式的联欢会也要对具体事宜逐项落实，做到万无一失。

（2）观众的礼仪规范。观众在参加联欢会，观看演出时应严守礼仪规范，这主要包括以下方面。

① 提前入场。在一般情况下，在演出正式开始之前一刻钟左右，观众即应进入演出现场，注意不要迟到。入场后要对号入座，在自己的座位上就座时，要悄无声息，坐姿优雅。切勿将坐椅弄得直响，或坐姿不端。

② 专心观看。参加联欢会观看节目时要专心致志，全神贯注。不能交头接耳，窃窃私语；不能进行通信联络，要自觉关闭手机等移动通信设备,或处于"静音"状态；不要吃东西，不要吸烟，更不能随意走动或大声讲话、起哄等。总之要自觉维护全场的秩序，保持安静，使联欢会顺利进行。

③ 适时鼓掌。当主要领导、嘉宾入场或退场时，全场应有礼貌地鼓掌。演出至精彩处也应即兴鼓掌，但时间不宜太长，演出结束时可鼓掌以示感谢。对可能表演不佳的演员，要予以谅解，不要鼓倒掌，更不能吹口哨、扔东西等，因为这些做法是非常没有修养的表现。演出结束时，全体演员登台谢幕时，观众应起立鼓掌，再次感谢演员的表演，不能熟视无睹，扬长而去。

4. 茶话会礼仪

茶话会是我国传统的聚会方式。非正式的茶话会，一般是民间自发组织或形成的，如一伙熟人聚在一起聊天，这家主人自然会给每位客人敬上一杯茶，大家边喝边说，热热闹闹，十分惬意。谈话一般也没有固定的议题。现在很多的组织也经常利用这一形式进行日常的沟通，所以熟悉茶话会的礼仪是必要的。

（1）茶话会的准备。正式的茶话会一般有主办单位或主办人，事先要发通知或请柬给被邀请人，其举办地是在会议厅、客厅或花园里。正式茶话会除了备有足够茶水之外，一般还备有水果、糕点、瓜子、糖果等。召开茶话会多在节日，如五一劳动节、五四青年节、中秋节、国庆节、元旦等，借节日之题而发挥，一般也是采用漫谈形式，无中心议题。在正式茶话会上的中心议题可以是祝贺、发感慨、谈感想、作总结、提建议、谈远景，也可以吟诗唱赋，畅叙友谊，无固定格式，气氛也比较活跃、轻松、自由。

举办茶话会时，除了准备好的茶叶之外，还应该注意要擦净茶具。茶具一般以泥制茶具和瓷制茶具为最佳，其次是玻璃茶具和搪瓷茶具。在我国，泡茶一般不加其他东西，但某些民族和有些国家喜欢在泡茶时加上牛奶、白糖、柠檬片等。有的茶话会还准备咖啡等饮料。

正式茶话会有主办人和领导。主办人要负责迎送来宾和招呼，主持会议；有关领导也常常以一个普通与会者的身份发言。茶话会不排座次，宾主可以随意交谈。正式茶话会简便易行，在服饰上也没有什么严格规定或特殊要求。

（2）茶话会的举行。茶话会开始时，一般由主办人致辞，讲话应开宗明义地说明茶话会宗旨，还要介绍与会单位代表或个人，为交流和谈话创造适宜的气氛。

茶话会主持人要随时注意来宾在茶话会上的反应，随时把话题引导到大家都感兴趣的或轻松愉快的话题上来。参加茶话会的每一个人都有义务维护茶话会的气氛，不使茶话会冷场，也不可使秩序太乱。

有人讲话时，要专心致志地倾听，不要随意打断他人的话，也不可表现出烦躁、心不在焉，更不要妄加评论他人的话。自己发言的时候，用词、语气、态度要表现出文明礼貌修养，神态要自然有神，仪态要端庄大方。样子过分拘谨或做作会使人不快。发言时口里应停止咀嚼食物，更要防止嘴角上留有残渣来发言。

自由交谈时不要独坐一隅，纹丝不动，而应与左右交谈，尽快找到共同的话题，打破僵局，融洽气氛。

幽默风趣的语言在茶话会上是受欢迎的，但要避免开玩笑，伤害他人自尊；行为举止也不能无所约束。不要随便走动，推推搡搡。

茶话会结束时，来宾应向主人道别，也要和新朋友、老相识辞行。不要中途退场或不辞而别。

茶话会应讲究实效，时间不宜过长，以 1~2 小时为宜。

茶话会不带任务，但追求气氛与聚会的效果。通过与会者的交谈、畅叙和坐在一起喝茶时共同创造的氛围，来感受他人的思想感情，增进相互间的了解和友谊。

5. 座谈会礼仪

邀请有关人员就某一个或某些问题召开会议，收集对某一个问题的反映，就某些方面的问题发表看法，这就是座谈的形式。座谈会要注意以下礼仪：

（1）发送通知。发送会议通知要及时，至少在开会的前一天发到与会者手中，因为座谈会大都要求与会者发言，早一天接到通知可以做些准备。会议通知上要写明召开座谈会的时间、详细地点、座谈内容、举办单位名称。如果用电话通知，最好找到参加者本人接电话，表示郑重；如果托人转告，则不要忘了告知座谈会的主题，以免与会者懵懂而去，打无准备的仗，引起尴尬，这对与会者将是失礼的。

（2）会前礼仪。座谈会座位的安排，一般是与会者围圈而坐，主持人也不例外，以便创造一种平等的气氛。如果参加座谈会的人互相不认识，主持人应一一进行介绍，或引导他们做自我介绍，以融洽会议气氛。

（3）会中礼仪。座谈会开始时，主持者应首先讲明会议的主题及被邀请者的类别，为什么邀请在座的来参加座谈会，以便使座谈者了解自己与这个座谈内容的联系，明确自己对座谈会的重要性，更积极主动地进入角色。如果开始有冷场现象，主持者可以引导大家先从比较容易作为话题的稍远处或外围谈起，然后逐步逼近座谈会主题。采取点名的方法请某人先发言，是不得已而为之的。

座谈会请人来参加，就是希望大家能畅所欲言，知无不言，言无不尽。话不在长短，而在于能包容较大的信息量。讲话的时候也不要求非得一个个轮着来，讲完一个算一个，像完成任务似的，而允许你一言，我一语，鼓励大家插话和讨论。但插话时，切忌不着边际地打"横炮"，也不要用反唇相讥、唯我独尊的方法和态度发言。要多用探讨、商榷的口气，即使有争论，也是冷静的，而不用冲动和粗暴的语言。

（4）结束礼仪。座谈会结束时，主持者应总结归纳大家的发言，并对大家发言提供的信息，参与座谈的态度作出肯定，表示座谈对于某项工作有积极的作用。最后，要向大家表示感谢。

6. 新闻发布会礼仪

发布会一般是指新闻发布会，又称记者招待会。政府、企业、社会团体或个人都可公开举行，邀请各新闻媒介的记者参加。举行发布会要注意以下礼仪。

（1）发布会的准备。筹备发布会，要做的准备工作很多，其中最重要的，要做好时机的选择、人员的安排、记者的邀请、会场的布置和材料的准备等工作。

① 时机的选择。在确定发布会的时机之前应明确两点。一是确定新闻的价值，即对某一消息，要论证其是否具有专门召集记者前来予以报道的新闻价值，要选择恰当的新闻"由头"。二是确认发表新闻的最佳时机。以企业为例，新产品的开发、经营方针的改变或新举措、企业首脑或高级管理人员的更换、企业的合并、逢重大纪念日、发生重大伤亡事故等事件时，都可以举行发布会。如果基于以上两点，确认要召开新闻发布会，要选择恰当的召开时机：要避开节日与假日，避开本地的重大活动，避开其他单位的发布会，还要避开与新闻界的宣传报道重点相左或撞车。恰当时机的选择是发布会取得成功的保障。

② 人员的安排。发布会的人员安排关键是要选好主持人和发言人。发布会的主持人应由主办单位的公关部长、办公室主任或秘书长担任。其基本条件是仪表堂堂，年富力强，见多识广，反应灵活，语言流畅，幽默风趣，善于把握大局、引导提问和控制会场，具有丰富的主持会议的经验。

新闻发言人由本单位主要负责人担任，除了在社会上口碑较好、与新闻界关系较为融洽之外，对其基本要求是修养良好、学识渊博、思维敏捷、能言善辩、彬彬有礼。

发布会还要精选一批负责会议现场工作的礼仪接待人员，一般由相貌端正、工作认真负责、善于交际应酬的年轻女性担任。

值得注意的是，所有出席发布会的人员均需在会上佩戴事先统一制作的胸卡，胸卡上面要写清姓名、单位、部门与职务。

③ 记者的邀请。对出席发布会的记者要事先确定其范围，具体应视问题设计范围或事件发生的地点而定，一般情况下，与会者应该是与特定事件相关的新闻界人士和相关公众代

表。组织为了提高单位的知名度、扩大组织的影响而宣布某一消息时，邀请的新闻单位通常多多益善；而在说明某一活动、解释某一事件，特别是本单位处于劣势而这样做时，邀请新闻单位的面则不宜过于宽泛。邀请时要尽可能地先邀请影响大、报道公正、口碑良好的新闻单位。如果事件和消息只涉及某一城市，只需请当地的新闻记者参加即可。

另外，确定邀请的记者后，请柬最好要提前一星期发出，会前还应用电话提醒。

④ 会场的布置。发布会的地点除了可考虑在本单位或事件所在地举行外，还可考虑租用大宾馆、大饭店举行。如果希望造成全国性影响的，则可在首都或某一大城市举行。发布会现场应交通便利、条件舒适、大小合适。会议地点确定后，应进行实地考察，在会议召开前应认真进行会场布置，会议的桌子最好不用长方形的，要用圆形的，大家围成一个圆圈，显得气氛和谐、主宾平等，当然这只适用于小型会议。大型会议应设主席台席位、记者席位、来宾朋友席位等。

⑤ 材料的准备。在举行发布会之前，主办单位要事先准备好以下材料。一是发言提纲。它是发言人在发布会上进行正式发言时的发言提要，要紧扣主题，体现全面、准确、生动、真实的原则。二是问答提纲。为了使发言人在现场正式回答提问时表现自如，可在对被提问的主要问题进行预测的基础上，形成问答提纲及相应答案，供发言人参考。三是报道提纲。事先必须精心准备一份以有关数据、图片、资料为主的报道提纲，并认真打印出来，在发布会上提供给新闻记者。在报道提纲上应列出本单位的名称、联系方式等，便于日后联系。四是形象化视听材料。这些材料供与会者利用，可增强发布会的效果。它包括：图表、照片、实物、模型、录音、录像、影片、幻灯片、光碟等。

（2）发布会进行过程中的礼仪。这主要包括以下几项。①做好会议签到。要做好发布会的签到工作，让记者和来宾在事先准备好的签到簿上签下自己的姓名、单位、联系方式等内容，然后由专人将他们引领到会场就座。②严格遵守程序。要严格遵守会议程序，主持人要充分发挥主持者和组织者的作用，宣布会议的主要内容、提问范围及会议进行的时间，一般不要超过两小时。主持人、发言人讲话时间不宜过长，过长了则影响记者提问。对记者所提的问题应逐一予以回答，不可与记者发生冲突。会议主持人要始终把握会议主题，维护好会场秩序，主持人和发言人会前不要单独会见记者或提供任何与会信息。③注意相互配合。在发布会上，主持人和发言人要相互配合。为此首先要明确分工，各司其职，不允许越俎代庖。在发布会进行期间，主持人和发言人通常要保持一致的口径，不允许公开顶牛、相互拆台。当新闻记者提出的某些问题过于尖锐或难于回答时，主持人要想方设法转移话题，不使发言者难堪。而当主持人邀请某位记者提问之后，发言人一般要给予对方适当的回答，不然，对那位新闻记者和主持人都是不礼貌的。④态度真诚主动。发布会自始至终都要注意对待记者的态度，因为接待记者的质量将直接关系到新闻媒介发布消息的成败。作为专业人士，记者希望接待人员对其尊重热情，并了解其所在的新闻媒介及其作品等；希望提供工作之便，如一条有发表价值的消息，一个有利于拍到照片的角度等，记者的合理要求要尽量满足。对待记者千万不能趾高气扬，态度傲慢，一定温文尔雅，彬彬有礼。

（3）发布会的善后事宜。发布会举行完毕后，主办单位需在一定的时间内，对其进行一次认真的善后工作。

① 整理会议资料。整理会议资料有助于全面评估发布会会议效果，为今后举行类似会议提供借鉴。发布会后要尽快整理出会议记录材料，对发布会的组织、布置、主持和回答问题等方面的工作进行回顾和总结，从中吸取经验，找出不足。

② 收集各方反映。首先要收集与会者对会议的总体反映，检查在接待、安排、服务等方面的工作是否有欠妥之处，以便今后改进。其次要收集新闻界的反映，了解一下与会的新闻界人士有多少人为此次新闻发布会发表了稿件，并对其进行归类分析，找出舆论倾向。同时，对各种报道进行检查，若出现不利于本组织的报道，应作出良好的应对策略。如果发现不正确或歪曲事实的报道，应立即采取行动，说明真相；如果是由于自己失误所造成的问题，应通过新闻机构表示谦虚接受并致歉意，以挽回声誉。

延伸阅读

一、会议中的个人礼仪

1. 仪表

每一位与会人员都应该注意自己的仪表举止，做到穿着得体、举止优雅。一般要求是：穿着打扮要端庄大方、美观得体，最好穿职业套装，以显成熟、精干；仪容要整洁，举止文雅大方、风度潇洒、气质优雅，不要缩手缩脚，扭扭捏捏，矫揉造作。

出席正式会议和宴请，要穿正装，男士穿深色西服，女士穿中长裙和长裤均可。男士要贴身穿衬衣，打领带，穿深色袜子，并把衬裤脚包在袜子里。女士的衣服最好每天更换一套。除会议主持人和发言人须遵循这些基本要求外，其他与会人员相对可以自由一些，比如可以穿休闲装、运动鞋，可以不带资料，简单进场。

但需要注意的是：不能太随便，禁忌穿拖鞋，衣衫不整；禁忌大声喧哗，遇到熟人热聊，旁若无人；无论在主席台上还是在台下，坐姿都要端正，切忌抖腿或跷二郎腿。

2. 遵守会议纪律

正式的会议，一般都会提前宣布会议纪律，即使有些会议没有明文规定，事实上会议纪律已经在人们的意识中客观存在。一般情况下，参会人员应该准时到会、保持安静，不得逃会。一般而言，与会人员在出席会议时应当严格遵守的会议纪律主要有以下四项。

（1）按时到会。严守会议时间，是保证会议顺利进行的基本条件之一。这一要求要落到实处，不但要靠主持人、组织者的积极努力和得力措施，也要靠全体与会人员的自觉和认真配合。接到会议通知后,应当按照通知上规定的具体时间准时出席会议。参加在本地举行的会议,应至少提前5分钟进入会场,以便有充足的时间做好会前准备,比如签到、寻位、领取材料等。参加在外地举行的集会,则最好提前一天报到,以便事先熟悉情况。如果迟到无法避免,应尽量提前通知会务组织者,到后要悄悄进入会场,不要扰乱会场秩序。

(2)保持安静。全体与会者都应自觉维护会场秩序,保持会场安静,不影响发言人的讲话与听众的听讲。

在发言人或主持人讲话时,不允许起哄或是直接制造噪声。比如,不应该在会场使用手机,不应该玩弄游戏机,不准吃东西等。与讲话者意见相左时,可以通过适当的渠道表达,不应当粗暴地打断对方的发言,或是大声予以斥责、议论、狂吹口哨、拍打桌椅、跺脚乱踢等。在会场上鼓掌,主要是对讲话者表示欢迎和支持,不允许"鼓倒掌"。

在开会之时,不应当随意走动,或者与周围的人交头接耳,更不应大声喧哗,或在会场里大声接听电话。一般情况下,最好不要带外人(与会议无关的)、家人(特别是小孩)参加会议。

(3)不得逃会。参加会议,必须善始善终。万一有特殊原因需要中途离会,应当事先请假。必要时,还须向主持人说明原因,并表示歉意,不允许在会议中途不辞而别。在他人讲话期间当众退场,不仅自己失礼,也是失敬于对方的。

3. 认真倾听发言

对每一位听众而言,在会议进行期间认真倾听他人的发言,是尊重对方的具体表现,也是自己掌握会议精神的主要途径。要真正做好这一点,需要注意以下三点。

(1)会前准备。参加会议前,应做好必要的准备工作。其一,要充分休息,养精蓄锐,否则在开会时疲劳困乏,大打瞌睡,必定影响听讲。其二,要处理好其他工作,免得在开会时神不守舍、三心二意。其三,要预备好必要的辅助工具,如纸、笔、录音机等。其四,要认真阅读会议材料,以便全面了解会议情况,掌握会议主旨。

(2)聚精会神。在会议进行时,每位听众都要聚精会神地聆听他人的讲话、发言——唯有聚精会神、全神贯注,方能汲取他人发言的精华,抓住要点,发现问题。在聆听他人发言时,切勿心神不定,"魂游"于会场之外。自己在讲话、发言后,更要注意专心聆听别人的讲话、发言。

(3)笔录要点。"好记性不如烂笔头。"参加会议时,要尽可能地对他人的讲话、发言择其要点,予以笔录,这对于深入领会和准确传达会议精神帮助很大。

4. 正确就座

会议座位安排主要有两种方法,一是按指定区域统一就座,二是自由就座。进入会场后,在没有会务工作人员引导的情况下,选择座位时应注意以下几点。

(1)弄清楚哪个是上座,哪个是下座,按自己的身份、地位合理就座。一般情况下,面对正门的位置为上座，靠门边的、远离领导的座位为下座。不管是圆会议桌还是方会议桌，与上座领导面对面的位置都属于次上座。

（2）有一定级别的领导，应坐到与自己级别相适应的座位上。

（3）抢坐前排或退居后排，在会场中间留出空白，这是与会人员就座的大忌。

（4）应勇于坐前排。座位的远近在心理学上反映了自信心的大小和地位权力的微妙差距。爱坐后排，往往是缺乏自信心的表现。应善于表现自己，养成坐在会场前排的习惯。

（5）注意主客的区别。如果以客人的身份参加会议，要注意主客的区别，做到客随主便。①不需要起身为领导添茶，不要主动分发会议材料；②不要评价会议准备工作的好坏，不要随意改变座位；③不需要接洽会议安排事宜，应尽可能服从安排（为本单位领导安排行程除外）。

5. 参加会议应注意的事项

（1）是否要讲话。会议主持人会要求与会人员对近期工作或某件事、某个人发表意见和建议。在这种情况下，应注意以下几点。①发言应讲究顺序和秩序，注意级别，不能争抢发言，一般应让领导先讲。②有想法就讲，要勇于表现自己，不要扭扭捏捏。事前应认真思考，组织好语言；发言要简短，逻辑要清晰，观点要明确，不能讲套话、大话、废话；可以提出尖锐、敏感的问题，引起领导的注意。③评价某人或某项工作时，应以正面表扬为主，不可偏激、冲动、感情用事，切忌进行人身攻击。④一定要低姿态，谦虚诚恳，如"今天非常荣幸能够参加这个会议，主要是来向大家学习的，在此也提出个人的几点想法，请大家多批评"。在发言时，要少用"我"字，别提"本人"，切忌自我推销、自我宣传和自我肯定。发言结束时，要道一声"谢谢大家"。⑤与他人有分歧时，应以理服人，态度平和，听从主持人的安排，不能只顾自己。如果与会人员有提问，应礼貌作答，对不能回答的问题，应机智而礼貌地说明理由；对批评意见应认真听取，即使提问者批评是错误的，也不能失态。

（2）能否上洗手间。关于会议期间能否上洗手间的问题一般应注意三点。①一般建议不要上洗手间，特别是在会议室较大，人很多、很挤，离开座位要穿越整个会场的情况下。②最后主要领导作总结发言时，最好不要走动，以示尊重。③抓住发言间隙，轻声起座离开，切忌发出椅子搬动声音和高跟鞋的响声，避免吸引大家的注意力，影响会议的秩序。有经验的与会人员入会前会先上洗手间，或提前半小时不喝水，或在会场中少喝水。当然一般会议对此没有严格要求，但与会者应尽可能保持自身良好形象。

（3）能否吃东西。有些会议如座谈会通常会备茶点和水果，以起到装饰和调节气氛的作用。在这种情况下，能否吃东西呢？有时主持人也会招呼大家吃水果。一般来说，应注意以下三点：①不能吃，注意形象，特别不能吃需要剥皮、要洗、会弄脏手、影响形象的水果，比如芒果、枇杷、西瓜类；②领导讲话时不能吃；③有时可以礼节性地吃一点，但只可拿取个人面前的水果，且吃时不能发出声音，不能把手和文件弄脏。总之，在日常工作中，讲究个人礼仪应该成为每一位职场人员的一种素养。

资料来源：胡红霞.浅谈会议中的个人礼仪.秘书之友，2010（1）.有改动。）

二、商务谈判的礼仪

有的事情在你的生活、工作中的每一天都要做，但你却并未意识到。并且它们对你的职业成功是绝对关键的。这就是谈判。也许你认为谈判技巧无关紧要，谈判只对少数领导者才是重要的。那你就错了！生活中你和你的爱人曾经商讨过谁负责家里的哪项家务吧？你曾买过车或房子吗？那你就是一个谈判者。其实谈判无处不在。

1. 商务谈判的准备

商务谈判之前首先要确定谈判人员，谈判人员与对方谈判代表的身份、职务要相当。其次要对谈判主题、内容、议程做好充分准备，制订好计划、目标及谈判策略。还要布置好谈判会场，采用长方形或椭圆形的谈判桌，门右手座位或对面座位为尊，应让给客方。谈判代表也要有良好的综合素质，应整理好自己的仪容仪表，穿着要整洁、正式、庄重。男士应刮净胡须，穿西服必须打领带。女士穿着不宜太性感，不宜穿细高跟鞋。应化淡妆。

2. 商务谈判之初

谈判双方接触的第一印象十分重要，要尽可能创造出友好、轻松的谈判气氛。作自我介绍时要自然大方，不可露傲慢之意。询问对方时要客气。介绍完毕，可选择双方共同感兴趣的话题进行交谈。

谈判之初的姿态动作也对把握谈判气氛起着重大作用，目光注视对方时，目光应停留于对方双眼至前额的三角区域正方，这样使对方感到被关注，觉得你诚恳严肃。手心向上比向下好，手势自然，不宜乱打手势，以免给人以轻浮之感。切忌双臂在胸前交叉，那样显得十分傲慢无礼。

谈判之初的重要任务是摸清对方的底细，因此要认真听对方谈话，细心观察对方举止表情，并适当给予回应，这样既可了解对方意图，又可表现出尊重与礼貌。

3. 商务谈判的基本功

（1）保持沉默。在紧张的谈判中，没有什么比长久的沉默更令人难以忍受的。但是也没有什么比这更重要的。另外，还要提醒自己，无论气氛多么尴尬，也不要主动去打破沉默。

（2）耐心等待。时间的流逝往往能够使局面发生变化，这一点总是使人感到惊异。正因为如此，我们常常在等待，等待别人冷静下来，等待问题自身得到解决，等待不理想的生意自然淘汰，等待灵感的来临……一个充满活力的领导总是习惯于果断地采取行动，但是很多时候，等待却是人们所能采取的最富建设性的措施。每当怀疑这一点时，就得提醒自己有多少次成功来自关键时刻的耐心，而因缺乏耐心又导致了多少次的失败。

（3）随时观察。在办公室以外的场合随时了解别人。这是邀请"对手"或潜在客户出外就餐，打高尔夫、打网球等活动的好处之一，人们在这些场合神经通常不再绷得那么紧，使得你更容易了解他们的想法。

（4）亲自露面。没有什么比这更使人愉快，更能反映出你对别人的态度。这就像亲临医院看望生病的朋友，与仅仅寄去一张慰问卡之间是有区别的。

4. 商务谈判的语言技巧

成功的商务谈判都是谈判双方出色运用语言艺术的结果。

（1）针对性强。在商务谈判中，双方各自的语言都是表达自己的愿望和要求的，因此谈判语言的针对性要强，要做到有的放矢。模糊、啰唆的语言会使对方疑惑、反感，降低己方威信，成为谈判的障碍。针对不同的商品、谈判内容、谈判场合、谈判对手，要有针对性地使用语言才能保证谈判的成功。例如，对脾气急躁，性格直爽的谈判对手，运用简短明快的语言可能会受欢迎；对慢条斯理的对手，则采用春风化雨般的倾心长谈可能效果会更好。在谈判中，要充分考虑谈判对手的性格、情绪、习惯、文化及需求状况的差异，恰当地使用针对性的语言。

（2）表达方式婉转。谈判中应当尽量使用委婉语言，这样易于被对方接受。比如，在否决对方要求时，可以这样说："您说的有一定道理，但实际情况稍微有些出入。"然后再不露痕迹地提出自己的观点。这样做既不会有损对方的面子，又可以让对方心平气和地认真倾听自己的意见。

其间，谈判高手往往努力把自己的意见用委婉的方式伪装成对方的见解，提高说服力。在自己的意见提出之前，先问对手如何解决问题。当对方提出以后，若和自己的意见一致，要让对方相信这是他自己的观点。在这种情况下，谈判对手有被尊重的感觉，他就会认为反对这个方案就是反对他自己，因而容易达成一致，获得谈判成功。

（3）灵活应变。谈判形势的变化是难以预料的，往往会遇到一些意想不到的尴尬事情。因此要求谈判者具有灵活的语言应变能力，与应急手段相配合，巧妙地摆脱困境。当遇到对手逼你立即作出选择时，你如果说："让我想一想"、"暂时很难决定"之类的语言，便会被对方认为缺乏主见，从而在心理上处于劣势。此时你可以看看表，然后有礼貌地告诉对方："真对不起，9点钟了。我得出去一下，与一个约定的朋友通电话，请稍等5分钟。"于是，你便很得体地赢得了5分钟的思考时间。

（4）恰当地使用无声语言。商务谈判中，谈判者通过姿势、手势、眼神、表情等非发音器官来表达的无声语言，往往在谈判过程中发挥重要的作用。在有些特殊环境里，有时需要沉默，恰到好处的沉默可以取得意想不到的良好效果。

（5）多听少说。缺乏经验的谈判者的最大弱点是不能耐心地听对方发言，他们认为自己的任务就是谈自己的情况，说自己想说的话和反驳对方的反对意见。因此，在谈判中，他们总在心里想下面该说的话，不注意听对方发言，许多宝贵信息就这样失去了。他们错误地认为优秀的谈判员是因为说得多才掌握了谈判的主动。其实成功的谈判员在谈判时把50%以上的时间用来听，他们边听、边想、边分析，并不断向对方提出问题，以确保自己完全正确地理解对方。他们仔细听对方说的每一句话，而不仅仅是他们认为重要的，或想听的话，因此而获得大量宝贵信息，增加了谈判的筹码。有效的倾听可以了解对方的需求，找到解决问题的新办法，"谈"是任务，而"听"则是一种能力，甚至可以说是一种天分。"会听"是任何一个成功的谈判者都必须具备的条件。在谈判中，我们要尽量鼓励对方多说，我们要向对方提问题请对方回答，使对方多谈他们的情况，以达到尽量了解对方的目的。

（资料来源：王飞．商务礼仪：谈判篇．金融管理与研究，2007（6）．）

思考练习

1. 某职业技术学院为推荐毕业生就业，专门邀请了10家企业的领导进行会谈。请模拟演示这次会谈程序，最后安排企业领导与师生合影。

2. 五湖四海公司为了答谢新老顾客对公司的厚爱，决定在公司会议室举办一次座谈会。如果让你来组织，你将怎样做？

3. 在全班模拟组织一次新闻发布会，以最近学校或系发生的较大的新闻事件为主题，同学们分别扮演发言人、记者、会议服务行业从业人员。

4. 案例分析：

就　座

某分公司要举办一次重要会议，请来了总公司总经理和董事会的部分董事，并邀请当地政府要员和同行业知名人士出席。由于出席的重要人物多，领导决定用U字形的桌子来布置会议桌。分公司领导坐在位于长U字横头处的下首，其他与会者坐在U字形桌子的两侧。在会议的当天开会时，贵宾们都进入了会场，按安排好的名签找到了自己的座位就座，当会议正式开始时，坐在横头桌子上的分公司领导宣布会议开始，这时发现会议气氛有些不对劲，有贵宾相互低语后借口有事站起来要走，分公司的领导人不知道发生什么事或出了什么差错，非常尴尬。

（资料来源：http://www.doc88.com/p-79521972366.html，2011-04-10．）

思考讨论题：

（1）请指出此案例中的失礼之处。

（2）本案例对你有何启示？

5. 案例分析：

会场的"明星"

小刘的公司应邀参加一个研讨会，该研讨会邀请了很多商界知名人士及新闻界人士参加。老总特别安排小刘和他一道去参加，同时也让小刘见识大场面。

开会这天小刘早上睡过了头，等他赶到，会议已经进行了20分钟。他急急忙忙推开了会议室的门,"吱"的一声脆响,他一下子成了会场上的焦点。刚坐下不到5分钟,肃静的会场上响起了摇篮曲,是谁放的音乐?原来是小刘的手机响了!这下子,小刘可成了全会场的"明星"……

没多久,听说小刘已经离开了该公司。

(资料来源:http://www.blog.ccoo.cn/nbk5/lshow.asp?id=595208&uid=169348,2010-08-01)

思考讨论题:

(1)小刘失礼的地方表现在哪里?

(2)参加各种会议应该注意哪些礼仪?

学习情境 10　举行仪式

世界上最廉价，而且能得到最大收益的一项物质，就是礼节。

——（法）拿破仑

情境导入

"请张市长下台剪彩！"

某公司举行新项目开工剪彩仪式，请来了张市长和当地各界名流嘉宾，请他们坐在主席台上。仪式开始时，主持人宣布："请张市长下台剪彩！"却见张市长端坐没动，主持人很奇怪，重复了一遍："请张市长下台剪彩！"张市长还是端坐没动，脸上还露出一丝恼怒。主持人又宣布了一遍："请张市长剪彩！"张市长才很不情愿地勉强起来去剪彩。

这里的主持人虽然态度热情，但却犯了客人的禁忌——"下台"一词有歧义，实为极大的失礼。因此，参与仪式活动的人员，除了仪容、仪表，在语言方面也应精心准备。

（资料来源：http://www.517edu.com/2010/1/18/bhfen.htm）

任务分析

仪式是指在人际交往中，特别是在一些比较重大、较庄严、较隆重、较热烈的正式场合里，为了激发起出席者的某种情感，或者为了引起其重视，而郑重其事地参照合乎规范与管理的程序，按部就班地举行的某种活动的具体形式。在现实生活里，你可能接触到的仪式很多，诸如签字仪式、剪彩仪式、交接仪式、庆典仪式等。

当今社会，对组织而言仪式有着重要的作用，它有利于提高组织的知名度和美誉度，塑造组织形象；有利于鼓舞员工的士气，激发员工对本组织的热爱，培育组织员工的价值观念，增强组织的凝聚力；有利于传递组织的信息，使组织赢得更多的成功机会和合作伙伴；有利于沟通情感，传达意愿，增进友情。讲究仪式礼仪是现代交际的一项重要内容，也是组织成功的关键。

仪式活动的筹备和举行需要注意各种细节和诸多方面，否则就会出现"情境导入"案例中的那种情况，造成失礼现象的发生。

实训项目

项目名称：模拟开业庆典活动。
实训目的：掌握各类仪式的礼仪规范，在仪式活动上的表现符合礼仪规范。
实训学时：2学时。
实训地点：门前小广场。
实训准备：布置会场、挂横幅等，另外还要准备致辞等。
实训步骤：将学生分成小组进行，让学生轮流模拟演示各个角色。模拟某企业开业庆典仪式，使仪式落实在某个商业组织上。要求：编制一份庆典仪式程序，仪式按照程序进行；重要领导和来宾名单的单位、职务可由学生自己拟定，分别扮演相关角色；编制一份庆典仪式程序。庆典结束后，学生评析，教师总结。

知识链接

一、签字仪式

签字仪式是组织与对方经过会谈、协商，形成了某项协议或协定，再互换正式文本的仪式。它是一种比较隆重的活动，礼仪规范也比较严格。

1. 签字仪式的准备

签字仪式是组织具有"里程碑"意义的大事，应予以充分准备，做到万无一失。

（1）准备待签文本。洽谈或谈判结束后，双方应指定专人按谈判达成的协议做好待签文本的定稿、翻译、校对、印刷、装订、盖印等工作。文本一旦签字就具有法律效力，因此，对待文本的准备应当郑重严肃。

在准备文本的过程中，除了要核对谈判协议条件与文本的一致性以外，还要核对各种批件，主要是项目批件、许可证、设备分交文件、用汇证明、订货卡等是否完备，合同内容与批件内容是否相符等。审核文本必须对照原稿件，做到一字不漏，对审核中发现的问题，要及时互相通报，通过再谈判，达到谅解一致，并相应调整签约时间。在协议或合同上签字的有几个单位，就要为签字仪式提供几份文件样本。如有必要，还应为各方提供一份文件副本。与外商签订有关的协议、合同时，按照国际惯例，待签文本应同时使用宾主双方的母语。

待签文本通常装订成册，并以仿皮或其他高档质料作为封面，以示郑重。其规格一般为大八开，所用的纸张务必高档，印刷务必精美。作为主方应为文本的准备提供准确、周到、快速的服务。

（2）布置签字场地。签字场地有常设专用的签字厅，也有临时以会议厅、会客室来代替的。布置它的总原则，是要庄重、整洁、清净。

一间标准的签字厅，应当室内铺满地毯，除了必要的签字用桌、椅外，其他一切陈设都不需要。正规的签字桌应为长桌，其上最好铺设深绿色的台布。

按照仪式礼仪的规范，签字桌应当横放。在其后，可摆放适量的椅子。签署双边性合同时，可放置两张椅子，供签字人就座。签署多边性合同时，可以仅放一张椅子，供各方签字人签字时轮流就座。也可为每位签字人都各自提供一张椅子。

在签字桌上，应事先安放好待签文本，以及签字笔、吸墨器等签字时所用的文具。

与外商签署涉外商务合同时，须在签字桌上插放有关各方的国旗。插放国旗时，在其位置与顺序上，必须依照礼宾顺序而行。例如，签署双边性文本时，有关各方的国旗须插放在该方签字人椅子的正前方。如签署多边性合同、协议时，各方的国旗应依一定的礼宾顺序插在各方签字人的身后。

（3）安排签字人员。在举行签字仪式之前，有关各方应预先确定好参加签字仪式的人员，并向其有关方面通报。客方尤其要将自己一方出席签字仪式的人数提前告知主方，以便主方安排。签字人要视文件的性质来确定，可由最高负责人签字，但双方签字人的身份应该对等。参加签字的有关各方事先还要安排一名熟悉签字仪式详细程序的助签人，并商定好签字的有关细节。其他出席签字仪式的陪同人员，基本上是双方参加谈判的全体人员，按一般礼貌做法，人数最好大体相等。为了表示重视，双方也可对等邀请更高一层的领导人出席签字仪式。

由于签字仪式的礼仪性极强，签字人员的穿着也有具体要求。按照规定，签字人、助签人及随员，在出席签字仪式时，应当穿着具有礼服性质的深色西装套装或西装套裙，并且配以白色衬衫与深色皮鞋。

在签字仪式上露面的礼仪、接待人员，可以穿自己的工作制服，或是旗袍一类的礼仪性服装。签字人员应注意仪态、举止，要落落大方，自然得体，既不要严肃有余，也不要过分喜形于色。

2. 签字仪式的程序

虽然签字仪式的时间不长，但它是合同、协议签署的高潮，其程序规范、庄重而热烈。主要有以下几项。

（1）签字仪式开始。有关各方人员进入签字厅，在既定的位次上坐好。签字者按照主居左，客居右的位置入座，双方其他陪同人员分主客两方以各自职位、身份高低为序，自左向右（客方）或自右向左（主方）排列站于各签字人之后，或坐在己方签字者的对面。双方助签人分别站在己方签字者的外侧，协助翻揭文本，指明签字处，并为业已签署的文件吸墨防洇。

（2）签字人签署文本。签字人签署文本通常的做法是先签署己方保存的合同文本，再签署他方保存的合同文本，这一做法在礼仪上称为"轮换制"。它的含义是在位次排列上，轮流使有关各方有机会居于首位一次，以显示机会均等，各方平等。

（3）交换合同文本。双方签字人，正式交换已经有关各方正式签署的文本，交换后，各方签字人应热烈握手，互致祝贺，并相互交换各自方才使用过的签字笔，以示纪念。这时全场人员应该鼓掌，表示祝贺。

（4）共同举杯庆贺。交换已签订的合同文本后，礼仪小姐会用托盘端上香槟酒，有关人员，尤其是签字人当场干上一杯香槟酒，这是国际上通用的旨在增添喜庆色彩的做法。

（5）有秩序退场。接着请双方最高领导者及客方先退场，然后东道主再退场。整个签字仪式以半小时左右为宜。

二、开业仪式

开业仪式，是指在单位创建、开业，项目完工、落成，某一建筑物正式启用，或是某工程正式开始之际，为了表示庆贺和纪念，而按照一定的程序所隆重举行的专门的仪式。筹备和举行开业仪式始终应按照"热烈、隆重、节约、缜密"的原则进行。

1. 开业庆典的筹备

（1）做好开业庆典的舆论宣传工作。此类工作包括两个方面。一是选择有效的大众传播媒介进行集中性的广告宣传。企业可在报纸、电台、电视台广泛发布广告或在告示栏中张贴开业告示，其内容多为开业庆典举行的日期及地点、开业之际对顾客的优惠、开业单位的经营范围及特色等，以引起公众的注意。开业广告或告示发布时间在开业前的3天内为宜。二是邀请有关的大众传播界人士在开业庆典举行之时到场进行采访、报道，以期对本单位作进一步的正面宣传。

（2）做好来宾邀请工作。开业庆典影响的大小，往往取决于来宾的身份高低与数量多少。在力所能及的条件下，要力争多邀请一些来宾参加开业庆典。地方领导、上级主管部门与地方职能管理部门的领导、合作单位与同行单位的领导、社会团体的负责人、社会名流、新闻界人士，都是邀请时应予优先考虑的重点。其中新闻界人士是邀请的首要对象。

（3）发放请柬。请柬应提前一周发出，便于被邀者及早安排和准备。请柬的印制要精美，内容要完整，文字要简洁，措辞要热情。被邀者的姓名要书写整齐，不能潦草马虎。一般的请柬可派人送达，也可通过邮局邮寄。给有名望的人士或主要领导的请柬应派专人送达，以表示诚恳和尊重。

（4）布置现场。现场应突出喜庆、热闹的气氛，营造出一种隆重而令人振奋的氛围。开业庆典多在开业现场举行，需要较为宽敞的活动空间，所以正门之外的广场、正门之内的大厅、展厅门前等处均可作为开幕仪式的举行地点。按照惯例，举行开业典礼时宾主一律站立，故一般不布置主席台及座椅。为显示隆重与敬客，可在来宾尤其是贵宾讲话之处铺设红色地毯，并在场地四周悬挂横幅、标语、气球、彩带、宫灯。此外，还应当在醒目之处摆放来宾赠送的花篮、牌匾等。

（5）准备开幕词、致辞。仪式开始，组织的负责人致辞，向来宾表示感谢，并介绍本组织的经营特色和服务宗旨等。上级领导和来宾可在会上致辞祝贺，在祝贺中应多讲一些祝愿的话，但要注意限制发言时间。开幕词、致辞要言简意赅、热情庄重，起到密切感情、增进友谊的作用。

（6）做好接待服务工作。接待人员在会场门口接待来宾，待来宾签到后，引导来宾就位。重要来宾须由本单位主要负责人亲自出面接待，其他来宾可由本单位的礼仪小姐负责接待。若来宾较多，应准备好专用的停车场、休息室，并应为其安排饮食。

（7）做好礼品馈赠工作。开业庆典赠予来宾的礼品应具有以下三大特征。①宣传性。可在礼品及其外包装上印上本单位的企业标志、广告用语、产品图案、开业日期等。②荣誉性。要使之具有一定的纪念意义，让拥有者对其珍惜、重视，并为之感到光荣和自豪。③独特性。它应当与众不同，具有本单位的鲜明特色，使人爱不释手。

（8）拟定典礼程序。从总体上来看，开业庆典大都由开场、过程、结局三个阶段构成。
① 开场。奏乐，邀请来宾就位，宣布仪式正式开始，介绍主要来宾。
② 过程。这是开业庆典的核心内容，它通常包括本单位负责人讲话、来宾代表致辞、启动某项开业标志等。
③ 结局。包括开业庆典结束后宾主一道进行现场参观、联欢、座谈等。它是开业庆典必不可少的内容。

（9）做好各种物质准备。
① 用品准备。如来宾的签到簿、本单位的宣传材料、待客的饮料等。
② 设备准备。对于音响、录音、录像、照明等设备及开业典礼所需的各种用具、设备，必须事先认真检查、调试以防在使用时出现差错。一般在开会前一小时应再验收一下。

2. 参加开业庆典的礼仪

（1）主办方礼仪。这主要包括以下内容。
①仪容整洁。出席典礼的人员事前要做适当修饰。女士要适当化妆，男士应梳理好头发，刮净胡须。
②服饰规范。最好着统一式样的服饰。如果着装不统一，也至少要保证男士穿深色西装或中山装，女士穿深色西装套裙或套装。
③准备充分。请柬的发放应及时，无遗漏；安排好座位、座次；安排好来宾的迎送车辆等。
④遵守时间。不得迟到、无故缺席或中途退场。仪式应准时开始，准时结束。
⑤态度友好。见到来宾要主动热情地问好，对来宾提出的问题应予以友善的答复。当来宾发表贺词后，应主动鼓掌表示感谢。不能随意打断来宾的讲话，提出挑衅性质疑，或是对来宾进行人身攻击。来宾致词中如有不能接受的内容，当场一般不加理睬，如果敌意过于明显，应以委婉而简短的语言引开话题。

⑥行为自律。主办方人员不得嬉笑打闹，不要东张西望，表现出心不在焉的样子。

（2）宾客礼仪。这包括以下内容。

①准时参加。如果有特殊情况不能到场，应尽早通知主办方，说明理由并表达歉意。最好送贺礼。贺礼可以选择花篮、镜匾、楹联等，以表示对开业方的祝贺，并在贺礼上写明庆贺对象、庆贺缘由、贺词及祝贺单位。

②恭致祝贺。致贺词要简短精练，以贺顺利、发财、兴旺的吉利话为主，不能随意发挥。

③广交朋友。到场后应礼貌地与周围的人打招呼，可通过自我介绍、互换名片等方式结识更多的朋友。

④礼节性支持。如鼓掌、合影、跟随参观、写留言等。

⑤礼貌告辞。仪式结束后应和主办人握手告别，并致谢意。

3. 开幕仪式礼仪

开幕仪式是开业仪式常见的形式之一，通常它是指公司、企业、宾馆、商店、银行等正式启用前或各类商品的展示会、博览会、订货会正式开始之前，所正式举行的相关仪式。每当开幕仪式举行之后，公司、企业、宾馆、商店、银行等将正式营业，有关商品的展示会、博览会、订货会将正式接待顾客与观众。一般举行开幕式时要在比较宽敞的活动空间中进行，如门前广场、展厅门前、室内大厅等处。

开幕式的主要程序为：宣布仪式开始，全体肃立，介绍来宾，邀请专人揭幕或剪彩。揭幕时揭幕人行至彩幕前恭敬地站立，礼仪小姐双手将开启彩幕的彩索递交对方。揭幕人随之目视彩幕，双手拉起彩索，展开彩幕。全场目视彩幕，鼓掌并奏乐；在主人的亲自引导下，全体到场者依次进入幕门；主人致辞答谢；来宾代表发言祝贺；主人陪同来宾参观，开始正式接待顾客或观众，对外营业或对外展览宣告开始。

4. 奠基仪式礼仪

奠基仪式是指一些重要的建筑物如大厦、场馆、亭台、纪念碑等，在动工修建前，正式举行的庆贺性活动。其举行地点应选择在动工修建建筑物的施工现场，一般在建筑物的正门右侧，在奠基仪式的举行现场设有彩棚，安放该建筑物的模型、设计图、效果图，并使各种建筑机械就位待命。

用来奠基的奠基石应是一块完整无损、外观精美的长方形石料。在奠基石上文字应当竖写，在其右上款，写上建筑物的名称，正中央应有"奠基"两个大字，左下款刻有奠基单位的全称及举行奠基仪式的具体年月日。奠基石上的字体，大都用楷体刻写，并且最好用白底金字或黑字。在奠基石的下方或一侧，还应安放一只密闭完好的铁盒，内装与该建筑物相关的各有关资料及奠基人的姓名。届时，它将同奠基石一道被奠基人等培土掩埋于地下，以志纪念。

奠基仪式的程序为：仪式正式开始、介绍来宾、全体起立；奏国歌；主人对建筑物的功能、规划设计等进行介绍；来宾致辞道贺；正式进行奠基，奠基人双手持握系有红绸的新锹为奠基石培土，再由主人与其他嘉宾依次为之培土，直至将其埋没为止。奠基时应演奏喜庆乐曲或敲锣打鼓，营造良好的气氛。

5. 落成仪式礼仪

落成仪式礼仪也称竣工仪式，往往指本单位所属的某一建筑物或某项设施建设、安装工作完成之后，或是某一纪念性、标志性建筑物，诸如纪念碑、纪念塔、纪念堂等建成之后以及某种意义特别重大的产品生产成功之后，所专门举行的庆贺性活动。落成仪式一般应在现场举行，如新落成的建筑物之外，纪念碑、纪念塔的旁边等。参加落成仪式要注意情绪，在庆贺工厂大厦落成、重要产品生产等时应表现出欢乐和喜悦，在庆祝纪念碑、纪念塔落成时应表现出庄严而肃穆。

落成仪式的程序是：宣布仪式开始；全体起立，介绍各位来宾；奏国歌，并演奏本单位标志性乐曲；本单位负责人发言，以介绍、回顾、感谢为主要内容；进行揭幕或剪彩；全体人员向刚刚落成的建筑物行注目礼；来宾致辞；全体人员进行参观。

三、剪彩仪式

剪彩仪式是有关的组织为了庆贺其成立开业、大型建筑物落成、新造的车船和飞机出厂、道路桥梁落成首次通车、大型展销会、展览会的开幕而举行的一种庆祝活动。

剪彩作为一种庆典仪式，可以在开业典礼中举行，也可举行专门的剪彩仪式，以期引起社会各界的重视。剪彩仪式起源于美国。据说美国人做生意保留着一种习俗，即一清早必须把店门打开，为了使人们知道这是一个新开张的店铺，还要特地在门前横系上一条布带。因为这样做既可以防止店铺未开张前闯入闲人，又起引人注目、标新立异的作用。等店铺正式开张时才将布带取走。1912年，美国的圣安东尼州的华狄密镇上有一家大百货公司将要开张，老板威尔斯严格地按照当地的风俗办事，在早早开着的店门前横系着一条布带，万事俱备，只等开张。这时，老板威尔斯十岁的女儿牵着一只哈巴狗从店里匆匆跑出来，无意中碰断了这条布带。这时在门外等候的顾客及行人以为正式开张营业了，蜂拥而入，争先恐后地购买货物，真是生意兴隆。不久，当老板的一个分公司又要开张时，想起第一次开张时的盛况，又如法炮制。这次是有意让小女把布带碰断，果然财运又不错。于是，人们认为让女孩碰断布带的做法是一个极好的兆头，因而争相效仿，广为推行。此后，凡是新开张的商店都要邀请年轻的姑娘来撕断布带。后来，人们又用彩带取代色彩单调的布带，并用剪刀剪代替用手撕，有时还用金剪子。这样一来，人们就给这种正式做法取了个名——"剪彩"。剪彩的人通常是德高望重的社会名流甚至是国家元首。具体地，剪彩要遵循以下礼仪规则。

1. 邀请参加者

参加剪彩仪式的人员主要分为：主办单位负责人和组织仪式的人员；上级领导、主管单位负责人、知名人士、记者等来宾；主办单位企业的员工；有关管理人员和技术人员。通过参加仪式，参加者身临其境，感受项目或展览的重要，从而形成深刻难忘的印象。对仪式的参加者应做好接待工作。当宾客到达时，接待人员要请宾客签到，然后引领他们到指定的位置上。

2. 做好准备工作

剪彩仪式的主席台要事先布置好，主席台要蒙好台布，摆放茶水和就座人员的名签。为了增添热烈而隆重的喜庆气氛，可以邀请礼仪小姐参加仪式。礼仪小姐可从本组织中挑选，也可到礼仪公司聘请。对礼仪小姐要求仪容、仪表、仪态文雅、大方、端庄。着装宜选择西式套装或红色旗袍，穿高跟鞋，配长筒丝袜，化淡妆，并以盘起发髻的发型为佳。人员确定后，要进行必要的分工和演练。剪彩仪式的用品如剪刀、白纱手套、托盘应按剪彩者人数配齐，系有花结的大红缎带约2米，馈赠的纪念性小礼品也应准备好。

3. 剪彩者形象

剪彩者是剪彩仪式的主角，其仪表举止直接关系到剪裁仪式的效果和组织形象。因此作为剪彩者，要有荣誉感和责任感，衣着大方、整洁、挺括，容貌要适当修饰，剪彩过程中要保持稳重的姿态、洒脱的风度和优雅的举止。

4. 仪式开始

仪式主持人在宣布仪式开始时，声音要高亢响亮。然后，向到会者介绍参加剪彩仪式的领导人、负责人与知名人士，并对他们表示谢意，同时，也对在场的其他与会者表示感谢。感谢还要用掌声表示，主持人把两手高举起一些，以作为对在场各位鼓掌引导的暗示。仪式上可以安排简短发言，言简意赅，充满热情，两三分钟即可，发言者一般为东道主的代表，向东道主表示祝贺的上级主管部门、地方政府及其他协作单位的代表。

5. 进行剪彩

主持人宣布正式剪彩之后，剪彩者应在礼仪小姐的引导下，步履稳健地走向剪彩位置，如有几位剪彩者时应让中间主剪者走在前面，其他剪彩者紧随其后走向自己的剪彩位置。主席台上的人员一般要尾随至剪彩者之后1~2米处站立。当礼仪小姐用托盘呈上白手套、新剪刀时，剪彩者可用微笑表示谢意并随即接过手套和剪刀。剪彩前要向手拉缎带的礼仪小姐点头示意，然后，全神贯注、表情庄重地将缎带一刀两断。如果几位剪彩者共同剪彩，要注意协调行动，处在外端的剪彩者应用眼睛余光注视处于中间位置的剪彩者的动作，力争同时剪断彩带。还应与礼仪小姐配合，让彩球落于托盘中，剪彩者在放下剪刀后，应转身向周围的人鼓掌致意，并与主人进行礼节性的谈话，然后在礼仪小姐引导下退场。

6. 参观庆贺

剪彩后，一般要组织来宾参观工程、展览等。有时候要宴请宾客，共同举杯庆祝。

延伸阅读

一、仪式活动的执著、细致与艰辛

婚礼是一项重要的礼仪活动，大多数礼仪服务公司以此为主业。以下是大连一灯礼仪公司的"婚礼督导师方案"，请从中体会成功举办一次礼仪活动的执著、细致与艰辛。

婚礼督导师方案

一、婚礼前准备工作

1. 确定婚礼仪式，预订喜宴场所。

2. 拍摄婚纱照。

3. 选定伴郎、伴娘。

4. 确定婚礼当天工作人员名单，商议婚礼当天分工。

  婚礼当天工作人员的电话：

  头车司机电话 _____ ； 摄像车司机电话 _____ ；

  车队司机电话 _____ ； 新郎家人联系电话 _____ ；

  新娘家人联系电话 _____ ； 摄像车领路人电话 _____ ；

  酒店工作人员电话 _____ ； 督导师电话 _____ ；

5. 确定婚礼宴请嘉宾名单，制定婚礼程序及座位。

6. 确定婚礼当天车队行驶路线。

7. 设计婚宴现场布置。（室内布置、室外布置）

8. 决定摄像、摄影、车队会合地点。

9. 订购婚礼当天所需香烟、喜酒、饮料、糖果、瓜子，包好礼包。

10. 准备好婚礼当天的各种费用（红包，要分别包好）。

11. 与证婚人或司仪做最后确定。

12. 凡属婚礼当天使用的物品要有专人负责看管（首饰、礼金、礼服、配件、丝袜）。

13. 礼包、白酒、啤酒、摆桌用的烟、瓜子、干果等头一天晚上送到酒店。

二、婚礼当天安排

1. 新郎、伴郎到 _____ 提取头车。并领取手捧花、胸花、腕花、头花。摄像车到，接摄像师、摄影师，与头车会合一起去新娘家。

2. 新郎、伴郎、摄影、摄像师到新娘家。

3. 迎亲车队在新娘家楼下集合。

4. 8：00 至 8：40

（1）伴郎下车给新郎开车门，陪伴在新郎的左边，进门后招呼新郎向新娘父母问好，改口叫爸妈，老人赏红包。

（2）进门后，新郎过新娘的姐妹朋友关。

（3）新郎向新娘献花，给新娘戴胸花，同时伴郎给伴娘戴胸花。

（4）新郎给新娘穿袜子、穿鞋，鞋里要压钱，给父母戴花。

（5）新郎抱新娘到桌前吃饺子。

（6）照全家福（1张父母，1张全家福）。

（7）新娘下楼上车（新娘应带八宝盒、化妆盒、礼服）。

（8）新郎、新娘上车，伴郎、伴娘上车（注意带好手绢）。

（9）安排压床小孩和父母坐到第二辆车，注意别空车。

5. 8∶45 从新娘家出发车到新房。

6. 9∶00 至 9∶40 在新房

（1）伴郎下车给新郎开门，新郎扶新娘下车，二人在车前摄影，这时亲友向新人喷洒吉庆礼花。

（2）进门后新娘问新郎父母问好，改口叫爸妈（给红包）。给父母带花。

（3）新娘上床坐福，压床小孩下床拿红包，兄弟订门帘。

（4）伴娘把八宝盒里的物品放在家具上。

（5）带好结婚信物和结婚证。

7. 9∶45 鸣放礼炮，从新房出发，途径×××到酒店。

8. 10∶58 到×××酒店。

（1）到酒店前，摄像师提前下车，准备好摄影摄像。

（2）伴郎下车给新郎、新娘、伴娘开车门。下车时新人脚踩爱情对对碰，放飞带着许愿卡的气球。

（3）新人在酒店门前合影，随后进入酒店。

（4）准备入场的亲人进入酒店。

（5）主持人 10∶10 前进入场内安排准备。

（6）来宾在 11∶00 前进入酒店。

9. 11∶28 仪式正式开始。

（1）主持人宣布新婚典礼正式开始，双方父母上主席台。

（2）奏婚礼进行曲，新人手持鲜花行至主席台，正中央站好，伴郎、伴娘在新人后面两侧站好。

（3）介绍双方父母和主要嘉宾。

（4）嘉宾代表讲话。

（5）证婚人证婚。

（6）新人宣誓交换戒指。
（7）新人拜天地。
（8）父母讲话。
（9）主持人致贺词，结束词。
（10）新人入席，宴会开始。

（资料来源：大连一灯礼仪公司）

二、仪式活动与环境设计的关系

仪式活动从其一开始出现，就与环境设计有着密切的关联，这里首先从建筑与礼仪仪式的关系说起：人类历史上一些著名的建筑物都是与其当时当地重要的礼仪仪式相关的。埃及金字塔是法老对死亡仪式的一种诠释，也是古埃及人对人生与死哲学的一种思考。雅典神庙是古希腊人祭拜神灵并举办各种仪式的地方，其坐落的位置和精美的建筑设计与仪式开展的程序有着良好的结合，建筑序列与仪式程序巧妙重合是其重要特点。罗马梵蒂冈圣彼得大教堂是全世界天主教的中心，其巨大的尺度使每一个走近它的人感觉到自身的渺小，在它的广场与大厅中，曾举行过无数重要的宗教与社会仪式，2005年4月2日教皇保罗二世去世，在圣彼得大教堂举行了历史上最隆重的葬礼仪式，其严谨庄严的仪式程序与建筑的宏伟场面相得益彰，给人留下难忘印象。

在中国北京也有一座著名的为礼仪仪式而设计建造的建筑群，它就是天坛。恢弘壮丽的天坛坐落在北京东南部，与紫禁城同时兴建，至今已有五百多年的历史，是中国明、清两代皇帝为诚敬上天而举行祭祀礼仪大典的专用祭坛。天坛占地273公顷，是紫禁城的四倍，整个布局呈"回"字形，分为内、外坛两大部分，各有坛墙围护。内外坛墙均呈北圆南方的形状，象征"天圆地方"。天坛从平面上看，有一条轴线、三道坛墙、五组建筑、七峰东岳和九座坛门。其建筑设计紧紧围绕皇帝祭祀仪式的程序展开。清代皇帝每年冬至来天坛祭天，求雨"常雩"、"大雩"礼仪及重大国事的"告祀"礼仪也都在天坛举行。从进入天坛开始到祭祀活动结束，主祭者和参与者都要经过由建筑围合成的一系列空间序列，建筑空间暗示着礼仪程序并使人产生相应的联想。正是这个空间序列和联想，加之中国哲学中"天圆地方"的观念从"形"到"势"通过建筑空间得以体现，使得天坛成为具有神秘氛围的礼仪空间。曾有人这样描述：冬至日出前七刻（约凌晨4时15分左右），寒冷的冬夜，一盏高悬的望灯，孤独地亮着，祭坛下数千盏灯具把祭坛装扮得神奇而幽幻，燔柴炉浓烟冲天，灯影漂浮伴随钟磬空灵，此时皇帝依九个仪程，七次登坛致祭，隆重而神秘，充满了虔诚的气氛。

可以说，中外历史上大部分的宗教建筑和祭祀建筑及很多公共建筑都在设计时考虑了礼仪仪式的功能，并由于礼仪仪式而使这些建筑成为人们生活中的重要活动空间。

与建筑相比，室内空间更精致地表达了人们对礼仪的追求。

法国巴黎凡尔赛宫有个著名的"镜厅",这个空间在其最早的设计中只是个连接各功能空间的大走廊,但设计师匠心独运地将其重新改造成皇帝举行各种仪式的大"多功能"厅,由于墙上镶满各种异形的镜子,而被称为"镜厅"。厅中地面镶满拼花木地板,天顶绘制着神话题材的油彩画,壁柱及顶棚上挂满蜡烛灯,异彩纷呈,法国皇帝路易十四经常在镜厅开宴会、舞会,或接见各国使节,并在此举行盛大的欢迎晚宴。人影烛光经过镜子的反映,交相辉映,分不清真实与虚幻,达到了一种奢华的极致。俄罗斯的欧洲各国贵族对此向往有加,甚至有人认为一生中如能参加一次在凡尔赛宫"镜厅"举行的仪式,将终生荣幸。

随着室内设计的发展和科技的进步,如今的室内空间更多地负担起为各种礼仪仪式服务的功能,其中各种庆典餐宴和会议是室内设计为礼仪仪式服务的最常见形式。

"餐厅"这个词最早出现在1647年出版的一本法国建筑书籍的房屋设计图中,独自开辟一个单独的房间就餐在这个时期出现在巴黎城内贵族阶层的豪宅中,之后在大型公共建筑中出现专用宴会厅,在宴会厅举行各种与餐宴并行的礼仪仪式,如婚礼、开幕酒会、国宾招待酒会等。

中国在20世纪50年代末在北京建造了人民大会堂,其主要的功能除召开全国性人民代表大会外,会议仪式和大型宴会是其最主要的辅助功能。当时的中央工艺美术学院(现清华大学美术学院)室内设计专业的很多师生都参与过人民大会堂各会议厅及宴会厅的设计及建设。在人民大会堂中,最著名的是它的大会议厅,它的室内设计方案是在20世纪50年代末人民大会堂建设时留下的,至今仍保留和延续,据说当时的国务院总理周恩来亲自参与确定了这一设计方案,其中吊顶顶棚,由几千个灯泡组成的星辰聚集在中央一颗铜制大红五星周围,蔚为壮观。这个大厅也是其后进行全国性会议和举行各种国家性礼仪仪式最多的地方。

在人民大会堂以各个省市命名的大小会议厅的设计上,设计人员与政府官员及各省市的艺术家们共同策划、设计了几十个各具特色的国家级会议招待厅,形成了中国现代式礼仪接待用空间的典范,如人民大会堂陕西厅、重庆厅、香港厅等都是既具地方特色又符合现代接待仪式和国际礼仪程序的室内空间,很多国家的外交使团和国家贵宾在北京人民大会堂参加完接待仪式后都会对中国独特的礼仪仪式和人民大会堂精美的装饰陈设留下深刻的印象。

(资料来源:宋立民. 礼仪仪式与环境设计. 装饰,2007(3).)

思考练习

1. 寻找机会参加一次企业的仪典活动,并谈谈你的切身感受。

2. 中国五湖四海饮料公司将迎来一批来自美国的华尔集团商务考察团,五湖四海饮料公司准备向华尔集团订购两条先进的罐装流水线设备。在这次考察活动中要进行谈判,将签订合同,举行签字仪式。请模拟这次签字仪式。

3. 某商场开业,你作为迎宾组负责人,将如何组织开展工作(不是工作计划,要能模拟出实施场面）。

4. 某车展开幕，本次车展来了许多知名宾客进行参观，你作为本次车展的解说员，将为这些知名宾客进行解说，你将如何开展工作（这些知名宾客以演员、歌手为主，可以让一些同学扮演宾客）。

5. 案例分析：

狼狈不堪的签约仪式

今年1月，宏达公司与美国戴维斯公司经过多轮磋商，达成了合作意向，他们决定16日上午10点在嘉元宾馆举办正式的签约仪式。准备由宏达公司总经理秘书王芳主持。由于王芳最近工作比较忙，所以准备签约仪式的时候比较紧张。到了这天，她提前半小时到了会场，突然发现合同文本忘记在办公室了，她赶快请办公室文员小李拿上合同，从后勤处要了一辆车火速赶往签约现场。幸好当天交通状况比较好，没有塞车，合同在会议开始前5分钟送到了，总经理秘书王芳悬着的心终于落下来了。可在主持人宣布签约仪式开始时，王芳发现她忘记安排助签人了，所以她自己临时上阵担任助签人，而她的着装与签约仪式的气氛不是很协调，导致场面有点尴尬。

（资料来源：张岩松，李桂英. 现代商务礼仪. 北京：北京交通大学出版社，2009.）

思考讨论题：

（1）举行仪典活动应做好哪些准备？

（2）签约仪式对助签人有何要求？

学习情境 11　行业服务

先利人，后利己；用心极致，满意加惊喜；在客人惊喜中，找到富有人生。

——金钥匙家政服务理念

情境导入

迎刃而解

在某酒店总台，一位服务员正在给客人办理离店手续。

这时，总台电话铃响，服务员拎起话筒，她接到值班经理的电话，原来，915房的预订客人即将到达，而915房的客人还未走，其他同类房也已客满，如何通知在房的客人迅速离店，而又不使客人觉得是在催促他，从而感到不快呢。

服务员一皱眉，继而一努嘴，拨通了915房间客人的电话。

"陈先生吗，我是总台的服务员，您能否告诉我打算什么时候离店，以便及时给您安排好行李员和出租车。"

915房间陈先生："哈哈，我懂你的意思啦，安排一辆的士吧。"

就这样问题迎刃而解了。

（资料来源：http://www.3721bearing.com/blogbbs_shownews.asp?id=50104）

任务分析

服务礼仪通常是指礼仪在服务行业的具体应用，是服务人员在工作岗位上，通过言谈、举止、行为等，对顾客表示尊重和友好而应遵守的行为规范。也就是说，服务人员在自己的工作岗位上向服务对象提供服务的标准的、正确的做法。

在市场经济条件下，商品的竞争就是服务的竞争。在与服务对象打交道的过程中，讲究服务礼仪，遵守服务规范，学会与顾客交往和沟通，能够展现一名服务行业从业人员的外在美和内在修养，拉近服务行业从业人员与顾客的距离，赢得顾客的满意和对企业的忠诚，提升企业的形象，实现品牌的增值。

实训项目

项目名称：模拟导游讲解服务中的礼仪活动训练。

实训目标：通过定点导游讲解的训练，学生在接老年团和学生团后，能灵活地有针对性地进行礼仪服务。

实训学时：2学时。

实训地点：多媒体教室。

实训情境：以大连星海广场为讲解景点。一是模拟一个老年旅游团队，让学生练习讲解针对老年团的星海广场的导游词。注意提醒学生训练时：①在语速、语调上注意适合老年人接受的特点；②在内容的选取上，要以历史变革为主要线索，能够引起老年人回忆、共鸣。二是模拟一个学生团队，让学生结合自身的特点，练习讲解星海广场的导游词。注意提醒学生，讲解时注意时尚、前位和各种刺激性的游乐项目内容，要引起学生的广泛兴趣。

实训方法：播放星海广场的影像资料，让学生对照影像进行训练讲解。讲解内容包括星海广场景点内容、特色、周边的交通环境。每位学生3~5分钟。用数码摄像机（或数码照相机）记录整个过程，然后用大屏幕回放，学生自我评价，授课教师总结点评学生存在的个性和共性问题。最后评选"最佳讲解员"。

知识链接

一、酒店服务礼仪

饭店是以建筑物为凭借，主要通过客房、餐饮，向旅客提供服务的场所。随着经济的发展，人民生活水平的提高，旅游者的需求也不断提高和增多，对饭店的要求也越来越高。"宾客至上"的服务意识与热情友好的服务态度，可以带给客人精神上的享受，而其中的关键正是对服务礼仪的认识、运用。

1. 酒店礼貌服务

礼貌服务是指服务人员出于对客人的尊重和友好，在服务中重礼仪、讲礼节，执行服务操作规范，它是服务人员主动、热情、周到服务的外在表现，是客人在精神上能感受到的服务形式。

著名的希尔顿饭店董事长唐纳·希尔顿所提倡的"微笑服务"就是一条管理酒店的法宝。泰国东方大酒店，曾两次被评为"世界十佳饭店"之首，其成功秘诀就在于把"笑容可掬"作为一项迎宾规范，从而给光临该店的游客留下美好的印象和回忆。由此可见，酒店员工的礼貌服务是酒店一个不可忽视的重要因素，酒店员工的礼貌礼仪是反映酒店管理水平和服务水平的重要组成部分。

酒店礼貌礼仪服务基本要求如下。

（1）举止大方，站立服务。站立服务是酒店员工的基本功之一，要求员工站立端正、自然、亲切、稳重，切忌双手抱胸或叉腰，这些动作会给客人以懒散的感觉。

（2）表情真切，微笑服务。在迎送客人或与客人交流时，面带微笑，真诚礼貌，恰当地使用尊称和各种手势。

（3）敬语服务，礼貌迎送。用语谦恭，语调亲切，言辞简洁，根据不同对象恰当使用语言。对内宾使用普通话，对外宾使用外语，尽量做到能听懂方言。客到有请、客问必答、客走道别。

（4）着装规范，干净整洁。酒店员工工作时必须穿统一的工作服。女员工上班要淡妆打扮，以保持皮肤的细润，显得年轻、有活力。男员工不化妆，应做到端庄大方，但要经常修面、剪鼻毛。男女员工都切忌奇装异服和出格打扮。

（5）主随客便，尊重习俗。对需要特殊照顾，特别是有不同的宗教信仰和民族习惯的客人，尽量满足他们的要求。接待客人预订事项主动热情、有条不紊。在办理入住、用餐等手续时，准确填写、认真核实，以符合客人要求。

（6）尊重隐私，理性服务。不能对外泄露客人的任何信息；不能乱动、乱翻客人的物品；不私自使用专供客人使用的电话、电梯、洗手间等设施。

（7）面对投诉，诚恳对待。面对客人的投诉，应态度诚恳，按规章热心帮客人解决问题，切忌急躁、争辩、怠慢，推卸责任。因故不能完成服务的，要耐心向客人解释并道歉。

（8）突发事件，沉着冷静。当发生火警、电梯事故、客人突发疾病或受伤、恐怖爆炸等紧急事故时，应沉着冷静，按照应急预案及时、得当地进行处理。

（9）拾金不昧，诚实守信。拾到客人的遗忘物品应及时还给客人或上缴，不能私自存留，也不能使用客人的遗弃物品。

2.酒店各岗位服务礼仪

酒店员工接待客人，礼仪礼节贯穿于酒店服务的全过程。服务态度的好坏，职业道德水平的高低，首先要从酒店员工的礼仪礼节上体现出来。在酒店的各个部门不同岗位上礼仪礼节服务技巧，必须熟练掌握落实到位，这样才能提供优质服务。

（1）迎接人员的礼仪。迎接人员主要指的是门卫和行李员，担负着迎送宾客的重要任务，他们的礼仪礼节会给来宾留下饭店服务质量的第一印象。迎接人员在接待客人时应做到以下几点。①身着鲜亮的制服：大门迎接人员要穿迎宾服装上班，包括迎宾制服、迎宾帽、白手套、皮鞋等一套具有本酒店特色的鲜亮的制服，精神饱满地站在正门前，恭候宾客的光临。②主动上前问候：见到宾客光临，应主动上前彬彬有礼地亲切问候；宾客乘坐车辆抵达时，要热情相迎，应一手拉开车门，一手挡住车门框的上沿，以免客人碰头（但要注意两种客人除外：一种是信仰伊斯兰教的，一种是信仰佛教的。因为佛教徒会认为这样做会遮住"佛光"）。并且要求自然、大方、真诚，笑容常在。③问候语言要亲切，多重复：问候客人时要面带微笑,热情友好地说:"您好,欢迎光临!"并鞠躬15°致礼;为使每位客人都能听到问候语,最好做到每人一问;接待团体客人时,应连续向宾客点头致意。④客人带有行李应主动上前为客人提行李,但要尊重客人的意愿。⑤陪同客人到总服务台办理手续时,应在客人身后两三步处等候,以便随时接受客人吩咐。陪同客人乘电梯时,应让客人先入梯,不得自己先行。⑥离开房间前,应微笑地说:"先生请好好休息,再见!"面对客人,后退一步,再转身退出房间,将门轻轻关上。

(2)总台接待人员的礼仪。酒店的"窗口"是总台,也是酒店的管理核心区域。总台接待人员的礼仪礼节,在很大程度上关系到饭店服务水平。总台人员在接待客人时要做到以下几点。①站立服务、笑脸相迎、主动招呼,热情问候每一位客人。②热情接待、百问不厌、有问必答、简洁明了;客人多的时候,要按先后顺序依次办理住宿手续,做到办理一个、接待一个、招呼后一个,务必使客人不受冷落。③接受来电查询时,应热情帮助解决,声音中体现亲切温暖。④日常服务中,要把电报、邮件准确、迅速地交给住店客人,递送时要微笑招呼、敬语当先。⑤结账告别时,应向客人道谢告别,给客人留下彬彬有礼的印象,以使客人产生亲切感,吸引客人下次再来。

(3)客房服务员的礼仪。酒店是客人的"家外之家",客房是住店客人的主要休息场所。要给客人提供舒适、温馨、安全、清洁的居所,必须要做到以下几点。①楼层接待员要站立在梯口旁,恭候客人到来,敬语问候。②引领客人要在客人左前方1.5米,按客人的步幅前进,直到预订房间的门口,开门后侧身一旁,敬请客人进房。③待客人休息后,要根据不同客人的具体情况介绍房间设施的使用方法,帮助客人熟悉酒店各部门的位置环境。④客房服务员进房打扫房间,开门前必须轻轻敲门。当房门挂着"切勿打扰"的牌子时,绝对不要擅自闯入。被客人召唤进客房时,要让门半掩着。客人请你坐下,要婉言谢绝。⑤不得先伸手与客人握手,与客人交谈时要以"请"字当先,"谢谢"结尾。

(4)餐厅服务人员的礼仪。餐厅是酒店客人用膳的主要场所,接待人员应掌握娴熟的服务技巧和具备良好的礼仪礼节,要做到以下几点。①在客人来到之前,要有一两名服务人员在餐厅门口迎接,要站姿优美、规范、精神饱满。②当客人走向餐厅1.5米处,应面带笑容,拉门迎宾,热情问候;如果是男女客人一起进来,要先问候女宾,再问候男宾。③客人走近餐桌时,服务员应用轻捷的动作,双手拉开座椅,招呼客人就座。④客人入座后,先送上毛巾,后送上茶水。然后把菜单递上,菜单要从宾客的左边递上,要耐心等候,让客人有充分的时间考虑。当客人不知道点什么菜好时,服务员应当好参谋,热情介绍本酒店的时令菜、特色菜、创新菜等。不可硬性推荐,要用敬语。⑤斟酒时要严格按照规格和操作程序进行。斟酒时,打开酒瓶盖后应站在客人后侧,倒酒时要从右侧倒,注意不可站在同一位置为两位客人同时斟酒。先倒烈性酒,然后再倒果酒、啤酒、矿泉水。斟酒的浅满程度,要根据各类酒的要求来斟。中餐常要斟满杯,以示对客人的尊重;西餐则有所不同,斟白酒一般不超过酒杯的四分之三，这样能让客人在喝第一口之前有机会闻到杯内白酒的芬芳；红酒一般只斟三分之二杯；斟香槟酒要分两次斟，第一次先斟三分之二杯，待泡沫平息后，再斟三分之二或四分之三杯即可。斟啤酒时，因其泡沫较多，斟的速度要慢。斟酒时，瓶口不要碰到酒杯。斟酒的顺序是先斟给主人右边的一位，再按照逆时针方向绕桌斟酒。⑥上菜要严格按照上菜规则进行。上菜要从客人的左边上；酒席中的第一道菜，其看面要对正主位，其他看面要朝向四周。⑦主人或客人祝酒或发表讲话时，应停止上菜，但要及时斟酒，以便干杯。服务员的眼睛要始终注意到餐厅的每一位客人，以便上前问候服务。⑧结账送客时，把账单正面朝下放在托盘上，从左边递给客人。一定等客人点完甜点或客人要求结账时方可呈上账单，当客人付款后，要表示感谢，用敬语。

3. 酒店员工问候语礼节

由于国度、地域场合和交际对象的不同，它的内容与形式也有所不同。作为酒店员工，必须了解人们交际活动中所应遵循的基本礼节礼仪。这既是员工个人素质的体现，又有助于提高服务质量，树立酒店良好的企业形象。下面是几种常见的见面礼仪介绍。

（1）问候礼。问候礼是人与人见面时互相问候的一种礼节。问候礼是酒店服务人员对客人进店或外出归来时的一种接待礼节，以问候、祝贺语言为主，问候礼节在日常的使用中又分以下几种。①初次见面的问候。客人刚刚入住酒店时的问候。与客人初次见面，服务员应该说："先生您好(或欢迎光临)，我是酒店服务员，请问您有什么吩咐吗？"等。②时间性问候。客人住店后，在店内与客人见面时，要根据早、午、晚大概时间问候"早上好"、"您好"、"晚上好"。但在问候晚上好的时候要注意与英语的晚安区别开来。英语中"Good evening 晚上好"是见面时互相打招呼，而"Good night（晚安）"则是客人进客房休息或是今晚不再见面时的一种祝愿语。③对不同类型客人的问候。入住酒店的客人类型很多，服务人员要根据不同类型的客人进行问候。如：同体育代表团、文艺代表团见面时，除一般性问候外还要说一些客人比较爱听的吉利语言，如"祝贺你们在比赛中获胜"、"祝你们演出成功"、"你们表演得很精彩"，等等。④节日性问候。节日性问候礼一般是在节日前或节日后的问候语言，如：圣诞节、新年、国庆节等，可问候："圣诞快乐"、"新年愉快"、"节日愉快"等。在日常服务工作中，当了解到某天是客人生日时，就要更加关心客人，见面时应表示祝贺，说："祝您生日快乐"或"生日愉快"。对于酒店重要客人和知名人士，还应送鲜花或其他生日礼物，使客人有宾至如归之感。⑤其他问候。客人身体欠安时，服务员不但要在语言方面使客人满意，而且还应在日常生活中关心客人。如：客人患病了，在见面时就应说"您身体好些了吗？祝您早日恢复健康！"等。

（2）应答礼。应答礼是指同客人交谈时的礼节。它包括以下内容。①解答客人提问时必须起立，站立姿势要好，背不能倚靠它物。讲话语气要温和耐心，双目注视对方，集中精神倾听，以示尊重客人。对宾客的问话或托办事项没听清楚时要同客人说："先生，对不起，请再讲一遍好吗？"或者"对不起，先生，我再把您的留言重复一遍好吗？"这样就可以避免在服务工作中出现差错。②服务员在为宾客处理服务上的问题时，语气要婉转，如果客人提出的要求及某些问题超越了自己的权限，就应及时请示上级及有关部门，禁止说一些否定语，如："不成"、"不可以"、"不知道"、"没有办法"等。

（3）操作礼。操作礼主要是指服务人员在日常工作中的礼节。它包括以下内容。①服务人员在日常工作中不准大声喧哗，不准开玩笑，不准哼小曲，保持工作地点或客房的安静环境。进宾客房间时，要敲门。敲门时，要注意既不能猛敲，也不能相隔很长时间再敲门，要有节奏地轻敲。轻敲一下后如果没人回答，稍隔片刻再缓敲两次，待客人同意后再轻轻开门进入，并用温柔的语调对客人说："对不起，打扰您了"，"我是楼层服务员，现在可以为您整理房间吗？"征得客人同意后再整理、打扫房间。搞完卫生，退出客人房间时，要面对客人说："谢谢，再见。"②服务人员在打扫房间时，要既轻又快，搞完卫生后不可在房间停留。搞卫生时也不可以随意翻阅客人的书刊、信件等，更不可以动用客人的录音机、录像机、照相机等。

二、导游服务礼仪

导游服务是指为消费者提供的吃、住、行、游、购、娱服务。随着现代旅游业的发展，导游服务的内容和方式正不断发生变化，对旅行社从业人中的素质要求亦越来越高。面对激烈的市场竞争，无论是团队或散客，还是单项服务或综合服务，都需要旅行社认真对待，以取得市场的认可和信誉。因此，导游人员必须有良好的礼仪礼貌修养，必须学会礼貌待客，否则将难以胜任旅行社的工作。

1. 导游员的素质要求

导游员通常都是独立工作，需要有较强的组织、协调、沟通、控制、调动情绪、处理突发事情的能力。导游员的素质要求主要包括以下内容。

（1）热情友好、爱岗敬业。导游员应该性格开朗、待人热情、活泼睿智、富于幽默感。导游员在接待过程中应该热情地关心每一位游客，提供富有人情味的服务，使游客产生一种宾至如归的感觉。导游员应该具有强烈的敬业精神，热爱导游工作，真诚热情地为旅游者服务，精力充沛地投入旅游团的接待工作中。导游员应该积极发挥自己的聪明才智和主观能动性，不怕吃苦、任劳任怨，出色地完成旅游接待任务，让游客高兴而来，满意而归。

（2）仪表端庄、仪容大方。导游员应该衣着整洁、仪表端庄和言谈举止潇洒大方，做到持证上岗、挂牌服务。这样在为游客提供服务时，会给导游员增添几分气度。而衣着不整、形象邋遢的导游员则使人感到不可信任。因此，导游员的衣着必须整洁、得体；表情要自然、诚恳、稳重，让人看上去总是精神饱满、朝气蓬勃，做到微笑迎客、主动热情、端庄大方。

（3）态度乐观、不惧困难。导游员在旅游接待过程时，经常会遇到各种意料不到的困难。

例如飞机航班延误、旅游途中遇到车祸、旅游团内有人生病、旅游团内个别旅游者对旅行社的某些安排表示强烈不满等。在困难面前，导游员应该表现出乐观的态度，让游客觉得困难并不像原先想象得那么严重，增加克服困难的勇气。因此，导游员必须是一个乐观主义者，在任何困难面前都不应丧失信心。那种一遇困难就惊慌失措、怨天尤人的人，绝不会成为一名合格的导游员。

（4）意志坚定、处事果断。坚定的意志和处事果断的工作作风，是导游员成功地带领游客完成旅游活动的重要因素。无论担任领队、全程陪同还是地方陪同，导游员都必须在旅游者面前表现出充分的自信心和抗干扰能力。导游员应该坚定不移地维护游客和旅行社的正当权益，坚决要求有关方面不折不扣地执行事先达成的旅游合同或其他合作协议。在遇到比较棘手的问题时，导游员应能保持冷静，头脑清醒，善于透过纷乱复杂的表面现象，迅速找到问题的实质，果断地采取适当措施，尽快将问题解决好。

（5）待人诚恳、讲求信誉。导游员必须具有待人诚恳的品质，无论对游客还是对旅行社，都必须讲求信誉，做到言必行、行必果，必须光明正大，不得背着旅行社同游客、旅游中间商或其他旅行社做私下交易。导游员不应做假账，虚报各种开支，也不能欺骗旅游者，损害旅游者的利益。导游员不得讲有关他所服务旅行社或旅游者的坏话。这样既不公平又不明智，最终会让人对导游员产生恶劣的印象。

（6）顾全大局、团结协作。导游员在接待过程中，不可避免地要同许多部门、单位、企业和个人进行合作，在合作的过程中，有时会因各种原因同这些部门、单位、企业和个人发生误会甚至冲突。当这种情况发生时，导游员应以大局为重，在一些非原则的问题上委曲求全，尽量向对方解释，设法取得谅解，以消除误会、加强合作。另外，导游员在接待过程中要经常注意游客的情绪，发现不和谐的苗头时，应及时加以调解，使整个旅游团在团结和睦的气氛中顺利度过旅游全过程，留下对旅游活动的美好印象。

（7）身体健康、性格开朗。导游员应该具有健康的身体和心理，精力旺盛、充满朝气。旅游接待工作既是一项十分繁重的脑力劳动，也是非常艰巨的体力劳动。导游员每天不仅要提供大量的导游讲解服务，还要从生活的各个方面照顾来自不同国家和地区，具有不同文化传统和生活习惯的游客。在旅游过程中，导游员经常是全团中第一个起床和最后一个就寝的人，而且要经常面对各种意料不到的困难，需要不断地解决问题、调解各种纠纷、协调各方面的关系，这些工作会消耗导游员大量的脑力和体力，有时会弄得导游心力交瘁。

（8）遵纪守法、依法办事。导游员应该成为遵纪守法的模范，尊重游客的宗教信仰、民族风俗和生活习惯，并主动运用他们的礼节、礼仪，表示对他们的友好和敬重。自觉维护国家的各种法律、法规，严格地按照旅行社的各项规章制度办事。导游员应该熟悉有关旅游行业和消费者权利的各项法规，能够运用法律保护旅行社和旅游者的正当权益，并勇于同各种违反国家法律和旅行社规章制度的行为作斗争。

（9）勤奋好学、不断进取。导游员应该具有强烈的进取精神，勤奋好学，不断用各种知识充实自己的头脑。导游员不仅要学习书本知识，还要通过实践进行学习和锻炼，将书本知识同实践经验结合起来，提高自己的知识水平和业务能力。另外，导游员还应虚心地向他人学习，向同事学习，向旅游者学习。不仅学习他们的成功经验，还要了解他们的失败经验，避免重蹈他人的覆辙。

2. 导游员讲解礼仪

（1）讲解时要控制好声音、语速，选择好讲解的地点。在导游过程中，导游员要熟悉业务，知识面广。讲解内容健康、规范，热情耐心细致地介绍、答复游客的提问或咨询，对游客的提问，尽量做到有问必答、有问能答；对回答不了的问题，致以歉意，表示下次再来时给予满意回答；与游客进行沟通时，说话态度要诚恳谦逊，表达得体，例如："请您随我参观"、"请您抓紧时间，闭馆时间到了"、"欢迎您下次再来"等。同时，导游讲解时音量过高会造成噪声，音量过大令人讨厌，说出外行话更让人瞧不起。音量过小，游客又听不清楚，"讲话的艺术在于适中"。导游在讲解时音量不可过高或过低，要以游客听清为准。因此，导游讲解时的时间和位置都要注意选择。一般来说，导游要站在游客围成的扇面中心，这样有利于声音传播，使客人都能听到导游的讲解，导游也能听清客人的议论和问题。导游讲解如果讲得过快，游客听不清楚，精神高度紧张，容易引起疲劳。如果讲得过慢，又会耽误时间，影响游客观赏景物，让人感到不舒服。一般说来，需要特别强调的事情、容易招致疑惑误解的事情、重要的地名、人名、数字等应放慢语速；众所周知的事情、不太重要的事情、故事进入高潮时要加快语速。当然，导游语言要讲究变化。"所应遵循的原则，就是随时注意变化"。要根据讲解内容，做到宜徐则徐，宜疾则疾，徐疾有致、快慢相宜。

（2）导游语言表达准确顺畅、生动自然、条理灵活。首先，准确流畅是导游语言礼仪的核心。根据语言学的研究，导游语言是一种线性语言，要求讲解一定要流畅。一旦中断，就会影响意思表达，游客无法领会你想要表达的意思和感情，会产生诸如你准备不充分，等等其他不好的想法，伴随而来的是对导游的怀疑、不信任。因此，导游语言表达准确流畅，对导游人员来说至关重要。同一份导游材料，不同导游去讲解，收到的效果会有所差别，甚至有天壤之别。在讲解之前，一定要把有关景点材料准备得滚瓜烂熟，并反复加以操练。同时，还要避免使用不良的习惯语，也就是平常所说的口头禅，诸如"这个……这个……这个……"、"嗯……嗯……嗯……"之类，最影响讲解内容的连贯性。其次，生动自然是导游语言礼仪的特色。导游员在讲解内容准确的前提下，应以生动、有趣且具有感染力的语言活跃气氛，增添游客的游兴，以趣逗人。如果讲解过度使用书面语言，照本宣科、死板老套则不可取，"黄色幽默"和低级趣味的笑话更应杜绝。例如，在介绍千佛山公园概况时有位导游是这样讲的："千佛山山脉来自岱麓，它翠峰连绵，树木葱郁，松柏满谷，楼台高耸，殿宇错落，为济南天然屏障。"这段讲解由于玩弄美丽辞藻，过多使用书面语言而让人感到不自然，不能给游客以生动易懂、赏心悦目的感觉，无法实现导游讲解的目的。正确的办法是将其修改为通俗、生动的口头语言。可以尝试着将上面一段文字修改如下："千佛山属于泰山的余脉，海拔258米。你看它东西横列，翠峰连绵，盘亘于济南市区的南面，被人形象地称为泉城的南部屏风。清朝著名文学家刘鹗在他的小说《老残游记》中，就有一段描述千佛山的话，他说从大明湖向南望千佛山，'仿佛宋人赵千里的一幅大画，做了一架数十里长的屏风'，形容得是非常的贴切的。"导游这样的讲解让游客如身临其境、回味无穷。再次，条理、灵活是导游语言礼仪的基本要求。条理清楚，是导游与游客沟通的根本。特别是对于内容丰富、复杂的景点，讲解必须有条理。先讲什么、后讲什么、中间穿插什么，都要事先组织好，否则会让人不知所云。导游要克服一些不良的口语习惯。有的导游用语暧昧、含糊不清，有的解说反复啰唆、拖泥带水，这些不良习惯都会影响导游的表达能力。导游言语运用要妥当，有分寸，以做到真正体现对游客的尊重为前提。灵活强调的是导游员的语言表达应做到因人、因地、因时而异，导游员在讲解时必须充分考虑游客的文化背景、认知水平、兴趣爱好及职业特点等异同，并据此有针对性地决定内容的取舍和表达方式的选择，以提高游客的接受和理解能力。

3. 导游迎送礼仪

旅游团队迎送礼仪是导游人员的一项十分重要的工作，接团工作的礼仪是否周全，直接影响着旅行社和导游本人在客人心目中的第一印象；而送团则是带团的最后一项工作，如果前面的工作客人都非常满意，但送团工作出现了礼节不周的问题，同样会破坏旅行社和导游人员在客人心目中的整体形象，并使陪团前期的努力前功尽弃。为此，导游服务工作程序中，迎送礼仪是十分重要的。

（1）导游迎接过程的规范礼仪。这包括以下内容。①接站前导游人员到机场、车站、码头迎接游客，必须比预订的时间早到，等候客人，不能让游客等候接团导游员。②接团应事先准备好足够旅游团游客乘坐的旅游车，并督促司机将车身和车内清洗、清扫干净。③导游员的导游证、旅行社的徽章，应佩戴在服装的左胸的正上方；制作好醒目的接团牌，要事先了解全陪的外貌特征、性别、装束等，当游客乘交通工具抵达后，举起接团的站牌，向到达游客挥手致意。④接到游客后，应该说"各位辛苦了"！然后主动介绍自己的单位及姓名，尊重老人和妇女，爱护儿童，进出房门、上下车，要让老、人妇女先行，对老弱病残的人要上前搀扶，主动给予照顾。⑤介绍过后，迅速引导游客来到已安排妥当的交通车旁，指导游客有秩序地将行李放入行李箱后，再引导游客按秩序上车；游客上车时，最好站在车门口，用手护住门顶以防游客碰头。⑥游客上车后，待游客稍作歇息后，将旅游活动的日程表发到游客手上，以便让游客了解此行游程安排、活动项目及停留时间等。为帮助游客熟悉城市，可准备一些有关的出版物给游客阅读，如报纸、杂志、旅游指南等。⑦注意观察游客的精神状况，如果游客精神状况较好，在前往酒店途中，则可就沿途街景做一些介绍；如果游客较为疲劳，则可让游客休息。⑧到达酒店后，协助游客登记入住，并借机熟悉游客情况，随后，将每个游客安排妥帖。⑨游客进房前先简单介绍游程安排，并宣布第二天日程细节。第二天活动如果时间安排较早，应通知总台提供团队游客的叫早服务，并记住团员所住房号，再一次与领队进行细节问题的沟通协调。⑩不要忘记询问游客的健康状况，如果团队中有人身体不适者，首先应表示关心，若需要应想办法为游客提供必要的药物，进行预防或治疗，以保证第二天游程计划的顺利实施。与游客告别，并将自己的房间号码告知游客。

（2）导游送站过程的规范礼仪。主要包括以下内容。①游客活动结束前，要提前为游客预订好下一站旅游或返回的机（车、船）票；游客乘坐的车厢、船舱尽量集中安排，以利于团队活动的统一协调。②为游客送行，应使对方感受到自己的热情、诚恳、有礼貌和有修养。临别之前应亲切询问游客有无来不及办理、需要自己代为解决的事情，应提醒游客是否有遗漏物品并及时帮助处理解决。③火车、轮船开动或飞机起飞以后，应向游客挥手致意，祝一路顺风，然后再离开。

4. 导游沟通协调礼仪

导游工作的性质与任务，不仅仅是景点介绍、讲解，还包括许多其他的工作，涵盖了旅游六大要素中吃、住、行、游、购、娱的方方面面。游客的兴趣、爱好、要求各不相同，素质参差不齐，要使每个团员满意确实相当不易。对于导游人员来说，要做好以下沟通协调工作。

（1）善于回答疑难问题。回答疑难问题可以运用下列礼仪技巧。①原则问题是非分明。游客提出的某些问题涉及一定的原则立场，一定要给予明确的回答。这些问题有些涉及民族尊严，有些涉及中国的国际形象，如香港的"一国两制"、"台湾问题"等，要是非分明、毫不隐讳，并力求用正确的回答澄清对方的误解和模糊认识。例如，西方游客在游览河北承德时，有人问"承德以前是蒙古人住的地方，因为它在长城以外，对吗？"导游员答："是的，现在有些村落还是蒙古名字。"又问："那么，是不是可以说，现在汉人侵略了蒙古人的地盘呢？"导游答："不应该这么说，应该叫民族融合。中国的北方有汉人，同样南方也有蒙古人。就像法国的阿拉伯人一样，是由于历史的原因形成的，并不是侵略。现在的中国不是哪一个民族的国家，而是一个统一的多民族国家。"客人听了都连连点头。②诱导否定。游客的性格各异，要求五花八门，有些合理要求作为导游人员应当尽量予以满足，而有些要求却不尽合理，按照礼貌服务的要求，导游不要轻易对客人说"不"。对方提出问题以后，不要马上回答，而是讲一点理由，提出一些条件或反问一个问题，诱使对方自我否定，自我放弃原来提出的问题。③曲语回避。有些游客提出的问题很刁钻，使导游在回答问题时肯定和否定都有漏洞，左右为难，还不如以静制动，或以曲折含蓄的语言予以回避。有一位美国游客问一位导游员："你认为是毛泽东好，还是邓小平好？"导游巧妙地避开其话锋，反问道："您能先告诉我是华盛顿好还是林肯好吗？"客人哑然。④微笑不语。遭人拒绝是最令人尴尬难堪的事，为了避免遭遇这种难堪，一般人通常选择不轻易求人。所以不论是何种情况，导游人员都不应该直截了当地拒绝游客的要求。但有时游客提出的一些要求,又不得不拒绝,此时,微笑不语可谓是最佳选择。满怀歉意地微笑不语,本身就向游客表达了一种"我真的想帮你,但是我无能为力"的信号。微笑不语有时含有不置可否的意味。⑤先是后非。在必须就某个问题向游客表示拒绝时,可采取先肯定对方的动机,或表明自己与对方主观一致的愿望,然后再以无可奈何的客观理由为借口予以回绝。例如,在故宫博物院,一批外国游客看到中国皇宫建筑的雄伟壮观,纷纷要求摄影拍照,而故宫有些景点是不允许拍照的,此时导游员诚恳地对客人说:"以感情上讲,我真想帮助大家,但这里有规定不许拍照,所以我无能为力。"这种先"是"后"非"的拒绝法,可以缓解对方的紧张情绪,使对方感到你并没有从情感上拒绝他的愿望,而是出于无奈,这样在心理上他们容易接受。⑥婉言谢绝。婉言谢绝,是指以诚恳的态度、委婉的方式,回避他人所提出要求或问题的技巧。即运用模糊语言暗示游客,或从侧面提示客人,其要求虽然可以理解,但却由于某些客观原因不便答复。为此只能表示遗憾和歉意,感谢大家的理解和支持。拒绝游客的方法还有不少,如顺水推舟法。即拒绝对方时,以对方言语中的某一点作为拒绝的理由,顺其逻辑性得出拒绝的结果。顺水推舟式的拒绝,显得极有涵养,既能达到断然拒绝的目的,又不至于伤害对方的面子。

(2)善于激发游客兴趣。游客游兴如何是导游工作成败的关键。游客的游兴可以激发导游的灵感,使导游在整个游程中和游客心灵相融,一路欢声笑语;相反,如果游客兴味索然,表情冷漠,尽管导游竭尽所能,也会毫无成效。激发游客游兴的礼仪包括两个方面:一是利用景观本身的吸引力;二是导游借助语言功能调动和引导的礼仪。

导游的景点介绍,一定要注意讲解的针对性、科学性和语言表达主动性的完美结合,应根据不同的景点(人文景观如故宫、颐和园;自然景观如桂林山水)进行详略不同的介绍;有的具体详尽,有的活泼流畅,有的构思严谨,有的通俗易懂。总之,景点介绍的风格特点和内容取舍,始终应以游客的兴趣为前提。

另外,在游览过程中,要善于变换游客感兴趣的话题,可根据不同游客的心理特点,选择满足求知欲的话题、刺激好奇心理的话题、决定行动的话题、满足优越感的话题、娱乐性的话题。

(3)善于调节游客情绪。情绪是人对于客观事物是否符合本身需要而产生的一种态度和体验。旅游活动中,由于有相当多的不确定性因素和不可控因素,随时都会导致计划的改变。例如,有时由于客观原因游览景点要减少,游客感兴趣的景点停留时间要缩短;预订好的中餐因为某些不可控制的因素,临时改变吃西餐;订好机票的飞机因大风、大雾停飞,只得临时改乘火车,类似事件在接团和陪团时会经常发生。这些都会直接或间接地影响游客的情绪。例如,一个旅游团因订不到火车卧铺票而改乘轮船,游客十分不满,在情绪上与导游形成了强烈的对立。导游面带微笑,一方面向游客道歉,请大家谅解,说明由于旅游旺季火车票的紧张状况导致了计划的临时改变;另一方面,耐心开导游客,乘轮船虽然速度慢一些，但提前一天上船，并未影响整个的游程，并且在船上能够欣赏到两岸的风光，相当于增加了一个旅游项目。导游成功地运用不同的分析方法，以诚恳、冷静的态度，幽默、风趣的语言，很快化解了游客的不满情绪。调节游客情绪要注意以下几点。①避免以自我为话题中心。调解游客情绪时，最忌讳一方自以为是、夸夸其谈、炫耀自己，完全忽视他人。如果听者始终找不到机会参与谈话，心理上就会产生抵触情绪。为了促进双方情绪的沟通，在谈话中应尽量使对方多开口，借以了解对方，挖掘双方的共同点，找出双方共同的话题，不能一个人垄断话题，也不要放弃调节情绪的机会。②谈论游客感兴趣的内容。在交谈中，应随时注意游客的反应，观察游客的表情、体姿，判断其对谈话的关注程度，并经常征询游客的意见，给予对方谈话的机会。如果发现游客对话题不感兴趣，应立即停住并转移话题，调整谈话的内容和方式。交谈中不要涉及个人隐私、敏感问题，否则谈话会陷入难堪的局面。③谈话内容应以友好为原则。在调节游客的情绪中，双方可能会因为对某个问题的不同看法而发生争论。有时争论是有益的，但争论也容易导致友谊破裂、关系中断。因此，应防止或避免无意义的争论，尤其是不冷静的争论。一旦争执起来，如果对方无礼，不要以牙还牙、出言不逊、恶语伤人，也不要旁敲侧击、冷嘲热讽；应宽容克制，尽可能地好言相劝，再寻找新的话题。

5. 处理突发事件的礼仪

由于旅游活动有较多的不确定因素，加之涉及需要协调、衔接的部门、环节较多，很难预料在组织游览过程中，会发生怎样的突发事件。只有在服务的全过程中，具有预测和分析突发事件的能力，充分做好防范的准备，才能减少和杜绝那些影响服务正常运作的突发事件。导游员如何对突发事件做到防患于未然？常见的突发事件及其处置原则如下。

① 尽量在带团出游前对游览计划、线路设计、搭乘交通工具、景点停留时间、沿途用餐地点等作出周密细致的安排，并根据以往的带团经验充分考虑容易出现问题的环节，准备好万一出现问题时所采取的对策及应急措施。

② 应准备一些常用的药品、针线及日常必需品，将应付突发事件需要联系的电话号码(如急救、报警、交通票务服务、旅行社负责人、车队调度等)随时带在身上。

③ 出发前应亲切询问团队客人的身体健康状况，对老年团队成员尤其要细心。

④ 游览有危险因素的景点或进行有危险的活动，如爬山、攀岩、游泳等，一定要特别强调安全问题，并备有应急措施。

⑤ 事件发生以后要沉着冷静，既要安抚客人、稳定客人情绪，又要快速作出周密的处理方案和步骤，尽量减少事件带来的负面影响。

在具备了上述的基本条件后，可针对突发事件的性质和种类采取补救、协调、缓和、赔偿、行政手段、法律手段等相应的对策。一旦突发事件发生，导游应该如何面对呢？

（1）路线与日程变更。其处理程序如下。①如果遇到特殊情况需要改变旅游路线，包括增减或变更参观景点，增减旅行的天数或改变交通工具等，必须由领队提出，经与接团社研究认为有可能变更，并提出意见请示组团社后，导游才可实施新的旅游计划。②如果有个别游客要求中途离团或全团旅行结束后延长在旅游地时间，必须请示接团社、组团社，决定可否同意延长。③如果遇上接团社没有订上规定的航班的机票、车次的车票或船票，而更改了航班、车次或日期，应向游客做好解释，并提醒接团社，及时通知下一站做好准备。④如果遇到雨天或其他不可抗力临时取消航班，而不能离开所在城市时，应注意争取领队、全陪的合作，稳定游客情绪，并立即与内勤联系，配合民航安排好游客当天的食宿。

（2）行李丢失和损坏。其处理程序如下。①在机场发生行李丢失，应凭机票及行李牌在机场行李查询处挂失，并保存好挂失单和行李单，与机场密切联系追查。②抵达饭店时才发现行李丢失，应按行李交接手续从最近环节查起。③行李损坏，应掌握谁损坏谁赔偿的原则。一时查不清责任，应答应给受损失者修理或赔偿，费用掌握在规定的标准内，请客人留下书面说明，发票由地陪签字，以便向保险公司办理索赔。

（3）游客病危或死亡。其处理程序如下。①游客发生病危时，全陪要及时向接团社汇报，积极组织抢救。如果遇到游客在乘火车途中发生急症，应及时与乘务员联系，进行抢救或通知前方站准备抢救。②如果遇到游客死亡，应立即报告接团社、组团社和保险公司，按照程序规定进行处理。

（4）游客财物损失被盗。其处理程序如下。①游客丢失护照，领队应首先详细了解丢失情况，找出有关线索，努力寻找。如果确实找不到，应尽快报告当地旅行社开具证明，由陪同协助游客速照快相，拿着照片去其护照国使领馆办理临时护照，没有使领馆的地区，到当地公安机关开具出境证明。②导游员迅速了解物品丢失前后经过，作出正确判断，是失主不慎丢失，还是被盗？并迅速报告公安部门，并协助查找。

（5）交通事故。如果在旅途中发生交通事故，导游员不要惊慌，要稳定游客情绪，并在第一时间通知旅行社和当地交通部门。导游员要采取下列措施。①要立即将伤员送往距出事地点最近的医院抢救。全陪应立即向组团社和接团社汇报，并请示事后处理意见。②保护现场，并尽快报告交通警察和治安部门。③做好全团人员的安全工作，事故发生后，除有关人员留在医院外，应尽可能使其他团员按原定日程继续活动。④做好事故善后工作。交通事故处理就绪或该团接待工作结束后，导游应立即写出事故发生及处理的书面报告。

三、银行服务礼仪

1.临柜业务活动礼仪

（1）办理储蓄业务。办理储蓄业务时要注意，客户如果有疑问，应耐心详细地为其解释清楚。客户也许会提出一些与制度不相符的要求，对此，要坚持原则。不过同样也要本着"一切为客户"的理念，向客户解释清楚为什么要这样做，并为给客户带来的不便表示适当的歉意。客户的要求也许没有必要，但又不违反制度，这时就应顺着他的意愿去办，切不可不屑一顾。钱款要与客户当面点清。对大小客户应该一视同仁，对所有客户热情周到。

（2）办理委托业务和银行卡业务。委托业务和银行卡业务因涉及的内容比较多，所以应该向客户简明、扼要地介绍办理过程中的所有要素，不要让他无所谓地往返。对一些关键的要素，必要时可重复征询、核实，以求办理时就使客户清楚他的权利和义务，减少因交代不清楚而造成的误解，以致日后发生不快的可能。耐心回答客户的提问，作为专业人员为客户解释是义务，同时，也是一种荣耀。对客户容易疏漏的问题，要主动提醒，如"账户要保持一定的余额，以便扣款成功"。

（3）"某某卡不要和密码袋放在一起"，不要等客户问起再回答。

（4）办理存单（存折）挂失业务。因为客户办理存单（存折）挂失业务时比较着急，所以即使他们有过激的言行，应本着体谅、理解的态度善待他们。正因为挂失对客户的利益有着直接的影响，所以应该详细、清楚地把有关要素都交代明确。要注意加快语言和动作的节奏，使客户感到你在尽力为他分忧，切忌漠不关心，慢慢吞吞。

（5）没收假钞。对客户而言，假钞被没收意味着一笔损失，所以要体谅他们此时的不满甚至愤怒，对他们表示出足够的理解和同情，千万不要因为客户的喧哗而不恰当地提高自己的嗓门。虽然没收假钞是按规定办事，但切不可凭"规定"一词简单了事，因为客户也是受害者。应该在坚持原则的基础上，尽可能地做好解释工作。要主动教给客户识别假钞的知识，使他们增强反假能力，以免再次上当。

（6）大堂咨询。咨询员的责任之一是眼观八方，及时发现并帮助那些需要帮助但尚未提出或羞于开口的客户。老年人、小孩、孕妇都是需要帮助的，而对残疾人则要注意分寸，要在适当的地方以适当的方式给予关注，并在确实需要帮助时搭一把力，以维护其自尊心。咨询的责任还有很多，像维护营业场所内的秩序，做好保洁工作，尤其是疏导客户。当柜台上人头攒动时，就应该根据经验和同事的工作情况，主动分流客户，并对他们表示歉意。如果发现客户在柜台前有问不完的问题，咨询人员也有责任帮助同事解答他的问题，减轻柜台上的压力。咨询员在营业场所内千万不要板着脸，要知道一位咨询员的冷若冰霜，有可能使柜台内几位同事的微笑化为乌有。

（7）个人汇款业务。对大多数人来说，办理个人汇款往往是陌生的，因此需要耐心、详细地为他们解释其中的每一个要素。目前，银行的汇款方式有好几种，应该运用掌握的银行知识为客户做参谋，维护客户利益，让客户既省钱又方便安全地将资金汇至目的账户。

2. 其他岗位行为规范

（1）大堂经警值班。对客户来说，只要是在银行的工作人员，就应该懂得银行业务。作为大堂值班经警，尽力为客户解答问题是应该的，但也不要太勉强，有时不妨把客户介绍到大堂咨询台那儿去，由咨询人员为他们提供专业的服务。经警在大堂值班时，切忌把手插在裤兜里走来走去。接听无线话机时,不要在大厅里,而是在相对隐蔽的地方,一方面可以保密,另一方面也是出于维护营业场所秩序的需要。

（2）接待来访客户。客户来访,起立、让座、倒茶、交谈、送客"五部曲"是必不可少的。而更重要的是,要为客户营造一个良好的交流氛围,员工为来访客户让个道,微笑一下,都是这种良好氛围的一部分。如果客户要找的人不在,别的同事要像办自己的事一样积极为他联系,不要事不关己,漫不经心。

（3）二线为一线服务。二线为一线服务,即为自己的同事服务,同样要热心周到,否则,面向一线的服务可能受阻,继而影响到客户的情绪。不要以制度等冠冕堂皇的理由拒绝同事的求助,相反,除非有绝对的把握,否则也不要在常规之外另辟蹊径,更不要作出违反制度的歪点子。对临柜一线的求助,始终要以友好、认真、负责的态度给予答复。对能够立即解决的要立即解决,对一时不能解决的要给出承诺。

（4）外勤外出。外勤也叫客户经理,是展示银行形象的"流动窗口",因此一言一行要显得落落大方,文明优雅。穿着应整洁、得体,如果穿银行统一服装,则应严格遵守有关规定；如果不穿银行统一服装,则应穿职业装。可以有适当的时尚打扮,但不要太扎眼。过于随便的休闲服饰也不能穿,如砖头鞋、紧身衣等。夏天,女性工作人员要注意衣着的质地、厚薄和长短。外勤到有关单位要做到：事先与客户预约；无论门开着还是关着,进房间时要敲门；进出时要尽量和在场的每个人打招呼；要遵守该单位的安全保卫规定,进大门时登记；递接名片时用双手,等等。

延伸阅读

一、现代服务中的"五快"

1. 眼快

主要是要求服务行业从业人员看清楚服务对象的态度、表情和反应。服务对象的好恶和即时需求,往往会通过一定表征显露出来,服务行业从业人员如果能及时捕捉,并正确反应,就能让服务达到事半功倍的效果。眼快一方面要求服务行业从业人员要精神集中、注意观察,不能心不在焉、目光呆滞；另一方面还要求服务行业从业人员要力争眼顾全局,不能只凝视一处。只有一位服务对象时,要尽量抓住每一个细节；有一群服务对象时,既要抓住主要宾客,也要兼顾其他客人。

2. 耳快

主要是要求服务行业从业人员听清楚服务对象的意见、反映和谈论。耳快要求服务行业从业人员能快速区分"该听"与"不该听"的内容,服务对象谈论与本次服务或本组织有关的内容时要仔细聆听,必要时服务行业从业人员可以用复述的形式来表示听清楚了,对于重要的意见和反映，应做书面记录、留取客户电话，并告知反馈时间。服务对象之间谈论私事及其周边的趣闻时不要旁听，更不要插嘴。耳快，清楚是前提，它要求"正确"和"全部"。听到的内容一定要保证正确，否则由错误的理解而产生的服务行为，当然也是不正确的。服务对象的话语一定要听完整，不能仅听只言片语或断章取义。如果服务对象采用的是较重的方言，可以要求他慢慢地、逐字地重述一遍，或请同来的客人帮忙，或用文字进行沟通。

3. 脑快

主要是要求服务行业从业人员对于耳闻目睹的事情作出准确而及时的判断，并且迅速作出必要的反应。脑快要求勤思考。未经思考地看或听只会是"视而不见"、"充耳不闻"。对有些服务行业从业人员来说无用的东西，往往却在善于思考的服务行业从业人员那里成为信息。脑快还要求多积累经验。判断的准确性取决于丰富的经验，因此服务行业从业人员要在工作中，多看、多听、多学习、多积累经验，为服务工作中及时、准确的判断打下良好的基础。

4. 手快

主要是要求服务行业从业人员在有必要以手为服务对象拿取、递送物品，或以手为其提供其他服务、帮助时，又快又稳。手快要求注意技巧。服务的方式、顺序、手势等都有具体的要求，服务行业从业人员要多观察、多请教、多学习，才能符合规范的要求。手快要求勤练习。熟能生巧，多花时间，基本功扎实了，动作自然就又快又稳。以物为媒介时，服务行业从业人员可以在家用相似的东西进行练习，也可以在工作场所没有客人时进行练习；以人为对象时，服务行业从业人员可两人或几人一组，相互练习。

5. 脚快

主要是要求服务行业从业人员腿脚利索，办事效率高，行为速度快。既显得自己训练有素，又不会耽误服务对象的时间。脚快要求服务行业从业人员态度积极，要把服务对象的事情当自己的事情去做，把时间看成生命，不能慢条斯理、拖拖拉拉、敷衍了事。脚快还要求服务行业从业人员熟悉工作程序和协作部门。如果不熟悉工作程序，往往只会忙中出错，反而耽误时间。所以服务工作开始前，就应详细了解整个程序，并积极和协作部门沟通，取得他们的支持。

（资料来源：邹翩燕，丁永玲. 现代服务礼仪. 武汉：武汉大学出版社，2007.）

二、优质服务的基本要求

1. 无差错

完成本行业（或本单位）所规定的服务项目，向顾客提供无差错的服务是形象塑造的基本要求，客观地说，服务行业从业人员在工作中出点差错是难免的。但是，这差错哪怕只占企业全部工作的1%，对于接受它的顾客来说，企业的服务也不能算是100%优质。要创优质服务，服务行业从业人员就必须认真对待服务工作的每个环节，在服务中不出差错。

服务中一旦出差错时，服务行业从业人员的态度就成了决定服务优劣的关键。对能知错改错的态度，顾客通常是能够谅解和接受的。

优质服务最忌讳的就是不正视和纠正服务中的差错。杭州太子楼酒家的一名服务员曾为了证明顾客投诉的包子是干净的，便当众吃下了带鸡毛的包子。此事在全国引发了一场讨论。事实上，该服务员要维护企业声誉的出发点是好的，但最大的失误就在于其不能正视服务中出现的差错。因为出售不卫生的包子这是事实，企业责任是推卸不掉的。不正视错误和承担责任，就不能积极地纠正错误，确保今后的服务质量。因此，创优质服务，塑造形象，除了在服务时力争不出差错外，最重要的就是有一个知错就改的态度。

2. 热情高

清朝著名画家郑板桥一天到一座寺院游玩，负责接待的和尚看来客是个其貌不扬的小老头，随便说了一句"坐"，又对司茶叫了一声"茶"，就了事了。当郑板桥仔细欣赏几方碑刻的时候，和尚估计这老头准是个读书人，于是就改口对郑板桥说"请坐"，回头对司茶说"泡茶"。后来，寺里来了一伙达官贵人，其中有人认识郑板桥，尊敬地喊"郑先生"，和尚这才知道小老头就是大名鼎鼎的郑板桥，马上跑上前去，打躬作揖，口里说"请上座，请上座"，回头又大声对司茶喊"泡好茶"。当郑板桥要走时，和尚拿出纸笔，请郑板桥留下墨宝。郑板桥挥笔写下"坐，请坐，请上坐；茶，泡茶，泡好茶"，活灵活现地勾画出这个和尚对"卑贱者"鄙视、对"高贵者"讨好的嘴脸。在服务中，应热情友好、办事热心，急顾客之所急，想顾客之所想，对每一位顾客和每一笔生意都表现出极大的热忱，一视同仁，绝不能像那位和尚那样分人为三六九等。

就服务而言，热情包括情感上的热烈，如用微笑表达欢迎顾客的愿望等；也包括行为上的主动，如乘务员遇到行动不便的旅客上下车时主动搀扶一把等。前者毋庸赘言，后者则应提醒服务者重视。宾馆服务台的工作人员告知一位老者要找的人住在6楼时，看着老者吃力地攀上了楼梯。事后有人问服务员为什么不告诉老人在拐弯处可乘电梯上楼，服务员一脸疑惑地答："他又没有问我电梯的事"。像这种等着顾客张嘴要的服务，绝不能算热情。

3. 善突破

这是指突破规定的服务项目，作为服务，不一定是写在服务公约上的，而是由顾客随时产生的需求决定的。有位先生曾光顾美国著名的花旗银行，向一个营业窗口的职员提出将一张旧的百元钞票换成一张崭新的，像这种不在服务公约之内的服务项目，即使拒绝提供也无可非议。但是，那位接待他的职员欣然接受了他的请求，并接连打了好几个电话，才在其他营业窗口内找到了一张同面值的新钞。最后，一个小纸盒被递到这位先生面前，里面除了一张新钞外，还附了一张字条，上面写着："谢谢您想到了我们。"这种把本是额外的服务也当做分内的工作并尽心尽力做好的服务，就是优质的服务。

4. 技艺好

服务的特点之一是具有颇高的手工技艺性。以烹饪业来说，绵延上千年的中国烹饪，为中华子孙留下了丰富的饮食文化。中国的八大菜系技艺超群，各领千秋，闻名遐迩，长盛不衰，使中国烹饪技艺居世界之巅。技艺是服务的技术基础。不止烹饪业具有颇高的手工技艺性，商店售货也有很高的技艺性，当好一个营业员，为顾客提供优质服务，也并非轻而易举，需要掌握一定的技巧；不掌握一定的技巧，光凭热情是不能搞好服务的。

北京百货大楼模范售货员杜学昌以全国劳动模范著名售货员张秉贵为榜样，刻苦钻研业务。走近柜台，不用询问，杜师傅凭他的经验就能准确判断出适合这位顾客穿着的服装型号、款式来。如果顾客为别人代购，只需说出身高、体重、脸形、年龄、职业等特征，就能为顾客选出合适的服装，使顾客高兴而来、满意而归。正是这种娴熟技艺，塑造良好的服务形象。

5. 举止雅

行为美是服务美的表现形式之一，是由服务者的形象美、举止美构成的。抽象的服务美通过服务者的形象美、举止美而具体地表现出来。微笑服务就是行为美的具体内容之一。一个面带"发自内心而不是勉强装出"微笑的服务行业从业人员，会使顾客产生亲切感和信赖感。一个面容冷淡的服务行业从业人员则会使顾客望而生畏、避而远之。外国一些服务行业把"微笑"作为工作的座右铭，认为："微笑是打动人的心弦的最美好的语言"、"微笑是通往世界的护照"、"笑脸相迎使你的工作生辉"，最萧条的时候，希尔顿号召全体职员把微笑献给顾客，把周到的服务献给顾客，微笑使希尔顿走出困境。在顺利时期，希尔顿又对员工说，第一流服务员的微笑比第一流设备重要，微笑好比花园里春天的风和阳光，微笑使希尔顿长盛不衰。

高雅得体大方，衣冠整洁，很有精神，就能给顾客以美好的印象，体现出一种礼貌，体现出高度的文明美；反之，不修边幅，无精打采，就会显得对顾客不礼貌、不尊重，既没有美的形象，也无法创造出美好的服务形象来。

6. 语言美

语言是人们交流思想感情的工具。服务者与服务对象之间的思想感情交流主要通过语言来进行。服务者的语言美，可以立即吸引顾客，缩短两者之间的距离，给人以美好的印象。服务者的语言不美，就会增加两者的矛盾，给人留下不良的印象。

服务行业从业人员说话和气、善言待客，是塑造服务形象的基本要求，常言说得好："善言待客三九暖，恶语伤人六月寒。"对此，北京某菜市场的营业员小唐有着深刻的体会。一次，一位顾客买了一只肥母鸡。小唐热情地问："您要装进口袋吗！"这位顾客一听，很不高兴地说："什么，把我装进口袋？你说话可得注意点，多不文明。"说得小唐很难受，但她并不生气，仔细一琢磨，发现自己的话确有毛病。她认识到，光对顾客热心还不够，必须注意语法修辞，研究客户心理，把话说得恰当、科学。比如，以前卖母鸡时她问："您是买肥的还是买瘦的？"

后来她改成:"您喜欢油多的还是肉多的?"这种问法满足了不同顾客的心理,顾客满意了,买卖做活了。

总之,服务语言包括招呼顾客礼貌用语和介绍业务用语等方面,服务行业从业人员要有丰富的商品知识和对顾客认真负责的求实精神,只有这样才能真正做到语言美。

7. 全方位

向顾客提供周到的、全方位的服务是搞好服务的重要方面。企业应该将服务视为义务,随时为顾客排忧解难、提供方便,使顾客得到尽可能周到的服务,甚至顾客自己都没有想到的,也要替他们想到。

广州中国大酒店曾接待一个由145人组成的会议团体。一天,这批客人去郊区参观,碰巧遇上大雨。酒店客户部得知他们傍晚返回后,紧接着要参加另一个活动。考虑到穿脏鞋参加这种活动很不协调,酒店的员工就为他们准备好了145个标准房间号的塑料袋和145双干净的鞋在门口迎候。客人一下车,员工们就递上干净的鞋,并将又湿又脏的鞋对号装入袋中,而当客人结束晚上的活动返回房间时,他们的那些脏鞋已一尘不染地、整齐地摆在了面前。这种处处替顾客着想且无论是分内分外、是否有报酬,只要顾客需要就尽可能提供的服务,就是优质服务,就是良好的服务形象的最动人之处。

8. 多训练

现在很多企业重视技术方面的训练,而忽视服务方面的训练,其实这种服务训练需要落到实处,需要做得很细才行,否则服务形象是很难真正树立起来的。

比如,酒店拉门看起来很简单,但照顾得客人很舒服就不是那么简单,拉门的强度、角度、速度,怎么点头,怎么微笑这都是要练的。平安保险总部的工作人员说,他们导入国外的做法,寿险推销员必须练鞠躬三千下,这三千下练下来后,肯定是和一般人不一样的。日本有一位著名的寿险推销人,在挨家挨户敲门时发现,首先进入对方视线的是脸部的面容,它比说话重要。所以他就琢磨怎么笑得最好,他后来发现婴儿的笑最好看,所以他就观察、练习婴儿般的纯真笑脸。后来人家一打开门,看见这个笑脸就不讨厌他,这时候他就有说话的机会了。再如家电行业现在竞争很激烈,一个商场同时摆很多种品牌的冰箱,这种情况并不少见。消费者最终会买谁的?冰箱本身都差不多,能否销售出去完全取决于终端的竞争力,如这个终端导购员怎么说话,怎么微笑,而这些都要需训练。这种训练要在实践中进行,并不断总结提高。

(资料来源:张岩松.优质服务形象塑造"八招".公关世界,2005(4).)

思考练习

1.下面是某星级酒店对客房服务员的工作要求,对照各条自查一下,看你能否做到。

"三轻":即要求客房服务员工作时,要说话轻、走路轻、操作轻。

"六无"：即客房卫生要做到无虫害、无灰尘、无碎屑、无水迹、无锈蚀、无异味。

"五声"：宾客来店有欢迎声，宾客离店有告别声，宾客表扬有致谢声，工作不足有道歉声，宾客欠安有慰问声。

"五个服务"：包括主动服务、站立服务、微笑服务、敬语服务、灵活服务。

"八字"：要求客房服务员从宾客进店到离店，从始至终要做到迎、问、勤、洁、灵、静、听、送八个字。即：

- 迎：客人到达时要以礼当先，热情迎客；
- 问：见到客人要主动、热情问候；
- 勤：服务员在工作中要勤快、迅速稳妥地为宾客提供快速敏捷、准确无误的服务，不图省事，不怕麻烦；
- 洁：房间要清洁，勤整理，做到每日三次进房检查整理房间。坚持茶具消毒，保证宾客身体健康；
- 灵：办事要认真、机动灵活，眼观六路，耳听八方，应变能力强；
- 静：在工作中要做到说话轻、走路轻、操作轻，保持楼层环境的安静；
- 听：在工作中要善于听取客人意见，不断改进工作，把服务工作做在客人提出之前；
- 送：客人离店送行，表示祝愿，欢迎再次光临。

2. 通过网络搜索或实地参观，了解一下现代酒店的各种设施。

3. 请结合银行工作，以"改善服务态度，提高服务质量"为题撰写一篇文章，字数不少于 800 字。

4. 模拟导游。由学生扮演导游和游客在校园进行导游带团的服务礼仪演示，师生现场观摩评议。

5. 由教师预先设计数个景点，写在纸上，学生抽取，对景点进行讲解。

6. 由教师预先设计数个旅游"突发事件"，写在纸上，学生抽取，说出如何预防或处理该情况的发生。

7. 进行入住接待服务训练。每 7 个学生一组，分别扮演前台服务员、散客、VIP 客人、团队客人等，轮换角色操作入住登记手续服务的流程。要求根据客人的不同要求，合理分配客房，快速高效地为客人办理入住登记手续。最后，评出"最佳前台服务员"。

8. 案例分析：

重叠的菜盘

小李是某三星级酒店餐饮部的服务员。一次，有三个客人在酒店餐厅就餐，他们点了很多菜，其中的一道菜叫"海参扒肘子"。当最后一道菜上来时，小李发现餐桌上已经没有足够的空间可以放下新的菜品了，于是她不假思索就把新上的菜放在了客人吃的还剩一个肘子的海参扒肘子的餐盘上。其中一个客人发现后，半开玩笑地跟小李说："小姐，我们这道菜还没有吃完，你怎么就把盘子放到上面了？"正好小李当天的心情不好，听到客人说的话，更是不舒服，于是就顶了一句："到这儿来吃饭，还在乎这么一个肘子吗？又不是没有钱。"本来开玩笑的一句话，经小李这么一说，客人笑意全无。于是，两个人就争吵了起来。客人觉得面子上很过不去，于是向餐厅经理投诉，小李受到经理的批评，向客人道歉。同时，酒店只得又重新做了一盘海参扒肘子给客人。

（资料来源：http://www.canyin168.com/glyy/yg/ygpx/fwal/201006/22520_4.html，2010-06-26）

思考讨论题：
（1）服务中，服务员小李存在什么问题？应该怎样避免类似问题的发生？
（2）本案例对你有何启示？

9. 案例分析：

错误的数数法

2004年7月15日，小王精神饱满地奔赴酒店，准备当天的旅游接待工作。小王笑容可掬地站在车门旁边迎候游客们上车，接着小王按惯例开始清点人数，"1、2、3、4……"小王轻轻地念着，同时用手指点数游客。游客很准时，没有迟到的。在旅游过程中，小王的旅游知识尽管很丰富，服务也很周到，但是他发现游客们还是有点不对劲。小王百思不得其解。随后，小王向经验老到的导游员进行请教，才茅塞顿开。

（资料来源：http://www.canyin168.com/glyy/yg/ygpx/fwal/201006/22520_4.html，2010-06-26）

思考讨论题：
（1）导游小王的问题出在哪儿？
（2）本案例对你有何启示？

10. 案例分析：

对 比

11月2日，雷先生到"批评支行"取款机上取1 000元，正操作时，手机响了，雷先生见吐了卡，赶忙取出卡，转身离开取款机去接电话。等电话打完后，再次取款时，发现这台取款机与他熟悉的开户行的取款机的操作略有不同，这台取款机是先吐卡，后出钞。而且他的卡上已减少了1 000元。这时，他赶紧询问这家支行的员工。

雷先生：我没取到钱，可卡上少了1 000元，是不是这台机器有毛病啊？

"批评支行"员工：你是怎么操作的？取了卡有没有等一下再离开。

雷先生：吐卡时，未出钱，我就去接了一个电话。

"批评支行"员工：可能被后面取款的人拿走了。我们这台机器有时"反应"慢，特别是业务高峰时期。告诉你吧，我们行的系统早就落后了，该换代了。这台老爷机早该报废了，唉！我们行有毛病的地方多着呢。

雷先生：我的1 000元怎么办？

"批评支行"员工：谁叫你不等一下离开，自认倒霉吧！

雷先生：……。

雷先生如果是在"热情服务支行"取款遇到同样的情况，当询问这家支行的员工，会形成另一种局面：

雷先生：我没取到钱，可卡上少了1 000元，是不是这台机器有毛病啊？

"热情服务支行"员工：您先别着急，我们对取款情况都有实时录像，请把当时的情况跟我们讲一下，好吗？

雷先生：吐卡时，未出钱，我就接了一个电话。

"热情服务支行"员工：请跟我们一起看一下回放录像，好吗？看看是什么原因。

原来在雷先生取卡转身接电话的瞬间，钞已吐出。而他后面一个矮个子青年便随手取走了1 000元。

"热情服务支行"员工：每个行的取款机，吐卡和出钞方式可能略有不同，请按屏幕提示进行操作。不过，我们会将您失款的情况上报，请留下联系电话，有情况我们立即与您联系。

雷先生：好吧！谢谢您提醒。

（资料来源：任璐璐. BHM营业管理人. http://www.ccmw.net/article/43334，2009-01-07）

思考讨论题：

（1）对两家银行员工的服务作出评价？

（2）本案例对你有何启示？

开展人际沟通

学习领域 Ⅲ

学习情境 12　有效倾听
学习情境 13　交谈艺术
学习情境 14　电话沟通
学习情境 15　书面沟通
学习情境 16　网络沟通
学习情境 17　工作沟通
学习情境 18　跨文化沟通

学习情境 12　有效倾听

世界上有 60 亿人口，如果我们都找到两大武器：倾听和微笑，人与人就会更加接近。

——（美）乔·吉拉德

情境导入

"我还要回来！"

美国知名主持人林克莱特一天访问一名小朋友，问他说："你长大后想要当什么呀？"小朋友天真地回答："嗯……我要当飞机驾驶员！"林克莱特接着问："如果有一天，你的飞机飞到太平洋上空，所有引擎都熄火了，你会怎么办？"小朋友想了想："我会先告诉坐在飞机上的人都绑好安全带，然后我挂上降落伞跳出去。"

当现场观众笑得东倒西歪时，林克莱特继续注视着这孩子，想看他是不是自作聪明的家伙。没想到，接着孩子的两行热泪夺眶而出，这才使得林克莱特发觉这孩子的悲悯之情远非笔墨所能形容。于是林克莱特问他说："为什么要这么做？"小孩的答案透露出一个孩子真挚的想法："我要去拿燃料，我还要回来！我还要回来！"

（资料来源：http://jldhshb.blog.163.com/blog/static/55670890200862894423253/，2008-07-28）

任务分析

看了"情境导入"中的这个故事，你是不是在反思自己也曾像那些笑得东倒西歪的观众一样，从来不听人把话说完，然后就发表自己的评论？事实上，不仅仅是你，很多人经常犯这样的错误。倾听讲话看似是平常小事，但通过这种小事，不仅可以看出一个人是否有礼、有心，还能看出他是否有水平。有人曾向日本的"经营之神"松下幸之助请教经营的诀窍，他说："首先要细心倾听他人的意见。"松下幸之助留给拜访者的深刻印象之一就是他很善于倾听。一位曾经拜访过他的人这样记述道："拜见松下幸之助是一件轻松愉快的事，根本没有感到他就是日本首屈一指的经营大师，反而觉得像是在同中小企业经营主谈话一样随便。他一点也不傲慢，对我提出的问题听得十分仔细，还不时亲切地附和道'啊，是嘛'，毫无不屑一顾的神情。见到他如此的和蔼可亲，我不由得想探询：松下先生的经营智慧到底蕴藏在哪里呢？调查之后，我终于得出结论：善于倾听。"

苏格拉底说:"自然赋予人类一张嘴、两只耳朵,也就是说要我们少说多听",此话颇有一点意思。我国古代就有"愚者善说,智者善听"之说。倾听,可以从谈话对方获得必要的信息,领会谈话者的真实意图。如果不能认真地倾听,就无法了解和满足对方的需求,和谐的人际关系也只能是空谈。况且倾听本身还是尊重他人的表现。因此应充分重视倾听的功能,讲究倾听的方式,追求倾听的艺术。

实训项目

项目名称:倾听训练。
项目形式:集体参与。
项目时间:10分钟。
项目场地:教室。
项目材料:任何一则包含一些数字或确切事件的新闻。
项目程序:

1. 事先从报纸或文摘上选取一则200~300字的故事,注意最好是有简单情节的故事,而不是评论性文章。在课上很不经心地向学员提起,告诉他们你要为他们念一段很有意思的故事。
2. 大声朗读这则故事。
3. 结束后,你会发现学员们对这个故事毫无兴趣,露出厌倦和疲累的表情。
4. 这时拿出一个精致的礼品,说:"故事念完了,现在我会就这个故事的内容提几个问题,谁能答对,我就把这个礼物送给他。"
5. 然后问5~7个问题,都是一些关于故事的时间、地点、名字和简单情节的问题。
6. 尽管问题简单,你会发现几乎没有一个人能全部答对。

实训分享:

1. 既然大家都是具有一定素质的人,都听了这个故事,为什么没有人能记得非常清楚?
2. 不认真听的原因是什么呢?该怎样改进倾听技巧?
3. 如果事先把奖品拿出来,学员们的倾听效果会不会不一样?这是为什么?在没有物质刺激的情况下,应怎样提高自己的倾听效果?

(资料来源:谢玉华.管理沟通.大连:东北财经大学出版社,2010.)

知识链接

一、什么是倾听

倾听,貌似简单,其实不易。"听"的繁体字为"聽",它由"耳""王""十""目""一""心"

六个字组成,代表着"听"首先是用耳朵接受他人的声音,但仅此却远远不够,还需"十目一心"地仔细观察对方说话的神态、用心揣摩对方的话中之话。只有这样,才能真正感受到对方所要传递的信息。倾听是一种本能,也是一门技术,更是一门艺术,它源自本能,修自后天。

一般来讲,倾听有五个层次。一是听而不闻。如同耳边风,左耳进右耳出,完全没有听进去;二是敷衍了事。"嗯"……"喔"……"哎"……"好好好"——略有反应其实是心不在焉;三是有选择地听。只听合自己心意的,与自己意思相左的一概自动过滤掉;四是专注地听。有些沟通技巧的训练会强调"主动式"、"回应式"的聆听,以复述对方的话表示确实听到,即使每句话都进入大脑,但是否都能听出说话者的本意、真意,仍值得怀疑;五是同理心的倾听。一般人聆听的目的是为了作出最贴切的反应,而不是想了解对方。所以同理心的倾听的出发点是为了"了解"而非为了"反应",也就是透过交流去了解别人的观念、感受。

在职场沟通中应重视倾听,尽可能做到高层次的倾听,避免低层次的倾听。但事实上并不是所有倾听都能达到理想效果,因为倾听存在着各种各样的障碍,它们会直接或者间接地影响倾听的效果。

二、倾听的障碍

1. 来自环境的倾听障碍

环境干扰是影响倾听最常见的因素之一,交谈时的环境各种各样,时常转移人的注意力,从而影响倾听效果。有学者做过试验,一个人同时听到两个信息时,他会选择其中的一个,放弃另一个。这样的话,就很容易忽略另外的信息。具体来说,环境障碍主要从两方面施加对倾听效果的影响。

(1)干扰信息传递过程,消减、歪曲信号。如在嘈杂的课堂上,老师的声音几乎被学生的吵闹声淹没了,坐在后排的同学根本就听不到老师在说什么,这跟一个安静的课堂所能达到的效果是迥然不同的。

(2)影响沟通者的心境。也就是说,环境不仅在客观上会影响倾听的效果,而且在主观上也会影响倾听的效果,这正是人们很注重挑选谈话环境的原因。比如领导在会议厅里向下属征询建议,大家会十分认真地考虑后再发言,如果换作在餐桌上,下属可能就会更随心所欲地谈谈想法,有些自认为不成熟的念头也在此得以表达。反之亦然。在咖啡厅里上司随口问问你西装的样式,你会轻松地聊上几句,但若上司特地走到你的办公桌前发问,你多半会惊恐地想这套衣服是否有违公司仪容规范。这是由于在不同的场合、不同的氛围下,人们的情绪和心理压力就会有很大差别的缘故。

2. 倾听者自身的倾听障碍

倾听者本人在整个交流过程中具有举足轻重的作用,倾听者理解信息的能力和态度都直接影响倾听的效果。但由于每个人都有自己的思想和经验,难免在倾听时加上自己的感情色彩,在无形中树立了障碍,无法准确理解别人传递的信息,从而影响了沟通。来自倾听者自身障碍表现在以下方面。

（1）注意力不集中。倾听者受到内部或外部因素的干扰而无法集中注意力，这是最常见的阻碍倾听的因素。当疲倦时、胡思乱想时、对说话者所传递的信息不感兴趣时，都很难集中注意力。

（2）打断说话者。倾听者打断说话者也是阻碍倾听的因素之一。在回应说话者之前，应该先让他把话说完。对说话者缺乏耐心甚至粗鲁地打断他们，这是对说话者本人及其信息不尊重的表现。

（3）缺乏自信。倾听者缺乏自信也是阻碍倾听的因素之一，这是因为缺乏自信会令倾听者产生紧张的情绪，而这种情绪一旦占据了思维，就会使倾听者无从把握说话者所传递的信息。也正是为了掩饰这种紧张情绪，许多人总是在应当倾听时擅自发言，打断说话者。

（4）过于关注细节。阻碍倾听的另外一个因素是倾听者过于关注细节。如果倾听者尝试记住所有的人名、事件和时间，那么就会觉得倾听"太辛苦"了。这种紧紧抓住信息中的细节而不抓要点的做法非常不可取，这样做就可能完全不能理解说话者的观点。

（5）排斥异议。有些人喜欢听和自己意见一致的人讲话，偏心于和自己观点相同的人。这种拒绝倾听不同意见的人，不仅失去了许多通过交流获得信息的机会，而且在倾听的过程中注意力就不可能集中在讲逆耳之言的人身上，也不可能和这些人愉快交谈。

（6）心存偏见。倾听者心存偏见会在很大程度上阻碍倾听。偏见让倾听者无法对说话者所传递的信息保持开放和接纳的心态。这是因为，偏见使倾听者在倾听之前就已经对说话者或他所传递的信息作出了判断。

（7）太注重说话方式与个人外表。人们倾向于根据一个人的长相或讲话的方式来判断一个人，因此听不到他真正说了什么。有些人常被说话者的口音和个人外表及行为习惯扰乱心绪，从而影响了倾听效果。

（8）厌倦。由于大脑思考的速度比说话的速度快很多，前者至少是后者的3~5倍（据统计，人们每分钟可说出125个词，理解400~600个词），很容易使倾听者感到厌倦。因为人们可以接纳一个人说的话，但同时还有很多空余的"大脑空间"，人们很想中断倾听过程，去思考别的一些事情。"寻找"一些事做，占据大脑空闲的空间，这是一种不良的倾听习惯。

三、有效倾听的策略

1. 创造良好的倾听环境

（1）选择合适的场所。场所合适与否直接关系到沟通双方的心理感受。在公众场合下，应避免在噪声比较大的地方交谈，如施工场所、十字路口。应尽量寻找安静、舒适、典雅、有格调的咖啡厅、茶室等，同时力求避免电话、手机和他人的干扰。如果是在家中聚会，务必要将电视音量关小，保证室内空气清新、舒适，假如临近街道，可以将门、窗关紧。

（2）选择恰当的时间。公众场所都有自己的人群聚集高峰期，像公园、商场、风景区，节假日人比较多，咖啡厅晚上人流不息，而餐馆则在中午、下午6点以后客人较多。选择场所时还应考虑时间的不同对谈话双方的影响也将不同。

（3）保持一定的距离。说话者跟听话者感情好，私下交谈时则相互挨得近，恋人更是如此。但如果在正式场合，不论亲疏，都应保持一定的距离。过远，则不容易听清；过近，容易使说话者感到紧张。

2. 良好的心理准备

倾听，要求倾听者要有良好的精神状态，集中精力，随时提醒自己交谈到底要解决什么问题，聆听时应保持与谈话者的眼神接触，但在时间的长短上应适当，如果没有语言上的呼应，只是长时间盯着对方，会使双方都感到局促不安。另外，要努力保持大脑的清醒，保持身体警觉有助于使大脑处于兴奋状态。

倾听时，应该保持开放的心态，这是提升倾听技巧的指导方针之一。这样做不但使你能考虑到事情的各个方面，还能减少你与说话者之间的防御意识，而防御意识会极大地阻碍你们之间的良好沟通。回应说话者时，即使你不同意对方的观点，也应对其信息保持积极的态度。

3. 正确的态势语言

人的身体姿势会暗示出他对谈话的态度，自然开放性的姿态，代表着接受、兴趣与信任。根据达尔文的观察，交叉双臂是日常生活中最普遍的姿势之一，一般表现出优雅，富于感染力，让人看上去自信心十足。但这常常自然地转变为防卫姿势，当倾听意见的人采取这种姿势，大多是持保留的态度。向前倾的姿势是集中注意力、愿意听倾诉的表现。所以说二者是相容的。倾听时交叉双臂跷起二郎腿也许是很舒服，但往往让人感觉这是种封闭性的姿势，容易让人误认为是不耐烦或高傲。

4. 提升倾听的技巧

（1）对主题或说话者产生兴趣。这样做有助于倾听者以积极的态度进行倾听。倾听时，你的目标应当是从每个说话者那里获取知识，但如果你对他们的话不感兴趣，就很难集中注意力。因此，应当消除自己对主题或者对说话者的偏见，使自己对其产生兴趣。倾听时，应该关注说话者提供的信息，而不是他们的外表、性格或是说话方式，不要因为这些因素而对他们传递的信息加以定论，应该根据他们提供的论据来判断信息的价值。另外，也不要仅仅因为说话者的出色表达就立即对他们作出肯定的判断。出色的表达并不意味着说话者传递的信息有价值。因此，应该等到说话者完整地传递了信息之后，再作出判断。

（2）积极关注自己不熟悉的信息。要提升自己的倾听技巧，还应该学会积极关注自己不熟悉的信息。如果在倾听时遇到此类信息，就更需要高度集中注意力。因为如果不这样做，就有可能抓不住信息中的重点。当对方传递的是自己不熟悉的信息时，可以采取下列方法来改变自己：

① 不要因为信息复杂而气馁；
② 使自己对学习产生兴趣；
③ 提问以确认说话者的观点。

（3）专注于说话者的主要观点。倾听时，一定要专注于说话者的主要观点，为了全面理解讲话者的言辞中包含的内容和情感，倾听者要集中精力努力捕捉信息的精髓。这样做不仅能避免让说话者强烈的情感影响了你的情绪，而且能集中精神理解讲话者所述观点中的重点。

（4）不要过早下结论。要提升自己的倾听技巧，倾听者在倾听时就不要过早下结论。当你不同意说话者的看法时，最自然的反应就是立即不再理会他所传递的信息。尽管你不需要同意说话者的所有观点，但是在下结论之前，还是应该听完他的话。因为只有听完了全部的信息，才能彻底地检验并公正地评估说话者的观点、论据和论证过程。

（5）复述说话者所传递的信息。通过复述,倾听者可以确定自己是否完全理解了该信息。复述时，倾听者可以用自己的话向说话者概括信息的主要内容，这样能减少对信息的误解和错误的推测。

（6）不到必要时，不打断他人的谈话。善于听别人说话的人不会因为自己想强调一些细枝末节、想修正对方话中一些无关紧要的部分、想突然转变话题，或者想说完一句刚刚没说完的话，就随便打断对方。经常打断别人说话就表示你不善于倾听，个性激进、礼貌不周，很难和人沟通，所以除了在不得不说的情况下，是不应打断对方谈话的。

（7）尊重说话者的观点。每个人都有自己的观点，要鼓励别人说出自己的看法，而不能因为自己的主观意愿，否定自己不同意的观点，如果无法尊重说话者的观点，那可能会错过很多学习的机会，而且无法和对方建立起融洽的关系。

（8）换位思考。站在对方的角度去考虑他所说的话，以客观的心态去面对说话者，用心去感受说话者的心情，感受他的喜悦或悲伤，这也是做到最高层次倾听的体现。这样做可以避免因心理定式和偏见等产生的障碍。

（9）倾听者不应该过于拘谨。倾听者在倾听时过于拘谨使倾听变成了一种被动行为，此时，倾听者绝不会表达自己的观点，他们根本不参与交流，常常只是以"很好"和"我明白你的意思"之类的话来回应说话者。倾听者在倾听时过于拘谨可能是因为害羞，也可能仅仅出于不想给说话者带来麻烦，无论是什么原因，他们的行为都会阻碍有效的沟通。要避免在倾听时过于拘谨，应当遵循以下原则：

① 乐于表达自己的想法；
② 通过提问参与对话；
③ 回答问题要干脆；
④ 与说话者进行眼神交流。

5. 善于运用其他形式沟通

毕竟只是用听的话，所记住的信息有限，这时候就需要借助一些其他的方式来帮助自己更好地记忆。比如做笔记，这样能更有效地记住对方所说的话。做笔记时也能有选择地记下自己认为更重要的信息，从而避免因为什么都要记下而费时费力。

延伸阅读

一、提高倾听能力的技巧

（1）创造有利的倾听环境，尽量选择安静、平和的环境，使传递者处于身心放松的状态。

（2）在同一时间内既讲话又倾听，这是不可能的事情，要立即停止讲话，注意对方的讲述。

（3）尽量把讲话时间缩到最短。你讲话时，便不能聆听别人的良言，可惜许多人都忽略了这一点。

（4）摆出有兴趣的样子。这是让对方相信你在注意聆听的最好方式，并不时发问和要求阐明他正在讨论的一些论点。

（5）观察对方。端详对方的脸、嘴和眼睛，尤其要注视眼睛，将注意力集中在传递者的外表。这能帮助你聆听，同时，能完全让传递者相信你在聆听。

（6）关注中心问题，不要使你的思维混乱。

（7）平和的心态，不要将其他的人或事牵扯进来。

（8）注意自己的偏见，倾听中只针对信息而不是传递信息的人。诚实面对、承认自己的偏见，并能够正确对待对方的偏见。

（9）抑制争论的念头。注意你们只是在交流信息，而非辩论赛，争吵对沟通没有好处，只会引起不必要的冲突。学习控制自己，抑制自己争论的冲动，放松心情。

（10）保持耐性，让对方讲述完整，不要打断他的谈话，纵然只是内心有些念头，也会造成沟通的阴影。

（11）不要臆测。臆测总是会引导你远离你的真正目标，所以要尽可能避免对对方做臆测。

（12）不宜过早作出结论或判断。人往往喜欢立即下结论，当你心中对某事已做了判断时，就不会再倾听他人的意见，沟通就被迫停止。保留对他人的判断，直到证据确凿地把事情搞清楚。

（13）做笔记。做笔记不但有助于聆听，而且能够达到集中话题和取悦对方的效果。如果有人重视你所说的话并做笔记，你不会受宠若惊吗？

（14）不要以自我为中心，在沟通中，只有把注意力集中在对方身上，才能够进行倾听。但很多人习惯把注意力集中在自己身上，不太注意别人，这容易造成倾听过程的混乱和产生矛盾。

（15）鼓励交流双方互为倾听者。用眼神、点头或摇头等身体语言鼓励信息传递者传递信息和要求别人倾听你的发言。

（资料来源：夏瑛，倪青山．团队沟通艺术之一：倾听．人才瞭望，2003（10）．）

二、管理者倾听的艺术

1. 倾听是管理者的必备素质

倾听对管理者至关重要。当员工明白自己谈话的对象是一个倾听者而不是一个等着作出判断的管理者时，他们才会毫不隐瞒地给出建议，分享情感。这样，管理者和员工之间就能创造性地解决问题，而不是互相指责、推卸责任。

是否善于倾听是衡量一个管理者水平高低的标志。日本松下电器的创始人松下幸之助先生把自己的全部经营秘诀归结为细心倾听他人的意见。事实证明，倾听在管理工作中，确实起着不可忽视的作用。在商品批量生产前，松下先生充分倾听各方面人员的设想和意见，在此基础上确立下一步经营目标。正是由于松下先生能充分认真听取各个层次员工的意见，所以处理问题时他才能够胸有成竹，当机立断，表现出敏锐的判断力。

管理过程本身就是调动人积极性的过程。倾听下属讲话，领导者能及时发现下属的长处，并使其发挥作用；倾听下属讲话，也是对下属提高自信心和自尊心的一种鼓励；倾听下属讲话，可以激发下属的工作热情，加深彼此的感情。虽然领导者不可能接受下属的每一项建议，但至少可以对每项建议作出反应，否则，领导者将听不到任何好的想法。

在很多情况下，倾诉者的目的就是倾诉，只是想一吐为快。日本、欧美很多企业的管理人员常常在工作之余与下属一起喝杯咖啡，就是让部下有一个倾诉的机会。

2. 倾听是一种技能

唐代贤臣魏征在劝谏唐太宗时更一针见血地指出"兼听则明，偏信则暗"。一项统计表明，商界60%左右的误会可以从不善倾听方面找到根源，而来自笔误的误会仅占1%。领导工作中的误听误信，决策、指挥的失误等，很多都与不善倾听有关。所谓的倾听并不是单纯意义上的听，不是单纯身体的反应。倾听是指弄懂所听到的内容，给自己的判断和决策提供充分的参考信息。

美国学者提出了改善倾听的10条指南。①自己不再讲话。②让谈话者无拘束。③向讲话者显示你是要倾听他的讲话。④克服心不在焉的现象。⑤以设身处地的同情态度对待谈话者。⑥要有耐心。⑦不要发火。⑧与人争辩或批评他人时要平和宽容。⑨提出问题。⑩自己不再讲话。第①条和第⑩条其实是相同的，也是最重要的，在领导者能够倾听意见之前必须保证自己不再讲话，当他人停止讲话前，绝不开口。只有在准确地复述原先发言者的思想和感觉并感到满意之后，你才可以发言。

（资料来源：宁静．管理者倾听的艺术．进出口经理人，2008（2）．）

思考练习

1. 请总结一下你在倾听时存在哪些不良习惯。
2. 为什么沟通过程中倾听占有十分重要的位置？请谈谈你的体会。
3. 两个同学为一组，每个同学准备一篇有一定信息量的约800字的文章，一位同学将文章读给另一位同学听，倾听者要注意运用以上技巧使自己保持专注。文章宣读完毕，由倾听者陈述自己获得的信息，宣读者检查对方信息是否准确无误。然后，角色互换，再进行一轮。最后双方谈谈自己倾听中的感受。
4. 案例分析：

善于倾听的乔·吉拉德

有一次，一个客人到乔·吉拉德那里去买车，乔·吉拉德向他推荐了一款新型车，一切都进行得非常顺利，眼看就要成交了，突然间这个顾客说："我不要了。"明明这个顾客很注意这部车，为何突然间变卦？乔·吉拉德对此一直懊恼不已，百思不得其解。

当天晚上11点，他实在忍不住拨通了这位顾客的电话。

"您好，今天我向您推销的那一款车，眼看就要签字了，不晓得您为什么突然间走了？很抱歉，我知道现在已经11点了，但我检讨了一整天，实在想不出错在哪里，因此我特地打电话来向您请教。"

"真的吗？"

"真的。"

"是肺腑之言吗？"

"是肺腑之言。"

"很好，你在用心听我说话吗？"

乔·吉拉德回答："是的，我用心在听您说话。"

于是这个顾客说："可是今天下午你并没有用心在听我说话呀，就在签字之前我提到我的儿子即将进某个大学就读，我还提到我儿子的运动成绩及他将来的抱负，我以他为荣，但是我发现你没有任何的反应。"

乔·吉拉德记得这个顾客的确是曾说过这件事，但当时他根本就没有注意听，也没有在乎。

"你根本就不在乎我说什么，我看得出来，你正在听另外一个推销员讲笑话，这就是你失败的原因。"

从此，乔·吉拉德明白了销售人员永远要学会倾听，去倾听对方的谈话内容，尊重对方的心绪，这样就成功了一半。他最终成为世界级推销大师。

（资料来源：吕玉梅.管理沟通技能.大连：东北财经大学出版社，2008.）

思考讨论题：

（1）请分析乔·吉拉德推销失败的原因。

（2）本案例对你有哪些启示？

5."听"的能力训练

尽管"听"是人们与生俱来的能力，但是它并不是一件容易的事情。以下练习就是最好的说明。

练习1：教师对学生说："请拿出一支铅笔，一张纸。在纸上画一条约10厘米长的垂直线。把你姓氏的第一和最后一个字母写在直线的上方和下方。"注意不要强调最后一个句子中的两个"和"字。教师会发现大多数人会把第一个字母写在线上方而最后一个字母写在线下方。

练习2：教师让学生迅速回答下列问题：

"有的月份31天，有的月份30天。那么有多少个月份有28天？"

不少学生会回答："一个。"而事实上所有的月份都有28天。

（资料来源：史振洪，朱贵喜.秘书人际沟通实训.北京：人民大学出版社，2008.）

思考讨论题：

（1）以上两个小练习分别说明了倾听中的什么问题？

（2）从以上练习中应该汲取哪些倾听经验？

6.心理小测验：

你是一个善于倾听的人吗？

1.你喜欢听别人说话吗？

　a.喜欢，我从别人的谈话中可以得到许多信息

　b.我不会花太多的时间听人说话，现在很多人说话都是口是心非

　c.我不大关心别人说什么

2.为了要完整地弄清事情，你是否会广泛地听取各方意见？

　a.我可没那么好的耐心

　b.我会尽量多地听取意见

　c.方便的话，会这样

3.有人在跟你说话时，你会注视着对方吗？

　a.会的，我会一直给对方以应有的尊重

　b.如果对话题不感兴趣，我会东张西望地不耐烦的

　c.我根本就不知道讲话时该看着对方

4.当别人希望通过谈话来缓解压力时，你会

　a.尽量鼓励他说下去

　b.忍不住地要抢话题

c. 不耐烦地打断他的话
5. 无论说话者是不是你喜欢的人，你都会认真地看着对方：
　　a. 会的，我觉得这是对人基本的尊重
　　b. 对不喜欢不欣赏的人不会这样，我不会有那么好的涵养
　　c. 只能保持一会儿这样的状态
6. 当别人的谈话不入你的耳，你会
　　a. 由他去，不理他
　　b. 听他讲完后再回敬他
　　c. 不耐烦地打断他
7. 当你觉得对方说话比较幼稚时，你会
　　a. 毫不客气地打断他
　　b. 不搭理他
　　c. 告诉他比较成熟的观点
8. 当你和比你矮许多的人说话时，你会
　　a. 尽量地蹲下来，和对方平视
　　b. 仍站着和他居高临下地说话
　　c. 看都不看他，直视前方
9. 当对方说讨你喜欢的话时，你会
　　a. 理所当然地高兴
　　b. 冷静地思考一下此话的真实性
　　c. 觉得他真会哄人
10. 你对说话者不论中不中听，都会分析一下吗？
　　a. 能理解就理解，不能理解就算
　　b. 会的，因为人们经常会说一些言不由衷的话
　　c. 不用，他说他的，我做我的，否则多累
11. 别人正在跟你说话时，你突然想起要打一个电话，于是你
　　a. 告诉对方，你忽然有一个很急的电话要打，请他等会儿再说
　　b. 把对方晾在一边，只顾自己打电话
　　c. 打断对方，也不解释什么，拿起电话就打
12. 当对方的谈话中有一些是你听不懂的话时，你会
　　a. 能懂就懂，不懂就算
　　b. 仔细地询问一下，直到弄明白
　　c. 觉得重要的就问，不重要的就算了

学习情境12　有效倾听

13. 当对方说话有些犹豫时，你会
    a. 鼓励他别急，耐心地等待他说完
    b. 不耐烦地打断他
    c. 尽量忍耐
14. 当你有听不明白的话时，你是否会重复说话者说过的话，弄明白了再问问题？
    a. 干脆什么也不问
    b. 没弄明白就问问题
    c. 会的，这样不会造成误会
15. 当你不是很明白对方的意思时，你是不是会把你理解的意思说出来，让他证实？
    a. 多想想就是
    b. 按自己的理解方式办事就行
    c. 一般我会跟对方证实一下

记分规则：

题号	1	2	3	4	5	6	7	8	9	10	11	12	13	14	15	总分
a	3	1	3	3	3	2	1	3	1	2	3	1	2	1	2	
b	2	3	2	2	1	3	2	3	2	3	1	3	3	2	1	
c	1	2	1	1	2	1	3	1	2	1	2	2	1	3	3	
得分																

● 15-25 分　粗糙型：

你是一个不善于倾听的人，这样的你会只是活在自我中，却难以从别人那儿学到新的知识，得到新的信息。

● 26-35 分　马虎型：

你是一个很马虎的听众，或者说是一个不怎么合格的听众。你不会完整地听完别人的叙述，也不会思考别人的谈话，你活在很浅的层次，难以进步。试试尽量把别人的话听完，看看你会有什么意外的收获。

● 36-45 分　倾听型：

你是一个优秀的听者，这会帮助你成为一个很了不起的人，一个优秀的听者随时都有学习自己、修炼自己的机会，试想，不要付学费就能学到很多东西，这种好处哪里还会有？

（资料来源：张喜春，等．人际交流．北京：北京交通大学出版社，2009.）

学习情境 13　交谈艺术

交谈是了解一个人最好的方法。

——（古希腊）狄摩西尼

情境导入

退居二线

某局新任局长宴请退居二线的老局长。席间端上一盘油炸田鸡，老局长用筷子点点说："喂，老弟，青蛙是益虫，不能吃。"新局长不假思索，脱口而出："不要紧，都是老田鸡，已退居二线，不当事了。"老局长闻听此言顿时脸色大变，连问："你说什么？你刚才说什么？"新局长本想开个玩笑，不料说漏了嘴，触犯了老局长的自尊，顿觉尴尬万分。席上的友好气氛被破坏，幸亏秘书反应快，连忙接着说："老局长，他说您已退居二线，吃田鸡不当什么事。"气氛才有点缓和。

（资料来源：http://blog.sina.com.cn/s/blog_51282afc01009r05.html，2008-06-09）

任务分析

美国前哈佛大学校长伊立特曾说："在造就一个有修养的人的教育中，有一种训练必不可少，那就是优美、高雅的谈吐。"交谈是交流思想和表达感情最直接、最快捷的途径。在社交中，像本任务"情境导入"中发生的语言冲突并不鲜见。有的人不注意交谈的礼仪规范，或用错了一个词，或多说了一句话，或不注意词语的色彩，或选错话题等而导致交往失败或影响人际关系。因此，在交谈中必须遵从一定的礼仪规范，才能达到双方交流信息，沟通思想的目的。

实训项目

项目名称： 交谈场景训练。
实训目标： 掌握交谈的技巧。
实训学时： 2 课时。

实训地点：教室。

实训背景：新学期开始，班上一位同学因为家境贫寒，生活拮据，产生自卑感，不愿和大家交往，性格有点孤僻。一次，班级组织大家春游，大家都踊跃报名，只有他一声不吭待在寝室里。班主任让你找他谈话，动员他参加这次集体活动。你面对他打算从哪里谈起？

实训方法。

（1）选几位同学扮演这位有点自卑的同学，每人将自己最希望别人和你交谈的话题写在纸条上。

（2）其他同学扮演"你"，通过2分钟的准备，上前搭话，进行交谈。

（3）打开纸条看看自己的搭话和对方此时想要听的话有多大的联系。

知识链接

一、说话交谈的要求

语言作为人类的主要交际工具，是沟通不同个体心理的桥梁。说话的语言艺术包括以下几个方面。

1. 准确流畅

在交谈时如果词不达意、前言不搭后语，很容易被人误解，达不到交际的目的。因此在表达思想感情时，应做到口音标准、吐字清晰，说出的语句应符合规范，避免使用似是而非的语言。应去掉过多的口头语，以免语句割断；语句停顿要准确，思路要清晰，谈话要缓急有度，从而使交流活动畅通无阻。

语言准确流畅还表现在让人听懂，因此言谈时尽量不用书面语或专业术语，因为这样的谈吐让人感到太正规，受拘束或是理解困难。古时有一笑话说的是有一书生，突然被蝎子蜇了，便对其妻子喊道："贤妻，速燃银烛，你夫为虫所袭！"他的妻子没有听明白，书生更着急了："身如琵琶，尾似钢锥，叫声贤妻，打个亮来，看看是什么东西！"其妻仍然没有领会她的意思，书生疼痛难忍，不得不大声吼道："快点灯，我被蝎子蜇了！"真乃自作自受。

2. 清晰明了

口头传播的一大特点是传播速度快。据有关专家考证，口头语言留在人们记忆里的时间一般不超过七八秒钟，十秒钟以后，记忆就会逐渐模糊，直至残缺不全。这就要求人们在讲话时尽量使用明确精练、通俗易懂的语言，避免使用那些模棱两可、似是而非、晦涩难懂的语言。

说话要力求简单明了。生活中常有这样的情形，有的人不顾场合地点，说起话来口若悬河，滔滔不绝；有的人车轱辘话来回说，生怕别人不解其意，或是说话中插入一些不必要的交代，节外生枝，不着边际。结果，主干被枝蔓掩盖了。主要的信息被大量的次要信息淹没了，听者如坠入五里雾中，不知所云。

此外，应当特别注意同音异义字的使用，以免发生误会。在汉语中，容易引起歧义的词语并不少见。例如"全部（不）及格"、"治（致）癌物质"，等等。遇到这类容易引起误解的词语，说话人可以换一种表达方式，交代清楚，如"全部都及格"、"导致癌症的物质"。这样对方就不会有疑问了。

3. 委婉表达

交谈是一种复杂的心理交往，人的微妙心理、自尊心往往起重要的控制作用，触及它，就有可能产生不愉快。因此，对一些只可意会不可言传的事情、人们回避忌讳的事情、可能引起对方不愉快的事情，不能直接陈述，只能用委婉、含蓄、动听的话去说。常见的委婉说话方式如下。

避免使用主观武断的词语，如，"只有"、"一定"、"唯一"、"就要"等不带余地的词语，要尽量采用与人商量的口气。

先肯定后否定，学会使用"是的……但是……"这个句式。把批评的话语放在表扬之后，就显得委婉一些。

间接地提醒他人的错误或拒绝他人。

4. 掌握分寸

谈话要有放有抑有收，不过头，不嘲弄，把握"度"；谈话时不要唱"独角戏"，夸夸其谈，忘乎所以，不让别人有说话的机会；说话要察言观色，注意对方情绪，对方不爱听的话少讲，一时接受不了的话不急于讲。开玩笑要看对象、性格、心情、场合，一般来讲，不随便开女性、长辈、领导的玩笑，一般不与性格内向、多疑、敏感的人开玩笑，当对方情绪低落、心情不快时不开玩笑，在严肃的场合、用餐时不开玩笑。

5. 幽默风趣

交谈本身就是一个寻求一致的过程，在这个过程中常常会出现不和谐的地方而产生争论或分歧。这就需要交谈者随机应变，凭借机智抛开或消除障碍；幽默还可以化解尴尬局面或增强语言的感染力。它建立在说话者高尚情趣、较深的涵养、丰富的想象、乐观的心境、对自我智慧和能力自信的基础上，它不是耍小聪明或"卖嘴皮子"，它应使语言表达既诙谐，又入情入理，应体现一定的修养和素质。

今年"5·12"汶川大地震中，一名幸存者被俄罗斯救援队救出。记者采访时问道："对这次强烈的地震，您感觉如何？"幸存者想了半天说："狗日的地震好凶噢！我被挖出来看到外国人，当时还以为被震到了国外去了呢！"面对灾难还能如此幽默，令人赞叹。

6. 声音优美

每个人的声音都是有感情的，也是有色彩的。而如何让自己的声音富有吸引力，展现出独特的个人魅力，这也是一门艺术。

首先要注意音调的高低变化。无变化的声音是单调的，如同催眠曲，令人进入精神凝滞状态，更达不到讲话的目的。因此，与人交谈时，应根据谈话内容的变化，适当调整音调的高低，给人抑扬顿挫的感受。

其次要控制好音量。谈话时，音量的控制也非常重要。太大的声音会令人反感，以为你在那里装腔作势；音量太小会使人听不清楚，以为你怯懦。一般来说，应根据听者距离的远近来调节自己的音量，达到最适合的状态。

最后要注意说话语速。说话时一直保持同一种语速会使人产生听觉上的疲劳，容易昏昏欲睡，打不起精神。因此，在与人交谈时，应该把握说话的语速，不要太快或太慢，应追求一种有快有慢的音乐感。在主要的语句上放慢速度作强调,在一般的内容上稍微加以变化。

二、使用礼貌用语

使用礼貌用语，是人类文明的标志，也是全世界共同的心声。使用礼貌用语不仅会得到人们的尊重，提高自身的信誉和形象，而且还会对自己的事业起到良好的辅助作用。在我国，政府有关部门向市民普及文明礼貌用语，基本内容为十个字："请"、"谢谢"、"你好"、"对不起"、"再见"。在实际的社会交往中，日常礼貌用语远不止这十个字。归结起来，主要可划分为如下几个大类。

1. 问候语

人们在交际中，根据交际对象、时间等的不同，常采用不同的问候语。"你吃了吗？"在英国、美国等说英语的国家，人们见面的问候语根据见面的时间、场合、次数等不同而有所区别。如双方是第一次见面，可以说"How do you do（您好）"。如果双方第二次见面，可以说："How are you（您好）"，如果在早上见面，可以说："Good morning（早上好）"，中午见面，可以说："Good noon（中午好、午安）"，下午见面，可以说："Good afternoon（下午好）"，晚上见面，可以说："Good evening（晚上好）"或"Good night（晚安）"等。在美国非正式场合人们见面时，常用"Hi、Hello"等表示问候。在信仰伊斯兰教的国家，人们见面时常用的问候语是"真主保佑"，在信奉佛教的国家，人们见面时常用的问候语是"菩萨保佑"或"阿弥陀佛"。

2. 欢迎语

交际双方一般在问候之后常用欢迎语。世界各国的欢迎语大都相同。如"欢迎您（Welcome）""见到您很高兴（Nice to meet you）""再次见到您很愉快（It is nice to see you again）"。

3. 回敬语

在社会交往中，人们常常在接受对方的问候、欢迎或鼓励、祝贺之后，使用回敬语以表示感谢。由此，回敬语又可称为致谢语。回敬语的使用频率较高，使用范围较广。俗话说礼多人不怪，通常情况下，只有你受到了对方的热情帮助、鼓励、尊重、赏识、关心、服务等都可使用回敬语。在我国使用频率最高的回敬语是"谢谢"、"多谢"、"非常感谢"、"麻烦您了"、"让你费心了"等。在西方国家回敬语的使用要比中国更为广泛而频繁。在公共交往中，凡是得到别人提供的服务，在中国人认为没有必要或是不值得向人道谢的情况下，西方人也要说声"谢谢"，否则是失礼行为。

4. 致歉语

在社会交往过程中，常常会出现由于组织的原因或是个人的失误，给交际对象带来了麻烦、损失，或是未能满足对方的要求和需求，此时应使用致歉语。常用的致歉语有："抱歉"或"对不起（Sorry）"，"很抱歉（Very sorry, so sorry）"，"请原谅（Pardon）"，"打扰您了，先生（Sorry to have bothered you, sir）"，"真抱歉，让您久等了（So sorry to keep you waiting so long）"等。

真诚的道歉犹如和平的使者，不仅能使交际双方彼此谅解、信任，而且有时还能化干戈为玉帛。道歉也有艺术。在人际交往中，有些人有时放不下架子或碍于面子，不愿直接道歉，这也是人之常情。其实，道歉的方式很多，道歉时可采用委婉的手法。比如，今天的交际对象是你以前曾经冒犯过的人，那么你可以说："真是不打不相识啊，俗话说得好，不是冤家不聚头，来让我们从头开始！"道歉并不会降低你的人格，及时得体的道歉也能充分反映出你的宽广胸襟、真诚情感和敢于承担责任的勇气。

有些时候，如果由于组织的原因或个人原因给交际对象造成物质上、精神上的损失或增加了心理上的负担，在道歉的同时还可赠送一些纪念品、慰问品以示诚心道歉。

5. 祝贺语

在交际过程中，如果你想与交际对象建立并保持友好的关系，你应该时刻关注交际对象，并与他们保持经常性的联系。比如，当你的交际对象过生日、加薪、晋升或结婚、生子、寿诞，或是你的客户开业庆典、周年纪念、有新产品问世或获得大奖等，你可以以各种方式表示祝贺，共同分享快乐。

祝贺用语很多，可根据实际情况进行选择。如节日祝贺语："祝您节日愉快"（Happy festival），"祝您圣诞快乐"（Merry christmas to you）；生日祝贺语："祝您生日快乐"（Happy birthday）；当得知交际对象取得事业成功或晋升、加薪等，可向他表示祝贺："祝贺你"（Congratulation）。常用的祝贺语还有："恭喜恭喜"、"祝您成功"、"祝您福如东海，寿比南山"、"祝您新婚幸福、白头偕老"、"祝您好运"、"祝您健康"。

此外还可通过贺信，在新闻媒介刊登广告等形式祝贺。如："庆祝大连国际服装节隆重开幕！""××公司恭贺全国人民新春快乐！"等。总之，在当今社会，适时使用祝贺用语，对交际来说有百益而无一害。

6. 道别语

交际双方交谈过后，在分手时，人们常常使用道别语，最常用的道别语是"再见"

（Goodbye），若是根据事先约好的时间可说"回头见"（See you later）、"明天见"（See you tomorrow）。中国人道别时的用语很多，如"走好"、"慢走"、"再来"、"保重"等。英、美等国家的道别语有时比较委婉，常常有祝贺的性质，如"祝你做个好梦"、"晚安"等。

7. 请托语

在日常用语中，人们出于礼貌，常常用请托语，以示对交际对象的尊重。最常用的是"请"，其次，人们还常常使用"拜托"、"劳驾"、"借光"等，在英、美等国家，人们在使用请托语时，大多带有征询的口气。如英语中最常用的"Will you please……?""Can I help you?"（你想买点什么？）"Could I be of service?"（能为您做点什么？）及在打扰对方时常使用"Excuse me"，也有征求意见之意。日本常见的请托语是"请多关照"。

三、有效选择话题

所谓话题，是指人们在交谈中所涉及的题目范围和谈话内容。换言之，话题是一些由相对集中的同类知识、信息构成的谈话资料及其相应的语体方式、表述语汇和语气风格的总和。在人际交往中，学会选择话题，就能使谈话有个良好的开端。

1. 宜选的话题

在交际中，首先，应选既定的话题，即交谈双方业已约定，或者一方先期准备好的话题，如征求意见、传递信息、研究工作等。

其次，选择内容文明，格调高雅的话题，如，文学、艺术、哲学、历史、地理、建筑等，这类话题适合各类交谈，但忌不懂装懂。

再次，选择轻松的话题，这类话题令人轻松愉快、身心放松，适用于非正式交谈，允许各抒己见，任意发挥。主要包括文艺演出、流行、时装、美容美发、体育比赛、电影电视、休闲娱乐、旅游观光、名胜古迹、风土人情、名人逸事、烹饪小吃、天气状况，等等。

其四，选择时尚的话题，即以此时此刻正在流行的事物作为谈论的中心，这类话题变化较快，不太好把握。

最后，选择话题时还要注意选择自己擅长的话题，尤其是交谈对象有研究、有兴趣的话题。比如，青年人较多关注足球、通俗歌曲、电影电视的话题，而老年人较熟悉健身运动、饮食文化之类的话题；公职人员多关注时事政治、国家大事，而普通市民则更关注家庭生活、个人收入等；男人多关心事业、个人的专业，而妇女对家庭、物价、孩子、化妆、衣料、编织等更容易津津乐道。

在交谈时要注意交谈的话题有所忌讳。在交谈中，若双方是初交，则有关对方年龄、收入、婚恋、家庭、健康、经历这一类涉及个人隐私的话题，切勿加以谈论。

2. 扩大话题储备

由于人们的经历、职业、兴趣、学习状况不同，每个人所掌握的话题状况各不相同，都有一定的局限性，因此必须尽量扩大话题储备。为此，要有知识储备。对于掌握话题广度影响最大的是自身的学习状况和进取精神。一个人如果有理想、有追求，思想境界高，而且肯下工夫学习，爱读书看报，并关注社会现实生活，有较多的朋友，把看到、听到的东西，有意识地加以记忆和积累，就会变得学识渊博，时事政策、天文地理、政治外交、文艺体育、花鸟鱼虫、音乐美术几乎无所不知，由于视野开阔，谈资和知识面自然会比别人宽得多。

四、掌握闲谈技巧

在交际场合中，闲谈可以帮助你与别人建立亲密的关系、缓和紧张气氛。会帮你树立一个平易近人的良好形象，让别人从你的闲谈中感受你的见多识广、彼此的性格并建立私人关系。你自己也可以从闲聊的过程中知晓各种有益的商业信息，人们往往在不经意的闲谈中获得有用的信息。闲谈能反映一个人的知识、修养、追求与爱好。善于与别人闲谈的人往往能得到别人的喜欢，获得更多的朋友，也让别人得到信息和感到幽默的快乐。

1. 闲谈的技巧

（1）选择话题。注意话题的安全性。在闲谈的时候一定要选择安全的话题，例如谈一谈孩子、天气状况、文化动态、交通堵塞、物价、环境问题、社会或城市的毛病等话题，不要涉及他人的收入、小道消息、私生活等话题，要避开办公室的有关公事，另外，最好找到双方共同感兴趣的话题，不要一味只顾自己高兴，而冷落了他人的参与，这是不礼貌的，也是缺乏交际技巧的表现。

（2）适时发问。在交谈中适时发问可以引导交谈按照某个目的继续进行，调整交谈的气氛，同时，必须在事先没有准备的情况下根据对方的身份、地位、场合、关系来决定你的提问，而使问题更得体。精妙的提问能使你获得需要的信息、知识和利益，并且证明你十分重视对方的谈话，从而激起对方的兴趣，向你提供更多的信息。

（3）注意反应。闲谈中要注意察言观色，当你提出问题后，对方避而不答或转移话题，那就要换一个对方感兴趣的话题了。

（4）闲谈的语言要求。要注意礼貌对人，不要出语伤人，要注意机智幽默。闲谈中临场发挥的特点决定了双方都要保持高度的机智性和灵活性。注意调节气氛。幽默的人往往容易受到人们的欢迎。

2. 闲谈中的注意事项

（1）不要随便打断对方的讲话。有的人有这样的毛病，总喜欢打断对方的谈话，这是不尊重对方的表现，应该是等对方把话说完，再进行发言。

（2）避免行话、术语。不论是在跨国际交流还是在本国的交流中，一定要注意不要使用行话、术语和方言。

（3）不要胡乱幽默。在闲谈的时候，不要使用双方从来没有使用过的幽默，因为在你认为可笑的事情，在别人尤其是外国人，就不一定明白你讲的幽默的可笑之处，所以，当一方已经笑得前仰后合的时候,而另一方却不知道怎么回事,这种场合是很尴尬的。所以,谈话的时候,在谈话刚开始或只有几分钟的时候,最好不要讲难懂的幽默。

(4)不要与别人抬杠、争执。在商务交往中,和气生财,和气才能保证广交朋友,而不要与人发生无谓的争执,不要争强好胜,否则是不礼貌的。

(5)避免搬弄是非。在正式的商业场合中,一言一语都会成为影响商务交往的重要信息,不能搬弄是非,不要传播小道消息。朋友对你说的心里话,不要当作闲谈的资料去到处宣扬,这样做是不道德的。

五、弥补言行失误

如果在与人交往中不注重礼仪,可能由于举止言行的某一个失误,导致终生遗憾。那么,在言行出现失误的时候,公关人员该怎样弥补这一过失呢?

1. 及时纠正

俗话说"亡羊补牢,犹为晚也!"每个人的言行不可能永远正确,当你出现一时失误,应及时纠正,这才是明智之举。

一次,美国前总统里根访问巴西,由于旅途疲乏,年岁又大,在欢迎宴会上,他脱口说道:"女士们,先生们!今天,我为能访问玻利维亚而感到非常高兴。"

有人低声提醒他说溜了嘴,里根忙改口道:

"很抱歉,我们不久前访问过玻利维亚。"

尽管他并未去过玻利维亚。当人们还来不及反应时,他的口误已经淹没在后来滔滔的大论之中了。这种方法,在一定程度上避免了当面丢丑,不失为补救的有效手段。

2. 及时移植

及时移植,就是把错话移植到他人头上。如说:"这是某些人的观点,我认为正确的说法应该是……"这就把自己已出口的某句错误纠正过来了。对方虽有某种感觉,但是无法认定是你说错了。

3. 及时引申

迅速将错误言辞引开、避免在错中纠缠。就是接着那句错误的话之后说:"然而正确说法应是……"或者说:"我刚才那句话还应作如下补充……"这样就可将错话抹掉。

4. 借题发挥

借题发挥就是错话一经出口,在简单的致歉之后立即转移话题,有意借着错处加以生发,以幽默风趣、机智灵活的话语改变场上的气氛,使听者随之进入新的情境中去。曾有一个新毕业的大学生去某合资公司求职,一位负责接待的先生递过来名片。大学生神情紧张,匆匆一瞥,脱口说道:"滕野先生,您身为日本人,抛家别舍,来华创业,令人佩服。"那人微微一笑:"我姓滕,名野七,地道的中国人。"大学生面红耳赤,无地自容,片刻后,神志清醒,诚恳地说道:"对不起,您的名字使我想起了鲁迅先生的日本老师——滕野先生。他教给鲁迅许多为人治学的道理，让鲁迅受益终生。希望滕先生日后也能时常指教我。"腾先生面带惊奇，点头微笑，最终录用了他。

5. 将错就错

将错就错这种方法就是在错话出口之后，能巧妙地将错话续接下去，最后达到纠错的目的。其高妙之处在于，能够不动声色地改变说话的情境，使听者不由自主地转移原先的思路，不自觉地顺着你之思维去思考。

某次婚宴上，来宾济济，争着向新人祝福。一位先生激动地说道："走过了恋爱的季节，就步入了婚姻的漫漫旅途。感情的世界时常需要润滑。你们现在就好比是一对旧机器……"其实他本想说"新机器"，却脱口说错，令举座哗然。一对新人更是不满之意溢于言表，因为他们都曾各自离异，自然以为刚才之语隐含讥讽。那位先生的本意是要将一对新人比作新机器，希望他们能少些摩擦。但话既出口，若再改正过来，反而不美。他马上镇定下来，略一思索，不慌不忙地补充一句："已过磨合期。"此言一出，举座称妙。这位先生继而又深情地说道："新郎新娘，祝福你们永远沐浴在爱的春风里。"大厅内掌声雷动，一对新人早已笑若桃花。

这位来宾的将错就错令人叫绝。错话出口，索性顺着错处续接下去，反倒巧妙地改换了语境，使原本尴尬的失语化作了深情的祝福，同时又道出了新人之间情感历程的曲折与相知的深厚，颇有些"点石成金"之妙。

六、避免冷场发生

与人交谈，一个话题谈完了，如果两个人不善言谈，而另一个话题又没接上，那么，就有可能出现"冷场"的尴尬局面，别人会显出局促不安的神态，你也会无所适从，怎么办？一般来说，冷场分为两种情况：一种是单向交流中，听的人毫无兴趣，注意力分散；另一种是双向交流中，听者毫无反应，或仅以"嗯"、"噢"之类应付。不管是哪种情况出现的冷场，根本原因都在于听者不愿听说话人所说的话，听者仅仅出于纪律的约束或处世的礼貌而扮演一个"接受"的角色。发言者既要发言，必须实施控制，避免冷场的发生。避免和控制的办法如下

1. 发言简短

单向交流中那种应景式讲话，越短越好。如某商场举行开业仪式，邀请了市内各方面的人士参加。总经理只说了两句话："女士们，先生们：热忱欢迎各位光临！现在我宣布：××商场正式开业！"

双向交流中，任何一方都不要滔滔不绝地"包场"，要有意识地给对方留下发言的时间和机会。自己一轮讲不完，应待对方有所反应后再讲，不要一轮就讲得很长。

2. 交换话题

单向交流的话题变换是暂时的，变换话题的目的是吸引听者的注意力，调动他们的兴趣。

这一目的达到后,仍要回到原有话题的轨道。比如,教师在讲课过程中发现学生精力分散、东张西望、打瞌睡、窃窃私语、在桌上乱画,可以暂停讲授,穿插几句应景、时髦、诙谐的话;或者简短地讲个与教学多少相关的典故、趣闻,学生的精力便会集中起来,之后,再继续讲课。双向交流的话题变换是不定的,根据现场情况随时进行。比如,你与别人谈今日凌晨看的一场世界杯足球赛电视直播,可别人并不喜欢足球,也没有在半夜爬起来观看,对你所议显得毫无兴趣,出现冷场。这时,你就应及时将话题转到其他方面去。

3. 中止交谈

任何人在交谈时都不希望听者不愿接受。但若这种情况出现,你又采取了诸如简短发言、变换话题等控制手段,仍然不能扭转冷场的局面,那就应中止交谈。没有人接受的交谈是无意义的,既白白消耗自己的精力,又无端浪费别人的时间。

延伸阅读

一、吸引对方听你说话的技巧

1. 与众不同

为了吸引对方听你说话,尤其在有其他人在场的情况下吸引对方,就得有些独到的见解,而且要敢于发表出来。比如,当对方讲出一个观点时,如果其他人都随声附和和表示赞同,你就发表一些反对意见或不同见解;如果其他人表示反对,你就立即表示赞同。这样对方就会注意你的意见,也注意到你这个人。当然有人会说,表示同意和赞赏肯定会引起对方的好感,但若表示反对,对方就不会那么高兴了。其实不然,当一个人讲出自己的观点后,如果大家都随声附和,并不能体现这个观点的价值,对方也会感到没趣,或者认为在座的没有一个有能力、敢作敢为的人,那他也就不再乐意在这儿谈下去了。而你若发表一些不同见解,他会立刻把注意力集中到你身上,会很乐意与你进行更深入的探讨。不过最后你还要跟对方达成一致,不要一直对抗下去。如果对方有说服你同意的意思,你就要与对方探讨一会之后,作出被说服的样子。"噢,我明白了,还是你的见解高明"。最后你也表示赞同了。这种赞同对方会更珍惜,因为那是费力说服的结果。如果大家都反对他的观点,他就显得势单力薄,或没有水平,在这种情况下你出来赞同,对方会立即对你发生兴趣,像遇到知音一样。

2. 调换一下位置

如果你的话总是不能引起对方的注意,那就得看一看,想一想,是否自己的位置不引人注意,是不是自己坐的地方不合身份等,最好换一个位置,坐到一个能让每个人都看到的位置上去。比如,你坐在人的背后,说的观点再新颖,人家也不愿回头跟你答话。谈话是有方向性的,看不到谈话对象,谈话就没有兴趣。

3. 提高讲话的声音

如果换个座位还不能引起对方注意,就得考虑自己讲话的声音是否太小,那就适当地加大音量。声音洪亮能提高谈话的魅力，能引起人们的注意。

4. 激动时站起身来

如果还是不能引起人们的注意，就在说话时边讲边站起来。只有情绪高涨时，人们才会站起来说话，所以你站起来别人就以为你很激动了，而且你自己因为站起来而变得激动，那肯定是要引起对方注意了，因为他要听听你为什么激动。

5. 先吸引身边的人

如果场上人很多，对方离你较远，吸引他比较困难，那就可以从你身边的人开始，先吸引旁边的人，再把对方的听众吸引过来。

6. 把对方心事解决了

如果只有你与对方两人在谈话，而对方心不在焉，无法集中精力谈话，那得考虑一下是否有什么事情，然后想办法为对方解决。到吃饭时候，就要告诉对方"午饭在这儿吃了"等。有时对方会不自觉地告诉你，还有什么事情没有解决，需要马上去办，那你要尽量替对方解决好。比如，他说"我得接孩子去，改日再谈吧"。这时你就要让别人帮他去接，那么他才能静下来听你谈话。

7. 对方不看你，你不讲话

当与对方谈话时，要用眼睛盯着对方讲，你看着他，他也看着你时，精力容易集中。当对方不看你时，就停顿一下，然后再讲。再就是在谈话时，要问对方一些问题，有问有答对方就不容易走神了。

8. 用声音大小的变化吸引对方

谈话时，你讲的时间长了一点儿，这样，对方就有可能分心，所以要让讲话声音丰富一些，一会儿大一会儿小，以此吸引对方注意，尤其是场上人多时，如果场上安静，可以声音大一些，如果场上不太安静，你就把声音变小或放慢，这时大家会立刻注意到你的变化，而认真地听下去。

9. 离得越近，越容易吸引对方

要想吸引对方谈话，就要长时间地不让对方分心。要坐得离对方尽量近一些。坐得越近，你在对方眼里的形象越高大；越远则越小。当你的形象高大时，对方无法摆脱你，想不看也不行，想不注意也很难。

10. 打扮得漂亮一些

在谈话过程中，要让对方不住地看着你，你就要穿着讲究一些，色彩鲜艳一些。比如，男士戴一条红色的领带，穿一件干净的衬衣，笔挺的西装，等等。你穿得整齐干净又气派，像个人物，才容易吸引对方的视线和注意力。

11. 穿插点刺激性的小话题

要准备充分，准备充分自信心就强，谈起话来就妙趣横生。准备一些小幽默、一些与你想谈事情有关的鲜为人知的内容、一些重大的新闻等,在讲话时适当穿插以刺激人的大脑,使人们对你的谈话感兴趣。

(资料来源:要力勇、李华秀.实用公关技巧大全500例:北京:北京师范大学出版社,1992.)

二、寻找与陌生人交谈的突破口

1. 察言观色,寻找共同点

一个人的心理状态、精神追求、生活爱好等,都或多或少地要在他们的表情、服饰、谈吐、举止等方面有所表现,只要你善于观察,就会发现你们的共同点。一位退伍军人乘车同一陌生人相遇,位置正好在驾驶员后面。汽车上路后不久就抛锚了,驾驶员车上车下忙了一通还没有修好。这位陌生人建议驾驶员把油路再查一遍,驾驶员将信将疑地去查了一遍果然找到了病因。这位退伍军人感到他的这绝活可能是从部队学来的。于是试探道:"你在部队待过吧?""嗯,待了六七年。""噢,算来咱俩还应算是战友呢。你当兵时部队在哪里?"……于是这一对陌生人就谈了起来,据说后来他们还成了朋友。而这就是在观察对方以后,发现都当过兵这个共同点的。当然,察言观色发现的东西,还要同自己的情趣爱好相结合,自己对此也有兴趣,才有可能打破沉寂的气氛。否则,即使发现了共同点,也还会无话可讲,或讲一两句就"卡壳"。

2. 以话试探,侦察共同点

两个陌生人面对面时,为了打破这沉默的局面,开口讲话是首要的,有人以招呼开场,询问对方籍贯、身份,从中获取信息;有人通过听说话口音、言辞,侦察对方情况;有的以动作开场,边帮对方做某些急需帮助的事,边以话试探;有的甚至借火吸烟,也可以发现对方特点,打开口语交际的局面。两个年轻人从某县城上车,坐在一条长椅上。其中一人问对方:"请问你在什么地方下车?""终点站,你呢?""我也是,你到南京什么地方?""我到南京山西路一个亲戚家有事,你就是此地人吧?""不是的,我是从南京来走亲戚的。"经过双方的"火力侦察",双方对县城熟悉,对南京了解,都是走亲戚的共同点就清楚了。两个人发现对方共同点后谈得很投机,下车后还互邀对方做客。这种融洽的效果看上去是偶然的,实际上也是有其必然原因的:它是"火力侦察",发现共同点,向纵深处掘进而产生的效应。

3. 听人介绍,猜度共同点

你去朋友家串门,遇到有生人在座,作为对二者都很熟悉的主人,会马上出面为双方介绍,说明双方与主人的关系,各自的身份、工作单位,甚至个性特点、爱好等,细心人从介绍中马上就可发现对方与自己有什么共同之处。一位是县物价局的股长,一位是"县中"的教师,在一个朋友家见面了,主人给这对陌生人作了介绍,他们马上发现都是主人的同学这个共同点,马上就围绕"同学"这个突破口进行交谈,相互认识和了解,以至变得亲热起来。这当中重要的是在听介绍时要仔细地分析认识对方,发现共同点后再在交谈中延伸,不断地发现新的共同关心的话题。

4. 揣摩谈话，探索共同点

为了发现陌生人同自己的共同点，可以在需要交际的人同别人谈话时留心分析、揣摩，也可以在对方和自己交谈时揣摩对方的话语，从中发现共同点。在广州的某百货商店里，一位南海舰队的战士对服务员说："请你把那个东西拿给我看看。"还把"我"说成常熟方言。边上的另一位战士也正是常熟人，听了前者这句话，也用手指着货架上的某一商品对营业员说了一句相同的话，两句字里行间都渗透常熟乡土气息的话，使两位陌生人相视一笑，买了各自要买的东西，出了店门就谈了起来，从老家问到部队，从眼下任务谈到几年来走过的路，谈着将来的打算。身在异乡的一对老乡的亲热劲，不知情的人怎么会想到这是一句家乡话的缘分。可见细心揣摩对方的谈话确实是可以通过找出双方的共同点，使陌生的路人变为熟人，发展成为朋友的。

5. 步步深入，挖掘共同点

发现共同点是不太难的，但这只能是谈话的初级阶段所需要的。随着交谈内容的深入，共同点会越来越多。为了使交谈更有益于对方，必须一步步地挖掘深一层的共同点，才能如愿以偿。一个度假的大学生和一位在法院工作的同志，在一个共同的朋友家聚餐，经主人介绍认识后，陌生人谈了起来，慢慢地二人都发现对社会上的不正之风的看法有共同点，不知不觉地展开了讨论，他们从某些令人发指的社会现象，谈到产生的土壤和根源，从民主与法制的作用，谈到对党和国家的期望。越谈越深入，越谈双方距离越缩短，越谈双方的共同点越多。事后双方都认为这次交谈使大学生认识了社会，使法院工作的同志了解了外面的信息和群众的要求，双方都增强了为纠正不正之风尽力的自觉性。

寻找共同点的方法还很多，譬如面临的共同的生活环境，共同的工作任务，共同的行路方向，共同的生活习惯等，只要仔细发现，陌生人无话可讲的局面是不难打破的。

（资料来源：http://bbs.hc360.com/thread-381494-1-1.html，2008-01-02）

思考练习

1. 交谈中你觉得哪些话题特别容易引起对方的兴趣？
2. 交谈中要注意使用哪些礼貌用语？
3. 设想你分别与一位老人、一名小学生进行交谈，你将如何选择交谈的话题？
4. 公司职员小王接待了一位老人，这位老人想反映产品质量问题，但由于年纪偏大，表达不是很清楚，而且一说就是老半天。面对这种情况小王应该如何处理？
5. 2~3名同学一组，每组同学相互谈谈自己在与他人交谈时，有过哪些沟通的不良体验？造成了什么后果？对自己有什么启发？
6. 选择以下话题与你的同学进行交谈练习：
（1）你最崇拜的人是谁，最崇拜他什么？

（2）假如你中彩票得到500万元大奖，你将如何使用这笔钱？
（3）假如你是所在的高职院校的校长或院长，最想做的是什么？
（4）假如你有机会周游世界，你会如何安排行程？
（5）假如你能回到十年前，这十年你如何安排？
（6）你一生中最快乐的事是什么？发生在什么时间？

7. 案例分析：

初入职场的秘书

小王是刚刚工作的秘书，可谓初入职场。

一次奉命接待一名公司的客户。客户来到公司，小王看见了，上来就说："陈先生，我们经理让你上去。"

这位陈先生一听，心想：我又不是你的下属，凭什么让我上去就上去，哪有这样做生意的？一气之下就对小王说："你们要想做生意，自己来找我，我回宾馆了。"

（资料来源：陈光谊. 现代实用社交礼仪. 北京：清华大学出版社，2009.）

讨论题：

（1）初入职场的秘书小王错在哪里？如果是你，遇到这种情况你怎样做？
（2）请讨论一下与人见面交谈时应该注意哪些礼仪？

8. 心理小测验：

你善于与人交谈吗

（1）你是否时常觉得"跟他多讲几句话也无意思"？
    A. 强烈肯定　　　　B. 有时　　　　C. 绝对否定
（2）你是否觉得那些太过于表现自己感受的人是肤浅和不诚恳的？
    A. 强烈肯定　　　　B. 有时　　　　C. 绝对否定
（3）你与一大群人或朋友在一起时，是否时常觉得孤寂或失落？
    A. 强烈肯定　　　　B. 有时　　　　C. 绝对否定
（4）你是否觉得需要有时间一个人静静地才能清醒一下和整理好思绪？
    A. 强烈肯定　　　　B. 有时　　　　C. 绝对否定
（5）你是否只会对一些经过千挑百选的朋友才吐露心思？
    A. 强烈肯定　　　　B. 有时　　　　C. 绝对否定
（6）在与一群人交谈时，你是否时常发觉自己在东想西想一些与交谈话题无关的事情？
    A. 强烈肯定　　　　B. 有时　　　　C. 绝对否定
（7）你是否时常避免表达自己的感受，因为你认为别人不会理解？
    A. 强烈肯定　　　　B. 有时　　　　C. 绝对否定
（8）当有人与你交谈或你讲解一些事情时，你是否时常觉得很难聚精会神地听下去？

　　　　A. 强烈肯定　　　　　B. 有时　　　　　C. 绝对否定

（9）当一些你不太熟悉的人对你倾诉他生平遭遇以求同情时，你是否觉得不自在？

　　　　A. 强烈肯定　　　　　B. 有时　　　　　C. 绝对否定

评分规则：

每道题选 A 作答案可得 3 分，答 B 的可得 2 分，答 C 的可得 1 分。

如果你得分 22~27，这表示你只有在极需要的情况下才同别人交谈，除非对方愿意主动频频跟你接触，否则你便总处于孤独的个人世界里。

如果你得分 15~21 分，你大概比较喜欢跟别人做朋友。如果你与对方不太熟识，开始会不大愿意跟对方交谈。但时间久了，你便乐意常常搭话。

如果你得分 9~14，这表示与别人交谈不成问题。你非常懂得交际，较易营造一种热烈气氛，彼此十分投机。

　　　　（资料来源：东文．http://www.gmw.cn/01shsb/2001-02/02/GB/02^1583^0^SH10-215.htm，2001-02-02）

学习情境 14　电话沟通

良好的礼貌是由微笑的牺牲组成的。

——（美）爱默生

情境导入

电话中的"女高音"

某杂技团计划于下月赴美国演出，该团团长刘明就此事向市文化局局长作请示，于是他拨通了文化局局长办公室的电话。

可是电话响了足足有半分多钟时间，不见有人接听。刘明正纳闷，突然电话那端传来一个不耐烦的女高音："什么事啊？"刘明一愣，以为自己拨错了电话："请问是文化局吗？""废话，你不知道自己往哪儿打的电话啊？""哦，您好，我是市歌舞团的，请问王局长在吗？""你是谁啊？"对方没好气地盘问。刘明心里直犯嘀咕："我叫刘明，是杂技团的团长。"

"刘明？你跟我们局长什么关系？"

"关系？"刘明更是丈二和尚摸不着头脑。

"我和王局长没有私人关系，我只想请示一下我们团出国演出的事。""出国演出？王局长不在，你改天再来电话吧。"没等刘明再说什么，对方就"啪"地挂断了电话。

刘明感觉像是被人戏弄了一番，拿着电话半天没回过神来。

（资料来源：http://blog.sina.com.cn/s/blog_6ad0f38e0100sm5r.html，2011-04-16）

任务分析

电话是人们开展社交活动不可缺少的工具，在日常生活和工作交往中，都要利用电话与别人取得联系和交谈。据美国《电话综述》（Telephone Review）中介绍说，一个人一生平均有 8 760 小时在打电话。在录像电话还没普及之前，人们通过电话给人的印象完全靠声音和使用电话时的习惯，要想有"带着微笑的声音"或者通过电话赢得信任，就必须掌握使用电话的礼节与技巧。

电话的使用，直接反映出电话使用者的素质。本"情境导入"中那位"电话中的女高音"的表现就使人清楚地感受到了这点。

在日常工作生活中,大家肯定会遇到这样的情况:休息的时候被无关紧要的电话吵醒;在公共场所看到有人大声地用电话说着什么;会场上电话铃声此起彼伏;电话拨通后,听到"喂,喂,找哪位?""有什么事儿?"……由此可见,电话沟通必须讲究规范,不会打电话、不会接电话会影响人际交往的效果。

实训项目

项目名称:自编小品"打电话"活动。

实训目标:掌握电话沟通的基本规范和技巧。

实训学时:2学时。

实训地点:实训室。

实训准备:电话等。

实训方法:将学生3~5人分为一组,每组学生自设场景,自编小品表演打电话(手机)。表演后,师生点评。

知识链接

一、电话沟通的优势和弊端

1. 电话沟通的优势

(1)在电话里,更容易接近一个你愿意和他谈话的人。

(2)电话沟通方便而且快捷。电话就摆在你的桌上,不需要提前预约,你就可以联系到一个你要找的人,得到你需要的信息,并在最短时间里得出结论。

(3)电话沟通的时间通常要比面对面交谈短,所以你能在同样的给定的时间里取得更多的信息。

(4)电话沟通通常限制在你和另外一个人之间,所以更容易自由控制交谈主题。

(5)电话沟通更加平等,因此对年轻人来说,在电话中听取一些命令要更加容易些。

2. 电话沟通的弊端

(1)由于电话沟通时缺乏身体语言,所以交谈双方很难建立起密切的联系。在面对面的交谈中,身体语言是一个很重要的因素。

(2)你也许会无意中打扰别人的休息,尤其是拨打对方手机时。

(3)与面对面沟通的方式相比,电话沟通更容易让沟通双方得出错误的观点。

(4)在电话沟通时,你很容易走神。

(5)在电话里很难准确地表达一些复杂的思想和信息。

二、电话沟通的基本要求

目前大部分电话能传输的信号是声音,但这一信号载体却包含着许多信息。说话人想做什么,要做什么,是高兴还是悲伤,还有对另一方的信任感、尊重感,彼此都可以清晰地得知。这些都取决于电话的语言与声调。因此,电话语言要求礼貌、简洁和明了,以准确地传递信息。

1. 态度礼貌友善

当你使用电话交谈时,不能简单地将对方视做一个"声音",而应看做是面对一个正在交谈的人。尤其是对办公人员来说,面对的是组织的一名公众,如果你们是初次交往,那么,这样一次电话接触便是你给公众的第一次"亮相",应十分慎重。因此,在使用电话时,多用肯定语,少用否定语,酌情使用模糊用语;多用些致歉语和请托语,少用些傲慢语、生硬语。礼貌的语言、柔和的声音,往往会给对方留下亲切之感。正如日本一位研究传播的权威所说:"不管是在公司还是在家里,凭这个人在电话里的讲话方式,就可以基本判断出其'教养'的水准。"

2. 传递信息要简洁

电话用语要言简意赅,将自己所要讲的事用最简洁、明了的语言表达出来。因为通话的一方尽管有诸如紧张、失望而表情异常的体态语言,但通话的另一方不知道,他所能得到的判断只能是来自他听到的声音。在通话时最忌讳发话人吞吞吐吐,含糊不清,东拉西扯。正确的做法是:问候完毕对方,即开宗明义,直言主题,少讲空话,不说废话。

3. 控制语速语调

通话时语调温和,语气、语速适中,这种有魅力的声音容易使对方产生愉悦感。如果说话过程语速太快,则对方会听不清楚,显得应付了事;太慢,则对方会不耐烦,显得懒散拖沓;语调太高,则对方听得刺耳,感到刚而不柔;太低,则对方会听得不清楚,感到有气无力。一般说话的语速、语调和平常的一样就行了,即使是长途电话,也无须大喊大叫,把受话器放在离嘴两三寸的地方,正对着它讲就行了。另外,通电话时,周围有种种异样的声音,会使对方觉得自己未受尊重而变得恼怒,这时应向对方解释,以保证双方心情舒畅地传递信息。

三、接电话

1. 迅速、礼貌地接听电话

接电话首先应做到迅速接听,力争在铃响三次之前就拿起话筒,这是避免让打电话的人产生不良印象的一种礼貌行为。电话铃响过三遍后才作出反应,会使对方焦急不安或不愉快。正如日本著名社会心理学家铃木健二所说:"打电话本身就是一种业务。这种业务的最大特点是无时无刻不在体现每个人的特性。""在现代化大生产的公司里,职员的使命之一,是一听到电话铃声就立即去接。"接电话时,也应首先自报单位、姓名,然后确认对方,如:

"您好！这是××公司营销部。"如果对方没有马上进入正题，可以主动请教："请问您找哪位通话？"

2. 仔细聆听并积极反馈

作为受话人，通话过程中，要仔细聆听对方的讲话，并及时作答，给对方以积极的反馈。通话时听不清楚或意思不明白时，要马上告诉对方。在电话中接到对方邀请或会议通知时，应热情致谢。

3. 规范地代转电话

如果对方请你代转电话，应弄明白对方是谁，要找什么人，以便与接电话人联系。此时，请告知对方"稍等片刻"，并迅速找人。如果不放下话筒喊距离较远的人，可用手轻捂话筒或按保留按钮，然后再呼喊接话人。如果你因别的原因决定将电话转到别的部门，应客气地告之对方，你将电话转到处理此事的部门或适当的职员。如："真对不起，这件事是由财务部处理，如果您愿意，我帮您转过去好吗？"

4. 认真做好电话记录

如果要接电话的人不在，应为其做好电话记录，记录完毕，最好向对方复述一遍，以免遗漏或记错。可利用电话记录卡片做好电话记录。电话记录卡片见图14-1。

```
给 _____
日期 _____    时间 _____
你不在办公室时                     先生
              公司的 _____     女士
                                 小姐
电话 _____
  ○电话          ○请打电话回去
  ○要求来访      ○还会打电话来
  ○是否紧急      ○回你的电话
留言 _____
    _____
```

图 14-1

5. 特殊情况的处理

（1）电话铃响时，如果你正在与客人交谈，应先向客人打招呼，然后再去接电话。如果发觉打来的电话不宜为外人所知，可以告诉对方："我身边有客人，一会儿我再给您回电话。"不要抛下客人，在电话中谈个没完，这样身边的客人会有被轻视的感觉。

（2）不要在听电话时与旁人打招呼、说话或小声议论某些问题。如果通电话时有人有急事来找你，应先对电话那端的人说声："对不起。"如果为回答通话对方的提问，需向同事请教时，可说声"请让我核实一下"。

（3）如果使用录音电话，应事先把录音程序整理好，把一些细节考虑周到。不要先放一长段音乐，也不要把程序搞得太复杂，让对方莫名其妙、不知所措。

（4）如果对方打错了电话，应当及时告之，不要讽刺挖苦，更不要表示出恼怒之意。如果来电人需要把电话打到别的部门，你可以说："您要找的人在××部门，电话号码是××"。

接电话的注意事项如表14-1所示。

表14-1 接听电话的顺序、用语及注意事项

顺序	基本用语	注意事项
1. 拿起电话听筒并告知自己的姓名	• "您好,平安保险××部××"（直线） • "您好，××部×××热线"（内线） • （上午10点以前）"早上好" • （电话铃响3声以上才接时）"让您久等了，我是××部×××"	• 电话铃响3声之内接起； • 在电话机旁准备好记录用的纸笔； • 接电话时，不使用"喂"回答； • 音量适度，不要过高； • 告知对方自己的姓名
2. 确认对方	• "×先生，您好！" • "感谢您的关照"等	• 必须对对方进行确认； • 如果是客户来电，要对其表达感谢之意
3. 听取对方来电用意	"是"、"好的"、"清楚"、"明白"	• 必要时应进行记录； • 谈话时不要离题
4. 进行确认	"请您再重复一遍"，"那么明天在×××见，9点钟"，等等	• 确认时间、地点、对象和事由； • 如果是留言，必须记录下通话时间和留言人
5. 结束语	"清楚了"、"请放心"、"我一定转达"、"谢谢"、"再见"等	
6. 放回电话听筒		轻轻放下电话

四、打电话

1. 选择适宜的通话时间

打电话的时间应尽量避开上午7时前、晚上10时以后的时间，还应避开晚饭时间。有午休习惯的人，也请不要用电话打扰他。电话交谈所持续的时间也不宜过长，事情说清楚了就可以了，一般以3~5分钟为宜。因为在办公室打电话，要照顾到其他电话的进、出，不可过久占线，更不可将办公室的电话或公用电话做聊天的工具，这是惹人讨厌的行为。

2. 通话之前做好准备

通话之前应该核对对方公司或单位的电话号码、公司或单位的名称及接话人姓名。写

出通话要点及询问要点，准备好在应答中使用的备忘纸和笔，以及必要的资料和文件。估计一下对方情况，决定通话时间。

3. 注意通话的礼节

接通电话后，应主动友好，自报一下家门和证实一下对方的身份。应先说明自己是谁，除非通话的对方与你很熟悉，否则就该同时报出你的公司及部门名称，然后再提一下对方的名称。打电话要坚持用"您好"开头、"请"字在中，"谢谢"收尾，态度温文尔雅。若你找的人不在，可以请接电话的人转告，如："对不起，麻烦您转告×××……"然后将你所要转告的话告诉对方。最后别忘了向对方道一声谢，并且问清对方的姓名。切不可"咔嚓"一声就把电话挂了，这样做是不礼貌的，即使你不要求对方转告，你也应该说一声："谢谢，打扰了。"打电话结束时，要道谢和说声再见，这是通话结束的信号，也是对对方的尊重。注意声音要愉快，听筒要轻放。一般来讲，应该打电话的人先放下电话，接电话的人再放下电话。但是，假如是与上级、长辈、客户等通话，无论你是通话人还是发话人，都最好等对方先挂断。

4. 特殊情况的处理

（1）通话中如有人无意闯入房间，可以示意请此人坐下等候，或此人自觉退出房间等候。否则，你可向电话那端的人说声"对不起"，简短和来人打招呼后（如可以说："等我打完这个电话后再和你谈"）继续通电话。如果办公室有客人来时电话铃响了，可以暂时不接，除非你一直在等这个电话。如果属于这种情况，则应向来客说明。

（2）如果需要留言请对方回电，就要请对方记下你的电话号码。这样对方回电就不必再去查电话号码簿，即使对方是熟人，双方经常通电话，也要告诉对方回电的号码，同时别忘了告诉对方回电的合适时间。如果对方是在外地，则最好说明自己将于何时再打电话，请其等候，不可以让对方花钱打长途电话找你。

（3）如果要找的人不在，则应对代接你电话的人说："谢谢,我过会儿再打"或"如果方便,麻烦您转告××"或"请告诉他回来后给我来个电话，我的电话号码是××"。切不可"咔嚓"一下就挂断电话。

（4）如果出现线路中断，打电话的一方应负责重拨，接电话的一方应稍候片刻。重拨越早越好，接通后应先表示歉意，尽管这并非自己的过错，可以说："对不起，刚才线路出了问题。"即使通话即将结束时出现线路中断，也要重拨，继续把话讲完。如果在一定时间内打电话的一方仍然未重拨，接电话的一方也可以拨过去，然后询问"刚才电话断了，不知您是否还有没讲完的事。"

打电话的注意事项见表 14-2。

表 14-2 拨打电话的顺序、用语及注意事项

顺　序	基本用语	注意事项
1. 准备		• 确认拨打电话对方的姓名、电话号码； • 准备好要讲的内容、说话的顺序和所需要的资料、文件等； • 明确通话所要达到的目的
2. 问候、告知自己的姓名	"您好！我是五湖四海公司××部的×××。"	• 一定要报出自己的姓名； • 讲话时要有礼貌
3. 确认电话对象	•"请问××部的×××先生在吗？" •"麻烦您，我要找×××先生。"	• 必须确认接电话的是否为你要找的人； • 确认是你要找的人接的电话后，应重新问候
4. 电话内容	"今天打电话是想向您咨询一下关于××的事……"	• 应先将想要说的结果告诉对方； • 如果是比较复杂的事情，应提醒对方做记录； • 对时间、地点、数字等进行准确的传达； • 说完后可总结所说内容的要点
5. 结束语	"谢谢"，"麻烦您了"，"那就拜托您了"，等等	语气诚恳、态度和蔼
6. 放回电话听筒		等对方放下电话后再轻轻挂掉电话

五、手机礼仪

无论是在社交场所还是在工作场合，肆意地使用手机，已经成为礼仪的最大威胁之一。在国外，如澳大利亚电信的各营业厅就采取了向顾客提供《手机礼节》宣传册的方式，宣传手机礼仪。在使用手机的时候应该注意以下礼仪。

1. 置放到位

在一切公共场合，手机在没有使用时，都要放在合乎礼仪的常规位置。不要在没有使用的时候放在手里或是挂在上衣口袋外。放手机的常规位置有：①随身携带的公文包里，这种位置最正规；②上衣的内袋里，有时候，可以将手机暂时系在腰带上，也可以放在不起眼的地方，如手边、背后、手袋里，但不要放在桌子上，特别是不要对着面正在聊天的客户。

2. 注意场合

在会议中或和别人洽谈的时候，最好是把手机关掉，或调到振动状态。这样既显示出对别人的尊重，又不会打断发言者的思路。而那种在会场上让手机铃声大做的人，其实给人

的印象只能是缺少教养。注意手机使用礼仪的人，不会在公共场合或座机电话接听中、开车中、飞机上、剧场里、图书馆和医院里接打手机，就是在公交车上大声地接打电话也是有失礼仪的。公共场合特别是楼梯、电梯、路口、人行道等地方，不可以旁若无人地使用手机，应该把自己的声音尽可能地压低，而绝不能大声说话，同时不要妨碍他人通行。在一些场合，如在看电影时或在剧院，打手机是极其不合适的，如果一定要回话，采用静音的方式发送手机短信是比较适合的。

3. 考虑对方

给对方打手机时，尤其当知道对方是身居要职的忙人时，首先想到的是，这个时间他（她）方便接听吗？并且要有对方不方便接听的准备。在给对方打手机时，注意从听筒里听到的回音来鉴别对方所处的环境。如果很静，应想到对方在会议上，有时大的会场能感到一种空阔的回声；当听到噪声时对方就很可能在室外，开车时的隆隆声也是可以听出来的。有了初步的鉴别，对能否顺利通话就有了准备。但不论在什么情况下，是否通话还是由对方来定为好，所以"现在通话方便吗？"通常是拨打手机的第一句问话。其实，在没有事先约定和不熟悉对方的前提下，很难知道对方什么时候方便接听电话，所以，在有其他联络方式时，还是尽量不打对方手机好些。

在餐桌上，关掉手机或是把手机调到振动状态还是必要的，避免正吃到兴头上的时候，被一阵烦人的铃声打断。不要在别人注视自己的时候查看短信。一边和别人说话，一边查看手机短信，是对别人的不尊重。当与朋友面对面聊天时，不要正对着朋友拨打手机，避免发射时高频的电流对他产生辐射，让对方心中不愉快。使用手机时必须牢记"安全至上"，否则不但害人，还会害己。注意不要在驾驶汽车时，使用手机电话或查看寻呼机内容，以防止发生车祸；不要在病房、油库等地方使用手机，免得它们所发出的信号有碍治疗，或引发火灾、爆炸；不要在飞机飞行期间使用手机，否则极可能使飞机"迷失方向"，造成严重后果。

另外，现在有不少人，特别是年轻人喜欢使用彩铃。有些彩铃很搞笑，或很怪异，与千篇一律的铃声比较起来，确实有独特之处。但是彩铃是给打电话的人听的，如果你需要经常用手机联系业务，最好不要用怪异或格调低下的彩铃，以免影响自己和单位的形象。

4. 会发短信

手机短信已成为人们交际活动的一种重要方式。其礼仪主要包括书写发送手机短信礼仪和接收手机短信礼仪。

（1）书写发送手机短信礼仪。①内容要简单明了；②语意要清楚；③检查文法和错别字；④短信拜年，记得署名。还有一点需要注意：在短信的内容选择和编辑上，应该和通话文明一样重视。不要编辑或转发不健康的、格调不高的短信，特别是一些带有讽刺伟人、名人甚至是革命烈士的短信，更不应该转发。

（2）接收手机短信礼仪。①接收短信及时回复；②及时删除不用短信，保持手机短信容量有一定空余量，以免影响新短信的接收，甚至耽误大事；③重要短信及时移至收藏夹。

延伸阅读

一、销售人员与客户电话沟通技巧

销售人员应与客户建立长期的信任关系，并在建立关系的过程中，寻找和挖掘销售机会，来帮助客户做得更好。

1. 做一个受欢迎的人

做一个受欢迎的人是销售人员与客户建立信任关系的第一步。如果销售人员在电话中不能被客户所接受和喜欢，建立信任关系也只能是空谈，这是信任关系建立的基础。

作为销售人员应该思考的首要问题："我如何才能在电话中受人欢迎？"

首先，电话礼仪和微笑是让客户接受的前提。电话响起两声时即应接起电话，如果响了三声后才接，应向客户表示歉意："您好！欢迎您致电赛琪公司××部，我是×××。不好意思，让您久等了。"如果接外线电话，问候语是："您好！欢迎您致电赛琪公司，我是×××。"如果是转接过来的电话（从号码可以看出），问候语是："您好！我是×××。"

从电话礼仪角度来讲，无论什么时候打电话给客户，都应当先自我介绍："您好，王经理，我是××公司的×××。"不少销售人员认为，如果打电话给熟悉的客户，客户可能会听出她的声音，所以，有时候没有做自我介绍就直入主题，这样可能会让客户很迷惑："你到底是谁？"

电话一接通，即应注意微笑、深呼吸；同时，充满活力、自信、有亲和力，语速不应太快。在电话中，注意礼貌用语的使用。

在结束通话之前，应征求客户的意见："×（总）经理、先生/女士/小姐，您看还有什么需要我为您做的？"

在结束电话时，无论如何应感谢客户："×（总）经理、先生/女士/小姐，谢谢您的来电，谢谢！再见！"

在结束通话时，也可以运用赞美技巧："×（总）经理、先生/女士/小姐，与您通话真的很愉快，学到很多东西，希望以后还有机会与您交流。我会再给您打电话，谢谢您，再见。"

结束电话时，一定要让客户先挂断电话，然后你再轻轻放下听筒，无论如何，在电话结束时一定要注意讲话的语气和礼貌！

2. 提高声音的感染力

语气、语速一定要注意平稳，切勿音量高低快慢不一。

3. 真诚地"赞美"

真诚地"赞美"是电话沟通中的润滑剂。在电话中该如何赞美客户呢？以下几个方面可供参考。赞美客户的声音；赞美客户所服务的公司；赞美客户的专业能力；以请教客户问题的形式来间接表达赞美。

4．表达"同理心"

"同理心"是电话沟通中的另一润滑剂。同理心和赞美对方一样，是销售中的润滑剂。表达同理心的目的是让客户感受到销售人员理解他，关心他，销售人员与客户是站在一起的。

大部分销售人员平常与客户沟通的时候，只会在电话中这样讲："是，哼，就是……"，以此来表达同理心，这其实只是对客户所讲内容的回应，并不是严格意义上的同理心。

作为销售人员，可以用以下几种方法表达对客户的理解。向客户表示同意他的想法，向客户表示他们的想法不是独有的，你以前也遇到过。向客户表示，客户所关心的需求或问题如果未被满足将带来的后果。向客户表示你理解和体会他目前的感受。销售人员表达同理心时，很重要的一点就是，说话的内容应和说话的语气及面部表情相一致！虽然对方看不到，但销售人员的面部表情还是可以被客户感受到的。如果客户在电话中告诉销售人员，他与你们曾有过不愉快的合作，销售人员可以在电话中微笑而热情地、快速地说道："我可以理解您的感受，但是现在不同了"，电话那端的客户会有何感受呢？客户一听就会有种做作的感觉。当电话销售人员真的理解客户的一次不愉快的经历时，他们的心情是沉痛的，而沉痛的心情所带来的是低沉的语气和慢语速，面部表情肯定也是沉重的，当然，这里并不是鼓励电话销售人员以沉重的心情与客户沟通，只是在必要时必须这样。

5．积极倾听，让客户愿意接受你

在电话中做到积极倾听，需要电话销售人员做到以下几点：澄清事实，得到更多的有关客户需求的信息。确认理解，真正理解客户所讲的内容并回应，向客户表达关心他讲话的信息。销售人员不但要说，更应注意倾听，电话销售人员应听出客户的真实意图。

6．了解客户的性格，适应客户的沟通风格

拜访客户如此，电话中与客户沟通也是如此，了解客户的沟通风格，并适应客户，对销售人员来讲是必需的。

7．寻找共同点，迅速缩短与客户的距离

在电话中，有意识地与客户寻找共同点，例如同乡、同学、校友、共同的朋友和共同的爱好等，都会有助于电话销售人员与客户建立融洽的关系，让自己成为一个可以更快被客户接受的人。

8．你对话题感兴趣，客户才会对你感兴趣

很多销售人员在电话中只是关心他的产品，而不关心客户。很多经验表明：销售人员应谈客户感兴趣的话题，也包括了解客户的兴趣和爱好，与客户探讨他们的兴趣和爱好。比如，客户喜欢足球，就在一场关键比赛后打电话给客户，可以顺便谈谈足球比赛。再比如，客户喜欢花草，就可以在打电话的时候请教一下关于花草养护等方面的问题。

9. 真正关心客户和其家人，客户才会关心你

建立信任关系，需要真正关心客户的职业发展，销售人员应当知道客户在工作中追求的是什么，然后想办法让客户得到他想要的。另外，关心客户也体现在关心客户的生活上，例如，有一名销售人员在给客户打电话时，客户说："我现在在医院。"这名销售人员便问客户："在医院，您生病了还是……"客户说："没有，我太太要生小孩了。"销售人员一想，机会来了："哎呀，恭喜恭喜，您这几天可真要忙坏了……"这是建立关系很好的时机，电话结束后，销售人员立即又打了个电话订花，客户在第二天就收到了销售人员寄到的祝福鲜花。想一想客户在那个时刻会有哪些感想？有些销售人员可能会说："我们没有那么多资源和政策"。这也没有关系，哪怕只是随后发个短信给客户，也会表明你在真心关心客户。

（资料来源：http://blog.sina.com.cn/s/blog_4d28b6ec01008vpw.html）

二、应对特殊电话的技巧

1. 听不清对方的话语

当对方讲话听不清楚时，进行反问并不失礼，但必须方法得当。如果惊奇地反问："咦？"或怀疑地回答："哦？"对方定会觉得无端地招人怀疑、不被信任，从而非常愤怒，连带对你印象不佳。但如果客客气气地反问："对不起，刚才没有听清楚，请再说一遍好吗？"对方定会耐心地重复一遍，丝毫不会责怪。

2. 接到打错了的电话

有一些职员接到打错了的电话时，常常冷冰冰地说："打错了。"最好能这样告诉对方："这是××公司，你找哪儿？"如果自己知道对方所找公司的电话号码，不妨告诉他，也许对方正是本公司潜在的客户。即使不是，你热情友好地处理打错的电话，也可使对方对公司抱有初步好感，说不定他就会成为本公司的客户，甚至成为公司的忠诚支持者。

3. 遇到自己不知道的事

有时候，对方在电话中一个劲儿地谈你不知道的事，而且像竹筒倒豆子一样，没完没了。你若碰到这种情况，常常会感到很恐慌，虽然一心企盼着有人能尽快来接电话，将自己救出困境，但往往迷失在对方喋喋不休的陈述中，好长时间都不知对方到底找谁，待电话讲到最后才醒悟过来："关于××事呀！很抱歉，我不清楚，负责人才知道，请稍等，我让他来接电话。"碰到这种情况，应尽快理清头绪，了解对方真实意图，避免被动。

4. 接到领导亲友的电话

领导对部下的评价常常会受到其亲友印象的影响。打到公司来的电话，并不局限于工作关系。领导及先辈的亲朋好友，常打来与工作无直接关系的电话。他们对接电话的你的印象，会在很大程度上左右领导对你的评价。

例如，当接到领导夫人找领导的电话时，由于你忙着赶制文件，时间十分紧迫，根本

顾不上寒暄问候，而是直接将电话转给领导就完了。当晚，领导夫人就会对领导说："今天接电话的人，不懂礼貌，真差劲。"简单一句话，便会使领导对你的印象一落千丈。可见，领导及前辈的亲朋好友对下属职员的一言一行非常敏感，期望值很高，请切记时刻严格要求自己。

5. 接到客户的索赔电话

索赔的客户也许会牢骚满腹，甚至暴跳如雷，如果作为被索赔方的你缺少理智，像对方一样感情用事，以唇枪舌剑回击客户，不但于事无补，反而会使矛盾升级。正确的做法是：你处之泰然，洗耳恭听，让客户诉说不满，并耐心等待客户心平气和。其间切勿说："但是"、"话虽如此，不过……"之类的话进行申辩，应一边肯定客户话中的合理成分，一边认真琢磨对方发火的根由，找到正确的解决方法，用肺腑之言感动客户，从而化干戈为玉帛，取得客户谅解。

面对客户提出的索赔事宜，自己不能解决时，应将索赔内容准确及时地告诉负责人，请他出面处理。闻听索赔事宜，绝不是件愉快的事，而要求索赔的一方，心情同样不舒畅。也许要求索赔的客户还会在电话中说出过激难听的话，但即使这样，到最后道别时，你仍应加上一句："谢谢您打电话来。今后一定加倍注意，那样的事绝不会再发生。"这样，不仅能稳定对方情绪，而且还能让其对公司产生好感。正所谓："精诚所至，金石为开。"对待索赔客户一定要诚恳，用一颗诚挚的心感动客户，以化解怨恨，使之从这次处理得当、令人满意的索赔活动中，理解与支持本公司，甚至成为公司产品的支持者。通过对索赔事件的处理，你也能了解公司的不足之处，并以此为突破口进行攻关。当你经过不懈努力，终于排除障碍、解决问题，甚至使产品质量更上一层楼，使企业走出困境，不断繁荣昌盛。这时，谁又能说索赔不是一件好事呢？

（资料来源：惠亚媛.沟通技巧，北京：人民邮电出版社，2008.）

思考练习

1. 日常生活中，你在打电话时遇到哪些不礼貌的情况？
2. 结合生活实际谈谈你接打电话的体会。
3. 欣赏相声表演艺术家马季的相声《打电话》，讨论打电话时应该注意的事项。
4. 李经理正在与一位客户进行电话交谈，这时另一位重要客户来到办公室拜访。如果你是李经理，正确的做法应该是什么？
5. 如果发现自己拨错了电话，你应该怎样解决？
6. 张女士正在国家大剧院音乐厅听一场由著名大师指挥的交响乐。音乐演奏到高潮时，全场鸦雀无声，听众正凝神谛听，突然手机铃声响起，在宁静的大厅中显得格外刺耳。演奏者、观众的情绪都被打断。大家纷纷回头用眼神责备这位不知礼者。请问使用手机时应注意哪些事项。

7. 案例分析：

对方看到你打电话的表情

日本有一个特别有名的销售员，有人结合他的经历写了一本书，叫《史上最伟大的推销员》。这个推销员的伟大之处在哪儿呢？他的工作中又有哪些有趣的故事？

有一天晚上，他回到家后，比较累了，决定先睡一觉。但他定了一个闹钟，同时告诉他老婆，晚上十点的时候，一定要把他叫起来，因为他跟一个很重要的客户约好在十点半的时候打电话。

到十点的时候，不等他老婆催他，他听到闹钟就醒了，然后去洗手间洗漱，接着又是刮胡子，又是穿衬衫、打领带的，还穿上了西装和皮鞋。最后拿了个本子，在电话机旁正襟危坐，一到十点半就准时给对方打电话。

业务倒是谈得很顺利，十几分钟就搞定了。但是他这番举动让他老婆感到很奇怪：不就是打一个电话吗？有必要搞得跟个神经病似的吗？大半夜的还要起来精心打扮一通，好像现在不是晚上，而是星期一一大早。

你猜他是怎么解释的？他跟他老婆说，如果我很邋遢、很懒散的话，对方虽然看不到我的样子，如果我自己的精神面貌不好，会通过我的语气传达给对方。经过这么一番打扮，我看起来正式多了，人也精神多了。虽然看不见对方，我也要尊重对方，我相信，对方一定能感受得到！

一个人的成功与伟大，从来都不是无缘无故的。他凭借着这样的好心态赢得了众多的客户，很多客户觉得，不管什么时候和这个推销员打电话，都会感觉他精神百倍，好像全心全意地在做这件事。客户要是感觉到你是全心全意的，哪怕只是对待一次通话，他也会觉得受到了极大的尊重。

(资料来源：陈乾文. 别说你懂职场礼仪. 北京：龙门书局，2010.)

思考讨论题：

（1）与客户进行电话沟通时，怎样让客户觉得你是尊重他（她）的？

（2）本案例对你有什么启示？

8. 案例分析：

星星公司的完整电话解答脚本

星星公司是网络应用服务提供商。一天，星星公司的一位客户打进电话，抱怨说最初通过网络申请的密码丢失，密码提示问题也已经忘记。星星公司目前的解决方案只能是通过密码提示问题找回丢失的密码，没有其他办法。打进星星公司电话的客户情绪激动，脾气暴躁，急于找回。打进电话时语气急速，生硬，不友好；在问题解释过程中，客户没有耐心。以下是完整电话解答脚本。

场景： 在一个忙碌的客户服务中心，电话声此起彼伏。一位坐席人员接起一个电话，客户服务就从这个时候开始。

坐席： 这里是星星公司客户服务中心，请问您有什么问题？

客户： 我的网上密码忘记了（或被盗了），找了很多次都没成功。

坐席： 这位先生，请问您贵姓？（在开始语中，注意不要急于询问客户的问题及提供解决方案，问清客户的姓氏，在以后的谈话中注意使用。体现对客户的尊重。）

客户： 我姓张。

坐席： 张先生，请问您找回密码时是通过我们网站提交的密码提示问题进行找回的吗？（通过封闭性问题，逐步锁定客户问题产生的根源。注意：避免连续多次使用封闭性问题，一般连续不超过3次。问题的询问要目的明确，适时引导客户，避免漫无目的；避免在客户激动的时候询问不恰当的问题，激化矛盾。）

客户： 是的。我是一年前注册的，现在谁还能记住密码提示问题？

坐席： 密码找回是通过密码提示问题找回的。（重申问题的解决方案。注意：语气要委婉。）

客户： 你的意思就是我找不回密码了。

坐席： 张先生，我很理解您此时的心情，如果我遇到您这种情况，我也会像您一样着急。我们这么做的目的也是为了保护客户的利益。（与客户情绪同步，理解他目前所遇到的困境，注意说话的语气，要真诚、充满感情。注意：一定要很好地把握说话时的语气和态度，要从内心由衷地发出。在很多客户服务中心，坐席人员经常会说，我也对客户表达了歉意与理解，可是没有效果。体会一下，使用不同的语气表达同样的内容其感染力的区别。）

客户： 保护我的利益就要帮我找回呀！我都使用一年多了，好不容易才修炼到现在这样的级别。我就这样认了吗？

坐席： 张先生，和您的谈话中，可以听出您一定是×××方面的高手。在网上经常发生密码被偷、信息被盗的现象，就像现实生活中小偷偷走了我们的钱包一样，要找回一定需要相应的线索。而密码找回也是通过您提供密码提示问题这一线索找回的，希望您能理解。（运用赞美和移情平息客户。注意：语言交流中保持一定的幽默与风趣。对待客户就像对待你的朋友，和客户建立良好的关系，最后让客户理解您的难处。）

坐席： （保持沉默20秒）适时沉默，倾听客户的声音。其作用相当于一封闭性的问题。

客户： 那好吧！（结束电话）客户可能说：那我就没有办法了。

坐席： 您可以好好地再想一想，多去尝试几回。在网络提交过程中，有什么不清楚的地方，我们随时欢迎您再次拨打我们的电话。

客户： 好吧！（结束电话）客户可能会说：还有没有其他的办法？（注意：在准备结束电话时，多使用可以封闭的回答或问题，并且在回答后保持沉默适当时间，让客户回答，若客户没有反应，可以询问：还有其他问题吗？）

坐席：我很希望能够给您更多的帮助。目前要找回密码只能够通过密码提示问题。如果公司有其他的方案，会第一时间通知您。请您多多包涵。（回答的原则：避免正面的直接否定，容易造成客户的不满情绪升级。）

客户：谢谢！（结束电话）

（资料来源：http://www.baoxianwangluo.com/forum-viewthread-tid-24740-from-portal.html，2008-06-22）

思考讨论题：

（1）本案例中星星公司"坐席"与客户电话沟通运用了哪些技巧？

（2）本案例对你有哪些启示？

9.案例分析：

搞笑的手机铃声

有个朋友平时喜欢玩，手机铃声也隔三差五换一次。有一次他陪一个客户聊天，手机忘记关机了，突然手机响了，铃声是悦耳的童声："爷爷，您孙子给您来电话了！"一接听电话，原来是另一位客户。虽说这只是一种好玩的表现，但是其他客户听了，难免会做出相关联想：他该不会把我的来电也设置成"孙子"铃声吧？

无独有偶。有一位大学毕业生，毕业后在某高中担任教师，有一天开会时也是忘了关手机，结果校长正在讲话的时候，他的手机响了，是："我的志愿是做一名校长。每天，收集了学生的学费之后就去吃火锅。今天吃麻辣火锅，明天吃生菜鱼火锅，后天吃猪骨头火锅……"结果，同事们哄堂大笑，校长也是一脸尴尬。

（资料来源：陈乾文.别说你懂职场礼仪.北京：龙门书局，2010.）

思考讨论题：

（1）使用手机时，什么时候要注意关闭手机或将手机调到振动状态？

（2）手机铃声的设置应该注意什么？

学习情境 15　书面沟通

烽火连三月，家书抵万金。

——（唐）杜甫

情境导入

是欠条还是还款证明？

2000年4月，黄先生承建北京某农业发展有限公司养猪舍七栋，承包工程款总计8.4万元。双方约定工程开工时，农业公司应首付黄先生总工程款的70%即58 800元，但农业公司却只给付黄先生3万元，其余款额一直未付。2002年4月7日，农业公司由其会计乔女士签名为黄先生出具一张写有"还欠黄某工程款28 800元"的证明，并盖有公司财务专用章。黄先生依此欠据将农业公司告上法庭，要求立即给付工程款28 800元。

然而在法庭上，被告农业公司在承认欠黄先生工程款28 800元的同时，提出此欠款已由当时经手人会计乔女士偿还了，并为黄先生出具了还款证明，"还欠黄某工程款28 800元"中的还字应读为 huán，故不同意黄先生的诉讼请求。

顺义法院认为：原告为被告承建养猪舍工程，被告应按约定给付工程款。被告为原告出具的证明，应视为欠款证明，法院对原告的请求应予支持；被告辩称此证明为还款证明，未提供相关证据证实，法院不予采信。最终判决被告北京某农业公司给付原告黄先生工程款28 800元；案件受理费1 162元由被告负担。

（资料来源：李馨，王斌. 北京晚报，2004-03-18.）

任务分析

书面沟通是一种传统的沟通方式，一直作为可靠的沟通方式为大家所采用，每一个管理者在工作中都不可避免地要运用文字来沟通信息，"口说无凭，落笔为准"就充分地说明了书面沟通在现实生活中的重要作用。所谓书面沟通，就是利用书面文字作为主要的表达方式，在人们之间进行信息传递与思想交流，如企业在处理日常事务时经常使用的信函、计划书、各类报告等都是重要的书面沟通方式。

上述案例表明：书面沟通在日常管理工作中具有非常重要的作用。书写的内容要经得起反复推敲，要具有严密性，才能保证传递的信息是正确的。

实训项目

项目名称：信函的写作。

实训目标：掌握信函的撰写礼仪。

实训学时：1学时。

实训地点：教室。

实训背景：奥新公司拟赞助红星小学30名农民工子弟（贫困生），款额为每人每学年1 000元，并对贫困生的学习成绩和道德品质有相应的要求。

实训方法：请代该公司就此事给红星小学拟写一封函。要求如下：

（1）每位学生独立完成函的写作，完成后相互交流、讨论；

（2）函要求格式规范，内容正确，字迹清楚，表达准确；

（3）有条件的学校，可以要求学生利用计算机完成函的写作任务；

（4）教师结合学生撰写函的情况，在全班总结讲评。全班评出最佳表现者。

知识链接

一、书面沟通概述

1. 书面沟通的优点和缺点

书面沟通在人们日常生活和企业管理中扮演着重要的角色，具有其他沟通形式所不可替代的作用。概括起来，书面沟通的优点和缺点如表15-1所示。

表15-1 书面沟通优缺点列举

书面沟通的优点	书面沟通的缺点
可供阅读，可长期保存，并可作为法律凭证，失真性相对较少	耗费时间较长，在同等的时间内进行交流，口头比书面所传达的信息要多得多
可使下属直抒胸臆，放开思想，避免由于言辞激烈与上级发生正面冲突	发送者无法确保接受者对信息的理解是否符合其本意，容易产生沟通障碍
内容易于复制，有利于大规模的传播	缺乏内在的反馈机制，不能及时地提供信息反馈，信息反馈速度慢
讲究逻辑性和严密性，说理性更强，信息能够被充分、完整地表达出来，减少了情绪和个人观点等因素对信息传达的影响	无法运用情境和非语言要素，对于有些"只可意会，不可言传"的内容，运用书面沟通很难解释清楚
可以反复推敲、修改，直到满意为止	

2. 书面沟通的原则

书面沟通通常遵循"7C"原则：完整（Completeness）、准确（Correctness）、清楚（Clearness）、

简洁（Conciseness）、具体（Concreteness）、礼貌（Courtesy）、体谅（Consideration）。

完整是指书面沟通应完整表达所要表达的内容和意思，何人、何时、何地、何事、何种原因、何种方式等都要交代清楚。

准确是指主题准确，观点准确，运用的理论和方法准确，语言表达准确，数据准确，结论准确。

清楚是指思路清楚、层次清楚等。特别是选用的所有语句都应该能够非常清晰明确地表达真实的意图，避免双重意义的表示或者模棱两可。

简洁是指在无损于礼貌的前提下，用尽可能少的文字清楚表达真实的意思，让人一目了然，易于理解。清楚和简洁经常相辅相成，摒弃行文中的陈词滥调和俗套，可以使交流变得更加容易和方便。

具体是指内容要具体而且明确，不能丢三落四。

礼貌是指文字表达的语气上应表现出一个人的职业修养，客气而且得体。最重要的礼貌是及时回复对方，最感人的礼貌是从来不怀疑对方的坦诚。相互交往中肯定会发生意见分歧，但礼貌和沟通可能化解分歧而不影响双方的良好关系。

体谅是指在书面沟通时，始终应该以对方的观点来看问题，根据对方的思维方式来表达自己的意思，只有这样，与对方的沟通才会有成效。

3. 书面沟通的一般过程

书面沟通的过程实际上就是写作的过程，通常管理写作一般要经过五个步骤[①]。见图 15-1。

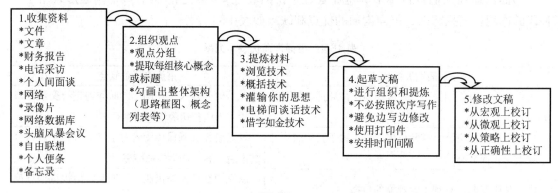

图 15-1

（1）收集资料（Gather Information）。互联网和计算机技术的飞速发展，为信息资料的收集提供了便利条件，尤其是网络搜索、大型检索数据库的日益增多，使得信息资料的收集快捷而容易。

收集资料的途径很多，主要有文件、文章、书籍、统计数据、电话访谈、互联网检索、

---

① Munterm.Guide to Managerial Communication：Effective Bussiness Writing and Speaking. Fifth Edition. Prentice Hall,1999

数据库检索、头脑风暴会议、实地调研等。

目前最为快捷的资料收集方法是运用百度等进行检索；其次是到国家、地方和大学、企业的图书馆进行查阅，或通过其购买的数据库进行检索；再次是直接进入政府统计网站、企事业单位网站进行检索。

（2）组织观点（organize your thoughts）。这一步是将收集的大量零散资料按照其重要程度、逻辑关系、时间或历史的发展过程、核心概念等进行分类或分组，分组之后再进行筛选，归纳出每组内容的关键问题及标题，最后有策略地进行编排，理清层次结构和逻辑顺序。

组织观点最重要的是提炼出核心观点，也就是中心思想，然后确定标题或主题，再确定子观点、论据、结论等。

（3）提炼材料（Focus the Message）。提炼材料是把已有信息资料根据确定的子观点进行取舍。取舍的方法有以下几种。①根据每个子观点需要进行提炼。②根据现有资料去提炼新的观点。③有选择地根据沟通对象的需要提取。④利用多种方法进行提取。比如，设想读者只是浏览，因此材料必须高度概括与提炼，立即能够引起读者的关注与兴趣；或是概括你的观点，或是灌输你的观点，或是利用"电梯间谈话"技术即化繁为简，或是采用"惜字如金"技术。

（4）起草文章（draft the document）。起草文章，首先要审标题、结构、中心思想、论点和论据等是否清晰、合理，有无需要调整之处，然后再根据自己对主题的理解，参考已有资料进行写作。起草文章注意不要在乎写作顺序，思考成熟了，就可以动笔；不要边写边改，写完一部分或全文后再进行修改，这样可以避免过早删去可能有用的内容；最好使用计算机，以随时保存，修改比较方便；起草后如果时间允许，不要马上送交有关部门，而是要暂时放一放，安排一定的时间间隔。过一段时间后再重新审时，可能会发现有些内容需要修改、完善或删除等。

（5）校订文稿（Edit the document）。校订文章是管理写作的必要环节，因为在管理写作过程中可能会有观点、结构、逻辑、内容、格式、符号、图表等多方面的问题。因此，校订文稿时确保文章准确是首要条件。

校订实际上就是对写作内容进行编辑、修改，具体方法既可以从策略上、宏观上、微观上、正确性上进行修改，也可以就写作内容的正确性与有关部门或领导进行协商后修改，最后定稿。

二、礼仪文书写作

礼仪文书是给特定的交际对象看的，其功能是信息告知、感情沟通、诱导态度等，具有很强的实用性，应予以高度重视。文书包括往来信函、公关柬帖和礼仪致辞三个方面。

1. 往来信函

（1）信函的一般礼仪要求

信函通常指信件。它一般包括社交信函、商务信函、公务信函等。信函的格式和要求，各个国家有不同的标准。这里先介绍一下中国的信函及其礼貌用语。

信是一种按照习惯的格式把要说的话用文字等符号写下来，给指定对象阅读的一种文书。信又称书信、信件等，是人们在社交活动中经常采用的一种交际工具。

书信可分为社交书信和公务书信两种。社交书信一般指私人间来往的信件；公务书信指用在公务活动中的各种信件，如介绍信、证明信、保证书、申请书等。函：原义是指信的封套，后转义将别人来的信件尊称为"函"。函目前是我国行政机关确定的公文的一种，是平行机关或不相隶属机关之间商洽工作、询问和答复问题时使用的一种公文。

上级机关对下级机关有所询问或答复询问时也可以用函。函可分为公函、便函两种。公函是指按照正规公文手续处理较重要问题时所使用的函件，它有完备的公文格式。便函则是指处理一般性事务时所使用的函件，它行文较自由，格式要求不太严格。

信函的格式通常包括称呼、正文、署名、日期及信封等几部分。

① 称呼。称呼表明发信函者与收信函者之间的关系，要求在第一行顶格写，称谓要使用礼貌用语，并加上冒号，表示下面有话要说。

② 正文。正文是信函的主要内容。正文通常包括问候语、起始语、正文主体、结束语、祝颂语五部分。

• 问候语。正文通常以问候语开头。问候对方是书信中的一种礼节礼貌，它体现出发信函者对收信函者的一种关切。书面问候语与口头问候语有所不同，书面问候语一般比较简洁文雅，常用的书面问候语有"您好"、"近好"、"新年好"等，问候语一般在称呼之下另起一行空两格书写，并自成一段。

• 起始语。起始语是在正文开始之前的引子。通常是表达双方之间互通信息情况、情感、思念、钦佩、关切、问安、祝贺、致谢、志哀等。试举几例如下。

表情感：惠书敬悉，甚以为慰；久不通函，甚是为念；数封手书，热情诚挚之情溢于言表。

表思念：见信如面，分手多日，别来无恙；鸿雁传书，千里咫尺，海天在望，不尽依依。

表钦佩：奉读大示，向往尤深；新作拜读，敬佩之至。

表时令问候：春光明媚，想必合家安康；气候多变，起居何似？

表问安：闻君贵体欠安，甚念。

表自述：贱体初安，可请勿念。

表贺喜：喜闻足下新婚燕尔，特申祝贺。

表致谢：承赐忠喜，心感至极。

表致歉：久未通信，甚以为歉。

表志哀：惊悉 × 老不幸逝世，不胜哀悼。

• 正文的主体。这是发信函者要书写的中心内容。无论中心内容是什么，在书写时都要注意语言的表述，一要真诚，这是书写信函的关键；二要得体，符合双方的关系及实际；三要简洁，即语言精练、简洁，字迹工整、清楚，切不可字迹潦草；四是表述要准确。信函的内容一旦跃然纸上，发给对方，便是"君子一言，驷马难追"，故对表述内容要仔细考虑，三思而后写，切不可草率下笔，自寻烦恼。

- 结束语。结束语通常用于总结全篇，表达书写者的情感和意图等。俗话说"编筐编篓，全在收口"，有礼貌的结束语会令人回味。结束语的内容常用于请托、承诺、婉辞、请教、商讨、馈赠礼物、邀约、催办、附言、代言及其他客套用语等。举例如下。

  表请托：拜托之处，乞费神代办，不胜感激。
  表承诺：托付之事，不敢忘怀，敬请放心。
  表婉辞：所托之事，能力所限，无法奉命，尚希见谅。
  表请教：拙作幼稚，恳请大加斧正。
  表商讨：相见以诚，请恕不谦。
  表赠物：千里鹅毛，聊表寸心。
  表邀约：祈望一会，共叙友情。
  表催办：如蒙速复，不胜感激。
  表情感：言不尽思，再祈珍重。

- 祝颂语。祝颂语是对对方的一种祝福、祈愿。祝颂语可分为两部分，第一部分是一般祝颂语，常紧接正文之后书写或另起一行空两格书写；第二部分是特殊祝颂语（专门祝颂语），一般要根据具体情况来选择使用，常另起一行顶格书写。祝颂语是一种礼貌用语，常用的祝颂语如表 15-2 所示。

表 15-2 常见祝颂语

一般祝颂语	专门祝颂语	针对对象、环境等
此致、此祝、此询、此贺、此问、祝好	敬礼、礼、日安、近安、近祺	一般性问候
	刻安、日绥、近绥、时绥、顺意	
	万事如意、万事皆佳	
敬祝、敬贺、敬询、敬候、恭祝、恭请、恭问、恭贺、恭候	大安、金安、崇安、荣寿	长辈、尊者
	春安、夏安（暑安）、秋安、冬安、春祺、夏祺、秋祺、冬祺	四季
	新喜、春喜、新年好	新年、新春
	撰安、撰祺、著安、著福、文安	作家、学者、教师、编辑等知识分子
	文祺、教安、教祺、编安、编祺	
顺祝、顺贺、顺询、顺问、顺颂	学安、学祺、进步	学生
	勋祺、勋祉、戎绥、戎安	军人
	痊安、愈安、健康、早愈	病人
肃颂、肃清、谨祝、谨贺、谨问、谨请、即颂、即请	旅安、客安、行安、游安	出门远行者
	俪安、俪祉	夫妇
	阖家欢乐、阖府康福、合家安好	全家人

③ 署名与日期。署名和日期一般都写在祝颂语下一行末端处。署名占一行，日期另起一行，在末端处紧接上一行署名下书写。

署名也有谦称、敬称等。如果是写给朋友、同学的信函，可直接署上自己的名字或用习惯的自称，如：王刚、小王、刚等。如果是写给父母长辈的信函，通常在署名前加上相应的自称，如：小儿（小女）、儿子（女儿）等。如果是长辈给晚辈的信函，一般只署自称，如：爸爸、妈妈或者说父字、母字等。如果是夫妻间的书信，则可随意，或署名，或自称，或爱称皆可。如果是普通的私交信函，则应郑重起见，以示尊重。如果是学生给老师的信函，则可署"您的学生×××"，后面还要写上"敬上"、"谨上"等，以示尊敬。如果是公务信函，则可在署名前加上单位或内部科室名称，然后再署全名，有的也可在名称前署上自己的职务、职称等。

日期一项则书写当日时间或确切时刻，也可在日期一栏加上写作地点，如 2011 年 4 月 30 日于半壁斋。

④ 信封。中国的信封上有国家统一标准、统一格式。信封上的内容包括收信人的邮政编码、收信人的详细地址、收信人姓名、寄信人详细地址、寄信人姓名及寄信人邮政编码。中国的标准信封长 220 毫米，宽 110 毫米，下面左上角为邮政编码和收信人详细地址，右上角为贴邮票处，中间为收信人的姓名和收信人详细地址，下面为寄信人详细地址、寄信人姓名、右下角为寄信人邮政编码。

信封上的邮政编码和地址、人名一定要写准确，地址须写省、市、单位或区（县）街道的全称，不能写简称，字迹要工整、清楚、不能潦草，以便于邮政人员辨识及微机检索。

（2）商务信函礼仪。在现代商务活动中，商务信函依然是商务通讯的基础和重要内容之一，传真件、E-mail 等通信文件的书写依然要遵循和借鉴书信礼仪规范，书面商务信函仍然是普遍承认的具有法律效力的经济交往工具，因此，商务书信礼仪的地位仍然很重要。商务信函的礼仪规则如下。

① 格式正确。商业信函应使用印有公司抬头的专用纸，质量应尽可能优良。这种纸张一般只能用于公司业务，不书写私人信件，以免收信人在阅读全文之前分不清来函的性质。所有信函的结构，大体都分三部分，即开头、正文与结尾。开头是收信者和主题；正文用于说明和讨论问题的细节；结尾则说明发信人将采取何种行动或希望对方采取何种行动及落款和日期。信函格式应美观大方。不可密密麻麻一大片，令人看后生厌，要留足页边。段落要有长有短，句型要参差有致。重点地方不妨加框，采用列表形式，或使用黑体字、斜体字，给人以美感。

② 称谓得体。称谓也叫称呼语，信函的称呼语要准确，符合寄信人与收信人的特定关系，要正确表现收信人的身份、性别等。称呼语使用不当，可能会得罪人，也可能使收件人没兴趣往下看信件的具体内容。

要正确使用对方的姓名与头衔，这是一个重要的礼节问题。一般平时对对方称呼什么就写什么。在格式上，称呼语在信的第一行起首的位置单独成行，以示尊重。如果是自己尊敬的领导和长辈要写成"尊敬的某某"，写给非亲属的长辈、业务伙伴一般在姓氏、名字或姓名后加职务、学衔或职称，如张经理、卫国书记、赵志坚博士、王工程师等。中国人习惯称职务，欧美人一般愿意被称呼学衔，如果不知道对方的姓名和头衔，在发函前最好先打电话询问收信人的姓名与头衔。

一般称女性为"小姐"，公函上常用。如果对方喜欢被称作"夫人"，那就称呼"夫人"，如果弄不清称呼"夫人"还是"小姐"时，不妨统称"女士"，不是万不得已不写"亲爱的先生/小姐"和"致有关人士"之类称呼，这等于告诉对方，你连他是谁，是男是女尚不清楚。如打听不到收信人的姓名，可以用职务等中性名称代替，比如称对方为经理、代表之类，并在前面加上其公司或部门的名称。如果从姓名上判断不出对方的性别，可称其全名，在前面加上"尊敬的"而略去"先生"、"小姐"等字样。

③ 内容得当。正文是商务书信的主体，即写信人要说的话，要交代的事情。正文一般从信的第二行前面空两格开始。书信尽管内容写法各不相同，但是都要表情达意，以具体准确为原则，要字迹工整、言之有物、语句通顺，还要措辞得体，根据收信人的特点和写信人与收信人的关系来进行措辞。应避免写错字或打字错误，这不仅不礼貌，还会给人粗心的印象。恰当驾驭语言文字能产生影响力，即使是书面联系也能对他人的感受和行动产生久远的影响，并能通过语言文字的魅力给对方留下好印象。有时即使对方不同意你的意见或建议，也会对你流利的书法、通畅的文字和彬彬有礼的态度留下深刻的印象。

写信的目的是为了让人看懂，因此写信时应做到清晰易懂、开门见山、直截了当，以便收信人看过一遍就能完全领会你的意思。信写完后应仔细检查并阅读一遍，如果读起来感觉欠佳，那对方收到后阅读的效果也不会好，应重新进行修改。通信不像打电话或面对面交谈，你的文字和语句没有声调，对方看不见你的表情，听不见你的声音，弄不好就会产生误解。一些无伤大雅的幽默可以使信函更活泼、更亲切，但切记要慎用，以防误用而无意中伤害他人，使人产生误解和不快。一般来讲，信件还是以简明为宜，不要啰唆，尽可能不浪费他人的时间。

内容要丰富，但应尽量简练，避免重复，重复表述相同的意思容易引起混乱。用词也应尽可能简练。例如，"未解决的问题"可以写成"问题"；"预先提出警告"可以简单地写成"警告"等。为了少用词语，有时可列出所有要点，并在每行之前标以序号，既清楚又醒目。要多用常用词。词汇越丰富，用词就越准确。但不可使用只有在大辞典中才能找到的生僻、晦涩的词，这样，对方会认为你在故弄玄虚，卖弄学问；也要避免使用对方不懂的行话。各行各业都有其独特的行话，非本行业的人极难明白其中真正含义；同样，一些文绉绉的老式用语，也以不用为宜，免得被人视为"老古董"。如"于兹附上"可写成"内附"，"望予俯允"

可写成"请求","前举"可写成"上述","惠予通告"可写成"请告知",等等。

④ 语言规范。不宜使用含有性别歧视或易产生歧义的词语。要从收信人的角度突出说明:"他为什么要关心此事?""这事与他有什么关系?"以及"这对他有什么好处?"让读信人一开始就进入角色。要开门见山,把最重要的内容写在最前面,对收信人可能提出的问题应尽量先做回答。这样,即使收信人看了一半时中断阅读,也会了解书信的基本内容。书信中使用反面或否定的语言显得粗鲁,极易使人产生受责备的感觉,因此,要尽量使用正面、肯定的词语。用正面而有礼的表达方式可以增加亲切感,使人更容易接受。如:有利、得益、慷慨、成功、务请、为您骄傲等都是正面词语,而失误、遗憾、软弱、疏忽、马虎、无能、错误等都是反面词语。比如,要求对方及时送来报告,写成"请按时将报表寄来",比"这份报表不可延误"来得婉转。还要正确使用过渡词语,如"因此"、"所以"、"此外"、"例如"、"仍然"、"然而"、"其结果是"、"更有甚者"等,可使文字显得流畅,但不宜滥用,以免啰唆。注意使用正确的语法、拼写和标点,在这些方面出差错会给人以不好的印象,虽然这些都是小节,不能据此对一个人作出判断,但让人找出错误说明写稿人工作马虎,也显得对对方不够尊重。自己拿不准的地方不妨查查相关资料。

此外,商务信函的语气要亲切、直接、自然,像面对面说话一样。

⑤ 结尾讲究。商务信函的结尾部分一般要有结束语、致敬语、署名或签名,以及日期。结束语如:"特此函告"、"专此说明"等,致敬语如:"此致敬礼""顺致发财"等。署名、签名可并用,也可签名单独用,函件一般还需要加盖公章。人们很重视亲笔签名,有人接到信后还要仔细辨认是亲笔签名还是签章。

⑥ 仔细审校。使用电脑写信时最好打印出一份草稿以便审校,因为有些错误从荧屏上看不出来。如能有人代为审校,那效果会更好。另外,审校时最好能大声念读,如果听起来不顺耳,则接信人阅读时肯定也不会满意。为避免出错,商务信函写好后最好先核查一遍再寄出。信件在寄出之前,在可能的情况下,最好"晾"上一两个钟头,或等到第二天上班或午饭以后再投递,以便能在冷静下来时再看一遍,看看还有没有不妥之处。比如用词是否得体?表达是否清楚?要设身处地地替接信人考虑。

(3) 涉外信函礼仪。在涉外交往过程中,信函的使用频率较高。涉外信函一般可分为三种类型:公函、商务信函、社交信函。在国际交往中,尤其是"官方外交"中,公函通常称为礼仪文书。常见的有贺函、贺电、感谢信、感谢电、感谢公告、邀请函、邀请电、复函、慰问函、慰问电、唁函、唁电、国书、照会、备忘录、全权证书、授权证书、委任书等。商务信函通常是工商企业与贸易合作伙伴间往来文书。常见的有意向书、询问信函、订购信函、信用调查信函、索赔信函、理赔信函、申诉信函、催款信函、推销信函、货物保险信函等。社交信函是在社会交往中的私人信件、感谢信、求职信、贺信、贺电、唁电、唁函等。

① 国际标准化信函的规定。国外的信函与国内的信函有所不同,其具体规定如下:

- 信封规格尺寸。信封的最小尺寸：长 140 毫米，宽 90 毫米，最大尺寸：长 235 毫米，宽 120 毫米，信函的最大厚度：5 毫米。一封信函的最高重量是 20 克。
- 收信人姓名、地址，应写在信封正面（与信封长度平行的长方形位置内），至少距信封左边 40 毫米，距右边 15 毫米，距底边 15 毫米。收信人名址书写顺序为：收信人姓名、门牌号码和路名、邮政编码、城市（地区）名、国名。名址均应用英文、法文或寄达国通晓文字书写，国名用大写字母。
- 寄信人姓名、地址，应写在信封的左上角，或写在信封背面的上半部。其书写顺序与收信人名址相同。名址除国外信函必须用英文、法文或寄达国通晓文字书写外，其他可用中文书写，也可用外文书写。
- 收信人和寄信人的名址，必须用蓝色或黑色书写，不得用红色书写。
- "透明窗信封"。即在信封的寄件人名址位置（信封右下方位置，至少距信封上边 40 毫米，右侧边、下边各 15 毫米位置），开一天窗，上面贴有薄纸，透过天窗可以看到信封内的收信人姓名和地址。见图 15-2。

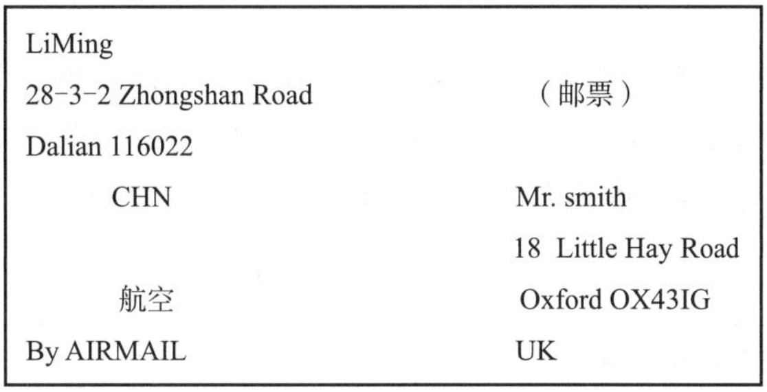

```
LiMing
28-3-2 Zhongshan Road        （邮票）
Dalian 116022
        CHN               Mr. smith
                          18  Little Hay Road
        航空                Oxford OX43IG
By AIRMAIL                UK
```

图 15-2

图中左上角为寄信人名址，左下角为特种邮寄说明，右上角为贴邮票处，右下角为收信人名址。

② 中英信函上的差异。国外的信函在格式、用语、文字、用印等方面标准不一。不过各个国家都在逐步地与国际准确化信函的要求接轨。

英文的信函格式具有一定的代表性。通常，英文的信函由信头、日期、收信人姓名及地址、称谓及客套语、正文、信尾结束礼语、署名等组成。下面仅介绍英美国家在信函格式、礼仪上与我国较为明显的几点不同。

- 信头。信头是一些国家（如英、美等国家）在书信中的习惯用法。信头包括发信人单位姓名、地址、电话、电报挂号。商务信函的信头一般在第一页信笺右上方位置。信头的格式是先写发信人的单位名称或姓名，再写地址、电话、电报挂号。地址先写住所名称、门牌号码、街道名称，然后写住所所在地区或城镇名称、邮政编码，接着写州、郡或省名、国家名称。

- 日期。商务信函的日期通常放在信头下面。社交信函、官方外交公函的日期通常放在信函的末尾处（发信人签名下面）。日期通常采用世界通行的公历表示。日期写法有英式、美式、国际标准化规定三种。英式日期按日、月、年顺序书写，如 1（st）March，2011。美式日期按月、日、年顺序书写，如 March 1（st），2011。国际标准化组织规定的简写方法为年、月、日，一位数的月、日前加"0"如，2011.03.01。
- 信内地址。它包括收信人的姓名和地址，写在信笺的左上角。其书写格式通常为第一行为姓名，第二行为职位、头衔，第三行为收信人的单位名称，第四行以下为门牌、街道、地名、州（省）名、邮政编码及国名。门牌、街道之间不用标点符号，地名与国名间用"逗号"。如无特定收信人，则在以人名为公司名称的前面，冠以 Messre 一词，例如 Messre·Smith&Co。非人名公司及有限公司则不可冠用 Messre，而要加冠词"The"，如 The National Transport Company。
- 称谓。指写信人对收信人的称呼。一般写在信内地址下面空 2~4 行并另起一行与收信人姓名齐头处。英文书信的称谓要视对方的身份、性别、人数及其亲疏程度等来确定，其正式程度层次排列，见表 15-3。
- 签名。签名一般位于结束礼语的下方。签名在社交信函中通常只是一种礼仪形式，但在正式公函和商务信函中，它还具有法律效力。签名一般用钢笔签，注意保持稳定签名风格，以免他人以假乱真。若亲笔签名字迹太潦草，不易识别，通常还需在下面打字注明拼法。

表 15-3 涉外信函的称谓

性别 程度	男性	女性
最正式	Sir	Madam
正式	Dear Sir； Gentlemen； Dear Mr. Jones；	Dear Madam； Dear Mrs.Rich；
亲密	Dear Johnson； Dear Dan；	Dear Alice；

（4）便条的礼仪。便条是日常交际的通信工具，包括便笺和留言条。与一般书信相仿，便条的使用范围很广泛，几乎不受限制。

① 便笺，便笺即便函，俗称便条，其书写要求和格式与一般书信大致相同。特点是文字简短，内容单一。便笺的内容，如果是告知对方某一日常生活事宜的，虽三言两语却情味隽永；若是就某一问题发表意见的，应有真知灼见，写得言简意赅；如果拜托对方帮办某一

具体事情的，宜礼貌周全、简洁明确。

② 留言条礼仪。留言条，是一种临时性的书面留言，通常在访问未遇或在日常交往中未见对方而有事要告知对方时所书写的一种便条。

访谒不遇，是留言条用得较多的场合。在这种情形下，留言条一般应写明来访目的、未遇心情，以及希望、要求等。如果以前与对方没有交往，还需作自我介绍。临时想到一件事要告诉对方，或者临时有一活动希望对方参加，而对方恰恰暂时离开，这时也常常采用留言条通知的方式。

应该说，留言条上的内容，一般都比较简单，写起来也是开门见山。可以把要说的事情写在纸条上，也可以只对再联系的时间、地点、方法提出要求或建议，而不写具体事项。

如果是给从未见过面的人留条，应该比较郑重，可按一般书信的要求和格式书写。如果关系比较友好，那么，留言条的写法就有较大的自由性，可以活泼，可以简单，可以幽默些，以对方能够完全理解为原则。尤其关系密切的双方，往往有某种默契，更无须对留言条的写法及遣词用语做严格的规范要求。

（5）特种信函礼仪。

① 公开信。公开信是组织或个人在节日或特殊日子和背景里，将某事、某意见、某想法公布于众的专用书信形式。公开信的公开形式，有的是在电台播放，有的在报刊上发表，有的张贴，有的宣读。公开信有的是以集体或个人名义通过传播媒介向广大受众发表；有的是机关、团体和个人针对某一问题给有关对象发出的；有的是以领导者、领导机关、群众团体的名义，在传统节日、重大事件、重要活动里给有关单位、集体和个人发出的。

② 感谢信。感谢信是因得到了某人或某单位的关心、帮助、支持而写给对方的致以感谢之意的专用书信。感谢信要陈述对方给予了自己什么关心、帮助和支持，交代清楚有关人物、事件、时间、地点、原因、结果等，重点放在所产生的效果上。还要用简练的文字，激情洋溢地赞扬对方的先进事迹和良好品质、作风，表达自己的谢意，并表示自己向对方学习的态度和决心。

③ 慰问信。慰问信是组织或个人向有关人员表示关怀、慰藉、问候、鼓励的专用书信。慰问信体现的是组织的关怀、集体的温暖、同志间的友爱。常见的慰问信，或写给作出突出贡献的集体或个人，或写给舍己救人、一心为公的英雄，或写给默默奉献的边防战士、一线职工、人民教师，或写给承受病痛、灾害与不幸的个人和组织等。通过慰问信，使他人得到精神慰藉，受到鼓舞，产生战胜困难的勇气和力量。慰问信要写得诚恳、亲切、真挚，有针对性。

④ 介绍信。介绍信主要用于社会组织在派出人员去其他单位和部门联系工作、商办事务、参加会议和参观学习时证明该派出人员身份，并说明所接洽的事务。在程序上，这样显得比较正式和规范。需要指出的是：目前不少社会组织中经常使用一种印刷体介绍信，即事先

按一定格式将介绍信印制好，需用时填上相关内容并加盖公章即可。这种格式化的介绍信，如果用于一些简单事务的联系，有时倒也不失方便。但从工作的特殊要求来说，在许多情况下，最好还是采用专门撰写并用社会组织专用信笺打印的介绍信，既表示对对方的尊重，又显得较为郑重其事。

介绍信的撰写，一般掌握以下要点即可：①题头注明"介绍信"字样；②顶格书写派出人员前往单位的全称；③写明所派出人员的姓名、职务、性别。在某些特定情况下，还需注明所派出人员的年龄和政治面貌。另外，如派出人员不止一人时，应注明派出人数；④写明派出人员所要联系的事宜，并表明希望或要求，但文字必须非常简要，不必另加说明性词语；⑤介绍信的结尾，一般亦写上"此致敬礼"之类的礼貌用语，并署上签发介绍信的社会组织的全称和发函时间（有时还需要注明该介绍信的有效日期），加盖公章。

⑤ 邀请信。邀请信是以组织、单位或团体或个人的名义就会议、聚会及其他活动向某组织或个人发出邀请的专用书信。邀请信比起请柬容量更大，更注意与被邀请者感情成分的输入。尽管邀请信与请柬一样，带有务实性，即为某事，邀请对方在某时某地出席某个活动，但请柬虽然郑重、简洁，红底烫金，礼数在其表，但字里行间却显干巴无味，而邀请信则可以字里行间去播撒情谊，在更大的空间范围倾注热情。因此，邀请信往往虚实相间，相得益彰，使被邀请者通过这种专用书信感受到亲切和热情，从而对被邀请一事采取更为积极、郑重的态度。邀请信在格式上与普通书信几乎没有什么不同，如问候语、结语等。只是在内容围绕邀请一事阐述背景、原因，交代时间、地点、人物，表示态度。

⑥ 贺信。对合作伙伴的重大活动，如庆典、升迁、乔迁等表示祝贺，或对其取得重大成就表示庆祝而撰写、发送的信函称为贺信。贺信是逢喜庆之时交流感情、密切双方关系的重要文字形式，有的贺信还可以在报刊、电台、电视等媒体上发表和播放。贺信在得知对方的喜讯之后，立即发送，不要拖延，以显示诚意，否则热烈的气氛会随着时间的流逝而黯然失色。

2. 公关柬帖

（1）请柬的礼仪。请柬是一种礼貌性的书面通知，在我国古代，人们每遇到重大事件，均以文字请友邀亲，用来表示敬意和隆重的就是所谓的请柬或柬帖。如今，人们举行宴会、酒会、茶话会、招待会、舞会、婚礼，以及各种专题性的活动，如博览会、订货会、展销会、联欢会、新闻发布会等，都用柬帖邀请各界宾朋。当然，邀请宾朋的方式很多，如打电话、写信等，但是柬帖这种方式比较正式、礼貌，显示了对所邀宾朋的重视和尊重，是一种比较流行且很受欢迎的社交方式。

请柬的形状、大小可根据各自喜好自行确定，没有统一标准。请柬最好自己设计、制作，极具纪念意义。其基本格式包括以下几个部分。①封面。颜色、图案可自行设计，封面上写明"请柬"二字。②称谓。与信函称谓基本相同。③正文内容。主要包括活动性质、规格、活动时间、地点及其他有关事项。④祝颂语。与信函的祝颂语基本相同，但较之于信函要简单些。最常用的祝颂语是"敬请光临"。⑤署名和日期，与信函相同。

请柬是一种比较正规、隆重的文书，是一种具有特殊意义的书信，常被应邀者当作纪念品收藏，因此，发请柬者一定要注意请柬的设计、制作，因为它代表着你对所邀者的真诚、重视，也体现着你自身的形象。请柬上的文字最好由发柬者自己书写。请柬一般应提前4~10天寄出或亲自送达，以便受邀请者及早作出应邀与否的决定或准备。

（2）聘书的礼仪。聘书是一个组织邀请有关人员担任某项职务、承担某项工作时所使用的柬帖。聘书结构上包括：名称、正文、结尾、署名、日期几个要素。名称为"聘书"或"聘请书"，字体较大，印在封面及内页正文上方。封面上的名称占整面的居中位置，文字一般竖排；内页正文上方的名称，字号大于正文文字即可。正文语言简洁，应写上被聘人姓名、为何聘请，聘请为什么职务。有时也要写上聘请期限或时间。除以书信形式出现的聘书外，一般不在开头写被聘者的姓名、称呼。被聘者的姓名和称呼往往在正文中写明。聘书的结尾，习惯写上"此聘"两字，有时不写。书信体的聘书结尾也可以写表敬意和祝愿的话。署名是在正文的右下方署上聘请单位的名称并加盖公章。最后在正文的右下方签发聘书的日期。

现在许多聘书，封面上的标题都烫金字，以示隆重。封面有缎面、布纹面、塑料面几种，颜色以红色为多，也有墨绿色的。

填发担负任务、担任某职务的聘书，事先应让被聘人知晓，也可以主动、友好地与被聘请人商量，使之有思想准备，达成一致意见。贸然行事，有时会使被聘人感到对他不尊重。

（3）贺卡的礼仪。贺卡已经发展成为一个专门的通信门类，它被广泛运用于现代公关礼仪中，它使用方便而且外观精美。近年来，新年、圣诞节前，售卖、选买及寄发贺卡成为人们文化生活中交流感情的重要内容。

① 贺卡的形式和名称。贺卡多是双面折叠式的，印制精美，多为32开的，也有较小的贺卡，但较大幅的贺卡也越来越常见。贺卡越做越大，其实是受了"礼大情深"的观念影响，贺卡大了，不仅显得更精美、华贵、气派，也显得送卡人情真意切。

贺卡有横式和竖式之分，但常见的贺卡多是竖式的，且文字大都横排，除非是由于设计的需要才竖排。封面是贺卡的门面，设计精美，且文字多用烫金等手段修饰。但贺卡不像请柬，一般不印"贺卡"、"圣诞卡"、"情人卡"等名称，而是写上"新年快乐"、"圣诞快乐"等字样来表示种类，以之来喻示贺卡的名称。相对封面来说，里面比较素雅，一般很少有大红大紫。里面一般也有文字，通常是因不同种类而选择的祝贺文字、情言心语，并留有一定的空白，供寄卡人写上自己的亲笔祝词。封底常有两种形式，一种是与封面相连，一种是素色。

不同情形下所使用的贺卡，色调上有明显的区别，制作上也略有不同。比如配有电子音乐的生日贺卡；适合于孩子或青年人的贺卡，还有做成镂空立体的贺卡；一些贺卡还带有淡淡的清香。

② 贺卡使用礼仪。绝大部分贺卡都和时间有着密切关系,当采用贺卡时,记住准确的日期很有必要,新年、圣诞如此,生日、周年纪念日等更要十分在意。可以在台历、年历手册中把重要的日期和人名都填写好,并经常翻看,以便及时寄出贺卡。

生日贺卡是祝福生日用的贺卡。每当亲朋好友过生日,寄上一张生日贺卡,往往可以维系亲情,增进友谊。音乐贺卡中,以生日贺卡居多,这种生日音乐卡在打开时放出优美的生日祝福音乐,有的还有与整个图案相协调的彩灯,可谓是形色辉映、声情并茂。

周年纪念贺卡也能表现出多方面的礼仪。这里说的周年,有订婚、结婚的周年,毕业、获得学位的周年及其他值得纪念的日子。其中最突出的是结婚纪念日,这对于夫妻及其家庭都是个重要的日子,尤其是逢整数的日子。

新年贺卡和圣诞贺卡是最多见的贺卡。新年贺卡几乎是全世界都使用的贺卡。每逢新年来到,一张贺卡寄上你对新的一年的祝福,会使人感到特别温馨,新年贺卡中镌印的文字不尽相同,这些文字往往是为适应不同的人而设置的。除新年之外,我们民族的传统节日——春节,也是寄贺卡表达情意的一个好时机。对于那些新年忘记或来不及寄贺卡的,春节时补上一张,既不失礼,也显得自然。圣诞卡原本也是新年贺卡的一种,在西方很流行,这些年在我国也时兴起来。它虽然与新年贺卡基本相同,但是祝福内容不同。

西方情人节有情人卡,这些年也逐渐在我国都市流行了起来,比起其他的卡来说,这种卡无论封面封底,都显得温情脉脉。由于这种卡的对象特殊,所以追求华丽、贵重。

③ 贺卡的选定礼仪。使用贺卡时,除了要记住寄卡日期,适时寄出外,还要精心挑选贺卡亲自题词。贺卡虽小,却满含情意,要依据不同的对象选择不同的贺卡。比如给朋友的贺年卡,要温馨一些,给长辈或老师的要古朴一些。从贺卡的外观到印在上面的文字,都要精心挑选,否则会适得其反。另外,无论印制得多么精美、华贵的贺卡也不能完全表达情意。这时,应该在贺卡适当的地方写上几句祝福或心语,哪怕只是几个字,都会顿时提高其情感的含量。

延伸阅读

一、调查报告的写作技巧

调查报告是指针对某一事件、某个问题或某种情况,通过科学深入地调查研究,对客观存在的现实状况进行描述与分析并形成文字的一种书面报告。

撰写调查报告是整个调查活动的最后一环,因此要获得一份高水平的调查报告,首先要明确以下几个前提。第一是明确调查目的,即调查是谋求发现何种情况,解决什么问题的。只有目的明确,才能制定出相应的调查方向、调查对象及实施调查的具体方法和内容,否则调查将会是盲目的和无意义的。第二要选择恰当的调查方法。调查方法的选用原则要求能够最大限度地实现调查目的。当前普遍采用的调查方法有普查、抽样调查、典型调查、间接调查等，具体实施的调查方式有实验调查法、文献调查法、询问法等，其中询问法又包括问卷调查、网络调查等多种广为大众熟知和接受的方法。调查方法得当，整个调查活动将事半功倍；反之，获得的材料将一无是处。在实际操作中，调查者可以根据情况综合使用多种方法，以获得最有效的调查材料。第三要科学有效地分析调查结果。任何缺乏科学分析的材料，都不会引申出令人信服的观点，而缺少鲜明观点的调查报告是毫无参考价值的。切实把握好以上三个环节后，就可以进入调查报告的写作阶段。

在文体结构上，调查报告一般包括标题与正文两大部分。标题主要用来提示内容，表明主题。调查报告的标题形式有三种：①公文式，由调查主体、调查事由及文种名称三部分组成，提示调查的对象、内容、范围等；②文章式，标题能表明主题即可；③双标题，即有正副两个标题，正标题为文章式，副标题为公文式，这种标题对调查报告的主题、调查的内容与范围提示得较为全面，适用于一些内容复杂的大型重要报告。

调查报告的核心部分是正文，由前言、主体、结语三部分组成。前言是对调查情况的简要说明，一般要交代调查的对象、时间、地点、范围、目的、调查的大致过程等背景信息。正文的中间部分是主体，也是整个调查报告的核心之核心。由于内容图表繁多，主体部分需要选择恰当的结构形式来突出相应的内容与观点。横式结构是目前运用得最为广泛的一种主体结构形式，它根据对调查结果的熟悉与分析，将主体内容分为若干个方面，每个方面都涉及一个主要问题，并用一个小标题加以提示，同时这些方面在关系上是并列的。这种结构层次清楚，方便阅读，较适用于内容庞杂的大型调查报告。纵式结构则是按照事情发展的前后顺序或事物间的因果关系，层层递进地来组织内容，它的特点是思路明晰，逻辑关系强，因此较适用于事项单一的调查报告。综合式结构是将前两种结构综合交错使用，横中有纵或纵中有横，有利于全面、立体、多方位地反映主体内容。结语作为正文的结束，其写法灵活多样。可以提炼出关于事件的典型意义，也可以形成简要明确的结论，或者提出相应的对策与建议，或进一步强调全文的观点等。当然，假如主体部分的表述已经很详尽，结语部分也可以省略。需要说明的是，所有的调查报告都必须署名，其位置可以在标题后，也可在文末。

最后，一份高质量的调查报告还应该突出以下三个特点。一是材料与观点的和谐统一。大量堆砌材料，没有适当的分析与评价；或者只有观点，而缺少相应的材料支撑，都是调查报告写作的大忌。只有在材料的梳理中提炼观点，用充分的材料去证实观点，让观点统领材料，才能够使调查报告有理有据，令人信服。二是在语言表达上，叙述与议论相辅相成。其中叙述直白，议论精干。三是针对性与时效性的有机结合。调查报告必须围绕主题展开内容，有针对性地提出问题、揭示问题。很多调查报告有一定的期限，一旦滞后于现实情况，就失去了存在的意义，因此必须重视调查报告的时效性。只有具备了以上三个特点，调查报告才能够真正服务于社会。

（资料来源：许静涛.调查报告的写作技巧.新闻与写作，2008（5）.）

二、工作总结的写作方法与要领

总结是对以往一段时间内某项工作、学习或活动，进行系统全面的回顾、检查、分析、研究，从中提炼出带有规律性的东西，以便指导日后工作的一种使用频率颇高的应用文体。

总结的作用是多方面的。首先，有助于形成带有规律性的认识。总结的目的不在于陈述具体的工作过程，而在于总结带有指导性的、参考作用的、经验性的认识；其次，有助于吸取经验教训，指导实践；其三，总结具有汇报工作、树立典型的作用；其四，总结具有积累历史资料的作用。

从内容上看，工作这是总结有专题性和综合性两大类型。

1. 工作总结的结构形式

从结构形式上看，包括以下五种。

（1）"三大块"式。综合性工作总结最常见的形态。通常由三大部分组成，即"基本情况概述"'主要做法''主要做法和经验''经验体会与教训'等问题及今后打算"。在结构安排上"两头小，中间大"，即"凤头，猪肚，豹尾"。

（2）"因果倒置"式。这是专题性工作总结常见的形态。它将经验、体会置于文章的重心部位，通常开篇先讲取得的成绩，即"果"；接着表述成果取得的原因，即经验、体会，这是"因"。先"果"后"因"，"因果倒置"。工作中存在的问题，常置于结尾，三言两语，一带而过。

（3）"条款并列"式。即把情况、效果、做法、经验、体会、问题、今后意见等融合在一起，归纳成若干条，逐一加以叙述，不采取大问题套小问题的方法，而是每个问题都有相对的独立性。

（4）"正反对比"式。把情况特别是经验与教训糅在一起，归纳成几大问题，逐一从事实与道理、正面与反面、经验与教训的对比上进行叙述。

（5）"层层递进"式。这是专题总结常用的结构形态。通常先写一个简明的开头，说明开展某一工作或活动的原委、背景，然后在主体部分，按照这一工作进行的过程，从初期到后期，从远处到近处，从低级到高级，分作几个层次逐一加以说明，层层递进。

工作总结的基本结构一般有：标题、主送机关、前言、正文、结尾、署名。

标题，一般有单、双标题两种。前言，其目的在于让读者对总结的全貌有一个概括了解，为阅读、理解全篇打下基础。正文，包括做法和体会、成绩和缺点、经验和教训。结尾，在总结经验教训的基础上，明确下一步的任务，今后努力的方向或打算。落款，即署名和日期。日期一般置于落款单位之后，如标题已标单位，落款亦可省去。

工作总结的一般写作要求与要领如下。

（1）把握共性，追求个性。公文写作最忌千篇一律，千文一调。因此，必须深入调查、全面了解，大量占有第一手资料，然后分析研究，选取最典型、最新颖、最有特色的材料，通过归纳、分析，总结出典型的经验，挖掘出深刻新颖的观点，在把握文体共性的基础上，写出特色和个性。

（2）找出规律，突出重点。总结的目的，在于指导实践。为此，必须找出工作中带有规律性的东西，具有指导性的经验，因此，总结切忌"记流水账"，即不分主次，不讲轻重，事无巨细，面面俱到，胡子眉毛一把抓。而应突出重点及核心，抓住事物的主要矛盾和矛盾的主要方面。把工作中的基本经验、主要做法，贯彻方针政策的成功之处，指导工作开展的得力措施，推动事业顺利进行的关键所在等，都总结提炼出来。

（3）语言准确、简明、生动。语言要做到判断明确，用词准确。含混的词语，如"比较""一般""大体上"等尽量少用。叙述事例真实、准确，评断不含糊。简明则要求阐述观点时，概括与具体相结合，要言不烦，不笼统累赘，文字朴实，简洁明了。生动则要求表述活泼，不古板。

（4）适当运用写作技巧。一要巧用数据和图表。通过当前数据与以往数据的对比，辅之以图示化工具，可更好地说明工作的完成情况和取得的成绩，这比文字叙述更有说服力、更直观。二要掌握材料一题多用的技巧。材料具有多面性，在不同场合均可发掘使用。三要综合、提炼材料。通过归纳、分析，把有用的东西"抽"出来，使其上升到系统、理性的高度，然后列个提纲，作出书面"设计"，再下笔写作。"七分想，三分写"也是快速成文的一条捷径。

（资料来源：祝兴平. 工作总结的写作方法与要领. 新闻与写作，2008（12）.）

思考练习

1. 你认为书面沟通中最重要的原则是什么？
2. 如何保证写作简洁？
3. 信函写作的一般礼仪要求是什么？
4. 商务信函的礼仪规则有哪些？
5. 公关柬帖有哪几种？各有哪些礼仪要求？
6. 请代海全公司写一份邀请宏达公司总经理参加本公司十周年庆典的请柬。要求格式规范，文字简洁明了，写清楚活动的时间、地点、内容。
7. 星光公司经过三年的改革，终于扭亏为盈，企业进入良性发展阶段，为日后的可持续发展打下了良好的基础。在岁末年初之际，海辰公司拟向星光公司的领导和员工发一封贺信，请你代为拟写此贺信。要求：格式正确，内容完整，文字标点规范。
8. 新年即将到来，请为某公司设计两款风格鲜明的节日贺卡寄给广大客户，表示公司对其真挚的节日祝贺并同时进行企业形象的宣传及巧妙的业务联络。要求：格式正确，内容新颖，设计精美，文字标点规范。
9. 案例分析：

出色的秘书

王芳在一家外企公司做秘书。她因为出色的工作能力和工作技巧多次被提升，现在已经成为公司的首席秘书了。

一天,她所在公司的经理突然收到一封非常无礼的信,信是由一位与公司交往很深的代理商写来的。经理怒气冲冲地将她叫到自己的办公室,让她记录自己口述的回信:"我没有想到会收到你这样的来信,尽管我们之间已有那么长时间的往来,但事已如此,我不得不终止我们之间的一切业务联系,并且按照惯例,我要将这件事公之于众!"然后经理让她立即将信打印寄走。

王芳这时十分冷静,她按照经理的要求把信打印出来了,不过并没有马上把信寄走。当天快下班的时候,她才将打印出来的信递给已心平气和的经理:"经理,可以把信寄走了吗?"平静下来的经理自然不会让这封充满火药味的信发出去。王芳以自己出色的工作能力,为公司挽救了一个大客户,她也因此得到了数额不菲的奖励。

(资料来源:http://ba.coolpei.com/1034/topic-id-202547/,2010-06-28)

思考讨论题:
(1)此案例对你有哪些启发?
(2)如何才能真正做好文书工作?

10.案例分析:

一张回执,整整折腾了六次

江梅从外语学院分配到W国使馆当翻译,上班第一天,大使就给她来了个下马威。

那天,江梅刚到办公桌前坐下,就接到了F国举办国庆招待会的请柬,让W国大使出席。大使让江梅回复:同意出席。江梅按请柬回执上的电话号码,打电话告诉了对方。过了一会儿,大使像不放心似的,把江梅叫过去,问刚才的事是怎样处理的。江梅老老实实地回答:已给对方打过电话。大使不高兴了,说打电话的方式不够礼貌,现在你处理的每一件公务,都关系到我所在国家的声誉,你必须小心谨慎,严格按规定处理。于是江梅郑重其事地写了一份回执,送给大使过目,大使仍不满意,说光注明出席还不行,还要写一句颇为热烈的祝贺词。她照办了,满怀信心地又一次呈给大使,没想到大使仍挑出了毛病:你没有说清什么时间去。江梅马上加上了"按原定时间到会"的字句,大使一看,连声地"No,No"不止,说,在外交文件上,不能用"原定时间"的说法,必须复述对方规定的时间、地点,以视正规和对该事务的重视。当江梅第五次修改后,长长地出了一口气,心想这回可是天衣无缝、尽善尽美了。谁知,没过几分钟,大使又一次传她:"鉴于前任大使与F国私交甚好,我准备提前五分钟到达,请按这个意思再改一次回执。"江梅心里暗暗叫苦:哇!一张回执,整整折腾了六次。

(资料来源:http://blog.sina.com.cn/s/blog_6212bf810100etd9.html,2009-09-24)

思考讨论题：

（1）为什么一张回执，整整折腾了六次？

（2）本案例对你有何启示？

11. 案例分析：

发请柬

王华是天地公司的销售秘书。这天，销售部经理交给它一项任务：为了庆祝公司成立四周年，将举办大型客户联谊会，以宣传公司形象、增进与各地客户的联系。届时，将举办一系列的庆典活动。销售部经理列出了邀请名单，让王华负责拟请柬并按照名单发送。

王华急忙上街买了精美的请柬若干，按照名单填写好之后，急忙寄出。由于填写请柬时忘记了写上每人的桌号，并且有几个信封由于匆忙装错了，所以到庆典当天，宴会厅里好多客人找不到自己的座位，有些客人由于收到了不是寄给自己的请柬而没有出席，使得这次庆典活动的效果大打折扣。公司领导对此十分恼火，王华心里则惴惴不安，她不知道会有怎样的命运在等待着自己。

（资料来源：张岩松. 现代交际礼仪. 北京：北京交通大学出版社，2008.）

思考讨论题：

（1）发送请柬应该注意什么？

（2）怎样才能避免王华犯的错误？

学习情境16　网络沟通

网络交流的双方互不认识，但是，不要认为这样就可以在网络上为所欲为了，否则，迟早会被网络"踢"出来。

——卡耐基

情境导入

电子邮件诽谤案

伦敦法庭要求英国一名男子向他的前雇主支付 26 000 英镑的损失补偿，这是英国民事法庭审理的首例匿名电子邮件诽谤案。另外，法庭还要求这位名叫大卫·弗兰克尔（David Frankl）的男子支付约 100 000 英镑的诉讼及调查费用。

现年 50 多岁的弗兰克尔一直否认他曾分别于 1999 年 4、5、6 月份向他原来任职的 Takenaka 建筑公司的伦敦总部发送电子邮件。这些电子邮件以克里斯蒂纳·里尔特（Christina Realtor）的化名指称该公司的副总经理布莱恩·科菲曾和"她"私通 18 个月，并拒绝抚养二人生下的一名男婴。这些邮件还指责科菲就公司的财产向"她"吹"枕边风"，还说科菲经常说谎、对"她"进行殴打并威胁要杀死她。

伦敦高级法院法官埃利奥特最后判定这些邮件是由弗兰克尔捏造并发出的。他的这一裁决是在一位专家的调查报告的基础上作出的。这位专家通过每封邮件的唯一的"IP"识别码追踪到了土耳其 Thames Water 公司雇员所用的一台便携式电脑。当时弗兰克尔正在 Thames Water 公司工作，后来该公司认定他就是这些邮件的来源并将其解雇。

法官称行家提供的这些线索价值极高，这是英国法庭审理的首例匿名电子邮件诽谤案。法官判给了 Takenaka 公司 1 000 英镑作为被诽谤为虚伪、采用双重标准以及冷酷无情的补偿。这位法官还说对科菲的诽谤要严重得多，尽管这些诽谤的传播范围被限制在公司的圈子内，他判给科菲 25 000 英镑。

伦敦最高法院 7 月份要求因特网服务提供商 Compuserve 协助追踪这些邮件的来源，这样该公司和科菲才得以找到弗兰克尔并追踪到 Thames Water 公司。法庭要求弗兰克尔在 28 天之内支付这些损失补偿。

（资料来源：火羽，http://tech.sina.com.cn/internet/international/2000-10-12/38766.shtml，2000-10-12）

任务分析

网络沟通就是以互联网为工具，以文字、声音、图像及其他多媒体为媒介的沟通方式。这里所指的网络沟通的主体是企业等组织，计算机网络是沟通媒介，对象是企业等组织的内部和外部公众。网络沟通是电子沟通的一种，需要借助计算机网络来实现相互间的沟通，主要手段包括建立企业网站、电子邮件传递、设立领导信箱、讨论区、建立信息管理系统，搭建即时通信工具平台等。网络沟通突破了时间与空间的界限，使人与人之间的沟通不再受时空的限制，人们步入了一种新型的沟通环境之中。

在网络沟通中，由于网络覆盖了许多文化背景、经济背景及教育程度不同的用户，交流中极有可能产生误解和对立，因此遵守网络沟通的规则和礼仪就显得十分重要了，如果无视网络沟通的规则和礼仪，就会像"情境导入"中的弗兰克尔那样受到惩罚。

实训项目

项目名称：制定网络沟通行为规范。
实训目标：明确网络沟通的基本规则和礼仪。
实训学时：2学时。
实训地点：教室。
实训方法：将全班学生分组，4~6人为一组，要求其结合所学网络沟通的知识和自身使用网络的体会，制定出一份网络沟通行为准则。在课堂上分组进行交流，师生共同评价。

知识链接

一、网络沟通的特征

网络作为继报纸、广播、电视之后出现的第四种具有超强影响力的传播媒介，具有其他媒介无法替代的功能，在信息沟通方面发挥着越来越独特的作用。网络沟通与传统沟通方式相比较，具有以下特点[①]。

（1）信息资源十分丰富、空间容量大。由于网络信息技术的不断进步，加之人们对网络的日益青睐，各种信息通过大型门户网站和搜索引擎等被加入互联网，使得互联网成为一个信息和知识的宝库。人们可以轻松地通过搜索引擎查到自己需要的文字、图像、视听资料。在以往传统的沟通方式中，无论是人际沟通还是大众沟通都会不同程度地受到时间、空间等各种因素的干扰和影响，而网络沟通空间巨大、容量无限，它不仅可以跨越地域、文化和时

---

① 郭文臣. 管理沟通. 北京：清华大学出版社，2010.

空进行沟通,而且可以通过"超链接"功能把信息链接到其他相关信息上,使互动式信息容量远远超过现实世界中的静态信息。

(2)沟通交互性、多维性、即时性、直复性。网络沟通的一大特色是互动性,一方面网络沟通不仅是媒体作用于用户,更多的是用户可以作用于媒体,用户可以对网络信息进行阅读、评论或下载,进行加工、处理。网络沟通不仅能向用户显示文字资料,还能同时显示图形、活动图像和声音,人们可以通过留言,或直接通话,或直接视频沟通,实现即时交流。互动式媒体使用户有控制权和前所未有的影响力,不仅影响企业或组织提供给他们的服务,也影响这些服务提供的时间和地点。特别是随着网络技术不断向宽带化、智能化和个体化方向发展,用户可以在更广阔的领域内实现声、图、像和文字等一体化的多维信息的共享和人机互动。所谓直复性沟通是指企业和公众通过网络直接连接。它不像以往的沟通方式,往往要通过一定的环节,特别是在新闻传播中,编辑、记者经常充当"守门员"的角色,新闻经过层层审查才能与公众见面。而网络沟通则节省了编辑加工环节,信息立即可以发布。企业也可直接面向消费者发布新闻或者通过查询相关的新闻组、网络论坛来发现新的顾客群,研究市场态势,直接得到大量真实的信息反馈等。

(3)空间开放性、虚拟性和相对平等性。网络空间面向每一个人,人人都可以利用网络发表自己的观点、见解,既可以利用网络展示自己的技能,也可以利用网络发表自己的"作品"(如博文)等。空间的开放性、虚拟性,决定了沟通的平等性。人们可以实名或匿名运用网络进行相对自由的沟通。

(4)沟通形式多样,可选择的沟通工具众多。人们既可以在网上浏览信息、阅读电子图书、进行英语对话交流、观看电视和电影,也可以玩游戏、作画、健身;既可以一对一交流,也可以群体交流。近年来,即时通信工具的种类越来越多、功能越来越强大、使用越来越方便,而且还十分经济,很多功能可以免费使用。

总之,网络沟通是一种全新的沟通方式,是一种集个体沟通(电子邮件)、组织沟通(如电子论坛或电子讨论组)和大众沟通于一身的沟通形式。网络沟通已经掀起了一场沟通方式的革命,它改变人们的沟通意识,对组织的沟通管理也提出了新的挑战。

二、网络对沟通行为的影响

1. 网络对沟通行为的正面影响[①]

(1)网络构建了一个虚拟社会,人们更愿意主动与他人沟通。互联网创造了一种新的虚拟生活空间,通过网络,人们根据自己的兴趣和爱好聚集到一起,形成了不同的"协会"、"组织"。网络BBS站点、网络论坛的盛行也体现了人与人之间更愿意沟通。网络的虚拟性使人们形成了富有意义的个人关系和社会关系,依托这种关系的网络聊天为人们宣泄心理压力提

[①] 刘忠群,刘高峰. 浅析网络对沟通行为的影响. 重庆科技学院学报:社会科学版,2008(3).

供了新的渠道。非面对面的情景，让人们在互动时，常可保证不会有人监视，不用太顾忌社会规范的压力，自己的观点可以及时尽情地表达；参与聊天的人不受身份、地位等的限制，可以进行平等交流；同样，聊天者的人数不受限制，交流的内容、范围可以十分广泛，彼此能获得多角度、多方位的启发。这些特点对于生活中常见的心理问题起到了一定的疏解作用。

（2）网络提供了一个便捷的沟通平台，扩大了人际关系圈。现代社会网络用户数以亿计，网络愈来愈成为人类沟通的现代化工具，人们也逐渐习惯了网络沟通的方式和价值。CMC、Telepresence 等概念的提出，表明网络技术开创了新型的互动方式。以计算机为媒介的通信（CMC）可以作为功能强大的人际互动媒介，它支持同步交互（如网上聊天室、视频会议等）和异步交互（如 E-mail，BBS 等），也支持一对一、一对多、多对多等多种交流模式，这将大大促进人与人之间的跨时空沟通交流，人际关系圈子得以扩大。

（3）电子邮件服务更受人们喜欢。电子邮件原本是以电子商务为主要目的而开发的，现在却成为一种使用程度很高的人际沟通方式。E-mail 可传递文件、信息、图片或动画等，具有不受时空限制、费用低廉、传达快捷等特点，人们可以通过电子邮件进行互通信息。新开发的电子邮件系统的功能（如帮助用户识别真假邮件，文字自动转化成动画等）给沟通带来不少新意，起到了良好的沟通效果。网上看病逐渐流行，人们不必为求名医而费时费财，只要将病历和 X 光片等资料通过 E-mail 传给专科医生即可获得诊断和治疗指导。可见，电子邮件在当今社会具有巨大的影响力。

（4）网络信息资源为人们的沟通提供更全面的信息支持，信息资源的开放性、共享性是现代信息网络技术的最大特色。互联网上有丰富的信息资源，从烹饪技巧、体育赛事、股市行情、新闻报道，到科研领域的最新文献、数据、图表、计算机软件及天文观测照片等无所不有。此外，全世界为数众多的图书馆和研究机构将其馆藏目录通过互联网对外界开放，用户可通过关键词检索这些馆藏文献。个性化服务是互联网的重要特色，盲人也可以通过添加电脑配件以语音阅读方式上网。信息资源共享将使人们的沟通变得更容易，人与人之间的交流更广泛。

2. 网络对沟通行为的负面影响[①]

（1）信息交流的失真和片面性传递。人际沟通分为语言沟通和非语言沟通两方面。语言沟通主要是指由具有共同意义的声音和符号，具有系统的沟通思想和感情及话语的组合形成的交谈形式等三者所组成的一种人际沟通方式。非语言沟通则主要指人际沟通过程中的肢体动作（如面部表情、手势、姿态等）和环境因素（如交谈时的地点、灯光、衣着等）等在人际沟通中的作用。成功的人际沟通必须建立在语言与非语言两者相互作用的沟通基础上。而网络上主要以文字进行人际沟通，因为交流的"非当面性"，将导致信息交流的失真和片面性传递。表现在：网络虽有语音聊天功能，但无法表达出非语言沟通方面的很多其他

---

① 刘忠群，刘高峰．浅析网络对沟通行为的影响．重庆科技学院学报：社会科学版，2008（3）．

信息；虽可通过一些表达情绪含义的数字、符号来表现交谈者的情绪与感情，但这种沟通也只能使交谈对方局部感观有所察觉，对其他更多信息的了解仍不全面。

（2）依托网络建立起的人际关系具有脆弱性和盲目性。网络的广泛应用，一方面使人们的网络人际沟通更为方便，人际交往的范围扩大到无限的虚拟的网络空间，人们可以随心所欲地在网上结识朋友。另一方面，网络人际关系又具有脆弱性和盲目性的特征。人们只要主动与他人接触、聊天或谈话，就可以很容易地交到朋友。因为网络虚拟性的特征，交谈双方无法了解对方的真实情况，这就使交友双方缺乏互信的人际关系建立的前提。由于缺少双方之间全面、准确信息的互通，人际关系就显得很脆弱，且不易维持。

（3）网络沟通方式增加了人们的心理距离。网络使"遥远的人变亲近了，身边的人变遥远了；陌生的人变亲近了，亲爱的人变疏远了"。众多心理学者认为：网络在缩小人与人之间的空间距离的同时，无情地拉远了人与人之间的心理距离，并引发了许多心理危机。网络的普及，带来了网络沟通的快速发展，网络沟通使传统的"人—人"的沟通关系演变为"人—机—人"的沟通关系。这种以计算机为媒介的沟通方式极大地减弱了人与人之间的直接的、面对面的互动关系，同时不可避免地弱化了历久以来所形成的人与人之间的人际沟通模式的作用，进而影响人们在心理和感情上已经建立起来的平衡，使人容易产生孤独或冷漠感。

三、现代网络沟通工具

现代网络运用电子媒介和各种电子沟通工具，为人们提供了经济实惠、方便快捷的信息服务。由于网络对于人们的生活、学习、工作等产生了巨大的作用和影响，网络技术开发也得到了高度重视，网络沟通工具无论在种类上、形式上，还是在数量上、质量上都以惊人的速度得到发展，新的网络沟通工具不断涌现，功能日益完善，使用者越来越多，影响范围越来越大。

网络沟通最常见的方式包括电子邮件、即时通信工具、电子论坛、博客和播客等。

1. 电子邮件

电子邮件（Electronic Email，E-mail）是互联网上的重要信息服务方式。通过网络的电子邮件系统，用户可以用非常低廉的价格或是免费把信息发送到世界上任何你指定的、同样拥有邮件地址的另一个或多个用户。电子邮件内容可以是文字、图表、视听材料等。E-mail具有使用简易、投递迅速、收费低廉、易于保存、全球畅通无阻等特点，已经成为利用率最高的沟通形式和沟通工具。

2. 几种即时通信（通讯）工具简介

（1）腾讯QQ。这一最早的国产即时通信工具，集图文消息实时发送和接收功能于一身，为用户提供游戏社区、开放型聊天室的服务。在商用领域，由于员工使用QQ交流的不可控性会影响工作效率，QQ分支RTX和TM相继出现，较早走上了即时通信的商用化道路，但起初效果不太理想，现在正在不断地改进和发展，客户数量在不断增加。

（2）微软 MSN。微软凭借其技术力量和服务体系，使 MSN 在 PC 的主流操作系统 Windows XP、掌上计算机、智能手机上使用。MSN 不仅具有实时图文发送、接收功能，用户还可以通过 MSN 从 PC 上与其他联系人进行语音交谈，或者通过计算机给其他联系人拨打电话、发送文件、召开多人联机会议，或进行 MSNZone 网络游戏。同时，用户还可收到 Hotmail 的新邮件到达通知及最新的 MSNBC 新闻头条等。MSN 使用独特的非 ID 号注册原则，用户不能随便搜索到在线用户，也不能随意猜测到其他 MSN 用户的 ID，因而有效地避免了商务用户不想被骚扰的问题。而且，MSN 白板功能及网络会议等功能的加入，可为企业提供类似于 RTX 的企业内部办公系统。

（3）雅虎通（Yahoo messenger）。Yahoo messenger 因其集成了主流即时通信软件的绝大多数优点，而且首次实现了即时通信产品与搜索工具的融合，通过其搜索产品"一搜"与"雅虎通"的巧妙整合，推动了搜索向桌面的扩展。3721 加入雅虎通后,依托其庞大的企业资源库,再加上雅虎通本身的功能优势，基本实现了企业会员之间的商务沟通。

（4）新浪 UC。新浪于 2004 年 7 月 1 日宣布收购"朗玛 UC"，使新浪拥有了技术支持和庞大的用户群体。新浪凭借其国内门户的领先优势、良好的人气及广泛的娱乐服务与 UC 已有成就相整合，打造而成"新浪 UC"。但是，由于 UC 极强的娱乐色彩，再加上投身门户网站，服务于固定网络群体的限制，"新浪 UC"难以得到企业级用户的宠爱。

（5）网易泡泡（POPO）。网易泡泡最先推出 IM 软件，但由于新浪与 UC 的合并，直接导致其运用于门户娱乐服务的 IM 市场占有率大幅下滑。但网易泡泡在商用领域表现出一定的生存能力，网易泡泡在网络连接和防火墙穿透方面拥有一定的优势，只要能浏览网页就能使用泡泡及其可以穿透任何防火墙的能力，使得它对经常在网上传输文件的商务用户形成极大的帮助。

（6）搜狐"搜 Q"。搜 Q 出现较晚，侧重于娱乐，缺乏商用优势。

（7）阿里巴巴"贸易通"。"贸易通"，由全球最佳 B2B 网站"阿里巴巴"于 2003 年 11 月推出，是专为商人量身定做的免费商务即时通信软件。其从界面风格到服务内容都体现了商务用户对即时通信软件的需求。商务用户使用该软件不仅可以实现实时的在线交流，而且还具有由它发布即时商业供求信息及随时查看最新商业资讯等功能。

（8）电子名片 TraCQ。从 2003 年问世之初，TraCQ 便定位于商用即时通信领域。在商用领域，它开创了多项即时通信新模式：一是实名制注册，组织行为管理。这一创新要求企业在电子名片（TraCQ）的注册中必须遵循实名原则，并通过企业管理员统一管理。新原则的实施，可使企业免去使用传统娱乐 IM 软件公私不分的不可控性。统一有序的组织管理加上具体到位的实名账号，会使企业的沟通及工作效率得到大幅改善。二是 TraCQ 电子名片独创网页会话技术，一改传统 IM 软件必须通过 PC 桌面登录客户端并添加联系人方可交流的局限。企业只需将电子名片（TraCQ）嵌入自己的网页，便可为访问企业网站的访客提供便捷的交流途径。访客无须下载安装任何客户端软件，只要点击企业网站上的工作人员名片就可直接进行全面的文本、短信及视、音频在线洽谈。这一交流模式的创新，从根本上突破了阿里巴巴"贸易通"只提供会员与会员间交流的弊端，使得会员与会员、客人与会员的交流变得更加直接有效，从而最大限度地增加了企业的成交机会。TraCQ 电子名片的出现，使即时通信软件与互联网的基础——网站的结合变得更加密切，使得点对点的沟通通过 IE 即可方便地实现。这可能进一步推动"静态网站"向"交互网站"的升级，开创即时商务的新时代。

（9）Skype。Skype 是网络即时语音沟通工具，具备 IM 所需的其他功能，如视频聊天、多人语音会议、多人聊天、传送文件、文字聊天等功能。它由 KaZaA 开发人员所研发，采用 P2P（点对点技术）的技术与其他用户连接，目前不仅可以进行语音聊天，也可进行视频交流。Skype 是一家全球性互联网电话公司，它通过在全世界范围内向客户提供免费的高质量通话服务，正在逐渐改变电信业。美国联邦通信委员会主席 Michael Powell 说："当我下载完 Skype，我意识到传统通信时代结束了。"

3. 电子论坛

电子论坛（Bulletin Broad System，BBS），即电子公告系统，又名电子公告板、留言簿、布告版。它是网络内容的提供者如商业网站和个人主页，为上网者提供的自由讨论、交流信息的地方。它提供一块公共电子白板，每个用户都可以在上面书写，可发布信息或提出看法。电子公告牌按不同的主题、分主题分成很多个布告栏，布告栏的设立依据大多数 BBS 使用者的要求和喜好，使用者可以阅读他人关于某个主题的最新看法（几秒钟前别人刚发布过的观点），也可以将自己的想法毫无保留地贴到公告栏中。在与别人进行交往时，无须考虑自身的年龄、学历、知识、社会地位、财富、外貌、健康状况，而这些条件往往是人们在其他交流形式中无法回避的。同样地，也无从知道交谈对方的真实社会身份。这样，参与 BBS 的人可以处于一个平等的位置与其他人进行任何问题的探讨。

4. 博客

"博客"一词是从英文单词 Blog 音译而来。Blog 是 Weblog 的简称，而 Weblog 则是由 Web 和 Log 两个英文单词组合而成，通常称为"网络日志"。Blog 是一个网页，通常由简短且经常更新的帖子（张贴的文章）构成，这些帖子一般是按照年份和日期倒序排列的。Blog 的内容广泛，有的是纯粹个人的想法和心得，包括新闻、日记、照片、诗歌、散文，甚至科幻小说；有的是对其他网站的超级链接和评论；有的是关于公司事务的公告、管理心得、述评；也有的是在基于某一主题的情况下或是在某一共同领域内由一群人集体创作的内容。Blog 集私人性和公共性于一身，它不是纯粹个人思想的表达和日常琐事的记录，它所提供的内容可以用来进行交流和为他人提供帮助，具有极高的共享性和价值。撰写 Blog 的人叫 Bloggre 或 Blog writer。简言之，Blog 就是以网络作为载体，让你简易、迅速、便捷地发布自己的心得，及时、有效、轻松地与他人进行交流，再集丰富多彩的个性化展示于一身的综合性平台。Blog 的发展历史并不长，通常认为至今（2011 年）只有 10 多年的时间。2000 年博客开始进入中国，

2005 开始盛行。国内主要门户网站相继开设博客网，并免费提供博客网络管理服务。

博客类型主要包括个人博客（普通人博客、名人博客）、小组博客、家庭博客、商业博客（企业博客、产品博客）、知识库博客（K-LOG）等。

国内学者对网络通信工具的优缺点和适用范围作了比较分析。如表16-1所示。

表16-1 几种主要网络通信工具的优缺点和适用范围比较

比较项目 网络沟通方式	主要优点	主要缺点	适用范围
全球咨询网网页（Webpage）	信息量大、传播范围广	保密性差、无确定主题、不确定性反馈	需要公开的、大范围传播的信息
电子邮件（E-mail）	流向清晰、发送速度快、传达准确、保密性好	邮件接收不及时、需要反馈等待	需要向特定主体（个体或群体）传递的或要求保密的信息
电子公告牌（BBS）	信息内容丰富、发布接收信息方便、信息公开透明	保密性差、谣言或不实信息迅速传播	需要向员工或其他相关人员公告的信息和需要讨论或征集意见的问题等
聊天室（chat room）	可以实现异地同步沟通、立即反馈、话题丰富、保密性好	受沟通对象是否在线的约束和文字载体的约束	员工或领导与员工之间工作之余的情感沟通
网络电话、传真	沟通及时、反馈无须等待、内容清晰、成本低	对通话时间有一定限度，对沟通内容也有一定的要求	紧急性的、需要当即回复的、内容简单、容易表达清楚的信息沟通
电子内部刊物	成本低、保留时间长、浏览方便、针对性强、更具时效性	信息传递的确定性和范围程度难以预知	专业性、针对性较强的信息沟通
网络会议系统	召集会议方便、省时、省力	互动效果相对传统会议较差，参会人员的精力投入不充分	不同地域人员参加的非大型会议或需要紧急召开的、有分散在各地人员参加的会议
即时通信工具	方便、即时互动、时效性强	受沟通对象是否在线的约束	员工或领导与员工之间工作之余的情感沟通
网络会议系统	召集会议方便、省时、省力	互动效果相对传统会议较差，参会人员的精力投入不充分	不同地域人员参加的非大型会议或需要紧急召开的、由分散在各地人员参加的会议

（资料来源：董玉芳，王德应.基于网络技术的企业管理沟通：选择与组合.江淮论坛，2005（5）.）

四、网络沟通的策略

1. 彼此尊重,以人为本

网络交流的各方需要彼此尊重。如在 QQ 聊天中,有些不熟悉的人一上来就发视频请求,更有甚者你不接的话就不停地发,是对对方极不尊重的做法。因为对方需要的是一个独立的个人空间。这种做法最后得来的结果便是被对方拉入黑名单或被直接删除。因此,网络交往必须以尊重他人为基础。网络礼仪的核心原则之一是适度。把握分寸正是人性和人心所能接受和需要的,能够有效地塑造个人形象和表现自己的修养和气质。

网络沟通首要的一条就是"记住人的存在"。虽然网络是虚拟的,甚至有种说法叫做"在网上谁也不知道你是一条狗",但是既然你参与了网络沟通,就应该以在乎自己一样的态度来在乎对方,尊重对方就等于尊重自己。聊天也好、发 E-mail 也好、跟帖也好,必须以不侵犯他人的言论权为基础,必须言谈举止都恰当才能树立你在网络中的实际形象,这样,你以后的待遇当然是备受别人尊重。

网络礼仪的根本就是"人",作为网络的主体,"人"应该放在礼仪中的首位:一切以"人"为中心,尊重所有网络人,方便所有网络人,快乐所有网络人!

2. 讲究礼仪,加强修养

由于网络使用者来自不同的文化背景与生活层次,而且网络使用者无法获得像面对面时可得知的交谈规范。这时为了表示尊重对方,展现自己使用网络的负责态度,以及避免带给对方使用网络的不便及无意间产生的误解,网络礼仪就显得非常重要。网络礼仪,英文名称为"Netiquette"(来自于 network etiquette),从字面上就可以了解到,网络礼仪是一般所谓的礼仪迁移到网络情境下所产生的新的名词。网络礼仪使网络使用者能够遵守网络公约,做一个有礼貌、有规矩,懂得保护自己,避免伤害别人的"网络公民"。

我国台湾地区的苏怡如总结了各种关于网络礼仪的提法,认为网络礼仪主要包括正确、简洁、清楚、安全与隐私及友善与尊重五大内容。见表 16-2。在网络沟通时一定要遵守这些基本的礼仪规范。

表 16-2 网络礼仪的具体内容

五大精神	正 确
正 确	(1) 留意写作格式,检查文法; (2) 使用合宜的格式、用语和称谓; (3) 检查文法,注意用词、标点符号
简 洁	(1) 别做重复的询问; (2) 用字宜简单明了,谨慎思考后才发送,有效率地回复信息; (3) 熟悉网络术语的简写; (4) 少用斜体字等花招; (5) 先停下来浏览先前的文章,看看是否已有相同的回应内容

续　表

五大精神	正　确
清　楚	（1）写电子邮件时尽量写出清楚、完整的句子，使用结语和署名； （2）在公开信息中要加入个人邮件地址以方便别人联络； （3）使用电子邮件时，要写信件主题，主题中可以简述邮件内容，让人容易辨识
安全与隐私	（1）不继续使用即时信息软件时，记得退出自己的账号； （2）时时提醒自己：这里是公开场合； （3）意识到网络上有其他观众，注意保护隐私； （4）别把自己或者别人的密码、住址、电话、身份证号码给网络上的陌生人
友善与尊重	（1）进入聊天室，跟大家打招呼是礼貌的，离开时最好也跟大家道别； （2）版主、主持或者管理人，也该尊重所有成员，不滥用权力； （3）注意大写英文字母带有吼叫之意； （4）时时保持礼貌，别煽风点火； （5）表情符号等标记可以缓和气氛

（资料来源：陈吉利．网络礼仪：信息技术课程新热点．中国信息技术教育，2008（3）．）

3．特殊符号，增进交流

在网络中，为了方便交流，可以使用一些特殊符号。日常礼仪的表达常是用人体动作，而网络现在无法做到这一点，所以只能把人类形体符号化。形象化的符号带给人家的是生动感和幽默感，另外从交流的角度来看非常简洁方便，是增进交流，缩短心理距离的重要体现。下面列举的这些符号已经是网络认同的，另外还有一些所谓的"火星文"也正在创新和被认同中。

:-）标准的笑脸，表示笑容和善意。

;-）眨眼笑，表示歪曲、讽刺或嘲笑。

:-（皱眉，表示令人不高兴的消息、令人悲伤的消息。

:-|表示漠不关心。

:-0 表示惊讶、担心。

:-X 表示封嘴。

:-P 表示吐舌头，很有趣。

:-@ 作者在叫。

:-Q 作者在抽烟。

另外还有一些常见的缩写：ASAP：As soon as possible，表示尽快。

BF：Boyfriend。表示男朋友。

BTW：By the way。表示随便说一下。

（资料来源：张睫，周延欣．网络礼仪的构建原则．新闻爱好者，2010（7）上半月）

这些简单明了的网络文字顺应了现代人追求简单生活的节奏，是人性化的符号，也是社会化的符号，在网络沟通中不妨一用。

随着网络沟通工具的普及，人们越来越依赖这些新技术传递信息，然而面对面的沟通仍然是最重要的沟通方式，因为网络沟通并不能替代人与人之间的直接交流，在直接交流中，可以观察到别人的表情等肢体语言，并确保沟通的有效性与反馈的及时，同时能够节约大量的时间。所以尽管有着快捷、发达、高效的电子沟通介质，组织或个人都不应该放弃传统的沟通方式。

五、主要网络沟通礼仪

1. 收发电子邮件礼仪

电子邮件，即通常说的 E-mail。它是一种重要的通信方式，因其方便快捷，费用低廉，深受人们喜爱，使用者越来越多，尤其是国际间通信交流和大量信息交流更是优势明显。对待电子邮件，应像对待其他通联工具一样讲究礼仪。

（1）书写规范。虽然是电子邮件，但是写信的内容与格式应与平常书信一样，称呼、敬语不可少，签名则仅以打字代替即可。写电子邮件语言要简略、不要重复、不要闲聊，写完后要检查一下有无错误。因为发出去的邮件很可能被对方打印出来研读或是贴在公告牌上。写完后还要核定所用字体和字号大小，太小的字号不仅让收件人读起来费力，也显得粗心和不够礼貌。写邮件时最好在主题栏写明主题，以便让收件人一看就知道来信的主旨。

（2）发送讲究。电子邮件的发送有如下讲究：最好不要将正文栏空白只发送附件，除非是因为各种原因出错后重发的邮件，否则不仅不礼貌，还容易被收件人当作垃圾邮件处理掉。重要的电子邮件可以发送两次，以确保能发送成功。发送完毕后，可通过电话等询问是否收到邮件，通知收件人及时阅读。收件人应尽快回复来信，如果暂时没有时间，就先简短回复，告诉对方自己已经收到其邮件，有时间会详细说明。

（3）注意安全。电子邮件是计算机病毒重要的传染源和感染病毒的主要渠道。收发电子邮件都要注意远离计算机病毒。发送电子邮件时要注意尽可能不使邮件携带计算机病毒。因此，如果没有反病毒软件适时监控，发送邮件前务必要用杀毒程序杀毒，以免不小心把有毒的信寄给对方。如果没有把握不妨用贴文的方式代替附加文档。

接收电子邮件时的安全问题更为重要，来历不明的信件必须谨慎处理，若不确定则最好删除。目前一般计算机都安装有监控邮件病毒的反病毒软件，如金山毒霸的金山网镖、KV3000 的病毒王对邮件等进行适时监控。由于监控软件考虑安全性较多，因此，许多正常邮件也会给出可能有病毒的提醒，需要及时判断处理，有时宁可损失信息也要果断删除一些可能含有病毒的不明邮件，以免计算机感染病毒。对于没有正文仅有附件的不明邮件，除非与发件人熟悉或事先约定好了，原则上都不应该打开邮件，对正文中提示的邮件地址不熟悉一般不要轻易打开，因为这往往是陷阱，许多国际骗子就把诱饵放在这里。在删除了怀疑的病毒邮件后，要及时清空邮件回收箱，否则，病毒会还在计算机硬盘中，没从物理硬盘上将其删除掉。

此外，要注意定期及时清理邮件收件箱、发件箱、回收箱，空出有限的邮箱容量空间。及时将一些有用的电子邮件地址记下来并存入通讯簿也是很必要的。

2. 发帖、聊天礼仪

发帖指在任何被允许发表自己言论的论坛、博客等网络提供的交流平台上，针对某一主题发表自己的观点、意见和看法；聊天指与特定的网友在上述交流平台上进行互动式的沟通。利用互联网搭建的交流平台与人交往，重要的是必须考虑如何给自己带来愉快与如何避免给他人带来不愉快，同时要提高自我保护意识。一般来说，发帖、聊天要遵守下面的礼仪规范。

（1）记住你是在跟"人"打交道。互联网给来自不同地域的人们提供了一个共享、沟通的平台，这是高科技的优点，但往往也使人们觉得面对着的只是电脑屏幕，而忘了自己是在跟其他人打交道，很多人在上网时放松了自我道德约束，降低了自己的道德标准，允许自己的行为更粗俗和无礼。为了构建一个融洽、和谐的网络交流平台，人人都应该做到：当着别人的面不会说的话在网上也不要说，发帖以前仔细斟酌用词和语气，不要故意挑衅和使用脏话，为自己塑造良好的网络形象。

（2）尊重别人的时间。打算在一个论坛上发表主题时，首先要看看该论坛是否开展过类似的讨论，有可能已有现成的答案。不要以自我为中心，随意提问，让别人为你寻找答案而浪费时间。

（3）自觉遵守论坛规则。同样是网站，不同的论坛有不同的规则。在这个论坛可以做的事情，也许到那个论坛就不能做。因此，先浏览一个论坛中的内容，熟悉该论坛的气氛然后再发帖子。注意不要全部用大写字母输入信息，这表示在大喊大叫，会触怒很多网络高手。

（4）树立共享知识的理念。网上交流时，当你提了一个有意思的问题而得到很多回答之后，应该写一份总结与大家分享，同时表明谢意。这是对那些未曾谋面的热心人必不可少的交代。

（5）提倡有风度的辩论。在网络上，人们有不同的观点、看法是正常现象，辩论甚至争论也是正常现象。辩论时要保持翩翩君子的风度，以理服人，以情感人。不要一遇不同观点就大动肝火，用过激的言辞对对方进行人身攻击。

（6）重视保护隐私权。不随意公开个人情报，比如个人的邮件地址、真实姓名、住宅地址、电话号码、手机号码等。对于他人的情报，应该更加注意，以免给人带来伤害。别人与你用电子邮件或私聊（QQ）的记录应该是隐私的一部分。假如你认识的某个人用笔名上网，未经过他同意就将其真名在论坛上公开，也是一种不道德的行为。

（7）以宽容之心对待网友。当看到别人写错字，用错词，问低级问题时，不要讽刺挖苦或严厉训斥，应该用平和、平等的语气指出来。如果你想进一步帮助他，最好用电子邮件或其他联系方式私下沟通，这样就能有效地维护网络新手的尊严。

（8）坚决杜绝有害行为。切忌以淫秽内容伤害他人，或表面文质彬彬的恶意攻击行为，或者导致他人的计算机和网络系统受损。蓄意的破坏者常常悄悄地进入他人的系统，或者发出死循环指令让他人的计算机当场死机。这些行为都是不道德的，甚至是非法的。

延伸阅读

一、网络语言的表现形式

网络交流语言的发生依赖于一定的话语主体和交谈情境，需要言语主体在对其深入理解和感悟的同时，调动自己所有的感知觉储备，展开丰富的联想和想象，最终创设一个与现实情境基本一致的"虚拟情境"，这就有赖于多样性的网络交流语言。对于这种个性化色彩强、生动风趣、人情味浓、简洁省事的网络交流语词，可以把它大致划分八大类，若干小类。

1. 缩略简称类

（1）拼音字母缩略，如：PLMM= piao liangmeimei（漂亮妹妹），MM = meimei（妹妹或美眉），PMP = paimapi（拍马屁），TMD = tamade（他妈的）。

（2）英语词语缩略，如：BF= boy friend（男朋友），GF= girl friend（女朋友），BTW= by the way（顺便说），CU= see you（再见）。

2. 谐音替代类

（1）汉字谐音替代，如：斑竹 = 版主，指的是 BBS 的管理员；造砖 = 用心写东西；见光死 = 网恋后与网友初次见面感到不满意而迅速各奔东西；板斧 = 版副，指网络管理员。

（2）数字谐音替代，如：521= 我爱你，这是最常见的。886= 拜拜了，1314= 一生一世，8147= 不要生气，5377880= 我想亲亲抱抱您，53719= 我深情依旧。

（3）英语音译，如：博客 = blog（网络日志），3ku = thankyou，烘陪鸡 = homepage。

3. 词义转换类

也可以称为词义联想扩散，就是将日常语言中的词语，在网络上运用之后将其意义变为它的反意。如：讨厌——讨人喜欢百看不厌；贤惠——闲在家里什么都不会。

4. 叠音词类

故意用重字法使音节产生一种和谐的美感和节奏感。在网络中，叠音词往往带有"童语"现象。如：东东 = 东西；漂漂 = 漂亮；坏坏 = 坏蛋。

5. 旧词引申类

将日常语言中的词语，在网络上运用之后另赋新义。如：帖子——网络论坛上发表的文章或电子邮件，灌水——网络论坛中乱发帖子；潜水——聊天室里长时间说悄悄话。

6. 中英混合类

句子或词组里，同时用汉语词和英语词，甚至将一个英语词分解成英汉两部分，或取各自的义，或取各自的音。如：小 case=小事一桩；我 I 你＝我爱你。

7. 符号组形类

指将标点符号、特殊符号、数字和字母等组合在一起，模拟一定的面部形态，表达自己的喜怒哀乐，象征某种意义。在网络中，由于无法面对面的直接交流，用符号代替表情就成为迫切要求。这些符号组形是一个常用字符组成的画，看起来像一张脸，这是一套眉目传情的文化，而且国际通用。这样的符号组形有很多，大致可分为四类。

（1）标点符号特殊符号组形，如：！ 表示不屑的笑；& ：）表示头发是卷的；{ 表示抿着嘴；(^^) 表示不必歪头的欢呼；？？ 表示瞪着眼睛。

（2）标点符号数字组形，如：8} 表示睁大眼睛；；7 表示火冒三丈；1 表示平淡无味的笑。

（3）标点符号字母组形，如：q 表示正在抽烟；P 表示吐舌头；I 表示吸烟族；TT 表示流泪。

（4）特殊符号组形，如：^@^ 表示小猪；^^ 表示不必歪头的笑脸。

（5）键盘符号与英文单词结合使用组成的"克里奥耳"型图示，即在：//后面加上英语中的动词，这个词就变成了一种言语行为。表示说话者的表情、动作和姿态。如：// sign 叹气；//admire 表示羡慕的表情。

（6）近来，随着网络技术的完善，又出现了一些更为形象的符号类词语，甚至还出现了各种各样的带有图像与声音合成的更为形象的具有动画效果的符号类语言，使网民之间的交流更具形象性和趣味性。

8. 句式随意类

除在构词法上的随意组合、任意搭配外，网络交流语言在句式的选择上也常常冒传统语言学之大不韪。如常采用港式语法的说法，像"累死掉了"、"走先（先走）"等。还常在文章的标题末尾添加相当于语缀的成分"……的说"，如"今天晚上谁去听音乐会同去的说"，其实"……的说"并无实在意义，这种句式的使用只是表明紧随时尚罢了。还在句末常用"喔、噢、的噢"等语气词作语缀，如"要记着去捧场噢"等。

（资料来源：张佳丽. 网络交流语言的特色分析. 内蒙古民族大学学报，2008（5）.）

二、网络礼节十条

礼节一：记住别人的存在

互联网给予来自五湖四海的人们一个共同的地方聚集，这是高科技的优点但往往也使得你面对着电脑荧屏忘了你是在跟其他人打交道，你的行为也因此容易变得更粗劣和无礼。因此，《网络礼节》第一条就是"记住人的存在"。如果你当着面不会说的话在网上也不要说。

礼节二：网上网下行为一致

在现实生活中大多数人都是遵法守纪，在网上也同样如此。网上的道德和法律与现实生活是相同的，不要以为在网上就可以降低道德标准。

礼节三：入乡随俗

同样是网站，不同的论坛有不同的规则。在一个论坛可以做的事情在另一个论坛可能不宜做。如在聊天室打哈哈发布传言和在一个新闻论坛散布传言是不同的。最好的建议：先爬一会儿墙头再发言，这样你可以知道坛子的气氛和可以接受的行为。

礼节四：尊重别人的时间和带宽

在提问题以前，先自己花些时间去搜索和研究。很有可能同样问题以前已经问过多次，现成的答案随手可及。不要以自我为中心，别人为你寻找答案需要浪费时间和资源。

礼节五：给自己网上留个好印象

因为网络的匿名性质，别人无法从外观来判断你，因此你一言一语成为别人对你印象的唯一判断。如果你对某个方面不是很熟悉，找几本书看看再开口，无的放矢只能落个灌水王的帽子。同样地，发帖以前仔细检查语法和用词，不要故意挑衅和使用脏话。

礼节六：分享你的知识

除了回答问题以外，这还包括当你提了一个有意思的问题而得到很多回答，特别是通过电子邮件得到以后，你应该写份总结与大家分享。

礼节七：平心静气地争论

争论与大战是正常的现象。要以理服人，不要进行人身攻击。

礼节八：尊重他人的隐私

别人与你用电子邮件或私聊（ICQ/QQ）的记录应该是隐私的一部分。如果你认识某个人用笔名上网，在论坛未经同意就将他的真名公开也不是一个好的行为。如果不小心看到别人打开电脑上的电子邮件或秘密，你不应该到处广播。

礼节九：不要滥用权力

管理员版主比其他用户有更多权力，他们应该珍惜使用这些权力。游戏室内的高手应该对新手手下留情。

礼节十：宽容

我们都曾经是新手，都会有犯错误的时候。当看到别人写错字，用错词，问一个低级问题或者写没必要的长篇大论时，你不要在意。如果你真的想给他建议，最好用电子邮件私下提议。

（资料来源：Virginia Shea，http://hi.baidu.com/ltnature/blog/item/303312e97cb4503fb80e2dbd.html，2006-12-14）

思考练习

1. 结合自身感受谈谈网络沟通的特点。
2. 请谈谈讲究网络礼仪的现实意义有哪些。
3. 使用电子邮件发送信息。在收件人一栏打上自己的电子信箱地址,给自己发一封公务信件。然后作为信件接收方,感受一下信件格式、所用文字、预期是否恰当。
4. "人心隔肚皮",更何况是在虚拟世界。你可能是一位网络常客,你认为应该重视网络礼仪吗?
5. 你是怎样处理虚拟世界中人与人之间的礼仪关系的?
6. 或许你在网上对人有不礼貌的行为,或许别人对你有不礼貌的行为。请试举一例,并根据所学的知识和技术,提出解决问题的方案。
7. 案例分析:

网络——沟通的桥梁

"现在我随时都会打开电脑瞧瞧学生们又往留言簿和邮箱里发来了什么。这已经成习惯了。"南海一中校长邓兵这样对记者说。近日,记者在南海一中采访时见到,上网已成为师生间常用的沟通方式。自从网络进入校园,3年来仅邓校长一人,回复学生各种留言就超过40万字!网络正在校园德育中扮演着越来越重要的角色。记者了解到,在南海一中,学校主页留言簿和全校老师的电子邮箱都向学生公开。学校鼓励学生通过这种方式与老师们沟通,提出意见和建议。师生间每日里网上话题不断,从谈理想、论人生,到穿校服、住宿舍,即使是一些面对面难以开口的话题也不例外。

"学生的网上留言什么内容都有,谈心事的自然不少,还有很多牢骚和意见,甚至还有学生上网诅咒我的。"邓校长笑着说,"这些反映都有内在的原因,如果是发牢骚,一定是沟通不够,如果是提意见,就要检讨学校的规章是否合理。至于诅咒嘛,越来越少了。"如今,回复学生的各种留言与邮件成了邓校长和许多老师每日必做的功课,或安抚、或解释、或鼓励,三言两语却效果良好。

南海一中的主页留言簿,家长、校友们也喜欢造访。邓校长指着一个出现频率很高的网名"大蜜蜂哥哥"告诉记者,这个今年刚考上大学的学生,高三时就常在网上留言,如今毕了业还留恋这里。"这个'胆大包天'的学生在网上称呼我'小兵兵校长'。"邓校长笑着说。在最近的留言中,这个"大蜜蜂哥哥"说:永远也忘不了被自己称为"小兵兵"的校长和母校。

邓校长告诉记者,在实施网络德育以前,校长主要通过"校长信箱"与学生沟通,而老师们则更是要费不少口舌,往往枯燥又没效果。如今不论哪位同学写下的留言、提出的疑问,教师们的回答,全校师生都能在网上浏览,取得事半功倍的效果。邓校长还表示,"信息获取量增加,人们眼界开阔了,整个人的素质也随之提高,并带动学校整体水平的提升。"

邓校长说,网络为师生架起了一座沟通的桥梁,将会越来越重要。

(资料来源:陈颖欣.南海一中:网络架起师生心桥.佛山晚报,2002-12-23.)

思考讨论题:

(1)你与老师、同学之间采取了哪些网络沟通方式?

(2)请为本校师生之间设计一个顺畅、合理的网络沟通渠道。

(3)试分析一下学校里哪些信息适合通过网络渠道发布,哪些信息适合通过传统沟通渠道发布。

学习情境 17　工作沟通

假如人际沟通的能力也是同糖或咖啡一样的商品，我愿意付出比天底下任何东西都昂贵的价格来购买这种能力。

——美国石油大王洛克菲勒

情境导入

唐骏的职场沟通

1. 与上司的沟通

唐骏在一次演讲中安排了一个细节，在舞台上画好了一排脚印，比尔·盖茨上台时只要沿着脚印就可以准确无误地走到台前离观众更近、显得更亲切的某个位置。发布会结束后比尔·盖茨问这是谁的想法，唐骏说这是他的主意，因为之前他曾多次在加利福尼亚州看过老布什参加总统竞选的演讲，他的随行都是按照这种方式对演讲进行非常细致的安排。比尔·盖茨听后说："这种方式的确很好，定好位置可以达到最佳效果。你这件事做得很专业。"这次发布会，唐骏给比尔·盖茨留下了极深的印象。

1995 年，在作出 Windows 操作系统的开发模式方案，并获得实验模块的测试成功之后，唐骏非常兴奋，他带着一鸣惊人的念头，给比尔·盖茨写了一封电子邮件。

比尔·盖茨给唐骏回了一封短信。他说："我没有时间看你的具体的东西，我建议你和你的直接领导沟通一下。如果能证明这是一个很好的想法，我相信你的主管会很感兴趣。"这是唐骏第一次用邮件和比尔·盖茨沟通。唐骏后来回忆说："坦白地说，当时我很有点心高气傲的感觉，以至于想得到比尔·盖茨直接的认可。但我这样越级报告的行为本身，从管理的角度来看是非常错误的。这种动不动就找最高老板，并认为这是职场制胜法宝的心理，在中国不少企业的员工里并不罕见。"

比尔·盖茨当时的回信其实是很有技巧的。他没有表扬唐骏，也没有批评唐骏，也没有把信转发给唐骏的顶头上司。比尔·盖茨通过这种方式教育了唐骏正确和规范地与上级沟通的方法。

2. 与同事的沟通

劳丽·罗娜特是总部的一位部门经理，唐骏和她级别相同，不过她的团队有 100 多人，唐骏的团队只有20人。有一段时间，唐骏和劳丽·罗娜特两人的团队在工作上有很多合作，劳丽·罗娜特给予唐骏的部门相当大的人力支持。唐骏发现劳丽·罗娜特女士工作十分努力，也十分能干，于是唐骏向公司上级提交了一封表扬信，使劳丽·罗娜特女士得到了应有的提升。而且，每过一段时间，唐骏都会给劳丽·罗娜特女士发邮件问候："我的部门之所以会有今天的成就，要感谢你对我们的帮助……"

3. 与下属的沟通

上司和下属之间的距离本身就是一种艺术。任何过于亲近或疏远的关心，在中国这样的社会环境中都有可能造成不必要的误会，甚至对管理产生严重的负面影响。唐骏把这种距离的艺术总结为一套"圆心理论"："如果公司是一个圆，CEO是圆心，那么所有下属都必须站在圆心周围。唯其如此，CEO方能和所有下属保持等距。"

唐骏认为，CEO要成为公司这个家的家长。家长在圆的中心，用关爱温暖下属，用智慧领导下属，用激情感染下属，用榜样的力量成为下属的模范，下属才能充分感受到"圆心"的引力。唐骏非常注意和下属的沟通。在微软公司，任何人都可以随时给唐骏发邮件，他的承诺是对每封邮件20分钟内必回，除非他在飞机上。当上海微软处于初创期，公司还没有发展到后来的规模时，每个下属都有15分钟的机会定期和唐骏作一对一的交流。随着公司规模加大，唐骏便把这种交流方式改成了"总经理圆桌会议"。

（资料来源：张永生.唐骏凭什么成功.北京：五洲传播出版社，2009.）

任务分析

人人都希望自己有一个愉快的工作环境，愉快的工作环境会有助于事业的成功。美国著名成功学大师卡耐基曾说过："一个人事业上的成功=15% 专业技术+85% 人际关系和处世技巧。"可见，人们在工作中掌握良好的交往艺术是多么重要。

人在职场，必然要与领导、同事、下属等进行交往，交往的效果将直接影响个人的职业生涯乃至发展前途。因为，人们每天至少有三分之一的时间是在职场度过的，能否从工作中获得快乐与满足，能否敬业、乐业并最终成就一番事业，领导、同事和下属均扮演着很重要的角色。讲究职场沟通艺术，不仅可以减少矛盾与冲突，还能使职场人际关系更加和谐融洽，大大提高工作效率。所以，有专家认为，一个职场人士必须具备三项基本技能，即沟通技巧+管理才能+团队合作意识。世界上很多著名的大公司也都以此来要求员工。

工作沟通的对象主要包括领导（上司）、同事和下属等。对象不同，沟通的技巧也有所不同。唐骏的职业生涯几乎是一个神话，从微软一个名不见经传的普通程序员一跃成为微软中国区的总裁，这样的成功似乎只属于唐骏一个人。几年之后，从微软"空降"到著名网络游戏公司盛大，和陈天桥并肩作战帮盛大走出困境。4年后，唐骏又以10亿身价加盟新华都担任总裁，唐骏出色地完成了职业生涯的华丽"转型"。这样的成功似乎也只属于唐骏一个人。于是,"中国第一职业经理人"、"打工皇帝"这些满载盛誉的光环让唐骏更加引人注目……唐骏凭什么成功?对这个问题的回答可能包括很多方面,但是其中一个十分重要的因素是唐骏很善于工作沟通。

实训项目

项目名称:模拟职场沟通训练。

实训目标:培养学生了解沟通的过程和基本技能;培养语言表达能力和沟通能力;通过活动,锻炼提高学生的团队协作意识等其他综合能力。

实训学时:2学时。

实训地点:教室或实训室。

实训准备:

(1)分组,每组4—6人,设1人为组长;

(2)以小组为单位,自主选择一种工作沟通形式;

(3)根据要求各组分配人员角色,讨论设计故事情节,并进行认真准备。

实训方法:

(1)按小组顺序进行模拟演练。演练之前,每组派1人说明本组模拟的职场沟通形式及所要表达的主题。

(2)在模拟过程中,各组成员要认真严肃,尽力扮演好自己的角色,言谈举止符合角色要求。

(3)每组演练后,指导教师与学生共同点评。

知识链接

一、职场沟通的基本原则

1. 真诚

在沟通过程中,只有坦诚相见,言必由衷,才能促进理解和信任,才能化解矛盾与隔阂。

2. 自信

成功者就是那些拥有坚强信念的普通人。在沟通中,只要充满自信,就能从容不迫,应对自如,就能赢得对方的尊重与认可。

3. 友善

即从他人的立场看事情,从对方的角度想问题,以友善的态度与人沟通。

4. 理性

沟通一定要清醒、理智,明确沟通的目的,预知沟通的效果,采取可行的沟通方法。

不信口雌黄、口无遮拦，不一时冲动、说"过头话"，不无谓争执、伤了和气，不斤斤计较、耿耿于怀。

5. 尊重

沟通的主体都是平等的，只有互相尊重，平等交流，沟通才能顺利进行。在职场沟通中切记要不责备、不抱怨、不攻击、不谩骂、不说教。

6. 互动

沟通是双向性的，不是洗耳恭听，默不作声；也不是口若悬河，夸夸其谈。沟通始终是两个维度之间平等、融洽的互动交流。恪守互动原则，才能在沟通中有说有听，有问有答，对等交流，实现共赢。

二、与领导的沟通

与领导的沟通，指的是团队成员通过一定的渠道和方式，与管理者或决策层所进行的信息交流。

上下级之间的有效沟通，无论对于组织还是个人，都具有十分重要的意义。仅就下级而言，通过与上级主动有效的沟通，既能准确了解信息，提高工作效能，又能及时表达自己的意愿，形成积极的双向互动。

1. 与领导沟通的基本原则

与职场其他交际对象相比，"上级领导"这个群体往往具有如下基本特征，如图17-1所示，在沟通过程中尤须注意遵循一些基本原则。

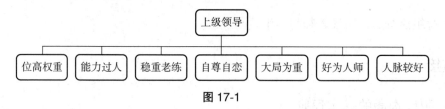

图 17-1

（1）不卑不亢。与领导沟通，要采取不卑不亢的态度，既不能唯唯诺诺，一味附和，也不能恃才而傲，盛气凌人。因为沟通只有在公平的原则下进行，才可能坦诚相见，求得共识。

在社交过程中，每个人都有一种心理期待，希望得到别人的尊重、帮助，希望自己应有的地位和荣誉得到肯定和巩固，没有人愿意在一个群体中被孤立和冷落。如果这种愿望得不到满足，就会对周围的人产生隔膜，进而拒绝合作。因此，尊重别人，是每个职场人士必备的一种修养。在工作中，尊重领导的意见，维护领导的威信，理解领导的难处和苦衷，即使提出不同的意见，也会讲究适当的时机，选择易于对方接受的方式，无论是对工作，还是对沟通双方的感情、建立融洽的心理关系，都是很有益处的。

尊重与讨好、奉承有着质的区别。前者是基于理解他人、满足他人正常心理和感情需要的前提下，而后者则往往是为了满足一己之私欲。现实生活中，确有一些人为了达到自己不可告人的目的，不惜降低人格，曲意迎合、奉承、讨好领导，不仅屏蔽了领导的耳目，降低了领导的威信，也造成了同事之间心理上的不和谐。绝大多数有主见的上司，对于那种一味奉承、随声附和的人都是比较反感的。

（2）工作为重。上下级之间的关系主要是工作关系，因此，下属在与领导沟通时，应从工作出发，以做好工作为沟通协调之要义。既要摒弃个人的恩怨和私利，又要摆脱人身依附关系，在任何时候、任何问题上都是为了工作，为了整个团队的利益；都要作风正派，光明磊落。切忌对领导一味地讨好献媚，阿谀奉承，百依百顺，丧失理性和原则，甚至违法乱纪。

（3）服从至上。上级居于领导地位，掌握全盘情况，一般来说考虑问题比较周全，处理问题能从大局出发。在与上级沟通时坚持服从原则，是一切组织通行的原则，是组织获得巩固和发展的基本条件。事实证明，如果下属拒不服从上级，那么这样的组织就无法形成统一的意志和严密的整体，组织就会像一盘散沙，不可能顺利发展。当然，服从不是盲从，下属一旦发现领导某些错误，就应抱着对工作高度负责的态度，及时向领导反映，并请求领导予以改正。

（4）非理想化。在与领导沟通中，下属不能用自己头脑中形成的理想化模式去要求现实中的领导，从而造成对领导的过分苛求。坚持非理想化原则，就必须全面地看待领导，既要看到其优点和长处，又要看到其缺点和短处，同时还要能够容纳领导的一般性错误和缺点，克服求全责备的思想。

2. 与领导沟通的方法

（1）主动沟通。有人说："要当好管理者，要先当好被管理者"。作为下属要时刻保持主动与领导沟通的意识，因为领导工作比较繁忙，不可能经常深入员工中去寻求沟通。但在实际工作中，很多下属都害怕直面自己的上司，不敢积极主动地与上司沟通交流，这是一种职场通病。你应该消除对上司的恐惧感，上司也是人，也有情感，而人与人之间如果没有了交流和沟通，那么情感也会因此而疏离。

李晓在其主编的《沟通技巧》（航空工业出版社，2006）中有这样一个例子：小丽在一家化妆品公司做财务，一直以来，她踏实肯干，工作能力也很强。但一直没有得到提升，原因是她不善于主动与老总沟通，许多事都等着老总亲自来找她。后来由于工作上的竞争，她被同事踩到了脚底下。小丽吸取失败的教训，辞职后以全新的面貌到另一家公司上班。一个月后她接到一份传真，说她花了两个星期争取到的一笔业务出了问题，她马上去找老总。老总正准备用电话同这位客户谈生意，她就将情况作了汇报，并提出具体的建议和意见。老总掌握这些材料后，与客户交谈时顺利地解决了这一问题。此后，小丽经常主动向老总汇报工作，及时进行良好的沟通，并在销售和管理方面提出了一些不错的意见和建议，不断得到老总的认可。不久，她被提升为业务主管。可见，作为下属主动与领导沟通是十分必要的。那么，怎样消除对上司的恐惧感呢？

① 要抛弃"不宜与上司过多接触"的观念。合理的沟通观念应该是：和上司沟通是一个职场人士的基本职责之一，因为领导是决策者和管理者，而下属则是执行者和完成者。在决策执行和目标实现过程中，必须借助沟通了解上司意图，争取上司支持，获得上司认可。

② 不要害怕在上司那里"碰钉子"。当上司反馈意见不理想时，要从沟通态度、方式等方面进行自我反省；同时，要仔细揣摩领导的态度和意见，并通过换位思考去寻求对领导处理方法的理解。

③ 要用改进沟通技能的方法增强自信。在沟通内容上，尽量做到观点清晰，有理有据，层次清楚。在沟通方式上，采用易被对方接受的沟通频率、语言风格和态度情绪；刚开始时最好采取面对面这种直接交流的方式，相互熟悉之后可借助电话、短信、电子邮件等方式。

（2）适度沟通。梁玉萍、丰存斌在其编著的《沟通与协调的技巧和艺术》（中国人事出版社，2009）中有这样一个例子：甲和乙是两位新上任的车间主任，业务水平都很高。不过，在与上级沟通时采取的却是截然不同的态度。甲主任认为，一定要和上级搞好关系，于是，有事没事就往厂领导那儿跑，弄得车间员工议论纷纷，都说甲主任只会拍马屁，不关心员工的实际工作。后来这话传到了厂领导耳朵里，领导感到很难堪。与此相反，乙主任则认为"打铁还要自身硬"，一天到晚只知埋头苦干，为了业务生产甚至连车间主任会都不参加。可是车间员工也不买账，他们认为这样的主任不会为员工着想；而厂领导也因为他常常不来开会，心生不满，乙主任由此弄得里外不好做人。由此可见甲主任和乙主任与领导的沟通都出现了问题，关键是没有做到适度沟通。

所谓适度，是说下属与领导的关系要保持在一个有利于工作、事业及二者正常关系的适当范围内，形成和谐的工作环境，沟通既不能"不及"，也不可"过分"。

目前，下对上的沟通存在两大弊端：一是沟通频率过高。有些下属为了博得领导的赏识和信任，有事没事经常往领导办公室跑，既给领导的正常工作造成了干扰，又会让领导认为你缺乏独立工作能力，遇事没有主见。二是沟通频率过低。有些下属以为干好本职就行了，至于是否向领导汇报思想和工作情况则无所谓，因而该请示不请示，该汇报不汇报，目无组织和领导。久而久之，既不利于开展工作，一定程度上也会影响个人和团队的发展前途。

（3）适时沟通。上司一天到晚要考虑的事情很多，因此应根据问题的重要与否，选择恰当的沟通时机。

① 要选择上司相对轻松的时候。与上司沟通之前，可以通过打电话、发短信等方式主动预约，或者请对方预订沟通的时间、地点，自己按时赴约。假如是个人私事，则不宜在上司埋头处理大事时去打扰，否则就会忙中添乱，适得其反。

② 要选择上司心情良好的时候。沟通之前，与其秘书或助理取得联系，以了解对方的

情绪状态。当上司情绪欠佳时,最好不要去打搅对方,特别是准备向对方提要求、摆困难或者发表不同意见的时候。

③要寻找适合单独交谈的机会。特别是试图改变上司的决定或意向的时候,要多利用非正式场合和没有第三者在场时。这样既能给自己留下回旋余地,又有利于维护上司的尊严。

④不要选择上司准备去度假、度假刚回来或吃饭、休息的时间沟通。因为,这时对方容易分散精力,心不在焉,或者匆忙作出决定。

(4)灵活沟通。由于个人的素质和经历不同,不同的领导就有不同的处事风格。揣摩上司的不同风格,在交往过程中区别对待,往往会获得更好的沟通效果,见表 17-1。

表 17-1　上司风格类型沟通

风格类型	性格特点	沟通技巧
控制型 (权力欲强)	实际,果决,求胜心切 态度强硬,要求服从 关注结果,而非过程	简明扼要,直截了当 尊重权威,执行命令 称赞成就而非个性或人品
互动型 (重人际关系)	亲切友善,善于交际 愿意聆听困难和要求 喜欢参与,主动营造融洽氛围	公开、真诚地赞美 开诚布公地发表意见 忌背后发泄不满情绪
务实型 (干事创业)	为人处世,自有标准 理性思考,不喜感情用事 注重细节,探究来龙去脉	开门见山,就事论事 据实陈述 不忽略关键细节

(5)定位沟通。正确认识自己的角色、地位,真正做到出力而不"越位",是处理好上下级关系的一项重要艺术。越位是下级在处理与上级关系过程中常发生的一种错误。主要表现如下。①决策越位。决策是领导活动的基本内容,不同层次的领导决策权限也不同。如果本该上级作出的决策却由下级作出了,就是超越权限的行为。②表态越位。一个人对某件事的基本态度,往往与其特定的身份相联系,超越身份胡乱表态,是不负责任的表现,是无效的。③工作越位。本该由上级出面才合适的工作,下级却越俎代庖、抢先去做,从而造成工作越位。④场合越位。有些场合,如应酬客人、参加宴会等,应适当突出上级,下级却张罗过欢、风头出尽,也会造成越位。

3.请示与汇报工作的技巧

请示,是下级向上级请求决断、指示或批示的行为;汇报,是下级向上级报告情况,提出建议的行为。二者都是职场人士日常的工作。

（1）明确程序。请示与汇报工作主要有四个步骤。① 明确指令。一项工作在明确了方向和目标后，上级通常会指定专人负责此项工作。如果上级明确指示自己去完成这项工作，就一定要迅速准确地把握领导的意图和工作的重点，包括谁传达的指令（who）、做什么（what）、什么时间（when）、什么地点（where）、为什么（why），以及怎么做（how）、工作量（how much）。其中任何一点不明白，都要主动询问，并及时记录下来。最后，还要简明扼要复述一遍，以确认是否有遗漏之处或领会有误的地方。当对领导的指令理解模糊时，绝不能"想当然"；在执行任务的过程中，遇到困难或疑惑之处，也要及时跟上司沟通，以避免多走弯路，贻误工作。② 拟订计划。在明确工作目标之后，应尽快拟订工作计划，交与领导审批。在拟订工作计划时，应详细阐述自己的行动方案和步骤，尤其是工作进度要有明确的时间表，以便领导进行监控。以制订月销售计划为例：① 要明确下个月要达成的业绩目标；② 要说明这些目标有多少源于老客户、多少源于新客户；③ 要说明打算通过哪些渠道，采用什么促销方案来实现这一目标，等等。这样的月销售计划交上去，既具体可行，也方便领导及时纠正。③ 适时请教。在工作进行过程中，要及时向领导汇报和请教，让领导了解工作进程和取得的阶段性成绩，并及时听取领导的意见和建议。切不可等工作全部结束后，才将工作情况和盘托出。④ 总结汇报。工作任务完成以后，应及时向领导总结汇报，总结成功的经验和不足之处，以便在今后的工作中改进提高。与上司沟通自己的工作总结，既显示出对上司的尊重，也有利于展示自己的才干，为赢得上司的赏识和器重奠定了基础。例如，一个小伙子名叫小波，是一家酒店的销售员，颇得上司的赏识。他之所以能够得到上司的青睐，一方面是因为业绩突出，另一方面就是小波每做完一笔单子，都会以书面的形式总结出这项业务成功与失败的原因。上司对此非常满意，尽管有些单子完成得不是很出色，但上司从来没有责备过小波，相反，还经常给他提出一些合理化建议。

（2）充分准备。"凡事预则立，不预则废"。无论请示还是汇报，要想达到预期目的，事先都必须认真做好准备。① 要做好思想准备。向领导汇报，既要消除紧张心理，又要克服无所谓的态度，调整情绪，树立信心，认真对待。② 要做好资料准备。"巧妇难为无米之炊"，充分占有资料是汇报成功的基础。如果情况不熟悉，或某方面的情况还不明了，就不能凭主观臆断、道听途说去汇报，搞所谓"领导要，我就报，准不准，不知道"那一套。只有通过调查了解，准确掌握情况，才能进行请示汇报。③ 要搞好"战术想定"。如果是就某个特殊问题请求上司批示，自己心中至少要有两套以上的解决方案，并对其利弊了然于胸，必要时向领导阐述明白，并提出自己的主张，争取领导的理解和支持。如果是就某项工作加以汇报，要在明确领导意图的基础上，确定汇报主题，把握汇报重点，组织汇报材料，合理安排内容的顺序与层次；对汇报中可能出现的情况，领导可能提出的问题，要做到心中有数，绝不能仓促上阵。

（3）选择时机。除了紧急事件需及时请示、汇报外，还应注意选择以下时机：当本人分管或领导交办的工作告一段落时；工作中遇到较大困难，想求得领导帮助支持时；领导决策需要某方面的信息时；领导主动询问有关情况时；领导有空余时间时，等等。汇报不仅要注意时机，还要区别场合，可以通过会议形式正式汇报的，尽量不要不分场合地临时汇报；当领导公务繁忙或工作中出现困难心情烦躁时，一般不宜贸然开口汇报。应选择领导乐意听取汇报的时机进行汇报，以取得预期的效果。

（4）因人而异。在请示和汇报时下属应采取不同的方式，以适应不同领导者的风格特点。例如，对于严谨细致的领导者，要解释得详细一点，最好列举必要的事例和数据；对于干练果断的领导者，要注意言简意赅，提纲挈领；对于务实沉稳的领导者，注意语言朴实，少加修饰；对于活泼开朗的领导者，语言可以轻松幽默一些。总之，要针对领导的个性特点，有针对性地搞好请示和汇报。

（5）斟酌语言。向领导汇报工作，一定要抓住重点，简短明快，而不能东拉西扯，词不达意，这样的汇报既浪费领导宝贵的时间，又令人生厌。因此，下级向领导作汇报，一定要有提纲或打好腹稿，使用精辟的语言归纳整理所要汇报的内容，做到思路清晰，观点精练，语言流畅，逻辑性强，遣词用语朴实、准确。关键语句要认真推敲；评价工作要把握好分寸，切忌说过头话；列举数字一定要准确无误，尽量避免"大概"、"估计"、"可能"之类的模糊词语。如果语言啰唆，拖泥带水，再好的内容也汇报不出应有的效果。

（6）遵守礼仪。① 准时赴约。要按照事先约定的时间到达。过早到达或迟迟不到，都是严重失礼的行为。② 举止得体。做到站有站相，坐有坐相，文雅大方，彬彬有礼。③ 控制好时间。一般情况下，领导总是想先了解事情的结果，所以在汇报工作时要先说结果，再谈过程和程序。这样，汇报工作时就能简明扼要，有效节省时间。④ 注意场合。切忌在路上、饭桌、家里汇报工作，更不能在公开场合与领导耳语汇报工作。

此外，请示与汇报还应注意：要按照下级服从上级的原则，坚持逐级请示、报告；要避免多头请示、报告，坚持谁交办向谁请示、报告，以减少不必要的矛盾，提高办事质量和工作效率；要尊重而不依赖，主动而不擅权。请示、汇报要根据工作需要，不能仰仗、依附于领导，时时、事事都去请教或求助。要在深刻领会领导工作思路的前提下，积极主动、大胆负责地开展工作。

4. 说服领导的技巧

所谓说服，是指用充分的理由开导对方，使对方的态度、行为朝特定方向改变的一种影响意图的沟通。人非圣贤，孰能无过？因此，上司也有考虑问题不周全、处理事情欠周到的时候，如果时时处处顺着上司，按照上司的指示开展工作，结果就不堪设想。事实上，在一项措施尚未实施之前发表意见，在决策执行过程中及时指出问题，在上司出现明显错误时提出善意批评，在合理要求遭到上司拒绝时能够据理力争，既是下属的权利和义务，又是证明自己才干、博得上司赏识的有效途径。不过，由于彼此地位、身份、职务有别，下属说服领导与说服同事、竞争对手大不相同。因此要注意说服上司的技巧。例如，春秋战国时期，齐景公喜欢狩猎，特别爱喂养能捉野兔的鹰。一次，烛邹不小心让一只猎鹰飞脱了，齐景公大发雷霆，命令左右将烛邹拉出去斩首。贤臣晏子站出来阻止，他说："烛邹有三大罪状，怎么能这样轻易杀头呢，待臣公布完其罪状再行刑吧。"齐景公点头同意，晏子便在众人面前数落道："烛邹，你为大王养鹰，却让鹰跑了，这是第一条罪状；你使大王因为一只猎鹰而杀人，这是第二条罪状；把你杀了，让天下诸侯都知道大王重鸟轻士，这是第三条罪状。"齐景公听了晏子的劝谏，脸红了，继而惭愧地说："我明白你的意思了，不用杀头了。"

说服领导不是为了证明自己比领导更优秀、更有主见，而是要在不断沟通的过程中发现和学习领导的长处，避免和弥补领导的短处，形成一种相互依赖、彼此信任、配合与协助的关系。在说服中，可以使信息顺畅、对称，通过双方均能接受的方式来处理和明确工作上的问题，关注互补的优势，让差异产生的冲突转化为观点的全面性。如此，借力和使力将比独自解决问题能够更有效地完成任务。所以，说服领导是一种高级沟通的过程，其最终目的是更加有效地推动工作，更加顺利地实现目标。

实际工作中下属对上司说而不服的主要原因有以下几点。一是态度强硬。说服过程一开始，就充分陈述自己的立场观点，并且态度强势，不容置疑，语气肯定，咄咄逼人。然而，效果往往适得其反。正确的做法应该是采取建议性的态度，运用假设或商量性的语气，给上司和自己均留下一定的回旋余地。二是求成心切。说服不是单一事件，很难一次达成共识，需要持续沟通。在说服上司之前必须从各个角度全面审视，做好充分准备。此外，要给上司充裕的考虑时间。三是缺乏技巧。一般人认为，就事论事、条理分明的陈述就能让领导接受自己的看法。其实不然，影响沟通效果的真正原因大多是非理性的，比如是否考虑领导的立场，领导的情绪反应是否适宜继续讨论下去，等等。说服领导应注意以下事项。

（1）充分尊重。在说服上司的过程中，一定要尊敬领导，维护领导的尊严，不能采取过于强势的态度和语气，逼迫对方接受自己的观点。心理学家认为："在沟通交流中，如果你的态度来势凶猛、大吵大闹，也会惹得对方勃然大怒。所以，在说服上司的时候，一定要心平气和，使用的语言也要尽量婉转平和。"

（2）掌握分寸。说服要适可而止，不要反复申说，更不要发生争辩。因为一旦说服陷入僵局，就很可能会前功尽弃。正确的做法应该是：在简明扼要阐述完自己的意见后，礼貌告辞，感谢领导倾听自己的意见和建议，给领导一定的思考和决策时间；即使领导最终没有采纳自己的意见，也要予以充分理解。毕竟，决策者所面临的利益冲突和复杂的人际关系是下属无法切身体会的。

（3）理由充足。在说服上司的过程中，自己对双方探讨的问题一定要有专门研究和独到见解，并能恰当运用相关资讯或数据增强自己的说服力。下面的实例可供参考。

A主管：关于在通州地区设立灌装分厂的方案，我们已经详细论证了它的可行性，大概

3~5 年就可以收回成本，然后就可以盈利了。请董事长一定要考虑我们的方案。

B 主管：关于在通州地区设立灌装分场的方案，我们已经会同财务、销售、后勤部门详细论证了它的可行性。根据财务评价报告显示，该方案在投资后的第 28 个月财务净现金流由负值转为正值，这预示着该项投资将从第三年开始盈利。经测算，该方案的投资回收期是 4~6 年。从社会经济评价报告上显示，该方案还可以拉动与我们相关的下游产业的发展。这有可能为我们将来的企业前向、后向一体化方案提供有益的借鉴。与该方案有关的可行性分析报告我已经带来了，请董事长审阅。

上述两位主管的报告，显然 B 主管的更具说服力。

（资料来源：时代光华图书编辑部编．有效沟通技巧．北京：中国社会科学出版社，2003．）

（4）换位思考。即站在对方的角度思考问题，了解对方工作上的难处与苦衷，设身处地地为对方着想。一位商学院教授曾经说过这样的事情：一位程序设计员和他的上司发生争执，为了一个团体的价值问题双方僵持不下。教授建议他们互相变换一下角色考虑，再以对方的立场来解释。几分钟之后他们就发现自己的行为是多么可笑，两个人开始哈哈大笑起来，很快就找到了解决的方法。

（5）选好时机。心理学研究表明，人们处在不同的心情环境下，对于否定意见的接受程度也大不相同。因此，每天刚上班和快下班时，节假日、双休日，以及吃饭、休息时都不是说服上司的好时机。一般来说，上午 10 点左右和午休结束后的半个小时里，是领导精力充沛、时间比较充裕的时候，容易听取别人意见或建议。

（6）含蓄幽默。用轻松幽默的话语来阐述观点，既不伤及上司尊严，又不致把气氛搞僵，往往能够收到事半功倍之效。例如，郭台鸿在其所著的《高效沟通 24 法则》（清华大学出版社，2009）中有这样一个事例颇能说明问题。某公司老板承诺给自己的员工增加薪水，但是很长时间都没有兑现。一个下属对老板说："我们部门的张三，这两天神思恍惚，我问他是什么原因，他说自己的手头上只有 4 000 元钱，而工资要过半个月才能发，但是现在有三件要紧的事情必须去做：一是给孩子的学费 1 000 元，二是还房屋贷款 2 000 元，三是老婆看中一款价值 2 000 元的项链。按理说孩子学费和还房屋贷款是首先要解决的问题，可是张三曾经许诺：结婚十周年时给老婆买她最想要的礼物。养家的男人真是不容易啊！"这番意味深长又不失幽默风趣的话引起了老板的深思，不久，他践行了自己的诺言。

（7）充满自信。在与人交谈的时候，一个人的口头语言和肢体语言所传达的信息各占 50%。一个人若是对自己的计划和建议充满信心，那么他无论面对的是谁，都会表情自然；反之，如果他对自己的提议缺乏必要的信心，也会在言谈举止上有所流露。因此，在面对自己的领导时，要学会用自信的微笑去感染领导、征服领导。

5. 妥善处理领导的误解

在实际工作中，由于某些特殊的原因，下级可能会无意得罪上司，遭到上司误解，尤其是在多个上司属下工作、单位人际关系复杂微妙的环境中。遇到这种情形，就必须设法消除误解，否则，就会影响工作甚至个人的发展前途。

黄琳在其编著的《有效沟通：王牌沟通大师的制胜秘诀》（中国华侨出版社，2008）中有这样一个实例：李杰是三年前从基层调到宣传部的，因为宣传部的方部长是一个求贤若渴的人，见李杰在报纸上发表的文章文笔不错，就多方跑动，终于将这个人才网罗到自己的麾下。几年后，由于李杰精明能干，厂里调他到办公室工作，厂办主任也很喜欢他。

过了不久，李杰忽然觉得方部长似乎对自己有点看法，关系好像渐渐疏远了。经了解才知道，原来方部长和厂办主任之间有隔阂。方部长认为，李杰已经是厂办主任的人了，有点忘恩负义。误解的形成很简单：一次下雨，中层干部开会，李杰拿着雨伞去接上司，只发现雨中的厂办主任，却没有看见站在门口躲雨的方部长，这样雨中送伞就送出麻烦了。

盛怒之下，方部长对信得过的人说，都怪他当初看错人了，没想到李杰是个见利忘义的人。时间不长，此话便传到李杰的耳朵里了，他这才意识到自己已经被误解，问题严重了。怎么办呢？李杰真的有些为难了，他经过反复思考是这样处理的。

每当有人当面说起自己与方部长的关系时，他总是矢口否认两个人之间有矛盾。这样做一方面可以向方部长表明自己的人品；另一方面可以制止误解继续扩大，便于缓和与方部长的关系。

李杰和方部长在工作中经常打交道。他总是先向方部长问好，不管对方理与不理，脸上总是笑呵呵的。逢到工作上一起宴请客人时，李杰总是斟满酒杯，当着客人的面向方部长敬酒，并公开说明正是由于方部长的培养和提拔，自己才有了今天的长进。李杰的感激和态度，不仅是对客人的介绍，更重要的还是一种心灵道白，表示自己并非忘恩负义的小人，最后，方部长终于和李杰和好如初。

宇宙万物，无时无刻不处于矛盾之中。在与领导共事的过程中，磕磕碰碰是在所难免的。其实，矛盾并不可怕，最重要的是我们能够像上述例子中的李杰那样勇敢地正视它，并运用自己的智慧和技巧化解它。上下级之间最常见的矛盾就是彼此之间存在着误解与隔阂。如果处理不当或掉以轻心，误解就会变成成见，隔阂更会扩展成鸿沟，这无疑对下属是极为不利的。

误解缘何而生？这是一个非常复杂的问题，它涉及人的心理活动的复杂性。嫉妒、多疑、防范、自负甚至偏爱，都可能诱发领导心中对别人的不信任感，导致各种误解。这里，我们想要探讨的是产生误解的一般性原因或者说客观性原因，这就是：上下级之间存在着信息不完全或沟通不充分。由于缺乏足够的交流，彼此对对方的情况没有清晰的认识，在判断事情上难免加入更多的主观色彩和心理因素，导致对对方的不客观认识和推测。

对待领导的误解，下属最明智的态度就是及时、主动地去消除它，不要让它变成成见与隔阂。怎样消除领导的误解？要从以下几方面着手。

（1）掩盖矛盾。在其他同事或上司面前，极力掩盖彼此之间的矛盾，以防事态进一步扩大。

（2）尊重对方。即使上司误解了自己，仍要尊重对方，见面主动打招呼，不管对方反应如何，都面带微笑；当误解自己的上司遇到困难的时候，要挺身而出，及时"救驾"，用实际行动去感动对方。

（3）背后褒扬。一方面可以通过他人之口替自己表白心迹；另一方面能够很好地取悦于对方，毕竟，第三者的话总是比较真实、可信的。

（4）主动沟通。经过以上多种努力，彼此之间的矛盾会有所缓和，在此基础上，下级要寻找合适机会，以请教的口吻让上司说出产生误会的原因。此时可以做必要的解释，但一定要注意措辞，适可而止，否则就会显得缺乏诚意，引起对方逆反心理。

（5）加强交流。误解消除后，要经常与上司进行思想交流和情感沟通，不断增进彼此之间的了解和友谊，以免误解再次发生。

三、与同事沟通

三国时的荀攸智慧超群，谋略过人。他辅佐曹操征张绣、擒吕布、战袁绍、定乌恒，为曹操统一北方建功立业，作出了自己的贡献。在朝二十余年，他能够从容自如地处理政治漩涡中上下左右的复杂关系，在极其残酷的同僚斗争中，始终地位稳定，立于不败之地，原因就在于他能谨以安身，以忍为安，很好地处理同僚关系。他平时特别注意周围的环境，对同僚从不刻意去争高下，总是表现得十分谦卑、文弱、愚钝和怯懦。他对于自己的功勋讳莫如深。这样，他就和其他的同僚和平共处，并且深受曹操宠信，也从来没有人到曹操处进谗言加害于他，朝中朝外口碑极佳。可见，处理好与同事的关系是十分重要的，对职场中人更是如此。

所谓同事关系，是指同一组织内部处于同一层次的员工之间存在的一种横向人际关系。同事之间既是合作者，又是潜在的竞争者，见图17-2，这是一种微妙的人际关系，必然会产生既渴望"合作"，又警觉"竞争"的复杂心理。因此，职场人士在与同事相处时，应特别注意沟通艺术。

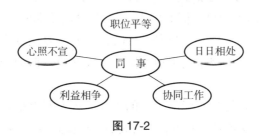

图 17-2

1. 与同事沟通的基本要求

（1）互相尊重。尊重是人的需要，也是沟通的前提。职场人士的尊重需要包括团队成员给予的重视、威望、承认、名誉、地位和赏识，等等。每个成员都希望获得其他成员的承认，要求给予较高的评价，希望自己受到礼遇，获得较高的名誉和地位。因此，高明的领导者都十分重视尊重员工。尊重是相互的。古人语：敬人者人恒敬之。因此，工作中要想得到同事的尊重，就必须首先尊重同事的人格，尊重同事的工作和劳动，尊重同事在整个团队中的地位和作用。

（2）真诚待人。常言道："精诚所至，金石为开。"同事之间要互相沟通，就必须消除不必要的戒备心理，摈弃"逢人只说三句话，不可全抛一片心"的处事原则，襟怀坦白，以诚相见。唯有真诚，才能打开同事心灵的窗口，才能激起思想和情感上的共鸣。反之，如果当面一套，背后一套，或者说的一套，做的一套，就会失信于人，引起人们的反感。

（3）互谅互让。职场人士都希望有一个平和的、令人心情舒畅的工作环境。但是，同事之间由于思想认识、性格修养、观点立场等方面的差异，看问题的角度会有所不同，处理问题的思路与方法也不尽一致。面对这种差异和分歧，首先，不要过度争论，以免激化矛盾，影响彼此之间的关系；其次，要通过换位思考充分理解对方，并本着从工作出发、为全局着想的原则，求同存异，互相谦让。

（4）大局为重。同事之间由于工作关系而走在一起，就形成了一个利益共同体。其中的每一分子，都要有集体意识和大局意识。因此，在与上司、同事交往时，要尽量保持同等距离，即使和某些同事情趣相投、关系密切，也不要在工作场合显现出来，以免让别的同事产生猜疑心理；在与本单位以外的人员接触时，更要形成荣辱与共的"团队形象"观念，多补台少拆台，不要为自身小利而害集体大利；不可外扬"家丑"，对自己的同事品头论足甚至恶意攻击，影响同事的外在形象。

2. 与同事沟通的方法

（1）重视团队合作。荀子说过："人力不若牛，走不若马，而牛马为之用，何也？曰：人能群，彼不能群也。"这段话道出了团队合作的重要性。随着社会分工的越来越细，现代企业越来越强调员工之间的沟通协调。作为企业个体，无论自己处于什么职位，在保持自己个性特点的同时，都必须很好地融入集体。比尔·盖茨认为："大成功靠团队，小成功靠个人。"因此，在工作中同事要同心协力、互相支持、共同合作；需要大家共同完成的，要预先商定，配合中要守时、守信、守约；自己分内的事要认真完成，出现问题或差错时要主动承担责任，不拖延、不推诿；确须他人协助完成的，要使用请求的态度和商量性语气，不能居高临下、颐指气使。

（2）懂得相互欣赏。人是具有能动思维的主体。人所具有的这种特性，表现在工作中就是有一定的价值目标，即追求理想和信念的成功，也就是成就感。人的成就感包括职业感和事业感两方面。职业感体现为个人对本职工作的态度，事业感则体现为个人追求被群体和社会承认的较高层次的成就。因此，职场人士都有得到赞许的欲望，都希望自己的职业和工作受到别人的重视，得到恰如其分的评价和鼓励。懂得这些，你就会在长期共事的过程中，善于发现同事的优点、长处及工作中取得的成绩和进步，并加以及时的肯定和赞美。欣赏是人际关系的润滑剂。一句由衷的赞美，既可以表达对同事的尊重，又会赢得对方的好感，进而融洽彼此之间的关系。

（3）主动交流沟通。人际关系是在"互动"中发生联系和变化的。人际关系要密切，注重彼此的交往是前提。因此，在紧张的工作之余不妨主动找同事谈谈心、聊聊天或请教一些问题等，以便加深印象、增进了解。在主动沟通中应把握以下几点：一是选择合适的时间、场合及易引起对方兴趣的话题；二是保持诚恳、谦虚的态度；三是善于体察对方的心理变化，因势利导，随机应变；四是讲究语言艺术，选择"商量式"、"安慰式"、"互酬式"等语言并注意分寸。

（4）保持适当距离。"过密则狎，过疏则间。"同事之间保持适当距离，对人处事才可能客观、公正。每个人都有自己的私人空间，搞好职场人际关系并不等于无话不谈、亲密无间。有时同事之间摩擦不断、矛盾重重，恰恰是由于交往太过密切、随意，侵犯了别人的隐私而造成的。所以，当自己的个人生活出现危机时，不要在办公室随意倾诉；要尊重同事的权利和隐私，不打探同事的秘密，不私自翻阅同事的文件、信件，不查看对方的电脑；对同事不过多地品头论足，更不要做搬弄是非的饶舌者。

3. 同事日常沟通要把握分寸

同在一个单位，甚至同处一个办公室，每天都要见面谈话，谈话的内容可能无所不包，涉及工作内外的方方面面。因此，在日常沟通中如何把握分寸，就成了不可忽视的一个环节。

（1）不谈论私事。办公室不是互诉心事的场所，虽然这样的交谈富有人情味，能使彼此之间变得亲切、友善。据调查，只有不到1%的人能够严守别人的秘密。因此，当自己的生活出现危机，如失恋、婚变等，不宜在办公室里倾诉；当自己的工作出现危机，如工作不顺利，对老板、同事有意见，更不应该在办公室里向人袒露。不能把同事的"友善"和朋友的"友谊"混为一谈，以免影响正常的工作秩序和自身的形象。

（2）不好争,喜辩。同事之间在某些问题上发生分歧很正常,尤其是在座谈、讨论等场合。当别人提出不同意见时，要尊重对方，认真倾听，不随意打断，不急于反驳，在清楚了解对方观点及其理由的前提下,语气平和地陈述自己的观点,并提供支持的理由。切不可抱着"胜过对方"或"证明自己是对的,对方是错的"心态一味地争执下去，否则就会影响彼此关系，伤害别人自尊。

（3）不传播"耳语"。所谓"耳语"，即小道消息，是指非经正式途径传播的消息，往往传闻失实，并不可靠。在一个单位里，各方面的"耳语"都可能有，事关上司的"耳语"可能更多。这些耳语如同噪声一般，影响着人们的工作情绪。对此，应该做到"三不"：不打听，不评论，不传播。

（4）不当众炫耀。在人际交往中，任何人都希望得到别人的肯定评价，都在不自觉地维护着自己的形象和尊严。如果当众炫耀自己的才能、长相、财富、地位等，处处显出高人一等的优越感，那么无形之中就是对他人自尊与自信的挑战与轻视，会引起别人的排斥心理乃至敌对情绪。因此，在与同事相处过程中，应该谨小慎微，认真做事，低调做人，即使自己的专业技术很过硬，深得老板赏识和器重，也不能过于张扬。

（5）不直来直去。人们常常认为心直口快是一种难得的品质，有话就说，直来直去，给人以光明磊落、酣畅淋漓之感。其实，不分场合、不看对象的直率，往往也会成为沟通的障碍，特别是当你有求于对方或者发表不同见解的时候，更不能颐指气使，直截了当。

（6）不随便纠正或补充同事。日常交流过程中，可以对某个问题发表自己的见解，但不要随意纠正或补充同事，除非工作需要或对方主动请教。否则，会有自以为是、故作聪明之嫌，也会无意损伤对方自尊心。

4. 职场"新人"怎样与同事沟通

这里所说的"新人"是指刚刚参加工作或者新进一个单位的人。良好的沟通是一切工作得以顺利开展的基础。现代企业在招聘员工时，几乎无一例外地将"善于沟通"作为必不可少的条件之一。大多数老板宁愿招一个专业技术平平、但沟通能力出色的员工，也不愿要一个整日独来独往、我行我素的所谓英才。能否与同事、上司及客户顺畅地沟通，越来越成为企业招聘时注重的核心技能。因此，来到一个新的工作环境，能否尽快融入团队、争取同事认可，对于每一个新入职人员，特别是刚刚走上工作岗位的年轻人来说，就显得极为重要。

据调查，在初涉职场三年左右的都市白领中，很多人都反映与单位的"前辈"相处存在问题，从工作思路到生活细节，分歧无处不在。其实，职场新、老人之间的矛盾，最根本的问题还是沟通不畅。

（1）职场新人沟通的原则。这些原则包括以下内容。①摆正心态。职场新人要充分意识到自己是团队中的后来者，也是资历最浅的新手，所有的领导和同事都是自己在职场上的前辈。在这种情况下，新人在表达自己的想法时，应该尽量采用低调、迂回的方式。特别是当自己的观点与其他同事有冲突时，要充分考虑对方的权威性，充分尊重他人的意见。同时，表达自己的观点时也不要过于强调自我，应该更多地站在对方的立场考虑问题。②顺应风格。不同的企业文化，不同的管理制度，不同的业务部门，沟通风格都会有所不同。一家欧美的IT公司，跟生产重型机械的日本企业员工的沟通风格肯定大相径庭；人力资源部门的沟通方式与工程现场的沟通方式也会不同。新人要注意观察团队中同事间的沟通风格，注意留心大家表达观点的方式。假如大家都是开诚布公，自己也不妨有话直说；倘若大家都喜欢含蓄委婉，自己也要注意一下说话的方式。总之，要尽量采取大家习惯和认可的方式，避免特立独行，招来非议。③及时沟通。不管性格内向还是外向，是否喜欢与他人分享，在工作中，时常注意沟通总比不沟通要好得多。虽然不同文化的公司在沟通上的风格可能有所不同，但性格外向、善于与他人交流的员工总是更受欢迎。新人要利用一切机会与领导、同事交流，在合适的时机说出自己的观点和想法。

（2）职场新人沟通误区。沟通是把双刃剑，对象选择欠妥，表达方式有误，时机场合失当，都会影响一个人的沟通效果。新人在沟通中常见的误区有：①把"不会"当成拒绝的理由。当领导安排工作时，某些新人会面带愁容，以"不会"或者"不了解情况"作为推辞。也许确实是不会或不了解工作所需的背景情况，但这不能成为拒绝的理由。不会或者不了解情况，就应该主动向领导和同事们请教。②仅凭个人"想当然"来处理问题。有些新人因为性格比较内向，与同事不熟，或是碍于面子，在工作中遇到难以解决的问题或是不明白领导下达的指令时，不是去找领导或同事商量，而是仅凭自己个人的主观意愿来处理，最后出现问题时往往以"我以为……""我觉得……"为自己开脱责任。③迫不及待地表现自己。刚刚参加工作的新人，总是迫不及待地想把自己的创新想法说出来，希望得到大家的认可，正所谓"初生牛犊不怕虎"。实际上，一个人的想法可能存在疏漏或不切实际之处，应主动征求并虚心接受同事的意见或建议。

（3）职场新人沟通应注意的事项。首先，多听少说。初来乍到，一切都是陌生的，只有多观察、多思考、少说话，才是尽快了解和适应新的工作环境的明智之举。其次，礼貌周全。对待身份、职位清楚的同事，可用"姓+职务"的方式称呼，如"张经理"、"王主任"等；对待暂时还不甚熟悉的同事，可一律尊称为"老师"，因为一个人只有学会了谦虚，在需要帮助的时候才会容易得到别人的支持。再次，中道而行。在新的工作环境中，必须学会与同事保持一定距离，凡事采取中道而行、适可而止的办法，公平地对待每一个同事。对于喜欢"拉帮结派"、搞小团体的人，要敬而远之，远离是非。

最后，尊重老员工。老员工由于资格老、贡献大、经验丰富、忠诚度高，在职工中常常拥有较高的声望，因而是新进人员不得不重视的一个群体。在与老员工沟通过程中，首先，要有积极主动的态度，遇事多虚心请教；其次，要以礼相待，尽量使用"您"或"您老"等敬辞，以及"请"、"麻烦"、"谢谢"等礼貌用语；其三，要充分尊重对方的意见或建议，即使双方存在分歧，也要把敬意和肯定放在前面，用谦虚、委婉的方式表明自己的观点。

5. 劝慰同事的技巧

俗话说：患难见真情。当同事在工作中遇到了麻烦，本人或者家中遭遇了不幸，我们理应伸出援助之手，努力为对方排忧解难，给同事以安慰和鼓励，这是人之常情，也是一种为人处世的美德。但是，要使劝慰真正收到实效，必须掌握劝慰的艺术。

（1）劝慰同事的基本要求。这些基本要求如下。①同情而非怜悯。当一个人遭到挫折和不幸的时候，十分需要别人的同情。真正的同情，是站在完全平等的地位上交流思想感情，给对方以精神和道义上的支持，并分担对方的感情痛苦，使不幸者痛苦、懊丧的消极情绪得以宣泄，并逐渐消除心理上的孤独感，不断增强战胜困难的信心。怜悯则是对不幸者的感情施舍，其结果，要么是刺伤不幸者的自尊心，使其从心理上拒绝接受；要么使不幸者更加心灰意冷，无法振作精神重新站起来。②鼓励而非埋怨。遭遇挫折和不幸的人，由于一时无法摆脱感情上的羁绊，往往会垂头丧气，消极悲观。此时，最重要的是通过积极鼓励，给予其信心和勇气，让他在困难的时候看到前途和希望。一味埋怨只会使不幸者更加悲观，个别情感脆弱的甚至会走上极端。③安抚而非教训。当一个人遭到挫折，精神处于迷惘状态时，特别需要有人给他以及时安抚和真诚开导，针对他此时此刻的心理，循循善诱，积极开导，帮助对方解除忧愁，驱散烦恼。如果以教训人的口吻讲大而空的道理，只能使对方更加不安，甚至产生破罐子破摔的情绪。④选择恰当时机。劝慰效果的好坏，很大程度上取决于能否选择恰当的时机。对生老病死等突发事件要注意及时安慰；当一个人情绪处于失控的状态下，任何劝慰都听不进去，就要等他冷静下来后再去交谈。

（2）劝慰同事的技巧。包括以下内容。①劝慰事业受挫者。对于胸怀大志而又在事业上屡遭挫折和失败的同事，最重要的是对其事业的充分理解和支持。在劝慰过程中，应注意理解多于抚慰，鼓励多于同情。最好的安慰是帮助其总结经验教训，分析面临的诸多有利和不利条件，克服灰心丧气的情绪，树立必胜的信心。②劝慰患病者。一般来说，生病的人都会感到心情烦躁，有些病人还会顾虑重重，因病住院者更常常感到寂寞、孤单和愁闷。在探望生病同事时，要视其具体情况思考谈话内容。对于身患重症、绝症的同事，即便友情再深，也不能在其面前流露哀伤情绪，以免给病人造成精神上的压力和负担，而应选择较为愉快的事情进行交谈，并多讲些安慰、鼓励的话。③劝慰丧亲者。亲人去世，同事的悲伤心情可想而知。安慰这些同事，专注的倾听尤其重要，要倾听对方的回忆和哭诉，让其悲痛的心情得以宣泄和释放，这样有利于对方恢复心理平衡。此外，还应与同事多谈死者生前的优点、贡献及后人对他的敬仰怀念，因为，对死者的评价越高，其亲属就越感到宽慰，进而也能尽快解脱丧亲的沉重与悲痛。④劝慰受轻视者。在现实生活中，那些因能力平平或其他原因而被上司和同事轻视的人，往往都存在一个共同的心理缺陷——自卑。因此，劝慰时应多讲些成功人士的典型事例，鼓励对方不要向现实屈服；同时，要善于挖掘对方身上不易觉察的优点和长处，从而唤醒他的自尊心和自信心，使其坚信只要充分发挥自己的主观能动性，就一定能够取得成功，赢得别人的尊重与信赖。

此外，劝慰时应注意：避开对方的痛处和能够引起对方伤感的相关讯息；认同对方的感受，以示理解和同情；引导对方把注意力集中到如何解决问题上；控制好自己的情绪；真诚地关心对方，经常关怀对方的生活与工作。

四、与下属沟通

1. 与下属沟通的意义

美国银行前总裁史蒂芬·盖瑟曾经亲身体会到作为领导者与下级沟通的重要性。20世纪80年代末期,大学刚毕业的他就在一家大规模的投资公司任业务主管。他在洛杉矶西区拥有住宅,开着一辆奔驰,时年不过25岁。此时他自认为是神童,可以呼风唤雨,无所不能,而且在他人面前也毫不掩饰这种自大的态度。20世纪90年代以后,美国经济开始萎缩,裁员的风暴无情袭来。起初他不以为然,可没想到有一天,老板对他说:"史蒂芬,你的能力没话讲,可是问题出在你的态度上,公司里没有人愿意与你配合,我恐怕必须请你离开公司。"这真是晴天霹雳,像他这样的人才居然被开除了!此后,经过几个月求职的挫折,他以前那种自大的态度已荡然无存。他终于意识到应该与他人有效沟通,并帮助那些处境不如自己的人。他换了一种态度去待人,变得更有人情味、更可爱、更能共事了。之后周围的人也开始关心他,三年后,他又回到高级主管职位,只不过这一次周围的同事都是他的朋友了。史蒂芬·盖瑟的亲身经历说明与下属沟通是十分重要的。

管理者不仅要把工作设计成为生产产出过程,更应该设计成为人和人交流、协作、沟通、实现员工深层交往需要及个性、心理满足的过程。管理者必须了解员工的观点、态度和价值,努力帮助员工在工作中实现其价值。实现这一目标的根本途径是面对面的语言沟通。没有沟通,就没有了解;没有了解,就没有全面、整体、有效及平衡的管理过程。

在现实生活中,上下级出现沟通问题屡见不鲜。管理者在处理人与人之间的各种矛盾时,谴责、贬斥、误解,或是以一种"我是领导我怕谁"的态度对待别人,都会把事情搞糟。即使在世界上著名的大公司,类似的事件也屡见不鲜。

身为领导,不管工作多么繁忙,都要留出与下属沟通的时间。美国前总统里根被称为"伟大的沟通者",在漫长的政治生涯中,他深切体会到与自己的服务对象沟通的重要性。即使在总统任内,他也保持着阅读来信的习惯。他请白宫秘书每天下午交给他一些信件,再利用晚上时间在家里亲自回复。克林顿总统也常常利用传媒与人们面对面交流,借此了解他们的想法,表达对他们的关切。即使无法解决所有人提出的问题,但总统亲自到场聆听人们的意见,表达自己的想法,这本身就具有沟通的意义。

真正有效的沟通并不妨碍工作,比如开会、讨论、走廊里的短暂同行、共进午餐的时机,等等,都是进行沟通的机会。要成功地与下属沟通,关键点有三:① 怀有真诚的态度,不走形式;② 保持开放的心态,不搞"一言堂";③ 主动创造沟通的良好氛围,不咄咄逼人。

2. 与下属谈心的技巧

有这样一则寓言:一把坚实的锁挂在铁门上,一根铁杆费了九牛二虎之力还是无法将它撬开。钥匙来了,它瘦小的身子钻进锁孔,只轻轻一转,那大锁就"啪"的一声开了。铁杆奇怪地问:"为什么我费了那么大气力也撬不开,而你却轻而易举地就把它打开了呢?"钥匙说:"因为我最了解它的心。"

领导的才能不是表现在告诉员工如何完成工作,而是使得员工发挥能力去完成它。因此,身为领导,必须注意通过语言沟通,了解本单位、本部门每个员工有形的和无形的需求,并设法满足其正当需求，如此，员工才会更忠诚、更有凝聚力。而在实际管理工作中，领导者往往重视自身的带头示范作用，却忽视了跟员工的沟通，尤其是上、下级之间的真诚谈心。

（1）贴近下属，寻求沟通。奥田是丰田公司第一位非丰田家族成员的总裁，在长期的职业生涯中，奥田赢得了公司内部许多人士的深深爱戴。他有1/3的时间在丰田城里度过，常常和公司里的多名工程师聊天，聊最近的工作，聊生活上的困难。另有1/3的时间用来走访5 000名经销商，和他们聊业务，听取他们的意见。奥田贴近下属的沟通之道值得借鉴。

下级对上级，往往存在各种各样的心态：试探、戒备、恐惧、对立、轻视、佩服、无所谓，等等。有的员工在上级面前唯唯诺诺，不敢妄言，在同事面前则落落大方，侃侃而谈。因此，身为领导应该避免使用命令、训斥的口吻讲话，要放下架子，以平易近人、亲切和蔼的姿态去寻求沟通，如经常深入基层和员工之中，通过召开座谈会、个别访谈、即时聊天等形式，了解员工关心的焦点问题，征求员工的意见和建议，关心员工的工作和生活。只有这样，下级才会敞开心扉，畅所欲言。

（2）仔细倾听，适时提问。沟通艺术的核心在于仔细倾听和适时提问。一个优秀的领导人应该具备"作为一个听者所拥有的非凡技能"和一针见血地提出问题的能力。通过聆听，充分体味下属的心境，了解信息的全部内容；通过提问，促进沟通的深化，探究信息的深层内涵。二者均可为准确分析反馈信息、调整管理方式提供客观依据。因此，在谈心过程中，领导者要尽量少说多听，不随意插话，不轻易反驳；提问要言语简洁，要等对方说完或者说话告一段落时再提问。

（3）设身处地，换位思考。站在他人立场上分析问题，能给人以善解人意、体察入微的印象。这种投其所好的技巧常常具有极强的说服力。要做到这一点，知己知彼十分重要，唯有知彼，方能从对方立场上考虑问题。这就需要领导者经常深入基层开展调研，及时了解和掌握职工的思想动态和关心的利益所在。在谈心时，要善于联系对方的身份、职位和目前的工作、生活境况去揣摩对方心理，做到想对方之所想，急对方之所急，以真正理解对方的思想观点。

（4）拉近距离，平等交流。谈心伊始，要特别重视开场白的作用。可以先扯几句家常，开一些善意的玩笑，以消除对方的拘束感，拉近双方心理上的距离，然后再慢慢引出正题。在阐述自己观点时，要有平等的姿态，晓之以理，动之以情，不以势压人，不训斥命令；音量适中，语气平和，语调自然，态度和蔼；手势或动作幅度不宜过大；多采用商量性的口吻，如："你觉得我的话有道理吗？""你同意我的意见吗？"

3.表扬下属的技巧

表扬下属，即对下属的行为、举止及工作给予正面评价。其目的是传达肯定的讯息，激励下属更加自信和努力地工作。

表扬能够满足人的心理需要，是促使员工乐于合作的驱动力。心理学研究表明：爱听赞美是人们出于自尊的需要，是渴求上进，寻求理解、支持与鼓励的表现，是一种正常的心理需求。当一个人具有某些长处或取得某些成就时，他还需要得到社会的承认。如果人们能以诚挚的敬意和赞美的语言满足其心理需求，他就会变得更加令人愉快、通情达理和乐于合作。

表扬是对他人的肯定和赏识，能够有效激发下属的工作积极性和主动性。美国一位著名社会活动家曾推出一条原则："给人一个好名声，让他们去达到它。"事实上，被表扬的人为了不负众望，往往会作出惊人的努力，取得显著的成绩。因此，表扬是现代社会管理者用得最多又最易得到对方认同的一种激励措施。

赞美有助于获取他人好感，能够有效地融洽上下级之间的关系。精通赞美的艺术，可以"予人玫瑰，手有余香"。这符合人际交往中的酬赏原则，即"我给你好话，你给我好感"。也正因为如此，有人才把它称为"人生的润滑剂"。

因此，身为领导者，在重视物质和金钱奖励的同时，应该努力发现下属的优点、进步及成绩，并及时送上自己真诚的赞美。心理学家杰斯莱尔说："表扬就像温暖人们心灵的阳光，我们的成长离不开它。但是绝大多数人都太轻易地对别人吹去寒风似的批评意见，而不情愿给同伴一点阳光般温暖的表扬。"

作为一种沟通技巧，表扬部下不是随意说几句好听的话就可以奏效的。事实上表扬部下也要掌握一些技巧。

（1）态度真诚。赞美之词应发自内心，真心实意，且以事实为依据。当你毫无根据、虚情假意、夸大其词地去赞美一个人时，不仅会使对方感到莫名其妙，还会给人留下油腔滑调、言不由衷的印象，甚至令对方误解为讽刺挖苦。所以在赞美下属时，必须确认对方有此优点或长处，并且要有充分的理由去赞美他。

（2）内容具体。表扬下属最好就事论事，有明确的指代和理由，避免使用空洞的、公式化的夸奖语，如"你干得不错！""你很棒！""你表现很好！"等等。只有依据具体事实予以正面评价，才能引起对方感情上的共鸣。例如，"你的调查报告中关于技术服务人员提升服务品质的建议，是一个能解决目前问题的好方法，谢谢你提出对公司这么有用的办法。""你今天在会议上提出的维护宾馆声誉的意见很有见地。"

（3）注意场合。当众表扬部下要特别慎重，因为"枪打出头鸟"，在众人面前特别赞美个别下属，容易打破其他下属心理上的平衡，引发不满情绪，激起不必要的矛盾。因此，要慎选公开表扬的对象和时机。确须进行公开褒奖的，最好是有被人家一致认同的突出事迹。例如：在业务竞赛中名列前茅者、对公司作出重大贡献者、在公司服务25年以上的资深员工，等等。这些行为都是在公平公开的竞争下产生的，早已得到公司员工认同，一般不会产生异议。

（4）雪中送炭。一个集体里最需要表扬的员工，往往不只是那些能力与业绩均十分突出的人，还有那些从不引人注目、甚至略有自卑感的人。他们平时难得听到表扬，一旦由于某些特殊原因被当众赞美，就能唤起强烈的自尊心和自信心，从而精神焕发，更加努力地工作和生活。因而，身为上司，一定要善于发现蕴藏在下属身上的、暂时还鲜为人知的优点，并及时进行赞美，以满足对方扩大自我的心理需求，使赞美收到独特的效果。

（5）间接表扬。间接表扬有两种方式，一种是借用第三者的话来表扬对方。这样往往比直接表扬对方的效果要好，因为第三者的话总是比较客观可信的。比如，"前两天我和刘总经理谈起你，他很欣赏你接待客户的方法，你对客户的热心与细致值得大家学习。好好努力，别辜负他对你的期望。"一种是在当事人不在场的时候表扬。这种方式更能让被赞美者感到你的诚意，因而更能加强赞美的效果。

总之，表扬是人们的一种心理需要，是敬重他人的一种表现。身为单位领导或部门主管，绝不能吝惜对部下的表扬，无论是在人前或者人后，无论是在上级领导或其他同事面前，都要不失时机、恰如其分地夸奖自己的部下。

4. 批评下属的技巧

在管理学中有个木桶原理，说的是一个由很多块木板组成的木桶，决定其容积大小的不是最长的那块木板，而是最短的那块木板。单位或部门也是如此，员工就是那些组成木桶的木板，团队竞争力就是木桶的容积。从这个角度看，在灵活运用激励制度的同时，管理者更应站在客观的立场，认真把握批评的尺度和方式，才能提携后进，保证团队的整体竞争力。

通常，人们总是用"忠言逆耳"、"良药苦口"告诫被批评者要虚心接受批评意见，不应计较批评的方法。作为批评者，要使自己的批评被对方顺利接受，做到忠言不逆耳，是需要讲究批评艺术的。

（1）欲抑先扬。卡耐基说过："矫正对方错误的第一个方法——批评前先赞美对方。"的确，在批评之前先就对方的长处给予真诚的赞美，就能化解被批评者的对立情绪，使批评在和谐的氛围中进行，从而达到预想效果。这种方法尤其适用于脾气倔犟或敏感自尊的下属。例如，19世纪20年代的美国总统柯立芝批评女秘书时，是这样说的："你今天穿的这件衣服真漂亮，你是一位迷人的年轻小姐。"然后接着说："你很高兴，是吗？我说的是真话。不过，另一方面，我希望你以后对标点符号稍加注意，让你打的文件跟你的衣服一样漂亮。"结果女秘书非常愉快地接受了他的批评。

（2）选择时机。时机的选择和把握，是批评能否收到良好效果的重要一环。一般来说，双方情绪比较平静，交谈气氛较为融洽，或者没有第三者在场的时候，都是开展批评的恰当时机。要尽量避免在大庭广众之下指名道姓地批评下属，必要时可采用模糊词语，如："最近一段时间，有些员工纪律松懈，上班有迟到、早退现象。个别员工还在上班时间聊天、上网、煲电话粥等，这些都是公司明令禁止的，希望各位严格自律。"

（3）就事论事。批评他人通常是件比较严肃的事情，所以一定要客观具体，就事论事。要始终围绕对方所做的错事，不转移话题，不随意联想。批评的话要简洁明了，适可而止。

如果多次批评都不见效，就须变换批评的思路和方式了。

（4）不作比较。俗话说，尺有所短，寸有所长。每个人身上都有自己的优缺点，不能拿一个人的短处与他人的长处相比，也不能将一个人做错的事与别人做对的事相比，否则就会有失公允，得出的结论也无法让人信服。在批评下属的时候，尤其不能拿其他"优秀员工"作横向比较，以免挫伤被批评者的自尊心。

（5）因人而异。由于经历、知识、性格等的不同，不同的人接受批评的能力和方式也会有很大区别，在沟通中我们应根据不同的对象采取不同的批评方式。对涉世不深的年轻人，最好是语重心长直接批评，不转弯抹角、含含糊糊，以免对方产生误解；对于自觉性较高的中老年人，要变批评为提醒，且不多言多语；对承受能力较强的男性下属，语言可以直白、明了些；对敏感自尊的女性下属，则需含蓄温和，点到为止。

（6）友好结束。正面的批评，或多或少都会给对方造成一定压力。如果一次批评不欢而散，对方可能会增加精神负担，产生消极情绪，甚至对抗情绪，会为以后的沟通带来障碍。所以，每次批评都应尽量在友好的气氛中结束。在批评结束时，不以"今后不许再犯"这样的话作为警告，而应以鼓励性的语言提出希望，比如"我想你会做得更好"或"我相信你"，并报以微笑，让下属把这次沟通当成是鼓励而不是一次意外的打击。这样有助于对方打消顾虑，增强改正错误、做好工作的信心。

此外，应该注意批评"八忌"：一忌无凭无据，捕风捉影；二忌大发雷霆，恶语伤人；三忌吹毛求疵，过于挑剔；四忌清算总账，揭人老底；五忌当面不说，背后乱说；六忌夸大事实，无限升级；七忌威胁逼迫，以势压人；八忌一批了之，弃之不管。

5. 调解下属矛盾的技巧

首先来看一个实例：张某、刘某二人同是某单位一科室的副科长。起初，二人关系融洽，工作上配合得十分默契。但在一次中层领导干部竞聘中，张某经过竞聘提拔为科长后，张、刘二人的关系却急剧恶化，身为副职的刘某非但不配合张某的工作，反而经常拆台搞内讧。不仅如此，他还不时背后诋毁张科长，说"张某任科长一职是花钱买来的"之类的话。张科长知道后也暗恨刘某，后来发展到见面不打招呼、二人无话可说的地步。

局领导对此十分重视，局长亲自召集全局领导班子开会研究调停冲突方案。会上，决定先由分管该科的林副局长出面作调停工作。林副局长接到任务后，便分别找张、刘二人单独谈话。谈话内容各有侧重，对刘某主要是让他说说对组织提拔张某有什么看法，如果组织上真有违反干部任用条例之处也希望他提出来，如果属实，组织坚决公正决断。但不能无根据地瞎编乱谈。此外，还向他指出班子闹不团结的危害性，不但影响工作，而且影响个人前途。通过谈话使之认识到自己的错误。对于张科长则要求他作为一科之长要以大局为重，要有宽大的胸怀，善于求同存异，虚心听取各种不同的意见和建议，以宽容对待冲突，以礼貌谦让对待冷嘲热讽，不要总是对一些细枝末节斤斤计较，更不能对一些陈年旧账念念不忘。

在大是大非面前要冷静头脑，要善于团结下属，共同把工作搞好。

经过第一次谈话后，局领导又按计划安排对张、刘的第二次谈话。这次谈话由局主要领导出面，以邀请张、刘二位科长共进晚餐的方式进行，谈话地点选在原先二位科长合好时常去的某饭店进行。大家都按时到位后，先由局长谈话。局长说：二位科长能不计前嫌，迈过门坎，走在一起共进晚餐不容易，局领导感到很高兴，这是科长们以大局为重的一种表现，并对他们的诚意表示感谢。然后，由二位科长先后发言，谈话间，各表衷心、互赔不是，以求得对方谅解，场面甚是感人。最后便是大家端起团结的酒杯，握手言欢，共祝工作如意！

由此可见：只要有人的地方，就必然会有矛盾与冲突发生，而矛盾与冲突的结果，不仅会破坏人与人之间的和谐关系，而且会削弱一个集体的凝聚力和战斗力，降低整个团队的声誉和绩效。因此，领导者的日常管理活动之一就是处理下属之间的矛盾冲突。

那么，怎样正确处理下级之间的矛盾，营造和谐、积极的工作氛围呢？

（1）事前有预案。识别冲突，调解争执，是管理者最重要的能力之一。当发现下属间发生冲突时，如果盲目调和，往往收效甚微，搞不好还会火上浇油，弄巧成拙。因此，要对冲突的原因、过程及程度等作详尽的了解后，研究制订出可行的调解方案，订并按方案进行调解。

（2）大局为重。现代社会的一个重要特点就是分工严密，这样可以提高工作效率，但同时也带来了一个不可避免的缺陷，这就是彼此之间缺乏相互了解。在诸多的矛盾冲突中，虽然双方在各自的利益上产生纷争，但共同的目标还是一致的，因此管理者应让冲突双方清醒地意识到，单纯地指责对方是无济于事的，只有相互配合、密切协助才能解决纷争，才能实现团队的共同目标。事实上，当双方均以单位的整体利益为重时，心中的怒气就会化为乌有。

（3）换位思考。在局部利益冲突中，双方所犯的错误多半是只考虑自己，以自己为中心，而不能体谅对方。要让他们互相了解、体谅对方的最好办法，莫过于各自站在对方的立场上去考虑问题。当双方确实做到这一点后，可能就会握手言和、心平气和地协商一种积极性的解决冲突的方法。孔子说："己所不欲，勿施于人"，正是设身处地、从对方角度看问题而得出的结论。

（4）折中调和。领导是下属之间矛盾的最终仲裁者。仲裁者要保持权威，就必须坚持公平、公正的原则。如果偏袒一方，就会使另一方产生不满和对立情绪，进而加剧矛盾，甚至将矛盾转化为上下级之间的矛盾，使矛盾性质发生变化。所以，冷静公允，不偏不倚，是处理下属矛盾时最起码的原则，尤其是在调节利益冲突时。此外，很多情况下冲突双方均各有道理，但又各执一词，很难判断谁是谁非。这时候，折中协调、息事宁人是最好的解决办法。

（5）创造轻松气氛。发生冲突双方均抱有成见和敌意，所以在进行调解时缓和气氛很重要。调解不一定在会议上、办公室里进行，有时在餐桌上、咖啡厅、领导家里效果反而会更好。

总之，下属之间的矛盾冲突是多样的，调和的办法不能千篇一律，要在实际工作中根据不同的冲突对象、起因及程度采用灵活的技巧来加以调解。

五、与异性沟通

1. 异性交往中女性的礼仪修养

女性在工作中首先要注意自己的个人形象。职业女性发型应以保守为佳，妆容以淡妆为好。办公室女性着装应该庄重、大方，能够体现职业女性的专业素质。同时职业女性还要注意自己的举止应该是端庄、自然、优雅，不要风风火火、慌慌张张，也不要扭怩作态、装腔作势。

女职员在工作中要注意时间效率。尤其在打电话时，最好少打5分钟以上时间的电话，如果表述事件不够概括，交代事宜重复啰唆，这会使人怀疑其工作能力。

女性要公私分明。在工作时间内应专心致志地办理公务，不要在工作时间处理私事，要不断提高自身的素质，培养事业心和责任感。

女性在与异性同事交往时得到男性的照顾是很自然的事情，但是要保持清醒的头脑，弄清楚男性是出于礼貌还是另有其他目的，再根据情况恰当处理。

2. 异性交往中男性的礼仪修养

男性在工作交往中，不必过分追求外表的光鲜，给人以稳重干净的感觉就可以。男性要讲信誉，说话算数，一言九鼎，俗话说"大丈夫一言既出，驷马难追"。男性只有言出必果，工作认真，办事负责，对女性谦虚和气、有礼貌，才能取得女性的信任。

在与异性交往中，男性要有度量，从大处着眼，目光远大，胸怀大志，不计较是非小事，宽厚待人，这样才能获得女性的赞赏。

3. 异性交往的基本原则

首先要坦然交往。工作中男女同事完全可以堂堂正正地交往。有些人在与异性交往时表现得过分矜持、紧张或扭扭捏捏，这是一种不自信的表现，更是对别人的一种伤害，因为这会让对方觉得受冷落。现代社会，尤其是女性应摈弃封建社会的陈规陋习，坦然、大方、开朗地与男性同事交往。因为生理原因，男性在工作的有些方面会比女性有优势，与男性同事关系相处好，可以在工作中获得一些帮助。

其次要注意分寸。"男女授受不亲"的时代虽然已成历史，但是在办公室中，异性之间的交往无论国内国外，还是有一定的度的，这就是说要注意一定的分寸。异性在工作交往中要保持一定的距离。彼此说话要注意分寸场合，不能含有挑逗性的语言，以免引起误会。女性在男性面前的动作也要有所注意，不能在男性面前梳理头发、抚摸自己的皮肤，不能过度地扭动自己的臀部和腰肢，以免发出错误的信号。异性同事之间最好不要过多倾诉婚姻上的不如意。女性与异性上司的交往中也应注意分寸。要保持适当的距离，这既是对上司的尊重，也是异性交往中必须做到的。女性在工作之余，不能参与到上司的私生活中，以免陷入工作之外的纷争。保持适当的距离，出色完成本职工作，才是打动上司的最佳途径，也是保住自己工作岗位最得体的方法。

延伸阅读

一、职场沟通必备八个黄金句型

1. 句型：我们似乎碰到一些状况

妙处：以最委婉的方式传递坏消息

如果立刻冲到上司的办公室里报告这个坏消息，就算不干你的事，也只会让上司质疑你处理危机的能力。此时，你应该用不带情绪起伏的声调，从容不迫地说出本句型，要让上司觉得事情并非无法解决，而"我们"听起来像是你将与上司站在同一阵线，并肩作战。

2. 句型：我马上处理

妙处：上司传唤时责无旁贷

冷静，迅速地作出这样的回答，会令上司直觉地认为你是名有效率的好部属；相反，犹豫不决的态度只会惹得责任本就繁重的上司不快。

3. 句型：安琪的主意真不错

妙处：表现出团队精神

安琪想出了一条让上司都赞赏的绝妙好计，你恨不得你的脑筋动得比人家快；与其拉长脸孔，暗自不爽，不如偷沾她的光。会让上司觉得你富有团队精神，因而另眼看待。

4. 句型：这个报告没有你不行啦！

妙处：说服同事帮忙

有件棘手的工作，你无法独立完成，怎么开口才能让那个在这方面工作最拿手的同事心甘情愿地助你一臂之力呢？送高帽，灌迷汤，而那些好心人为了不负自己在这方面的名声，通常会答应你的请求。

5. 句型：让我再认真地想一想，3点以前给你答复好吗？

妙处：巧妙闪避你不知道的事

上司问了你某个与业务有关的问题，而你不知该如何作答，千万不可以说"不知道"。本句型不仅暂时为你解围，也让上司认为你在这件事情上头很用心。不过，事后可得做足功课，按时交出你的答复。

6. 句型：我很想知道你对某件事情的看法

妙外：恰如其分地讨好

你与高层要人共处一室，这是一个让你能够赢得青睐的绝佳时机。但说些什么好呢？此时，最恰当的莫过于一个跟公司前景有关，而又发人深省的话题。在他滔滔不绝地诉说心得的时候，你不仅获益良多，也会让他对你的求知上进之心刮目相看。

7. 句型：是我一时失察，不过幸好……

妙处：承认疏失但不引起上司不满

犯错在所难免，勇于承认自己的过失非常重要，不过这不表示你就得因此对每个人道歉，诀窍在于别让所有的矛头都指到自己身上，淡化你的过失，转移众人的焦点。

8. 句型：谢谢你告诉我，我会仔细考虑你的建议

妙处：面对批评表现冷静

自己的工作成果遭人修正或批评，的确是一件令人苦恼的事。不需要将不满的情绪写在脸上，不卑不亢的表现令你看起来更有自信，更值得人敬重。

（资料来源：http://www.39.net/mentalworld/zcxj/tsjw/94745.html）

二、职场必知的十五条人际沟通技巧

职场中，沟通的重要性不言而喻。职场专业人士认为，积极而有效的沟通能为职场人营造一个良好的人脉关系，还能为个人职业生涯带来很多好处。那么，职场人如何进行人际沟通？人际沟通应注意什么？人际沟通有哪些技巧？

1. 讲出来

尤其是坦白地讲出来你内心的感受、感情、痛苦、想法和期望，但绝对不是批评、责备、抱怨、攻击。

2. 不批评、不责备、不抱怨、不攻击、不说教

批评、责备、抱怨、攻击这些都是沟通的刽子手，只会使事情恶化。

3. 互相尊重

只有给予对方尊重才有沟通，若对方不尊重你时，你也要适当地请求对方的尊重，否则很难沟通。

4. 绝不口出恶言

恶言伤人，就是所谓的"祸从口出"。

5. 不说不该说的话

如果说了不该说的话，往往要花费极大的代价来弥补，正是所谓的"一言既出，驷马难追"、"病从口入，祸从口出"，甚至于还可能造成无可弥补的终生遗憾哩！所以沟通不能够信口雌黄、口无遮拦，但是完全不说话，有时也会变得更恶劣。

6. 情绪中不要沟通，尤其是不能够做决定

情绪中的沟通常常无好话，既理不清，也讲不明，尤其在情绪中，很容易冲动而失去理性，如：吵得不可开交的夫妻、反目成仇的父母子女、对峙已久的上司下属……尤其是不能够在情绪中作出情绪性、冲动性的"决定"，这很容易让事情不可挽回，令人后悔！

7. 理性的沟通，不理性不要沟通

不理性只有争执的份，不会有结果，更不可能有好结果，所以，这种沟通无济于事。

8. 觉知

不只是沟通才需要觉知，一切都需要。如果自己说错了话、做错了事，如不想造成无可弥补的伤害时，最好的办法是什么？"我错了"，这就是一种觉知。

9. 承认我错了

承认我错了是沟通的消毒剂，可解冻、改善与转化沟通的问题，就一句：我错了！勾销了多少人的新仇旧恨，化解掉多少年打不开的死结，让人豁然开朗，放下武器，重新面对自己，开始重新思考人生。

10. 说对不起

说对不起，不代表你真的做了什么天大的错误或伤天害理的事，而是一种软化剂，使事情终有"转弯"的余地，甚至于还可以创造"天堂"。死不认错是一件大错特错的事。

11. 等待转机

如果没有转机，就要等待，当然，不要空等成果从天下掉下来，还是要你自己去努力，但是努力并不一定会有结果，或舍本逐末，但如果不努力，你将什么都没有。

12. 耐心

等待唯一不可少的是耐心，有志者事竟成。

13. 智慧

智慧使人不执著，而且福至心灵。

14. 让奇迹发生

愿意认错，就是在替自己与家人创造天堂与奇迹，化不可能为可能。

15. 爱

一切都是爱，爱是最伟大的治疗师。

（资料来源：http : //edu.sina.com.cn/j/2009-11-18/1029181275.shtml）

思考练习

1. 作为一名高职生你为了将来更好地适应社会，胜任未来的工作，一定要有一些兼职经历，请你把自己兼职经历中体会到的一些工作中与上级、下级和同事之间沟通的经验总结出来，在课堂上与同学们分享一下。

2. 从老师与学生、同事、领导的沟通中体会：（1）领导如何与下属沟通；（2）同事之间如何沟通；（3）下属如何与上级沟通。

3. 设想自己实习或大学毕业来到一个新的工作环境，面对初次见面的领导和同事，应该说的话和说话的技巧。

4. 案例分析：

小王的被动局面

小王是一个大学毕业参加工作不久的"新人"。她做事认真细致，和同事、下属关系都很融洽，可是她不愿意和上司主动交流。她说其实挺欣赏自己上司的，认为他敬业、有才华、对下属负责，但她不知为什么一见上司就底气不足，对干和上司沟通的事能躲就躲。有一次，因为没有听清楚上司的意思，导致上司交给她的工作被耽搁了，上司事后问她："为什么你不过来再问我一声？"她说："怕您太忙。"上司很生气地说："我忙我的，你怕什么？"时间长了，小王一和上司沟通就紧张，出现脸红、心跳、说话不利索的状态。大家都认为王小姐怕上司，她自己也这么认为。上司看见她这样，也就很少和她单独沟通。一次，晋升的机会来临了，小王很想把握住这个机会，但她又犹豫了，因为升职后的工作会面临比较复杂的关系，需要经常和上司保持沟通。她觉得自己天生怕领导，因此就坐失了良机。

（资料来源：http://www.8090health.com/Item/4695.aspx，2011-01-02.）

思考讨论题：

（1）假定你是小王，会采取怎样的措施挽回这种被动的局面？

（2）初入职场的新人与上司沟通应该注意什么？

5. 案例分析：

对　话

张杰和刘力是同室好友，关系十分密切。张杰家境不太好，在学习的同时，每天早晨不到5点就要到一家餐厅打工。随着学习压力增大，期末考试期间两人之间出现矛盾。下面这段对话后，两人之间出现了裂痕：

刘：你上班干吗非得把全宿舍的人都闹醒啊？

张：你以为我愿意起这么早？我父亲可不愿意一年到头供养我，我得自己挣钱养活自己。不像你，靠家里供养。你自己最清楚，你是我认识的人中最懒的一个。

刘：别来这一套！昨晚看书一直看到两点的是谁？谁又说什么了？难道你就不能轻一点吗？那么自私呢，就不稍稍考虑一下别人！

(摘自：漫看云卷云舒，http://www.mkyjys.com)

思考讨论题：

(1) 请分析二人在言语表达上的失误。

(2) 如果你是张杰或刘力，你会如何表达以避免一场口舌之争？

6. 案例分析：

一个不受欢迎的人

小陈是毕业于北京某重点大学的研究生，在单位工作几年后，由于业务能力突出被提拔为车间主任。这对他来说是一个施展才华的大舞台。但他在与别的车间主任交流时，总是流露出对这些工人出身的主任的不屑，开口闭口总是我们研究生如何、你们工人怎样，很快就把自己陷入与其他车间主任格格不入的境地，成为一个不受欢迎的人。最终不得不掉换工作岗位。

(资料来源：梁玉萍，丰存斌. 沟通与协调的技巧和艺术. 北京：中国人事出版社，2009.)

思考讨论题：

(1) 小陈工作沟通中存在什么问题？

(2) 本案例给你哪些启示？

7. 案例分析：

职场新人

小曹是长沙某大学大三的学生，20天前，她来到了王女士所在的报社实习。适逢暑假实习高峰期，小曹成为王女士第4个实习生。实习第一天，老师和她没有过多的交流，就是叫她看报纸。

和所有初入社会的人一样，小曹对自己走入职场的实习充满着憧憬。可她没想到，王女士工作很忙，对她关注较少，也很少带她出去实地采访。在王女士看来，实习生应该多找线索多出门，单独完成采访更加锻炼人。而小曹认为，老师就应该多言传身教。在这样的观念分歧下，实习了20天的小曹感觉"再也憋不住了"，于是在QQ空间里写下了一篇日志来发泄："每天37℃高温，至少4个小时的车程，实习一个月，作品任务还没完成；实习老师不和我交流，也不带我出去采访，我真的什么都做不好吗？每年实习，花很多钱不说，还找不到工作……"

(摘自智通人才网，http://www.job5156.com)

思考讨论题：
（1）本案例中小曹的问题出在哪里？
（2）职场新人应该怎样做好沟通？

8.案例分析：

不善沟通的小王

小王分配到机关工作，本是件令人开心的事，但是上班几个月以来，小王却感到很郁闷，由于自己口舌拙笨，总是让同事不高兴。一次，奔丧回来的老李来到办公室，小王马上站起来安慰他说："听说你岳母大人被车撞死了，我们都很难过，希望你节哀顺变。"老李面色阴沉地走出办公室。

（资料来源：黄琳.有效沟通：王牌沟通大师的制胜秘诀.北京：中国华侨出版社，2008.）

思考讨论题：
（1）本案例中小王的问题出在哪里？
（2）如果是你遇到这种情况，你跟老李怎么说？

学习情境 18　跨文化沟通

入境而问禁，入国而问俗，入门而问讳。

——《礼记·曲礼上》

情境导入

善于跨文化沟通的船长

一群商人在一条船上谈生意，船在途中出了故障，必须让一部分人先跳下去，船才能不下沉。船长命令大副赶快通知各位先生穿好救生衣从甲板上跳下去，可是谁也不愿意跳。

怎样才能说服这些人跳船呢？老于世故的船长深知这些人的文化背景，于是，转过身来对一名英国商人说："跳水是一项体育运动。"英国商人听罢，纵身跳入水中，因为英国人一向喜爱体育运动。

他对法国商人说："跳水是一种时髦，你没看见英国人已经跳下去了吗？"法国人爱赶时髦，也随之跳进水中。

船长面对德国人，表情非常严肃，"我是船长，现在，你必须跳水，这是命令！"德国人一向遵守纪律，服从了船长的命令，也跳进了水中。

接着，船长走到了一向具有逆反心理的意大利人面前，大声地说："乘坐别的船遇险可以跳水，但今天你乘坐的是我的船，我不允许你跳水！"对于意大利人来说，你越不让我跳，我非跳不可，于是也纵身跳进水中。

还剩下一个美国人和一个中国人，只见船长对美国人说："我这只船已办理了人寿保险，跳吧，没你亏吃！"美国人一向非常现实，听罢跳进水中。

最后，船长转向中国人说："先生，听说你家里有一位 80 岁的老母亲，你不逃命，对得起她老人家吗？"中国商人听罢也跳进了水中……

（资料来源：http://blog.sina.com.cn/s/blog_6455db9d0100guv0.html，2010-01-30.）

任务分析

随着世界经济的日益全球化，我们必然会面临跨文化沟通的问题。无论是在进入国内市场的外资企业，还是在为寻求市场多元化、开拓国际市场的跨国企业，各级人员都应该掌握跨文化沟通的技能。虽然我们所处的地球已经变成一个"村落",而且由于现代通信技术和交通的发展,"村民"之间的彼此交往也变得很容易,但是沟通障碍和冲突却时有发生。这其中的原因很简单:全球范围内,信息和技术可以共享,但是文化却彼此不同。各民族的文化迥异,家庭、习俗、思维、价值观等也互有差异,沟通时便会产生困难和误解。因此,学习跨文化沟通技巧对不断走向国际化的每个中国人都显得异常重要和迫切。

我们要学习本"情境导入"案例中的那位船长,他是多么会与不同国家的人进行沟通啊!他了解他们的不同文化背景,清楚他们的不同需求,因而获得了与他们沟通的成功。

实训项目

项目名称:跨文化沟通中的礼仪规范与语言表达。

实训目的:跨文化沟通中,关于时间文化、空间文化、语言文化及体式等知识和技能的把握和运用。

实训时间:15-20分钟。

实训地点:实训室。

实训准备:准备名片、笔、礼物、笔记本、谈判桌椅等。

实训方法:将学生每3人分为一组,分别代表贸易代表团的总经理A、业务员B和秘书C。每组学生分别代表中国人、日本人、韩国人、美国人、阿拉伯人、法国人、英国人、新加坡人。每两组学生任意组合,分别扮演两国代表团的总经理、业务员和秘书。当两个贸易代表团进行初次跨文化沟通时,对彼此递交名片、互相介绍、赠送礼物、握手、进行商务谈判活动、告别等情节进行表演。

在进行游戏之前,每个小组发一张纸,上面记录以下内容。

(1)本小组代表哪国贸易代表团。

(2)思考本国的文化特点是什么。

(3)社交场合,本国在握手、眼神、手臂动作、空间距离、赠送礼物等各个环节有什么要求,应该如何加以表现。

(4)在表现本国传统文化特色的同时,还要表现出对对方文化的理解和尊重,使跨文化沟通有效进行。

最后,师生总结,评出最佳表现组。

(资料来源:张秋筠.商务沟通技巧.北京:对外经济贸易大学出版社,2010.)

知识链接

一、什么是跨文化沟通

1. 文化的含义及其构成

（1）文化的含义。"文化"一词，在德文中为 Kultul，在英文中为 Culture，它们都源于拉丁文 Cultura，意为耕作、培养、教育、发展、尊重。18世纪以后，其含义逐步演化为个人素养，整个社会的知识、思想方面的素养，艺术、学术作品的汇集，以及引申为一定时代、一定地区的全部社会生活内容。最先给文化下定义的是英国的人类学家泰勒，他认为，文化和文明就其广泛的人种学而言，是一个复杂的整体，包括知识、信念、道德、风俗及作为社会成员的人所获得的才能与习惯。

到了现代，关于文化这一概念的定义更加多样。据学者们统计，到21世纪初，仅用英语下定义的文化就达160多种。许多管理学家对文化比较一致的看法是：文化就是人们的生活方式和认识世界的方式。人们总是遵循他们已经习惯了的行为方式，这些方式决定了他们生活中特定规则的内涵和模型，社会的不同就在于它们文化模式的不同。从一般意义上说，文化可以定义和表示为人们的态度和行为，它是由一代代人传下来的对于存在、价值和行为的共识。

（2）文化的构成。美国著名组织行为学家薛恩在其名著《组织文化与领导》中，将文化分解为三个由表象至基础的层面。在创建组织文化时，是由基础往顶层砌筑的；但在认识它时，却是由可见的表层，逐层深挖到它隐含的基础去的。这三个文化层面如下。①表层：包括一些可见的事实，如成员的行为模式，许多有形的，但具有象征性意义的事物。如企业使命说明、口号标语、礼仪典章规范等可以感知的软件和硬件等。②中层：包括群体或组织共同信奉与提倡的精神、原则等，是对表层所含内容的解释与说明。③基础（核心）层：这是那些人们外显行为的基本假设和理念。

许多跨文化管理专家从文化的三个层次角度出发，把文化比喻成冰山的尖顶，但它们处在某些"不可见"的支撑物之上，而支撑物又隐藏在表面之下，就是价值和假设。

价值是一种文化中的人们所具有的社会上得体与不得体的准则。换句话说，价值指明哪些行为是合适的，哪些是不合适的。文化的价值从一代向另一代传递。人们从出生之时就开始学习文化的价值。随着时间的推移，这些价值不断通过父母、老师、同伴、媒体等得以强化。

价值起源于社会成员对生活的假设。人类学家认为，一个社会具有的假设来自于社会适应它周围的世界的尝试。随着时间的推移，通过实验性地分化为哲学、方法和观念，这些有关生活的基本假设出现了。我们与文化背景不同的人相处时，引发问题的诱因也多为文化中被深藏的一面，如价值观、信仰、思考及沟通模式等。这些看不见的文化差异，往往在跨文化关系中表现出来。

2. 跨文化与跨文化沟通

文化若按层次分类，可分为国家文化、组织文化和个人文化。国家文化亦可细化为民族文化、地域文化等。

跨文化，又叫交叉文化，是指具有两种及两种以上不同文化背景的群体之间的相互作用。一般而言，跨文化管理问题的成因是国家文化、地域文化、组织文化、个人文化等文化元综合作用的结果，但必有一个文化元居主导影响地位。当双方企业都有自身的组织文化时，企业文化很可能是造成跨文化管理障碍的主导文化元，因为它是其他文化元的缩影。当双方企业没有自身的组织文化时，民族文化、地域文化、个人文化可能会是跨文化管理障碍的主要形成因素，至于是哪种文化，需具体情况具体分析。

当同一国家的不同企业实施合作性经营时，构成文化的文化元主要是地域文化、组织文化。

当不同国家的企业开展合作性经营时，构成跨文化的文化元主要是国家文化、民族文化。

跨文化沟通是指发生在不同文化背景的人们之间的信息和情感的互相传递、交流和融合的过程。文化在很大程度上影响和决定了人们如何将信息编码、如何赋予信息以意义及是否可以发出、接收、驾驶各种信息。在跨文化沟通中，由于信息的发送者和信息的接收者为不同文化的成员，在一种文化中的编码，要在另一种文化中解码，因此，整个沟通过程都受到文化的影响。

二、跨文化沟通障碍及其克服

跨文化沟通障碍是指人们由于言语谈话、举止行为、风俗习惯等不同，在相互沟通时所产生的各种分歧和冲突。随着世界性市场的形成，人们在沟通中十分重视文化因素，因为正如美国的《公共关系手册》所指出的那样："对外关系的交恶，十有八九不是出于利益的冲突，而是语言文化、传统等方面的隔阂。"这包括如下方面。

（1）语言障碍。人与人之间的信息沟通主要是借助语言来进行的（包括口头语言和书面语言），而语言只是作为交流思想的工具，它并不是思想本身，它只是用以表达思想的符号系统。由于人们的语言修养不同、表达能力不同，对同一种思想观念或事物，有的表达得很清楚，有的表达得不清楚。同样，对同一组信息，有人听后马上理解了，有人听来听去不知其所以然；有人听后做这样的解释，有人听后又做那样的解释。用语言、特别是用各种不同的语言或者文字表达思想、表达事物，往往产生听不懂、曲解或断章取义的现象，形成语言障碍。例如，一位非洲国家的朋友来中国民航的一家宾馆，用法语要求住一个单间客房，并说"我是部长"。服务员只懂几句常用的法语，对"我是部长"这一关键的词语不熟悉，因而闹得很不愉快。可见，不同国度、不同民族之间的沟通会遇到语言上的障碍。实际上，在同一国度里的同一民族，因地区的不同造成语音、语义的不同，也往往使人备尝语音、语言不通之苦。侯宝林说的相声中有过这样的描述：外地人到上海理发店理发，理发师说要"打打头"（理发的意思），把顾客弄得莫名其妙，从而闹出笑话。又如，第二次世界大战后期，日本的败局已定。1945年的7月26日《波茨坦公告》发表，日本当局一看盟方提出的投降条件比他们原先想象得要宽大得多，便高兴地决定把公告分发各报刊登载。7月28日铃木首相接见新闻界人士，在会上公开表示他将"mokusatsu"同盟国的最后通牒。可惜这个词选得太不好了。首相原意是说他的内阁准备对最后通牒"予以考虑"，可是这个词还有一个意思，就是"置之不理"。事也凑巧，日本的对外广播机构恰恰选中了这个词的第二个意思并译成对应的英语词语"take no notice of"。此条消息一经播出，全世界都听到了日本已拒绝考虑最后通牒，而不是正在考虑接受。消息播出后，美方认为日本拒绝公告要求，便决定予以惩罚。8月6日，美军在广岛投下了威力巨大的原子弹。这真是一场灾难性差错——导致数万生灵涂炭！

要克服语言障碍，必须注意"三忌"。一忌夸夸其谈。不分对象、不分场合地夸夸其谈，极易造成语言障碍。二忌涉及敏感话题。对男士不问收入，对女士不问年龄。向对方提出敏感话题，极易造成对方的不快，甚至中止交谈。三忌一知半解。特别是外国语，日本前首相森喜朗的英语就说得不好，结果在接见来访美国前总统克林顿时闹出了笑话。森喜朗与克林顿相见，他马上向克林顿问好："How are you？"（你好！），结果由于他蹩脚的发音说成了"Who are you？"（你是谁？）克林顿不禁一愣，以为这是森喜朗的幽默，就也幽他一默说："I'm Hilary's husband."（我是希拉里的丈夫），哪里知道森喜朗的英语听力也同样不行，他不假思索地回答到："Me too."（我也是），真实南辕北辙，令人大跌眼镜。对外语有的人不懂得词语的背景和使用场合，随便拿来就用，造成误解。例如：法国巴黎某服装店在门口用英文写道"Have a fit"（请进来大发脾气），其实，他不过是想请顾客进店试穿一下，但由于他不懂英语短语的特殊用法，生造了"Have a fit"这样的词句，就变成"大发脾气"了。

（2）观念障碍。观念属于思想范畴，由一定的经验和知识积累演化而成，是一定社会条件下人们接受、信奉并用以指导自己行动的理论和观点。不同年龄、不同阅历、不同社会背景的人，会有不同的观念，这种观念上的差异会成为他们之间沟通的障碍。例如，青年人认为老年人保守僵化，老年人认为青年人幼稚轻浮；售货员认为自己的职业是"伺候"顾客、低人三分，顾客认为拿钱买货理应被"伺候"。

怎样克服观念障碍呢？一要了解他人的思想观念，正视分歧，然后再设法加强沟通，改变公众的思想观念；二要从自身角度消除一些消极的跟不上时代潮流的旧的思想观念，如封闭观念、极端观念等；三要克服思想僵化、故步自封的毛病，善于接纳进步的新观念；四要多站在沟通对象的立场上考虑问题，如果要消除组织公共关系人员在与公众沟通时，报喜不报忧,夸大成绩,缩小缺点,维护组织利益的褊狭观念,就可开展"假如我是一名顾客(公众)"的活动,通过角色互换来消除双方的交往障碍。

(3)习俗障碍。习俗即风俗习惯,是在一定文化历史背景下形成的具有固定特别的调整人际关系的社会因素,如礼节方式、审美传统等。习俗世代相传,是经过长期重复出现而约定俗成的习惯法,虽然不具有法律的强制力,但对人们的行为和思想有相当大的约束和影响作用,不可忽视。

忽视习俗因素往往会造成误解,导致沟通失败,甚至会使沟通对象大受伤害,再也不愿发生往来。曾有这样一件事:一天,六位外国海员来北京某饭店用餐。海员们好胃口,豪饮之际,那一盘盘端上来的菜肴如风卷残云,被一扫而空。唯有那条大黄鱼,只吃了上面的一半,下面的一半却没动。笑盈盈的服务员小姐见此情景,便热情地拿起公筷,把鱼翻了过来。想不到这几位海员勃然大怒,把筷子一摔,离席而去,这位服务员小姐一片好心,为什么反而触怒了海员呢?原来,海员长年在海上工作,最担心的是翻船,而把鱼翻个身,"翻"这个动作是他们最忌讳的。"忌讳"也是风俗习惯的一个部分。

怎样克服习俗障碍呢?一要知俗。在与各类沟通对象、尤其是同外国人打交道,推销产品时要注意了解他们的社会文化环境,了解其民情风俗、生活习惯、兴趣爱好、忌讳、节日等,掌握沟通对象的这些信息,使自己成为适应不同风俗的行家里手。二要随俗。当与沟通对象,特别是外地、外国人交往时,要尊重服从其特有的风俗习惯,做到入乡随俗,切不可把自己的习俗作为通行标准,强加于人。入乡随俗是对沟通对象的尊重,一定会赢得其好感的。

(4)文化程度障碍。沟通双方的受教育程度、经验水平、文化素质和文明程度差距过大,信息接收者对信息的内涵不理解或不接受,也会造成沟通障碍。例如莫林虎在其《商务交流》(中国人民大学出版社,2008)中讲述了这样一个案例:有一个秀才去买柴,他对卖柴的人说:"荷薪者过来!"卖柴的人听不懂"荷薪者(担柴的人)"三个字,但是听得懂过来两个字,于是把柴担到秀才面前。秀才问他:"其价如何?"卖柴的人听不大懂这句话,但是听得懂"价"这个字,于是告诉秀才价钱。秀才接着说:"外实而内虚,烟多而焰少,请损之。(你的木柴质量不好,燃烧起来会浓烟多而火焰小,请减些价钱吧。)"卖柴的人因为听不懂秀才的话,于是担着柴就走了。

三、与不同国家的人沟通

时刻牢记"入国问禁,入乡随俗";花点时间,学点沟通对象的母语;按照该国习惯,学会正确称呼对方;跟外商沟通前,每次都要考虑其文化背景、价值观及其对将要涉及的问题所持有的心理期待。

1. 与法国人沟通

中国人习惯于在餐桌上谈生意,这种习惯在法国会碰壁。法国人很注意生活情调,他们把在优美环境中的会面小酌、喝咖啡看做是交友的好时光,也是一种令人舒心的享受,此时谈生意可真不合时宜。

法国人的自我感觉很好,但一味奉承法国人反而会被看不起;无论是对人,还是对事,若能有根有据地指出其缺点、不足,反而能获得法国人的尊敬。

法国人要求别人赴约一定要准时,而自己却常常迟到。如果有求于法国人,自己应及时赴约;对方若迟到,不必感到意外,因为这种坏习惯为普通法国人广泛接受。另外应注意,在法国,越有身份的人参加活动时,越晚出现,以此表明其身份。

与法国人交往,应注意穿着。应根据不同的场合、活动选择合适的衣服。如果始终穿同样一套衣服经历很多活动、很多天数,则会被小觑。

法国人喜欢追求完美,所以爱抱怨、发牢骚。对于这种好上加好的要求,可以表示理解,如果真的不能做得更好,那就随他去——抱怨之后,他就会忘了一切。

美国人表示OK的手势在法国表示一文不值,千万别误解。

2. 与英国人沟通

不事先约定而直接登门拜访英国人是非常失礼之举。

英国人酷爱动物,虐待动物犯法,所以在英国碰到对方豢养猫、狗之类的宠物,"平等友好"地对待是良策,切勿表现出讨厌之情,更不可动手去打。但英国人唯独忌讳大象,所以商品包装出现"象"字及其图案,绝对是下下策。

英国人认为"7"是个能带来好运的吉祥数字,而"13"则是个不吉利的数字,所以商务活动避免13人参加,也不要安排在13日。

和英国人握手不能越过两人正在握的手去和第三人握手,因为这样交叉握手被认为会带来不幸。点火时也不可连续点三支烟,应该在点完两支后重新点火再为第三人点烟,否则也会被认为会给其中某人带来不幸。

英国人最怕自己被别人称老,这一点与我国截然不同。中国经常称呼人"老张"、"老何",倒过来"张老"、"何老"更表尊敬之意,后者还特别适用于称呼德高望重的老前辈。这一思维定式已经无数次使国人在对外交往中遇上麻烦与尴尬。譬如,20世纪80年代一批中国留学生在英国格拉斯哥举办隆重的聚会,特别邀请了大学校长的母亲。当主持人特别表示感激老夫人光临晚会而提到"老太太"时,校长大人的母亲吓得脸色刷白,夺路而逃。

英国人得到馈赠的礼品必定当面打开,无论礼轻礼重,都会热情赞美,同时表达谢意。国人出访英国,务必入乡随俗,在客人走后再细看是何物被证明是不妥当的。

慎用"聪明"(clever)一词。英国人常把它用作贬义词。如果英国人用它评论你时,你就需要自省有何不妥之处;同样,也不要随便用它来夸奖英国人,因为这可能引起误会。

英国民族个性中有保守的一面,所以不易接受新事物。譬如,英商一旦习惯了我方某种品牌的商品,如果我方对其包装稍作改进,他就可能坚决不接受。

跟英国人交往，很多人会觉得他们矜持傲慢、寡言少语，其实这只是一枚硬币的一面，国人完全可以消除这层顾虑而主动与其交往。内向而含蓄的英国人寡言少语是出于对别人的尊重，怕的是影响了别人。

作为企业经营管理人员，同英国人在商务往来中还应注意：不佩戴条纹领带；免谈政治，包括英皇室、北爱和平、日不落帝国的消亡等——天气才是最安全的话题；向英国出口商品，忌用大象、人像作商标、图案。

3. 与德国人的沟通

与德国人沟通要注重效率。德国人在世界上享有名副其实的效率的声誉，他们信奉的座右铭是"马上解决"，他们不喜欢对方支支吾吾，不喜欢"研究研究"、"考虑考虑"等拖拖拉拉的谈判语言。他们具有极为认真负责的工作态度和高效率的工作方式。德国人认为，一个谈判者是否有能力，只要看一看他经手的事情是否能得到快速有效的处理就清楚了。

与德国人沟通要准备充分。德国人的沟通方式比较特别，他们的准备工作往往做得十分充分，希望一切都尽量达到完美无缺。这与他们的民族性格是相符的。对于如何交易、谈判的实质问题、中心议题及要达到一个什么样的目标，德国人都会详细考虑，并拟订出一份完备的计划表，在谈判过程中按照这份计划表一步步地去实现。

与德国人沟通要重合同、守信用。德国人很善于商业谈判，他们的讨价还价与其说是为了争取更多利益，不如说是工作认真，一丝不苟。他们严守合同信用，认真研究和推敲合同中的每一句话和各项具体条款。一旦达成协定，很少出现毁约行为，所以合同履约率很高，在国际贸易中有着良好的信誉。

4. 与北欧人的沟通

北欧主要是指挪威、丹麦、瑞典、芬兰等国家，也称斯堪的纳维亚国家。北欧是一个文化、经济高度发达的地区。这几个国家地域广阔，人口稀少，社会、政治、经济十分稳定，与世界各地的贸易交往也具有较长的历史。

北欧人十分讲究文明礼貌。

北欧人在谈判中一般都显得比较随和、平静，他们在谈判中不易激动，常常沉默寡言，在不该谈论的时候绝不主动表述自己的意见。他们讲话大都慢条斯理，有条不紊。北欧人在谈判中十分沉着冷静。即使在十分关键的时刻，北欧人也显得不动声色，耐心、有礼貌，但他们不喜欢无休止地讨价还价。如果他们与你做生意，主要是因为他们确认你公司的产品在市场上是十分优秀的，他们信得过。但如果你只为自己的利益着想，忽视了他们的利益或建议，他们就会改变对你的看法，很可能放弃与你做生意。

另外，北欧人的一个共同特点就是喜欢桑拿浴，这已经成了他们生活中的一部分。如果与北欧人洽商，被他们邀请洗桑拿浴，说明受到了他们的欢迎，这是个好的开端。许多情况下，可以在洗桑拿浴时与他们交谈，这可以免除正式谈判的许多不便。

5. 与美国人沟通

同美国人交往，赴约准时至关重要，早到要在门外等，晚到要说明原因并致歉。有些国家的人故意迟到以显示自己身份的做法在美国绝对行不通。

在美国人面前过分谦虚往往只能招致对方怀疑你的水平、能力、实力。所以不能让谦虚这一传统美德成为你被美国人小觑的原因。

在我国男尊女卑的封建意识还有相当的市场，而美国人生而平等的观念深入人心，在交往中稍不注意，就会引起冲突。

与国内不同，在美国小费盛行。多数服务行业的工作人员靠小费谋生，因为工资很低，向侍者支付一定数量的小费，既是对其劳动的尊重，也是有教养的体现。

美国人比较温和，直率，很容易结交。首次见面可称"先生"、"夫人"、"女士"、"小姐"之类，认识之后一般就可直呼其名，也不管其地位、职称、年龄的高低，有的美国人还会主动要求用昵称。如果套用国内的"王总"、"李主任"、"老张"之类的称法，美国人可能会认为你不愿意同他建立友谊。

跟美国人一起用餐，千万别浪费食物。在国内人们浪费食物的现象很严重——学校的食堂是最明显的证据，而美国人对此非常反感。

在国内问别人年龄、收入、婚姻等往往是表示关心；在美国这些都是个人隐私，故回避为上策。

跟东方人交往，一般要注意建立长期的相互信任的个人间关系，若同美国人交往也是如此，美国人会认为你的产品技术等有问题，是在试图通过拉拢关系做成生意，所以不必追求建立很密切的私人关系，还是公事公办为妙。

6. 与日本人沟通

世界上多数国家流行握手礼仪，但是在日本，如果一见到日本人就紧握其手行见面礼，会使日本人在生理上产生厌恶感，日本人更希望外国人如同自己一样行鞠躬之礼。但弯腰深浅有讲究，男女亦有别。鞠躬时男士双手下垂紧贴两腿，女士则一手压着另一手下垂置身前。

一般认为，以下三个要素有助于获得日本人的尊敬：地位、年龄和英语。中国人出差去日本，如果在本国公司已有较高的地位，则办事会较顺利；如果出访人员级别过低，则往往受不到重视。日本是个尊老的社会，年长者受到尊敬，出访人员的年龄也能帮上大忙，年龄过轻会给日本人"办事不牢"的感觉。东洋人崇尚"西洋"，一口流利的英语会使日本人对你刮目相看。日本人的英语普遍相当差，一般国人的英语水平便能鹤立鸡群。

日本社会等级森严，如果一群人在一起交换名片，应让职务高的人先交换。交换时应说出对方名字，加上"先生"，千万不可接到名片后直接塞入口袋——这意味着你认为对方很不重要。接名片时应鞠躬，接到后看内容时需再鞠躬。西方人一般在会谈结束时交换名片，日本人则在会谈之始。如果交换名片之后，后来再次同该日本人见面，却忘了其姓名，日本人会认为这是一种侮辱。送礼也要根据职务高低将礼品分成不同等级，如果常务董事与董事收到同样的礼物，那么前者觉得是对他的侮辱，而后者则会觉得尴尬不已。

日本人颇以自己的烹饪术为自豪。同日本人吃饭，如果能从色香味的角度表示欣赏日本饭菜，日本人会对你产生好感；如果喜欢上生鱼片、四喜饭之类的典型日本饭菜，则非常有利于搞好宾主关系。

日本人聚会喜欢唱歌，中国人参加聚会可大胆助兴表演，绝不会有因走调而被耻笑之虞；相反，置身事外，反而很不合适。另外，日本人的笑未必是表示快乐，譬如，一位日本女侍在你面前不小心打碎了一个杯子，她会一直对你笑——这表示她不好意思。

日本人最爱面子。国人如果做了有损其面子的事，或者说了不该说的话，甚至因不满而斥责日本人，那就无异于彻底断交。

性别角色在日本社会很重要。如果国人出差去日本当着其夫人的面谈生意，则会使日本人尴尬；日本人来中国，如果中国女经理出面迎接会谈，则会使日本人不知如何是好。明智的做法是派级别相当的男性代表出席一切活动。

跟日商交往，重在建立一种长期的信赖关系，就事论事，操之过急则会得不偿失——真诚友好的关系远胜过单笔交易。

中国人对外谈判时，为了确保生意成功，往往喜欢先略作让步，以表诚意，跟日本人交往，这样做一定会事与愿违，因为在日本人眼中，首先做让步既是弱者，也无诚意。所以如果有必要让步，那也一定要使日本人做相应的让步。这种针锋相对近乎固执的谈判策略反而能赢得日本人的尊重。

日本人远不像欧美人那样对待合同严肃认真，他可能会经常对已实现的协议要求重新商谈。所以合同签好并不意味着大功告成，中国商人要努力适应这种风格才不至于造成僵局。起草合同也应竭力用通俗易懂的语言，因为法律术语只能招致日本人的讨厌及猜疑。谈判时带上律师更是绝对应避免的事。

7. 与韩国人沟通

韩国人崇尚儒教，尊重长辈，长者进屋时要起立。人们见面时的传统礼节是鞠躬，男人之间见面互相鞠躬并握手，握手时或用双手，或用左手，并点头致意。女人一般不与人握手。与年长者同坐时，坐姿要端正，在长辈面前应该跪坐在自己的脚底板上，不能把双腿伸直或叉开，否则会被认为是不懂礼貌或侮辱人。

如果有人邀请你到家吃饭或赴宴，你应该带小礼品。吃饭时应先为老人或长辈盛饭上菜，老人动筷后，其他人才能动筷。席间敬酒时，要用右手拿酒瓶，左手托瓶底，然后鞠躬致祝辞，最后再倒酒。

8. 与新加坡人沟通

新加坡人在社交场所与客人相见时，惯行握手礼。在与东方人相见时，也有施鞠躬礼的习惯（即轻轻鞠一躬）。人们希望客人遵守时刻，事先约会是明智可取的。

如果应邀去新加坡人家里赴宴，送一盒巧克力或一束鲜花将是受欢迎的。新加坡人对男子留长发极为反感，认为这是一种可耻的行为。他们不喜欢"7"，认为"7"是个消极的数字。他们对"恭喜发财"之类的话反感，认为这有教唆他人发不义之财的意思。他们忌讳乌龟，认为这是种不祥的动物，给人以色情和侮辱的印象。

新加坡的印度人、马来人忌讳左手传递东西或食物，认为使用左手是一种不礼貌的举止。新加坡的伊斯兰教禁食猪肉，忌讳使用猪制品，也忌讳谈论猪的话题。

9. 与阿拉伯人的沟通

与阿拉伯人进行沟通时，应当了解，阿拉伯人主要生活在沙漠之中，喜欢结成紧密稳定的群体，其性格豪爽粗犷，带人热情。遇到能谈得投机的人，他们会很快将其视为朋友。阿拉伯人一般好客而不拘泥，最好是能和他们打成一片。

阿拉伯人的时间观念不是很强，他们不像欧洲人那样有精确的时间表，每一分钟都有自己该干的事情。他们做事的态度通常由情绪决定，有时热情得令你不知所措，有时又会冷漠得令你无地自容。

在阿拉伯人的眼里，最为重要的是名誉和忠诚。他们认为，一个人名誉的好坏是人生的一件大事，名誉差的人无论走到哪里都会受人鄙视、遭人白眼。并且，一旦名声败坏，要想补救就势必要付出巨大的代价。因此，跟阿拉伯人打交道一定不要干出格的事情，要赢得他们的信任，这样等于为谈判开了绿灯。

在谈判的开始阶段，给阿拉伯人留下良好的印象十分重要。这是制造良好气氛的开端，有助于使谈判气氛更加融洽。有了良好的开端，接下来就会顺利得多。谈判者可以在制造良好气氛、获取阿拉伯人信任的开始阶段，作出一些试探性的提问，看看双方达成协议的可能性有多大。当然这种提问要非常艺术，不能显得太露骨，否则会得不偿失。经过一段时间的努力，双方增进了了解，融洽了感情，在不知不觉中一笔生意也就做成了。

与阿拉伯人打交道，必须要有谈判会被随时打断的心理准备。许多外国谈判者都对阿拉伯人的这一特点感到沮丧，但又无可奈何，只好去重新创造机会。不过，对这一点也不必过于担心，阿拉伯人的情绪是很容易点燃的，要衔接刚才的谈判气氛也不必太费心，毕竟谈判者在他们眼中是客人。

阿拉伯人信奉伊斯兰教，而伊斯兰教有很多规矩，因此，初次与阿拉伯人进行谈判的人必须特别注意，要尊重他们的信仰，即使你十分虔诚地信仰天主教，那也不要在阿拉伯人面前表现出来。不尊重阿拉伯人的宗教信仰，其后果将是不可想象的。

另外，最好不要对阿拉伯人的私生活表示好奇。尽管阿拉伯人热情好客，但因阿拉伯人所信仰的伊斯兰教规矩很严，他们的日常生活明显地带有宗教色彩，稍有不慎，就会伤害他们的宗教感情。

不同文化背景的人们有不同的沟通方式，了解了以上这些国家和民族的特点，你就能知道，在与这些国家的人沟通时，哪些话能说，哪些话不能说，哪些话可以多说，而哪些又是话题的禁区。这对于在与不同文化背景的人沟通时把握分寸是十分重要的，千万不可不顾不同的文化习俗，讲那些不合场合、使人难堪甚至伤人感情的话，否则，在与各国友人沟通时，必然会出现你所不希望出现的结果。

延伸阅读

一、中西方的文化差异

1. 中西方文化在饮食结构上的差异

汉族传统的饮食结构以植物性食物即五谷为主食，以蔬菜及少量鱼、肉、蛋奶、果品为副食。汉族的传统饮料主要是茶和酒。汉族一般采用一日三餐制，城市居民多将晚餐、农村居民多将午餐作为三餐中的重点，饭菜比其他两餐丰盛。汉族传统的饮食方式是共餐制，它体现了汉族传统伦理道德中的群体精神。然而，对于西方国家，膳食多数是一日四餐，即早饭、午饭、茶点和晚饭。在西方国家如英国，人们常吃的主菜是烤肉。此外，常见的菜肴是罐焖肉、炸鱼薯片等。西方国家的人们还酷爱饮酒，如威士忌酒就驰名世界。

2. 中西方文化在姓名与称谓上的差异

汉族人的姓氏一般随父系，从字数上看，汉族之姓氏以单字为多，汉族人大多有小名和大名。汉族人的名绝不能和父亲等长辈相同，汉族人比较注重大名，不论是几个字，在字形、字音、特别是字义上有许多讲究。例如，字形搭配要匀称、协调，字音要清晰、响亮而且悦耳，字义力求富有吸引力，能给人以深刻印象。从字义表达上，主要有情景名、教诲名、期望名、祝愿名、志愿名等几大类型。对于西方的国家来说，姓名的排列顺序是姓在后名在前，姓名一般由三部分组成，即本人名、中间名、姓。本人名也称教名，是受法律承认的正式姓名。中间名的选择范围主要限于父母长辈或父母的亲朋好友的姓名，可以是母亲的姓，也可以是父亲或祖父的名，或者是父辈的好友或名人的名字。妇女在未婚时使用父亲的姓，结婚后改用丈夫的姓。在西方国家，由于姓名太长，书写起来麻烦，所以常常将姓前的名缩写。例如 John Stuart Smith，可缩写为 J.S.Smith、John S.Smith。

3. 中西方文化在社交礼仪上的差异

汉族人相见现有握手、问候等礼节。一般说来，男性相见时是彼此趋前握手，女性则多习惯于点头或微笑。男性与女性相见若行握手礼，则应由女性先伸出手来。若是初次见面，或在比较庄重的场合，晚辈对长辈还要行鞠躬礼。在行礼的同时，双方互致问候。现在最流行、最简单的问候语是"你好"或"早上好"、"晚上好"等。此外，有些词语在人们的观念中认为说出来不吉利，因而也属于禁忌话。例如，大年初一禁止说

"病""穷""霉""败""死"等。坐在船上禁止说"翻""沉"等。在西方国家，在介绍两人相识时，应首先把年轻的介绍给年长的，把地位较低者介绍给地位较高者，将男子介绍给女子，不能将次序颠倒。介绍完毕，双手往往以握手表示愿意相识，但握手亦有讲究。一般是年长者、位高者和女子先握手，年轻者、位低者和男子即伸手相握，如果前者不先握手，后者不应冒昧强求，而应点头微笑致意。握手应用右手且要摘去手套，握手时应注视对方，与女士握手时用劲不能太大。在社交过程中处处体现女士优先的原则。拜访他人时，一定要事先预约，预约应当提前一定的时间，以便对方作出安排。一旦约定之后，必须准时赴约，迟到早到都是不礼貌的。

4. 中西方文化在服饰上的差异

汉族最具民族特色的服饰是传统服饰。汉族传统服饰有三个总的特点长期得到传承。其一是等级区分。社会各阶层之间，人们的服饰不同。其二是常服和礼服之分。各种礼仪活动多有专用的礼服与日常生活所穿的常服明显不同。其三是服装样式宽大，裹衣博带，袖长腿宽。汉族的首饰：女性有各种簪子、耳环、项链、戒指、手镯、手链、足链等，而男性首饰多以戒指为主。对于西方国家的人来说，衣服要力求美观，如男要平肩，女要束腰，衣服平整，裤线笔挺，既要突出优美的线条，又要掩盖身体的缺陷。在某些特定的场合，西方国家还保留了不少传统的服饰。例如，法院正式开庭时，法官仍然戴上假发，身穿法官黑袍；教堂做礼拜时，有的牧师要披上长袍，等等。

5. 中西方在传统节日上的差异

汉族的传统节日约有150个，但最为重要的是春节、元宵节、清明节、端午节、中秋节、重阳节。春节是中国最历史、最隆重的传统节日。春节是以辞旧迎新、庆祝祝福为主题的综合性大节。元宵节在农历正月十五，此夜为一年中第一个月圆之夜，又称上元节。清明节在公历4月5日前后，因"万物至此皆洁齐而清明矣"得名。端午节是夏季最重要的汉族传统节日，为纪念爱国诗人屈原。中秋节是秋季汉族最重要的传统节日，由于此夜月光分外皎洁，成了团圆的象征，又称团圆节。重阳节在农历九月初九，故又名重九节。古以九为阳数，重九故称重阳。而西方国家，圣诞节、复活节、情人节、愚人节、圣灵降临节、感恩节、父亲节、母亲节等都是重要的节日。圣诞节即耶稣诞生的日子，是所有信奉基督教的国家最重大的节日。2月14日为情人节，4月1日为愚人节、母亲节为5月的第二个星期日、父亲节为6月的第三个星期日。

6. 中西方文化在宗教信仰上的差异

汉族没有全民族一致信仰的完全意义上的宗教。汉代以后，儒学曾经长期占据统治地位，为汉族社会各个阶层所普遍接受和信奉。但儒学并不是完全意义上的宗教。当前，从宗教信仰的情况来看，是道教、佛教、天主教、新教诸教并立，各有一部分汉族信徒。汉族完全意义上的宗教是道教，形成于东汉末年魏晋南北朝时期。除道教外，汉族还有一部分人信仰佛教、基督教等外来的宗教。西方国家的公民均享有宗教信仰的自由，所以西方国家的宗教信仰复杂多样，世界各大宗教，各种教派应有尽有。各种宗教信仰享有大致平等的地位，基本不存在宗教歧视。但总体上看，英语系诸民族最主要的信仰仍是广义上的基督教。

7. 中西方文化在迷信与禁忌方面上的差异

在中国，"正月里不许剃头"即为一例。寓意为"正月里剃头，死舅舅。""二月二剃龙头"寓意为一年中健康，人们生龙活虎。在春节期间，不能说"死"字，如果不慎将碗杯打碎，要说"岁岁平安"，等等。在西方国家，人们普遍认为是黑猫主凶。尽管养猫养狗之风盛行，但一般不养黑猫。而马蹄铁则被认为是吉祥之物，如果谁在路上捡到马蹄铁，就一定会有好运降临。另外，碰洒了盐被认为是恶兆，预示要发生口角或与朋友断交。打破镜子更是凶兆，即使家中不死人起码也要七年不顺。在禁忌方面，13 被认为是不祥的数字，在日常生活中应尽量避开。星期五同样也被视为不祥的数字，此外，一根火柴或打火机不能一次点燃三支烟，认为这样会给第三人带来不幸。不要打听他人的隐私。

（资料来源：马婷婷.中西方文化差异之我见.金融经济，2010（12）.）

二、体态语的跨文化内涵

在跨文化交际中，由于文化定式的影响，人们对自己文化的体态语行为往往习以为常，但对别的文化的体态语行为却非常敏感，而且往往会发生理解偏差，从而影响交际的顺利进行，甚至会导致严重的文化冲突。因此，了解和掌握不同文化的体态语行为的含义对跨文化交际的成功起着非常重要的作用。

1. 手势

手势是指用手部动作进行的非语言交际。布罗斯纳安说："手部动作实际上是身势语的核心。"在日常交际中，人们的手部动作最多，表达的含义也最为细腻和生动。在不同的文化中，手势语也有相同之处，如：食指和中指所形成的"V"字形表示胜利；挥手表示再见；拍手表示欢迎或喝彩等。但是多数手势会因文化和民族的不同而有差异，如中国人竖大拇指表示表示"好"，美国人竖大拇指表示要搭便车。叫人过来时，英语国家的人通常有两个动作：一是食指朝上向里勾动，而在中国，这种手势会给人以不大正派之感。二是用手掌向上或向左朝自己方向挥动招呼成年人过来，对幼儿或小动物则手掌朝下向自己方面挥动。中国人则正好相反，手心向下招呼成年人，向上招呼幼儿和动物。在这方面，中英之间常常会引起误解。

2. 目光接触

"眼睛是心灵的窗户"。眼神是人类深层情感的自然流露，眼神的交流往往能够传达非常微妙的感情。"不要信任目光不敢与你对视的人"，在英美国家，交谈时，说话人和听话人都应该注视对方，表示自己在听，任何一方不看对方都会被认为是轻视、心神不定或者漠不关心，是一种不礼貌的表现。而中国人则习惯于目光下垂，特别是面对上级或长辈时，这是一种谦虚、服从或尊敬的表现。如果眼睛盯着长辈看的话会被认为是一种不敬。另外，在中西方交往中，中国人会感到英美国家的人总爱死盯着对方；而英美人士则认为中国人表情羞羞答答，目光躲闪，会引起他们的反感。当然，在中西方，盯着对方看太久都是不合适的表现。如在改革开放之初，许多来到中国的英美人士对于自己被盯着看或围观感到非常恼火。

3. 体触行为

体触是指借身体间接触来传递或交流信息的非语言交际行为。有些人称之为"触觉交际"或"触觉沟通"。在交际过程中，人们身体部位是否接触以及接触的方式和程度也存在着巨大的跨文化差异。体触最常见的种类有握手、拥抱、亲吻，此外还有轻拍、抚摸、踢、打耳光、挠痒等。握手在不同的文化中都是一种常用的表示友好和亲热的礼节。但是各国握手的习惯却有一定的差异，如在美国，男人之间的握手是非常用力的，而中国人则轻握一下；在欧洲和亚洲国家的异性之间，除非女性先伸出手来，男性一般不主动伸手和女性握手。然而在非洲国家则完全相反，男人要主动伸手去和女性握手。拥抱和接吻在中国是很少发生的体触行为，除非是表示大人对小孩的喜爱。而在西方国家，女人见面拥抱是常见现象，夫妻久别重逢拥抱接吻也非常自然。抚摸在中美文化中也表现出一定的差异，如中国人喜欢一个小孩就会轻轻抚摸他的头，而在美国这样做就会引起孩子妈妈的反感，被认为是一种无礼的表现。

4. 面部表情

面部表情是交际中最重要、最有效而且变化最多的一种交际方式，同样也受文化背景的制约。西方人感情外露，因而面部表情多，而中国人则感情含蓄，常控制自己的表情，喜怒哀乐不形于色。如微笑和大笑通常表示友好、赞同。但也存在文化差异，西方人把中国人的微笑称为"不可捉摸的微笑"，因为中国人的微笑可以表示多种含义，如接受对方的好意、表示赞赏、表示回避和不同意等，让西方人感到不可思议。中国人的笑有时还会引起西方人的误解，如：一个美国人存放自行车时，不小心自行车倒了，美国人会感到很困窘，而旁边的中国人会发出笑声。美国人会生气和反感，事实上中国人并不是嘲笑和幸灾乐祸，而只是表示"别当回事，没关系"等。

体态语作为非语言交际的一种重要手段在跨文化交际中发挥着非常重要的作用，因此要想提高跨文化交际能力，光重视语言的学习是远远不够的，还应该重视体态语的研究和学习，并结合具体的环境和语境去了解和掌握体态语的文化差异和内涵，在交际中理解不同文化的体态语的具体含义，能够恰当合理地使用对方文化的体态语，避免跨文化交际中的误解和冲突，从而促使跨文化交际的顺利进行。

（资料来源：独雪梅. 谈跨文化非语言交际中的体态语. 文教资料，2010（6中旬刊）.）

思考练习

1. 以某国为例,谈谈其风俗习惯及其对跨文化沟通的影响。
2. 在课余时间观看中国电影《喜宴》、法国电影《天使爱美丽》和美国电影《辛普森一家》等,体会不同国家的典型文化。
3. 比较一下不同文化对老年人的不同态度及其对跨文化沟通的影响。
4. 请你身边在华的外国人谈谈中国文化中哪些习俗最使他们认同,哪些最不认同,为什么?并请他谈谈自身的文化特征。
5. 案例分析:

秘书门

4月7日晚,EMC大中华区总裁陆纯初回办公室取东西,到门口才发现自己没带钥匙。此时他的私人秘书瑞贝卡已经下班。陆试图联系后者未果。数小时后,陆纯初还是难抑怒火,于是在凌晨1时13分通过内部电子邮件系统给瑞贝卡发了一封措辞严厉且语气生硬的"谴责信"。

陆纯初在这封用英文写就的邮件中说,"我曾告诉过你,想东西、做事情不要想当然!结果今天晚上你就把我锁在门外,我要取的东西都还在办公室里。问题在于你自以为是地认为我随身带了钥匙。从现在起,无论是午餐时段还是晚上下班后,你要跟你服务的每一名经理都确认无事后才能离开办公室,明白了吗?"(事实上,英文原信的口气比上述译文要激烈得多)。陆在发送这封邮件的时候,同时发给了公司的几位高管。

面对大中华区总裁的责备,一个小秘书应该怎样应对呢?一位曾在GE和甲骨文公司服务多年的资深人士告诉记者,正确的做法应该是,同样用英文写一封回信,解释当天的原委并接受总裁的要求,语气注意要温婉有礼。同时给自己的顶头上司和人力资源部的高管另外去信说明,坦承自己的错误并道歉。

但是瑞贝卡的做法大相径庭,并最终为她在网络上赢得了"史上最牛女秘书"的称号。两天后,她在邮件中回复说,"第一,我做这件事是完全正确的,我锁门是从安全角度上考虑的,如果一旦丢了东西,我无法承担这个责任。第二,你有钥匙,你自己忘了带,还要说别人不对。造成这件事的主要原因都是你自己,不要把自己的错误转移到别人的身上。第三,你无权干涉和控制我的私人时间,我一天就8小时工作时间,请你记住中午和晚上下班时间都是我的私人时间。第四,从到EMC的第一天到现在为止,我工作尽职尽责,也加过很多次的班,我也没有任何怨言,但是如果你们要求我加班是为了工作以外的事情,我无法做到。第五,虽然咱们是上下级的关系,也请你注重一下你说话的语气,这是做人最基本的礼貌问题。第六,我要在这强调一下,我并没有猜想或者假定什么,因为我没有这个时间也没有这个必要。"

本来，这封咄咄逼人的回信已经够令人吃惊了，但是瑞贝卡选择了更加过火的做法。她回信的对象选择了"EMC（北京）、EMC（成都）、EMC（广州）、EMC（上海）"。这样一来，EMC 中国公司的所有人都收到了这封邮件。

（资料来源：张秋筠.商务沟通技巧.北京：对外经济贸易大学出版社，2010.）

思考讨论题：
（1）秘书门事件体现出跨国企业中常出现的沟通问题，试分析文化因素在其中的作用。
（2）假如你是瑞贝卡，你会怎么处理这件事？

6.案例分析：

误 解

作为北美最大的棉制服装进口商，多伦多北方服装公司急需从中国进口男式衬衣。从美国的一个行业合同上，公司的副总彼得·马丁了解到常青服装厂是广州一家很大的服装生产商，专门向美国市场供货。

经过大量联系工作之后，彼得·马丁飞到广州，想和常青服装厂确定一份购买 96 000 件衬衫的协议。同常青服装厂的商讨进行得十分顺利。彼得和服装厂的人员花了一个星期的时间来商量布质构造、型号、颜色、包装、发货、价格、支付条件和其他细节问题。冗长的谈判使彼得很疲惫，他盼望尽快签约。但就在这时，彼得忽然想起常青服装厂还从没有向加拿大出口过产品，可能对加拿大的商标要求不太熟悉。于是他向对方解释说，向加拿大出售的所有服装的商标都必须有英文和法文的双语说明。这个消息让中方有些担心，因为他们当中没有懂法语的人，所以非常希望采用中英的双语商标。服装厂王经理笑答道："马丁先生，恐怕提供英法双语商标有点困难，这个问题得再研究一下。"彼得又说道："英法的双语商标是加拿大法律中要求的。请您理解，我们确实没有其他选择——这是法律的规定。"和谈判小组里的人简单商量了一下之后，王经理又笑着说："马丁先生，我们会仔细考虑您的要求。恐怕确实很困难，但当然了,我们常青服装厂会尽力的。"终于解决了最后的细节问题，彼得松了一口气，签订了购买合同，同王经理正式告别了。七个月之后，彼得接到了北方服装公司库房质量控制经理的电话："马丁先生，出了点问题。你知道我们从中国进口的那 96 000 件衬衫吧？这些衬衫上有双语商标，但是是中英文的！"彼得愣住了，他一直认为常青服装厂已经同意提供英法双语商标。

（资料来源：窦卫霖.跨文化商务交流案例分析.北京：对外经济贸易大学出版社，2007.）

思考讨论题：
（1）请分析一下产生误解的原因。
（2）本案例对你有哪些启示？

7. 案例分析：

陈水扁的领带

陈水扁做台北"市长"时，有一次，他去美国德州的达拉斯考察。由于他很希望了解当地的风俗文化，临时决定去一家当地的餐馆用餐，因而遭遇了不小的尴尬。

原来，这家餐厅是当地卡车司机和牛仔们常常光顾的餐厅，餐厅门口树立了一张大牌子写着："本餐厅禁止打领带。"据说是因为早些年当地人农业人口居多，从不穿正装。可后来，随着经济的发展，许多公司纷纷搬迁到此，达拉斯人口结构发生了极大变化，有钱的外来人口建立起了城中城，本地人却丧失了很多就餐和娱乐的环境。

当地的原住民很难接受这样的变化，所以这家以当地人用餐为主的餐馆为迎合客户的感受，特意打出了不准打领带的警示口号。陈水扁一行人并不知道这个历史背景，大摇大摆地走了进去，随行人员中有人提醒陈说："里面不能打领带，您最好还是把领带拿下来。"陈水扁不为所动，认为自己堂堂台北市"市长"不打领带有失身份。就在此时，牛排餐厅的老板突然从柜台后面跳了出来，手拿一把剪刀，二话不说，就把陈水扁的领带圈以下的部分剪了下来。受惊过度的陈水扁立刻和随从离开了餐厅。

（资料来源：马一龙，http://qlzx.whedu21.com/html/jshpd/glysh/201104/23-3519.html，2011-04-23.）

思考讨论题：
（1）陈水扁的领带因何被剪？
（2）本案例对你有哪些启示？

参考文献

[1] 杨再春，陈方丽. 商务礼仪实训教程. 北京：清华大学出版社，2010.
[2] 王芬. 秘书礼仪实务. 北京：电子工业出版社，2009.
[3] 魏江，严进. 管理沟通成功管理基石. 北京：机械工业出版社，2003.
[4] 甘华鸣，李湘华. 沟通. 北京：中国国际广播出版社，2002.
[5] 罗宾斯. 管理学. 芮明杰. 7版. 北京：中国人民大学出版社，2002.
[6] 刘晓琴，陈晓鹏. 职场沟通中常见的沟通障碍及其应对策略. 科技创业月刊，2010（6）.
[7] 梁玉萍，丰存斌. 沟通与协调的技巧和艺术. 北京：中国人事出版社，2009.
[8] 李晓. 沟通技巧. 北京：航空工业出版社，2006.
[9] 许利平. 职业口才训练教程. 北京：北京交通大学出版社，2007.
[10] 程在伦. 讲演与口才. 北京：高等教育出版社，1997.
[11] 张睫，周延欣. 网络礼仪的构建原则. 新闻爱好者，2010（7上半月）.
[12] 郭文臣. 管理沟通. 北京：清华大学出版社，2010.
[13] 田玉川. 礼记与百姓生活. 北京：新华出版社，2008.
[14] 莫临虎. 商务交流. 北京：中国人民大学，2008.
[15] 吕书梅. 管理沟通技能. 大连：东北财经大学出版社，2008.
[16] 梁辉. 有效沟通实务. 北京：中国人民大学出版社，2010.
[17] 康青，蔡惠伟. 管理沟通教程. 上海：立信会计出版社，2009.
[18] 惠亚爱. 沟通技巧. 北京：人民邮电出版社，2008.
[19] 张秋筠. 商务沟通技巧. 北京：对外经济贸易大学出版社，2010.
[20] 谢玉华. 管理沟通. 大连：东北财经大学出版社，2010.
[21] 许玲. 人际沟通与交流. 北京：清华大学出版社，2007.
[22] 徐丽君，明卫华. 秘书沟通技能训练. 北京：科学出版社，2008.
[23] 张晓明，袁林. 沟通与礼仪. 北京：科学出版社，2009.
[24] 张韬，施春华，尹凤芝. 沟通与演讲. 北京：清华大学出版社，2005.
[25] 陈秀泉. 实用情景口才：口才与演讲训练. 北京：科学出版社，2007.
[26] 王建民. 管理沟通理论与实务. 北京：中国人民大学出版社，2005.

[27] 谢迅. 商务礼仪. 北京：对外经济贸易大学出版社，2007.
[28] 刘长凤. 实用服务礼仪培训教程. 北京：化学工业出版社，2007.
[29] 吕维霞，刘彦波. 商务礼仪. 北京：清华大学出版社，2007.
[30] 徐克茹. 商务礼仪标准培训. 北京：中国纺织出版社，2007.
[31] 牟红，杨梅. 旅游礼仪实务. 北京：清华大学出版社，2007.
[32] 彭红. 交际口才与礼仪. 上海：华东师范大学出版社，2007.
[33] 李嘉珊. 国际商务礼仪. 北京：电子工业出版社，2007.
[34] 周庆. 商务礼仪实训教程. 武汉：华中科技大学出版社，2007.
[35] 张岩松. 现代公关礼仪. 北京：经济管理出版社，2006.
[36] 林成益. 现代礼仪修养教程. 杭州：浙江大学出版社，2007.
[37] 李莉. 实用礼仪教程. 北京：中国人民大学出版社，2006.
[38] 唐树伶等. 服务礼仪. 北京：北京交通大学出版社，2006.
[39] 杨海清. 现代商务礼仪. 北京：科学出版社，2006.
[40] 冯玉珠. 商务宴请攻略. 北京：中国轻工业出版社，2006.
[41] 李嘉珊，刘俊伟. 旅游接待礼仪. 北京：中国人民大学出版社，2006.
[42] 马志强. 语言交际艺术. 北京：中国社会科学出版社，2006.
[43] 韦克俭. 现代礼仪教程. 北京：清华大学出版社，2006.
[44] 沈杰，方四平. 公共关系与礼仪. 北京：清华大学出版社，2006.
[45] 田长军. 有礼任走天下. 广州：中山大学出版社，2006.
[46] 陈柳. 职业人形象设计与修炼. 上海：上海远东出版社，2004.
[47] 国英. 公共关系与现代交际礼仪案例. 北京：机械工业出版社，2004.
[48] 胡晓涓. 商务礼仪. 北京：中国人民大学出版社，2005.
[49] 王伟伟. 礼仪形象学. 北京：人民出版社，2005.
[50] 李鸿军，石慧. 交际礼仪学. 武汉：华中科技大学出版社，2004.
[51] 黄琳. 商务礼仪. 北京：机械工业出版社，2005.
[52] 彭澎. 礼仪与文化. 北京：清华大学出版社，2007.
[53] 辽宁省教育厅. 高职生就业与创业指导. 沈阳：辽宁大学出版社，2005.
[54] 丁立新，江泽瀛. 国际商务礼仪实训. 北京：对外经济贸易大学出版社，2003.
[55] 徐飙. 文秘实习实训教程. 北京：高等教育出版社，2005.
[56] 国英. 现代礼仪. 北京：机械工业出版社，2005.
[57] 郭文臣. 交际与公关礼仪. 大连：大连理工大学出版社，1998.
[58] 任之. 教你学礼仪. 北京：当代世界出版社，2006.
[59] 孙乐中. 实用公务礼仪. 南京：江苏科学技术出版社，2005.

[60] 杜明汉.营销礼仪.北京：电子工业出版社，2007.

[61] 张怡.涉外礼仪与技巧.北京：中国纺织大学出版社，1999.

[62] 鲍尔德里奇.企业人礼仪手册.陈芬兰，等译.海口：海南出版社，1997.

[63] 北京康世经济发展研究所.白领礼仪.北京：中华工商联合出版社，2001.

[64] 李兴国.现代商务礼仪.哈尔滨：黑龙江科学技术出版社，1998.

[65] 邱伟光.公共关系礼仪文化.北京：高等教育出版社，2000.

[66] 吕维霞，刘彦波.现代商务礼仪.北京：对外经济贸易大学出版社，2003.

[67] 何浩然.中外礼仪.大连：东北财经大学出版社，2002.

[68] 杨眉.现代商务礼仪.大连：东北财经大学出版社，2000.

[69] 刘忠群，刘高峰.浅析网络对沟通行为的影响.重庆科技学院学报：社会科学版.2008（3）.

[70] 祝艳萍，张洁梅.公关礼仪.北京：光明日报出版社，2005.

[71] 于秀芝.人力资源管理.北京：中国社会科学出版社，2009.

[72] 吴蕴慧，徐静.现代礼仪实务.上海：上海交通大学出版社，2008.

[73] 鲍日新.社交礼仪 让你的形象更美好：献给大学生朋友.上海：上海教育出版社，2005.